叙利亚战争沉思录

二十一世纪的"微型世界战争"

况腊生 著

人民出版社

叙利亚战争沉思录

程开甲
二〇一八年二月

叙利亚内战的"宇宙观"*

（代序）

希腊哲学家亚里士多德认为，宇宙是永恒的。他认为人类没有得到更好发展的原因是，洪水等自然灾害将人类文明一次又一次地拉回起点。

在我们的时代，人类比其他任何时代发展得都快。我们的知识和技术以几何级速度递增。但人类依然保留着我们在原始时代就具有的进攻性本能。这一本能对人类生存当然是有好处的，但是当现代技术与古老的本能相遇时，整个人类乃至这个地球上的其他绝大多数生命就处于危险中。

如今，在叙利亚，在炸弹、化学武器和其他武器上，我们能看到许多现代科技，它们被用来推进所谓"更智能"的政治目的。

但这些武器装备看起来并不那么"智能"，它们没有避免 10 万平民被杀，不能避免伤及儿童。阻止人道主义救援物资运抵诊所的做法更是不可理喻。救助儿童会在报告中指出，一些诊所因缺乏基本医用品而不得不给儿童截肢，因停电一些新生儿死在早产儿保育器中。

---

* 2014 年 2 月 14 日，知名物理学家史蒂芬·威廉·霍金"罕见"地在《华盛顿邮报》撰文，呼吁国际社会共同努力终止叙利亚战争，保护儿童，其中文版由记者高美翻译，于 2014 年 2 月 22 日发表于《新京报》。

作为著名物理学家，霍金极少谈论政治话题，但这次叙利亚儿童的悲惨境遇让他"破了例"。文章中，霍金从宇宙看人类，最后将焦点落在叙利亚内战中的儿童身上。"作为一名父亲和爷爷，我不忍再看到叙利亚儿童遭受苦难；我要大声疾呼：停止迫害儿童！"

在文章中，霍金也解释了他从物理学"跨界"到政治的原因："有关正义和公正的普世原则可能并不会植根于物理学，但对于人类的存在却举足轻重。"霍金同时为这篇文章录制了视频并发布在网站，引发全球关注。

叙利亚的现状令人痛心，而世界却冷漠地旁观。我们的同情心和正义感到哪里去了？

在谈及宇宙中的智能生命时，我们会着眼于人类。在历史长河中，人类的许多行为并不利于促进自身的生存和发展。虽然我们并不确定，"智能"是否能给人类带来长久的生存价值，但可以明确的是，作为人类引以为荣的"智能"，强调的是为全人类的未来——而不仅仅是我们自己的未来——进行思考和规划的能力。

我们必须共同努力终止这场战乱，保护叙利亚的儿童。三年以来，我们只是对这场愈演愈烈的战争予以漠然旁观，任凭它吞噬一切希望。作为一名父亲和爷爷，我不忍再看到叙利亚儿童遭受苦难；我要大声疾呼：停止迫害儿童！

我经常想，在宇宙深处的其他生命眼中，人类是什么样子。当我们将目光投向宇宙时，我们看到的是过去，因为，从遥远的物体上发出的光到达我们这里已经历了漫长的时间。今天地球向外发出的光表现了什么？当其他生命看到我们的过去，我们会感到骄傲吗，同为地球上的同胞手足，我们如何对待彼此，我们又如何让自己的兄弟对待孩子们？

现在，我们知道亚里士多德的观点是错误的：宇宙不是永恒的。它形成于大约 140 亿年前。但他又是正确的：巨大的灾害意味着人类文明的倒退。发生在叙利亚的战乱并不是人类文明的终点，但在那里发生的每一个不公正现象都能撕破人类团结的假象。有关正义和公正的普世原则可能并不植根于物理学，但对于人类的存在却举足轻重。因为没有对这一点的坚持，人类离灭亡也就不远了。

斯蒂芬·威廉·霍金

2014 年 2 月 22 日

序 二

　　处于中东肥沃新月核心地带和盛产玫瑰的天堂之国——叙利亚，是连接欧亚非三大洲的枢纽，曾经创造了辉煌灿烂的伊斯兰文明，对人类文明作出过重要贡献，成为早期中西方文明交流的桥梁。

　　天堂越美，引来的觊觎者就越多。历史上，叙利亚屡遭外敌入侵。近代以来，在欧美对中东阿拉伯分而治之，以及一战和二战的反殖民统治与民族解放运动中，叙利亚得以独立建国。冷战时期，叙利亚一直是美俄在中东地区争夺的重要对象，也是中东问题的核心之一，始终处在欧美的制裁与威胁之中，并成为阿以中东问题的主要国家之一，长期与以色列处于战争状态。

　　由于长期受到外部制裁和战争威胁，叙利亚国家经济与社会发展缓慢，在"阿拉伯之春"的大潮席卷之下，叙利亚爆发了内战，并很快吸引了众多地区国家的参与，美俄等大国也纷纷卷入，尤其是邪恶的"伊斯兰国"恐怖组织乘乱崛起，给叙利亚人民带来了深重灾难。叙利亚战争是冷战结束以来，持续时间最长、最复杂、最血腥、卷入国家最多的战争，堪称 21 世纪的"微型世界战争"，至今还没有彻底停息的迹象。而现代新媒体的全方位推送，更向人们展示了这场战争的残酷与血腥真实。长期的大规模战乱是叙利亚国家和民族的灾难，也使我们这些身处和平环境下的人难以想象。

　　居安思危。在摆脱了数千年的封建统治和上百年帝国主义的侵略后，站起来的中国人民历经半个多世纪前赴后继的探索，终于找到了适合自身发展的道路，勤劳的中国人终于使自己国家的快速和平崛起。

　　以战止战，虽战尤可。叙利亚战争给生活在现代文明时代的人们以很多的启示。受到几千年农业文明传统的熏陶，以及地理文明相对封闭，养成了中华民族特有的含蓄与内敛，热爱和平的理念深深融入到了民族的骨髓与血脉中。正是对世界和平与建立人类命运共同体的执着追求，才使得中华文明成为世界上从未中断过的文明。展望 21 世纪的未来航程，勤劳、勇敢、智慧和历经风霜的中华民族，一定能够实现完成伟大社会主义强国的目标，并以自身的伟大成功去推动实现世界和平的伟大理想。

王宝付

2017 年 12 月 26 日

目　录

总　论

　　大中东是亚非拉三大洲相交的区域。大中东西临大西洋；北缘较为参差，自西向东分别毗连地中海、巴尔干半岛、黑海南部、高加索山脉北麓、里海南部、土库曼斯坦南部；南缘则自东向西分别面对撒哈拉沙漠、南苏丹、肯尼亚、亚丁湾和阿拉伯海；东部与阿富汗、巴基斯坦相连。

　　大中东已经超越了地理概念，是一个涵盖了 31 个国家和地区的地缘政治概念和历史文化概念【1】，范围包括欧洲的土耳其、北非各国、海湾各国、伊朗、巴勒斯坦地区的以色列、黎巴嫩，地理意义上还包括塞浦路斯，宗教和政治意义上与阿富汗紧密相关，伊斯兰信仰和阿拉伯语言是大中东的两个基本元素。

　　在大中东的数十个穆斯林和阿拉伯国家中，包括叙利亚在内，政治上，大多是当政者大权在握，"家天下"现象很普遍，以强权、家族、部族和派别为核心建立权威政体，拒绝现代民主政治制度。经济上，没有完整的现代工业体系，国家经济极度依赖石油出口，形成石油单一经济，国际石油价格决定国民收入，发展极不稳定。文化传统上，激进的伊斯兰主义在中下层中被接受程度较高，而上层精英更多倾向于走世俗路线，外部又受到全球化的挑战。地缘政治上，石油美元的存在，使得中东事务长期受到美国的操控和干预，内部四分五裂，代理人战争一直未曾停息。

　　"在某种程度上，中东政治就像流沙一样，成为诱惑大国称霸，进而又埋葬大国霸权的'坟墓'"【2】。叙利亚战争的根本原因是国内大多数逊尼派长期被少数什叶派政府排除在国家政治经济生活核心之外，处于边缘化的这些势力在阿萨德家族威权政体下长期处于被压制状态。而巴沙尔政治与经济改革的失败，叠加连续罕见的自然灾害，导致国家经济处于极端困难之中。在"阿拉伯之春"的影响下，欧美利用逊尼派的不满和叙利亚国内的危机，企图借助暴力手段，强行推翻长期不顺从西方的巴沙尔政权，进而推翻伊朗这个中东最后和最大的反西方政权，而中东逊尼派国家也希望借此推翻叙利亚和伊朗政权，阻止什叶派崛起，这使得中东战火此起彼伏，民族问题、种族问题、教派冲突、地缘争夺、恐怖主义、大国介入等相互重叠，大中东陷入了"恐怖泥潭"。极端组织、五花八门的反对派武装、库尔德人、以色列、美国、俄罗斯、英国、沙特、卡塔尔、伊朗、土耳其、黎巴嫩、约旦等国家和势力都卷入了这场名为"叙利亚内战"的烽火之中。在叙利亚不足 20 万平方公里国土上，一方面是支持巴沙尔政府的俄罗斯、伊朗、伊拉克和黎巴嫩真主党等数个国家和势力，一方面是美国领导的 60 多个支持反对派武装的国际联军，一方面是沙特组建的 34 国伊斯兰反恐联盟，另一方面还有"伊斯兰国 IS"等势力。叙利亚战争被很多媒体称为袖珍版"第三次世界战争"，这使得原本就充满民族矛盾、教派冲突、油气资源和地缘政治争夺的中东地区更加复杂多变，严重恶化了当地局势。

叙利亚战争的实质是俄美地缘政治争夺与中东油气资源控制的结果。美国企图推翻巴沙尔政权，再孤立和推翻伊朗政权，实现完全独霸中东的局面，进而可以将俄彻底逐出中东地区，配合北约的东扩，完成对俄西部和南部的包围圈，同时完全控制中东地区的油气资源，取代俄在欧洲能源供应市场的地位，实现与欧洲联手对付俄，并使俄油气单一的经济自动崩溃。叙利亚战争之所以持续多年，主要是美国国力早已今非昔比，在中东奉行收缩战略，无法再出动大规模部队直接参战，而深陷欧债危机和英国脱欧影响的欧洲无力单独处理叙利亚危机，因此欧美主要通过大力扶持叙利亚反对派和库尔德人武装，以实现低成本推翻巴沙尔政权；而强势复兴的俄罗斯则通过全力支持叙利亚合法政府，以全面进入中东地区，扭转中东地区的颓势。在俄的全力介入下，叙利亚政府军逐渐扭转战局，并与美国所支持的库尔德人武装形成对峙。这场战争久拖不决，已经成为教派冲突、地区冲突和大国博弈的混合体。俄美双方各自都不同程度实现了自己在叙利亚的目的。未来叙利亚局势的发展，在没有其他大国参与的情况下，主要取决于俄美两国的较量。

"国破山河在，城春草木深"【3】。数年来，在狭窄的叙利亚地域，难分敌我的各方进行着极其惨烈的战争，拉卡战役再现了第一次世界大战时的"绞肉机"现象。叙利亚战争堪称有史以来最惨的崩溃事件之一，国家整体倒退四十年，绝大部分经济化为乌有，难民创战争之最，这个内战前只有 2400 万人口的国家，一多半国民的人生都因为战火而掉入深渊，永远偏离了坦途，战争创伤和影响将长久持续下去。虽然在俄的主导下，阿斯塔纳会谈开启叙利亚国内政治和谈进程与和平序幕，但由于欧美等国的不断插手与搅局，叙利亚的和平依旧脆弱。在完全消灭 IS 等极端势力后，阿以问题、库尔德独立问题将成为中东的另一个火药桶，叙利亚的和平依旧困难重重。

叙利亚战争的实质是俄美的严重对立。俄美严重对立无关意识形态，更无关社会制度，本质原因只有一个，美国秉持霸权主义的全球战略、单极世界目标，容不得任何国家对其有任何挑战，任何国家的复兴对美而言都是威胁和挑战。俄坚持与美国不同的多极世界理念，又拥有巨大的军事潜力，是唯一能在半小时或更短时间内毁灭美国的国家。不除掉俄罗斯，美国独霸全球的战略就不能继续推进。2015 年在瓦尔代论坛上，普京非常形象地，像讲故事一样地谈起为什么俄不能去主动讨好美国。关于美国能不能放俄罗斯一马，他说得很形象："如果我们俄罗斯小狗熊乖乖地在树林里待着，光吃点蜂蜜吃点野果子，不去追着小野猪满森林地乱跑，不去追肉食吃，那人家（'人家'指的是美国），人家是不是会放过我们呢，他说不会，人家会把我们用铁链子拴起来，甚至把我们俄国小狗熊做成标本挂到墙上。"换言之，对美国示好没用，美国是不会放过你的。布热津斯基（Zbigniew Brzezinski）有过两项搞垮俄罗斯的策划：第一个："分而治之"，希望俄分裂成三块：莫斯科公国（俄罗斯的欧洲部分）、西伯利亚共和国和远东共和国，最多让它们成为一个松散的联邦，这样就不可能对美国构成威胁。第二个："离岸平衡"，利用周边与俄关系不好、亲西方的国家去制衡俄罗斯。这样，美国自己就可以少出钱、少出人。格鲁吉亚战争和乌克兰危机就是例证，现在美国还积极推动北约东扩包围俄罗斯，挑动欧洲国家增加军费对付俄罗斯。

自冷战结束以来，中东实际上一直是由美国在管，从某种意义上说，中东是美国治下的中东。但是经过 20 年来的实践证明，美国式或者西方式的中东治理模式问题非常多，最终不仅搞乱了中东，也搞坏了自己，使得恐怖主义势力全球扩散。但是现在，国际社会还没有找到新的合适的中东治理模式。

实现现代化转型，融入现代社会，是中东不可避免的道路，但光靠战争解决不了这个问题，相反会加剧转型困难，催生极端主义。或许主动拥抱现代社会的民主与科学，才是叙利亚最好的选择。

注　释

【1】这些国家主要有：土耳其、埃及、巴勒斯坦、以色列、黎巴嫩、叙利亚、约旦、伊拉克、沙特、也门、阿曼、阿联酋、卡塔尔、巴林、科威特、伊朗、利比亚、突尼斯、阿尔及利亚、摩洛哥、马耳他、塞浦路斯、希腊、亚美尼亚、格鲁吉亚、阿塞拜疆、埃塞俄比亚、厄立特里亚、吉布提、索马里等。张信刚：《大中东行纪》，广西师范大学出版社 2017 年版，第 4—5 页。

【2】田文林：《地缘政治、中东破碎地带与利比亚战争》，《阿拉伯世界研究》2011 年第 4 期。

【3】（唐）杜甫：《春望》。

第 一 章

内战前巴沙尔艰难维系国运

叙利亚地处三洲五海的中东核心地带，由于落后的经济、"马赛克"式社会结构、阿拉维少数派的弱权威统治，以及美俄等国的激烈争夺，巴沙尔政权只能勉强应付局势。

第一节　命运多舛的国家和民族

叙利亚长期是个地理名词，【1】第二次世界大战后的民族解放运动中，才独立建国，复兴党上台后国家逐步稳定发展。

一、中东核心地带的"马赛克"式文明古国

叙利亚全称为阿拉伯叙利亚共和国，位于亚洲西部、地中海东岸，北与土耳其接壤，东同伊拉克交界，南与约旦毗连，西南与黎巴嫩、巴勒斯坦和以色列为邻，西与塞浦路斯隔地中海相望。国土面积约 18.5 万平方公里（陆地面积 18.4 万平方公里），沙漠占国土总面积的 23%。【2】全国 14 个省级行政区，含 1 个直辖市——大马士革市。阿拉伯语为通用语言，少数民族使用本民族语言，通用外语为英语和法语。2011 年内战爆发前总人口数 2450 万。

叙利亚地处中东核心的"肥沃新月地带（Fertile Crescent）"，【3】是最早的人类文明摇篮之一，有五六千年历史，出现过古埃及文明和美索不达米亚文明，包括著名的巴比伦、亚述和腓尼基等王国。公元前 3 世纪，发源于阿拉伯半岛闪族（阿拉伯人祖先）的一支——亚摩利人是史料可考的叙利亚最早居民。【4】叙利亚是阿拉伯帝国倭马亚王朝发祥地，大马士革曾是帝国首都，有

4400多年历史，"人间若有天堂，大马士革必在其中；天堂若在天空，大马士革必与之齐名。"【5】大马士革因民族英雄萨拉丁打败十字军而名闻天下，大马士革刀曾令十字军胆寒，市内著名大街——直街，在古罗马时期即为全城主干道。全城有近400座清真寺，被称为"清真寺之城"，最著名的是建于公元705年的倭马亚清真寺。

由于新月沃地形特殊，两者面向不同的世界——伊朗高原和地中海。作为新月地带西端枢纽，叙利亚是国际交通十字路口，东西方商道的中转站和重要的战略要地，连接欧亚非三大洲的枢纽，联系西亚、非洲和地中海地区。犹太教、基督教、伊斯兰教兴起后，叙利亚又成为宗教信徒们到耶路撒冷、伯利恒、麦加等宗教圣地朝觐的必经之地。叙利亚也是国际能源市场上的重要一环，伊拉克和约旦等国石油天然气通过叙利亚管道输送到欧洲。

相对于东边的两河流域，叙利亚板块自身更加破碎和脆弱。叙利亚在阿拉伯语中为"高地"的意思，国内地理环境以多山为主，各地区相对封闭孤立。外围又有安条克平原、西利西亚平原等诸多地理板块，间隔着阿曼山脉、戈兰高地等山地。大马士革是叙利亚核心，整个国家实际上由西侧沿海湿润地带和幼发拉底河沿岸这两个带状区域组成，中间阿勒颇连接脆弱，是从小亚细亚进入两河流域的钥匙（历史上的多次侵略都是从这里来的），大马士革、阿勒颇、拉卡鼎立正是这一状况的体现。由于中部山脉和沙漠的阻隔，从北到南绵延于地中海沿岸的山地和高地有南北分裂的倾向，历史上叙利亚经常处于割据状态。

地处亚非交汇口，叙利亚是民族迁移、宗教文化交融和贸易往来重要场所，由此形成以阿拉伯民族和伊斯兰教为主的多民族、多宗教、多教派并存的"马赛克"式社会，国家凝集力不强。阿拉伯人占全国总人口的90.3%以上，库尔德人、亚美尼亚人、犹太人、土耳其人等其他民族约占人口的9.7%。【6】伊斯兰教、基督教和犹太教三大宗教并存，伊斯兰逊尼派、什叶派、阿拉维派、德鲁兹派、伊斯玛仪派等8个教派。85%的国民信仰伊斯兰教，其中近80%为逊尼派（占全国总人口的近74%），近20%为什叶派（其中阿拉维派占什叶派75%，什叶派占全国总人口的11.6%），14%左右国民信仰基督教。【7】叙利亚基督教有东正教、天主教等11个教派。【8】

二、计划经济为主，相对落后的农业国

叙利亚中央统计局和世界银行统计显示，2010 年叙利亚 GDP 约 600 亿美元，世界排名第 67 位，人均 GDP 为 2892 美元，世界排名约 121 位，属于中等偏下收入国家。农业、石油出口和旅游业是国民经济三大支柱。

农业占国民经济总值的 25%—30%，农产品是主要出口产品。[9] 全国 30% 以上陆地为可耕地，分布于沿海及北部地区，是世界著名粮仓和棉花产地。2009 年农畜产品出口额为 23 亿美元，占当年出口总额的 22%，棉花为第一出口农产品。近 500 万人从事农业生产，占总人口近 22%。[10] 2/3 的农田依靠雨水，剩下依赖农田灌溉系统与地下水。

旅游业比较发达。拥有 3000 多个古遗址，涵盖人类各个时期的 33 种文化，包括苏美尔文化、阿莫拉文化、迦南文化、拜占庭文化、罗马文化到伊斯兰文化，每年都能吸引大批国外游客。2004 年叙利亚旅游收入为 22 亿美元，占国民生产总值的 10%。[11]

工业基础薄弱。玻璃、木材、马赛克、纺织、金属、食糖和皮革等手工业著称于世，没有系统的基础工业体系。国企控制国民经济命脉行业，产值占工业总产值的 60% 以上。[12]"国企技术工艺老化，冗员比例高达 38%，缺乏市场营销经验，66% 的职工知识水平仅限于预科或更低水平。私企数量占工业企业总数的 80%，但高达 91% 的私企是家庭式手工小作坊，纺织厂职工占全部加工企业近四分之一，棉纱年生产能力为 12 万吨，是国家出口收入主要来源之一。"[13]

石油工业是国民经济第一大支柱产业。1988 年实现石油自给，1989 年变成石油出口国。现所产石油的 60% 用于出口，其收入占国家总收入的 50% 以上，石油出口最大市场在欧盟。危机爆发前，叙利亚每天出产石油 34 万桶，其中约 15 万桶用于出口，几乎全部出口欧盟。2009 年石油矿业占 GDP 的 19%，当年石油出口额 36 亿美元，占出口总额的 35%。[14] 探明石油储量为 25 亿桶，占阿拉伯石油总储量的 3.47% 和世界总储量的 0.2%。[15] 现有炼油厂设备陈旧，产品难以满足国内需求，每年需进口 400 万吨柴油，占国内燃油消费的一半。因无力改善油田设施，石油产量从 1994 年的最高峰 60 万桶 / 日

下降到 2010 年的 30 多万桶 / 日。据国际货币基金组织报告，若未能勘探出新油田，2020 年底叙利亚石油储量将消耗殆尽。天然气是第二大能源来源，探明储量为 6500 亿立方米。【16】近年来，政府大量开发天然气来替代日益枯竭的石油。

三、长期作为地理概念，屡遭外敌侵占

"任何试图支配中东的当地大国或域外大国，都必须控制中东的核心叙利亚"。【17】从公元前 1728 年开始，叙利亚先后为巴比伦王朝、埃及人、赫梯人、亚述帝国、新巴比伦王国、波斯帝国、马其顿帝国、赛琉古王国和罗马帝国统治。

公元 661 年，叙利亚总督穆阿维建立的阿拉伯倭马亚王朝盛极一时，形成地跨亚非欧三大洲的庞大帝国，大马士革是首都，叙利亚由中央政府直辖，成为阿拉伯世界中心，达到历史空前的繁荣。公元 750 年，伊拉克人艾布·阿拔斯利用民众不满推翻了倭马亚王朝，建立阿拔斯王朝，定都巴格达，叙利亚沦落为地方行省。

1096—1291 年，欧洲基督徒的十字军先后八次、持续两百年侵略中东地区。民族英雄萨拉丁·阿尤布率领叙利亚和埃及联军多次打败十字军，建立起疆域辽阔的萨拉丁帝国，定都大马士革。1250 年，阿尤布王朝被马木鲁克王朝取代。【18】1256 年，蒙古将领旭烈兀攻陷巴格达、阿勒颇和大马士革。1260 年，趁着蒙古国可汗继承而发生内乱时，马木鲁克王朝打败蒙古军队。1401 年，蒙古将领帖木儿击败马木鲁克王朝，在签订和约后蒙古人撤军，王朝又统治了一百多年。

1516 年，奥斯曼帝国打败了马木鲁克王朝，占领叙利亚，并形成横跨欧亚非三大洲的帝国。奥斯曼帝国横征暴敛，敲诈勒索，激起叙利亚人民多次反抗起义。1832 年，埃及打败了奥斯曼帝国，占领叙利亚。埃及的残暴统治激发了叙利亚民众大起义，埃及被迫在 1840 年撤出叙利亚，奥斯曼帝国又乘机占领了叙利亚。但此时奥斯曼帝国已经衰弱，西方列强开始渗入叙利亚。西方国家和民族的思想开始得到广泛传播，叙利亚民族独立运动开始兴起。

四、在第一次和第二次世界大战民族解放运动中建国

第一次世界大战爆发后，为瓦解协约国中的奥斯曼帝国，英国与阿拉伯人签署《大马士革议定书》和《英阿协定》，允诺阿拉伯人战后独立，阿拉伯人则保证全力攻击奥斯曼帝国。1916 年，希贾兹地区的谢里夫·侯赛因在麦加向奥斯曼土耳其发动进攻。1918 年 10 月，谢里夫·侯赛因三子费萨尔率军攻占大马士革，成立叙利亚王国。1919 年 7 月，叙利亚召开全国代表大会，建立涵盖中东地区的大叙利亚。1920 年 3 月，第二届全国代表大会宣布叙利亚独立，选举费萨尔为国王。

英法殖民者早就秘密瓜分了叙利亚。1916 年 5 月，英法俄三国签订密约——《赛克斯—皮科协定》，瓜分了奥斯曼帝国统治下的叙利亚。[19] 1917 年十月革命后，苏俄公布此协议以揭露英法阴谋，引发阿拉伯民众强烈抗议。1920 年 4 月，协约国签署《圣雷莫协定》，决定叙利亚和黎巴嫩由法国托管，约旦、巴勒斯坦和伊拉克由英国托管。大叙利亚从此分裂为几个国家，而叙利亚则专指法国委任统治下的叙利亚和黎巴嫩。法国军队占领大马士革，赶走费萨尔，叙利亚沦为法国殖民地。1920 年 8 月，奥斯曼帝国与法国签署《色佛尔条约》，决定叙利亚、黎巴嫩、突尼斯、阿尔及利亚等地归属法国。1923 年 7 月，凯末尔领导的土耳其以《洛桑条约》取代《色佛尔条约》，规定叙利亚归法国。

法国殖民者大肆逮捕、迫害民族爱国人士，推行同化教育，垄断经济命脉，强迫民众缴纳巨额军事占领费及部分"奥斯曼债务"，导致了 1925—1927 年叙利亚人民大起义。起义虽然失败，但法国被迫作出让步。1928 年 2 月，法国同意叙利亚选举议会，制定宪法。8 月，叙利亚议会通过宪法要求建立独立统一的共和国，法国拒绝该宪法并解散了叙议会。1930 年法国单方面公布叙利亚宪法，规定叙为法国委任统治下的共和国，承认法国殖民权力，选举了叙利亚议会和政府，为叙利亚建立了具有资产阶级性质的议会民主制。[20]

成立于 1927 年的叙利亚民族爱国联盟是这一时期反抗法国殖民统治的领导力量，代表工业资产阶级和大地主阶级利益。1933 年，民族爱国联盟提出与法签订《法国—叙利亚条约》，以取代委任统治制度，遭拒绝。再加上 30 年

代全球经济危机中，法国不断向叙利亚转嫁危机，激发了叙利亚反法民族主义情绪高涨。1936年1月，民族爱国联盟领导全国大罢工，使国家陷入全面瘫痪。出于无奈，9月，法国与叙利亚签订《法叙友好援助条约》，承认叙独立与统一，规定三年内结束委任统治，但法叙结成军事同盟，法国有权在叙境内驻扎军队、设立军事基地，任命外交顾问和外交官。该条约是叙利亚独立的重要一步，受到国内普遍欢迎。11月，叙利亚举行新议会选举，民族爱国联盟获得绝对优势，组建新政府。11月底叙议会批准了该条约。法国为垄断叙利亚货币发行权以及石油租让权，拒绝批准法叙条约。

二战前夕，法国强迫叙利亚参战，遭到叙民众坚决抵制，法国于是恢复了殖民统治。1939年法国议会拒绝批准《法叙友好援助条约》，并将叙利亚亚历山大勒塔地区割让给土耳其（以换取土耳其的中立地位），同时取消叙宪法，恢复殖民统治。1940年法国向德国投降，德国占领叙利亚。1941年，戴高乐领导的"自由法国军队"和英军收复叙利亚和黎巴嫩。为使叙利亚参战，法国允诺叙利亚、黎巴嫩独立。1943年8月，叙利亚选举民族爱国联盟领袖舒克里·库阿特利为总统。12月，法国承认叙利亚独立，美国和苏联也承认叙利亚独立。1945年初叙利亚对德宣战，并成为联合国创始会员国。同年法国要求获得在叙军事和教育特权，遭拒绝后炮轰大马士革，受到世界舆论谴责，并激发了叙民众反法大起义。在联合国等国际社会干预下，1946年4月17日，英法军队被迫撤离叙利亚，叙利亚实现独立。

五、复兴党依靠军事政变取得政权

叙利亚独立后政局不稳，民族爱国联盟（不久就分裂为国民党和人民党）执政后，不顾国家实际而完全搬照西方理念治国，再加上英美频繁干预，独立后20多年发生了20多次军事政变，被称为"政变国家"。频繁的军事政变葬送了刚刚建立的议会民主制，却使阿拉维派主导的军队地位大大提升，同时代表中下阶层利益的新兴政党——叙利亚阿拉伯复兴社会党开始崛起（简称"复兴党"）。[21]

1948年，第一次中东战争的惨败引发国内政变不断。1949年3月，美国支持的叙军总参谋长胡斯尼·扎伊姆上校发动独立后的首次军事政变。扎伊姆自任总统和总理，对内实施军事管制，解散政党和议会，对外批准美国石油管线铺设，招致民众强烈不满。7月，英国支持叙陆军中将萨米·兴纳维发动政变，推翻扎伊姆政权，废除美国石油管线协议，开放党禁，启动宪法起草工作，实施立宪议会选举。12月，美国支持叙陆军上校阿迪卜·施舍里上校发动军事政变，推翻了兴纳维政府。1950年，施舍里颁布独立后第一部宪法，【22】选举哈西姆·阿塔西为总统，但施舍里与人民党控制的政府和议会矛盾很深。1951年11月，施舍里发动第二次军事政变，解散议会，取缔政党，废除法院，实施独裁统治，遭到民众强烈反对。1954年1月，叙利亚爆发大规模民众起义，施舍里被迫流亡国外，哈西姆·阿塔西重新出任总统，恢复1950年宪法，组建以人民党为首的联合政府。

在1954年议会选举中，新兴左翼党派——复兴党等党派地位明显上升。1955年8月，民族爱国联盟领袖舒克里·库阿特利重新当选为总统，为应对美国的军事威胁，积极推进与埃及的联合。1958年，与埃及成立阿拉伯联合共和国，纳赛尔任总统。纳赛尔解散了包括复兴党在内的叙利亚一切政党，以他领导的政党取代，全面控制叙各要害部门，实行埃及激进的土地改革、国有化等政策，严重损害了叙利亚民族尊严。1961年9月，叙利亚军人阿布代尔·纳赫拉维中校成功发动军事政变，退出联合共和国，埃及承认了叙利亚的独立。1962年3月28日至4月3日，叙利亚一周之内发生了三次军事政变，重创建立不久的议会民主制政治。1963年3月8日，在复兴党秘密组织——复兴党军事委员会的策划下，【23】以赛义德·哈里里少校为首的军人集团成功发动政变，史称"三·八"革命。复兴党军事委员会组建的全国革命指挥委员会成为国家最高权力机关，实施紧急状态，禁止集会活动，关闭新闻报刊，逮捕数百名政治活动家，脆弱的议会民主制走到尽头，复兴党和复兴党军人确立了政坛主导地位。

第二节　"中东雄狮"的威权政体使国家稳定发展

通过军事政变上台的"中东雄狮"哈菲兹·阿萨德，巧妙地将复兴党党纲、阿拉维派宗教教义、近亲属血缘或经济利益关系等有机融合到国家统治中，建立起以他为核心的权威政体，使弱小涣散的叙利亚发展成为中东地区重要力量。

一、复兴党确立一党执政的军政合一政体

"三八"革命成功后，处于发展初期、势力相对弱小的复兴党承认并接受复兴党军事委员会掌控军队的事实，并保持其独立性。从此，阿拉维派主导的复兴党军事委员会控制了军队，并成为复兴党最忠实的政治工具。

复兴党军事委员会和复兴党共同掌握最高国家权力。"三八"革命后，20人组成的全国革命指挥委员会成为国家最高权力机构，其中12人为复兴党军事委员会军官，其余为纳赛尔主义者。复兴党和复兴党军事委员会实际占据了全国革命指挥委员会、政府和军事管制委员会的关键职位。政变后纳赛尔主义者要求立即与埃及合并，这与复兴党产生了严重分歧。1963年7月18日，纳赛尔主义者在大马士革策划政变，遭到复兴党军事委员会武力镇压，纳赛尔主义者遭清洗，复兴党确立执政地位。1964年2月，复兴党叙利亚地区指挥领导机构召开紧急会议，7名军事委员会成员全部进入15人组成的地区指挥领导机构，从而使复兴党军事委员会掌握了当时的最高权力，也使得复兴党叙利亚地区领导机构成为国家最高决策机构，初步构建起军政合一政体。

内部斗争使得军队与复兴党融为一体，正式确立军政合一体制。"三八"革命后复兴党掌握国家政权，但内部又出现两派。【24】1963年9月起，在复兴党叙利亚地区代表大会上，"新左派"与复兴党军事委员结盟，成为新生力量。同年10月复兴党六大上，党的纲领开始接受"新左派"的主张而变得激进，在政治上建立"社会主义"人民民主专政基础上的一党专政，把阶级斗争作为社会发展基本原则。经济上推行国有化并深化土地改革，确立国家对经济的控制。对外以输出阿拉伯革命，推动阿拉伯统一。军事上全面接受苏联援助，提高军事现代化。过于激进的路线和措施导致经济危机显现，物价高涨、失业率大增，教派矛盾突出，纳赛尔主义者发动暴乱，各地发生了游行示威和罢工罢市。1966年2月23日，"新左派"代表人物、复兴党叙利亚地区领导机构副书记、总参谋长萨拉赫·贾迪德联合时任空军司令哈菲兹·阿萨德发动政变夺取政权，阿拉维派军人控制了复兴党地区领导机构，国家权力全部集中于复兴

党地区领导机构和军队，文官被逐出。1969年9月，复兴党制定新的临时宪法，规定一党执政的军政体制，对国家发展产生了重大深远影响。

二、阿萨德依靠军事政变夺取国家政权

阿萨德崇拜打败十字军的民族英雄萨丁，自幼就投身叙利亚独立斗争。【25】中学时代阿萨德就加入复兴党，第一次革命就把自己名字从瓦赫什·阿布·苏莱曼改为哈菲兹·阿萨德，【26】在中学组建复兴党党支部，担任拉塔基亚省学生会主席，领导学生运动，曾被法国殖民当局逮捕入狱。

学生时代的阿萨德有点像鲁迅，立志悬壶济世，实现民族复兴。后来他发现，真正需要医治的是国家顽疾，和鲁迅选择笔不同的是，阿萨德拿起了枪。1952年，阿萨德放弃了当医生的理想，考入叙利亚的"西点军校"——霍姆斯军事学院，后又转入阿勒颇空军学院。1956年，阿萨德参加苏伊士运河战争并击落了一架英国轰炸机，获得嘉奖后被送到埃及和苏联学习。叙利亚、埃及合并后，阿萨德调往开罗，同时他开始秘密组建复兴党军事委员会，并担任领导职位。后来埃及清洗叙利亚人，阿萨德回国任职，但没有退出军事委员会。

通过多次政变上台执政。"三八"革命成功后，作为政变核心成员的阿萨德进入全国革命指挥委员会，兼大马士革杜梅尔空军基地司令，后升任空军司令，空军成为他的"独立王国"。1965年4月的复兴党"八大"，他当选为民族领导机构成员和地区领导机构军事局成员，成为党内少壮派军人集团首领人物之一。1966年2月，他协助萨拉赫·贾迪德成功发动政变，升任国防部长兼空军司令，成为叙利亚二号人物。

"新左派"激进政策措施导致生产力大大下降，国民经济增长率不到1%。【27】再加上1967年"六五"战争失败后，政府与军队相互指责，复兴党内部形成党的领袖萨拉赫·贾迪德为首的政府阵营和国防部长阿萨德控制的军方阵营，两大阵营矛盾迅速激化。1970年11月13日，阿萨德发动不流血的军事政变——"纠正运动"，逮捕了萨拉赫·贾迪德及同伙，成立以自己为首的复兴党临时指挥部，任总理兼国防部长。直到2000年逝世，他一直是总统、复兴党总书记、武装部队最高统帅和全国进步阵线主席。在他的领导下，叙利亚进入了相对稳定的发展时期。

三、以个人为核心的威权政体的确立

总统阿萨德是整个国家权力核心。1973 年 3 月"永久"宪法规定，[28]
国家实行阿拉伯民族主义和复兴社会主义，复兴党一党执政，实行三权分立，
人民议会行使立法权，取消逊尼派元老担任总统的惯例，总统行使最高行政
权，司法权独立。实际上国家最高权力集中在总统阿萨德手中，他总揽行政、
军事、立法、外交等方面的权力，制定国家总政策，任命副总统、总理、副总
理、部长和副部长，解散内阁，任命军队将领和法院法官等。拥有解散议会的
权力，在议会闭会以及紧急情况下，总统行使立法权，宪法修正案也需总统批
准生效。总统为武装力量最高统帅，有权宣布和终止紧急状态，宣布战争、总
动员和媾和。总统任期 7 年，由全民投票产生，可连选连任，总统唯一候选人
在复兴党建议下由议会提名。总统兼任复兴党民族领导机构和叙利亚地区领导
机构的总书记，并担任政治协商组织——民族进步阵线主席。

只对阿萨德负责的亲信集团实际执掌国家权力运行，保证国家权力集中
于阿萨德一人之手。表面上议会、各级政府及复兴党组织机构负责国家日常事
务及社会运行与控制，实际上，十余名在情报系统、安全机构及精锐部队中担
任要职的复兴党高层领导组成的总统亲信集团，行使国家最高权力。在亲信集
团内部，最核心的部分由复兴党阿拉维派军人骨干组成，他们与阿萨德同属复
兴党、阿拉维派、相同地区与部落，甚至是战友、同乡或亲属，深得阿萨德信
任，并掌握各级军事战略部门、暴力机关和情报组织。阿萨德的胞弟里法
特·阿萨德长期担任副总统，阿萨德的亲信和战友哈达姆和塔拉斯等人长期担
任外长、国防部长等要职。亲信集团的另一部分，是忠于总统且与总统有依附
和利益关系的复兴党党政要员，包括总理、各部部长和各省省长等。

完善复兴党组织机构，加强对内控制。阿萨德上台后，完善了复兴党全国
组织体系，建立了从中央到城镇村社各级党组织，在各级党政军机构和社群团
体、学校和宗教团体中建立党组织，复兴党成员任领导职位。1973 年宪法明
确规定，复兴党是社会和国家的领导党，党的纲领是国家指导思想和意识形
态。党活动经费的 80% 来自国家预算。[29] 到 1980 年，复兴党建立了 11163

个基层单位、1395 个支部、154 个区域委员会和 18 个省级委员会。1992 年复兴党党员达 100 万人，文职党员中近一半是大学生和高中生。【30】党的各级组织向复兴党中央委员会——民族委员会与地区委员会联席会议负责，复兴党民族委员会和地区委员会的领导机构即复兴党中央委员会成员由阿萨德任命。复兴党在政权中的主要作用表现在以下三个方面：一是所有精英的选拔和人才的招募都是由复兴党控制的，入党是进入权力体系的唯一途径。二是利用自身广泛的群众基础，进行意识形态宣传、政治动员和社会整合。三是进行政治控制和社会控制，协助政策实施。

军事安全机构主要由军队、情报部门、警察宪兵系统等构成，均由忠于阿萨德的阿拉维派复兴党子弟占据领导岗位，规模庞大且自成体系，是阿萨德政权最主要且最忠诚的捍卫者。同时，许多军队高级将领兼任复兴党高级领导职务，军人在复兴党党员中占的比例高达 10%，这也保证了军队对复兴党的有力影响。

行政官僚机构的权力相对较小，但人数庞大，除行使具体的行政和社会管理职能外，在政治控制和社会整合方面也具有重要作用。入党成为民众进入权力体系和行政官僚体系的唯一通道，公职人员均通过党组织进行选拔。20 世纪 90 年代初，公职人员增至 70 多万人，约占劳动力总人口 20%，其中 60% 为官僚阶层，【31】成为国家稳定的利器。

社会团体被复兴党牢牢控制。根据宪法规定，叙利亚政治上实行人民民主制度，人民通过政党联盟的民族进步阵线、议会以及各种社会组织和团体来参政议政，但这些组织被复兴党牢牢控制。如民族进步阵线章程明确规定共和国总统、复兴党总书记是民族阵线的主席，接受复兴党的领导及其政治纲领和基本路线，复兴党党员在阵线中占据多数席位。靠这种手段，阿萨德政权笼络、控制并削弱其他政党，孤立复兴党的潜在对手，扩大了政权的统治基础。

作为立法机构的人民议会成为阿萨德象征性的表决咨询机构，其成员的产生及活动均受复兴党严格控制，立法权和决策权依据宪法实质上都属于总统的职权，人民议会讨论话题不得涉及国家制度、不得批评总统和行政部门。复兴党在 2007 年议会大选中占据全部 250 席中的 134 席，以该党为主的政党联盟民族进步阵线则占据 169 席。【32】人民议会只有批准并通过总统制定的法律的权力，自建立以来从未否决过任何总统或者政府的立法议案。但人民议会具有意识形态上的宣传功能，便于政权扩大社会基础。

残酷镇压反对派是阿萨德权威政体的集中表现。阿萨德上台后一直沿用紧急状态法，停止言论自由和集会等公民基本权利。阿萨德采取强力手段清除异己，将萨拉赫·贾迪德等复兴党领导人投入监狱，或流放或暗杀。强力镇压国内穆斯林兄弟会等逊尼派组织。1980年7月，阿萨德宣布"所有穆斯林兄弟会成员都将被视为罪犯，处以死刑"，投案自首既往不咎的期限只有一周。1982年2月，阿萨德派军队血洗哈马省穆斯林兄弟会的叛乱，数万人被杀、上百万人逃亡。

四、大力发展经济，组建"跨阶层社会联盟"

深化土地改革，与农民阶级建立联盟。阿萨德上台后，深化土地改革，一方面投入巨大物力财力扩大耕地面积，"原本叙利亚只有百分之三十的土地可以耕种。1970年开始，由于政府大力建设灌溉工程，促使田地的耕作比率超过了百分之五十"。【33】另外，实行有限的土地再分配，解决了超过三分之一无地农民的土地问题。通过农业合作社以极低条件向农民提供种子、肥料、技术援助以及市场交易条件。成立国家农业银行向农民提供优惠贷款，加大农产品的补贴保证农民收益。建设农村电气化工程、购买现代化农业机械等。作为交换，农民放弃效忠地主贵族，成为支持政府的主要力量。

大力发展国有经济，巩固与工人阶级的联盟。叙利亚独立后，在经济上采取赎买政策，先后对烟草、铁路、电话和货币银行等行业实行了国有化，确立了国营经济主导地位。阿萨德上台后，大力发展国有工业。"1971—1975年第3个五年计划中，工业投资增加到11.73亿叙镑，占国家总投资的18.2%。1976-1980年的第4个五年计划中，工业投资猛增到112亿叙镑，占国家总投资的20%"。【34】由于工业高投入，"1970-1978年，工业生产的年平均增长率为13.6%"。【35】1984年，国有企业的劳动力约占全部工业劳动力的1/3，产值则占工业生产总值的78%。【36】1965—1977年，叙利亚工人实际生活水平提高了25%，【37】这有效赢得了工人阶级的效忠。

阿萨德还通过对面包、食用油、燃料油和电等基本商品提供高额补贴来维护跨阶级联盟关系。如电价从 1975 年开始下降，只占生产成本的 2/3，而煤油和汽油的价格一直低于世界市场的 20% 左右。【38】国家甚至对消费者和生产者同时进行补贴，这虽然有效维护了跨阶级联盟，却造成了国有企业效率低下，也使国家负担沉重。

进行经济改革发展私人资本，联合中产阶级。阿萨德上台后，将中产阶级作为"跨阶层社会联盟"的一部分，重视发展私人资本，加大经济对外开放。1974 年颁布有关放松经济控制和鼓励私人投资法令，允许私人资本从事外贸，鼓励外国资本投资。在大马士革、阿勒颇开设六个自由贸易经济区，允许私企从事进出口贸易。通过减免税收和提供低息贷款等方式，鼓励国外资本投资制造业和其他急需发展的部门。大量引进西方资金和技术，获取海湾产油国贷款和赠款，接受阿拉伯产油国和前苏联大量外援及经济技术合作。

经过政府的努力推动，1975—1979 年，叙利亚 GDP 增长率高达 13.4%，国民纯收入增长 8.6%，人民生活明显改善。"十月战争"还收复了部分被以色列占领的领土，重启与阿拉伯国家的关系，加强与苏联联系，调整了对欧美政策，使得叙利亚在中东国际舞台中发挥了重大作用。

由于还是采取传统的大量投资刺激经济增长的方法，固守计划经济体制，国有企业改革举步维艰，经济改革裹足不前，城市与农村经济发展严重失衡，维护阶级联盟的高补贴，都成为国家经济沉重包袱。1981—1989 年的国内生产总值下降了 20%，通货膨胀率一度达到 30%。海湾战争打开了叙利亚的国际生存空间，获得了大量经济援助。阿萨德开始了第二次大规模的经济调整与改革运动，1991 年颁布第 10 号鼓励投资法，鼓励投资叙利亚所有经济领域。整个 20 世纪 90 年代，叙利亚经济增长率高于 5%，成为中东地区少有的经济高速发展的国家。进入新世纪以后，经济增长率开始下滑：1997 年至 2003 年经济平均增长率仅为 2.37%。2005 年国内通货膨胀达到 6%，2006 年达到 10% 左右。【39】2009 年财政赤字达 41 亿美元，占国内生产总值的 7.4%。【40】

五、"阿拉伯民族主义"与"国家民族主义"并重

对以色列高举"阿拉伯民族主义"旗帜。阿萨德上台后，希望通过坚定

的反以色列立场来接替去世的纳赛尔，成立阿拉伯世界的政治领袖。1973年，阿萨德联合埃及发动对以色列的"十月战争"，一举打破了以色列不可战胜的神话，恢复了阿拉伯民族尊严和信心，阿萨德成为阿拉伯领军人物。1978年，在美国的促使下，埃及和以色列缔结和平条约，实现了关系正常化。叙利亚联合阿拉伯世界，组织起"阿拉伯拒绝阵线"，将埃及逐出阿拉伯联盟，叙利亚成为唯一有实力有意愿与以色列抗衡的阿拉伯国家，获得众多阿拉伯产油国的援助，并成为中东和平进程中不可或缺的国家。1980年，叙利亚与苏联签署同盟条约——《苏叙友好条约》，获得大量军事、经济和技术援助，以保持与以色列的战略平衡。从此，阿萨德成为阿拉伯民族的新领袖。

在阿拉伯世界内的"国家民族主义"。两伊战争中，与阿拉伯国家支援萨达姆不同的是，阿萨德站在伊朗一边。由于叙利亚与伊拉克在历史上关于教派矛盾、对复兴党领导权及地区霸权的争夺问题上存在长期的冲突。出于国家利益的考虑，阿萨德全力支持伊朗，给伊朗提供武器弹药、情报，甚至不惜关闭伊拉克经叙利亚的输油出口管道。作为回报，伊朗每年免费向叙利亚提供数百万吨石油。另外，沙特和科威特等国由于担心伊朗和叙利亚对伊拉克形成钳形包围，为软化叙利亚的支持力度，仍然向叙利亚提供援助。与伊朗的结盟有效地牵制和削弱了敌对国家——伊拉克和以色列，从一定程度上改善了叙利亚的安全环境。1991年美国等多国部队发动海湾战争，出兵最积极的阿拉伯国家就是叙利亚，派出300辆坦克和1500名士兵参战，显示出阿萨德"国家民族主义"的一面。出兵伊拉克极大改善了叙利亚与美国和阿拉伯国家的关系，并获得了大量的经济援助。

阿萨德威权政体适应了叙利亚转型期间要求建立强大国家和政府、摆脱长期动荡、涣散虚弱的客观需要，也是他作为政治强人大力推行其政治理念的结果。在他统治下，叙利亚从一个涣散弱小的国家转变成一个地区重要影响力国家，他本人也被称为"中东雄狮"。同时也要看到，"叙利亚是20世纪末的一个尴尬的存在：在政治民主化时代，维持依托少数派的独裁政权；在经济全球化时代，控制占优势地位的国营经济"。【41】长期的威权政体无法建立现代国家民主制度，无法实现国家长治久安。当经济发展停滞、内外部问题叠加时，叙利亚危机就不可避免。

第三节　军队成为维系威权政体的支柱

军人出身，并依靠军事政变上台的阿萨德，通过军队的"阿拉维化"和"复兴党化"，牢牢控制军队，并在长期与以色列的战争中发展出阿拉伯世界强大的军事力量，其军队被誉为"大马士革弯刀"，也在内战中长久支撑巴沙尔政权。

一、叙利亚军队数量位居阿拉伯世界前列，但装备极其落后

苏式装备为主，主战装备基本停留在 20 世纪六七十年代的水平，后勤与技术一般，战术呆板，但久经战火，作战勇敢，纪律性强，[42]是继埃及和伊拉克以后阿拉伯世界第三大军事力量，整个军事安全体系雇佣了近一半的国家公职人员，占总劳动人员的 15% 左右。[43]所有符合条件的 18 岁男性都必须服兵役。除了一些志愿者外，女性不需要参军。军事力量包括陆军（含特种部队、共和国卫队和警卫部队）、空军和防空军、海军等正规军队，国防军（内部治安军、情报部门）等准军事力量，以及预备役部队和民兵等组成，以士官为主，大部分士兵为阿拉维派。全国划分为南部军区、中部军区、北部军区和海防军区，主要负责辖区后勤、民防、管理和征兵工作，无军队调动指挥权。内战爆发前，现役军队总兵力为 40.8 万人，包括陆军 30 万，海军 8000 人（不含海岸军区部队约 7000 人），空军和防空军近 10 万人。[44]另外，还有准军事部队 10.8 万人，预备役部队 50 万人，宪兵队（内政部）8000 人和"沙比哈"民兵组织 10 万人。[45]

重型机械化陆军规模称冠中东，但装备极其落后。陆军占军队力量的 3/4，主要有 5 个装甲师、4 个机械化师、4 个地地导弹旅和数支特种部队、炮兵旅等。[46]陆军有 4700 辆主战坦克，数量位居中东首位和世界前十名，但绝大部分是苏联 20 世纪六七十年代的 T-54、T-55、T-62 坦克和 T-72 坦克，伊拉克的这种坦克在海湾战争和伊拉克战争中轻松被美英军队打成一堆堆废铁。装备大约数千辆陈旧的、BMP-1 步兵战车、BTR-40/50/60 装甲输送车、

BTR-152 装甲车和 BRDM-2 侦察车。

拥有各型大口径火炮 3000 多门，其中自行火炮约 500 门、火箭炮约 550 门。反坦克力量比较强大，在 20 世纪 90 年代末期，陆军接收了近 1000 枚先进的 AT-14 反坦克导弹。得益于 1973 年中东战争中特种突击队的优异表现，陆军很重视特种作战部队建设，其作战能力比较强。另外，陆军还有 4000 多门高炮及 28 个营的萨姆-7/8/9 型防空导弹。

叙空军是中东地区规模最大的空军之一，有 2 个战斗机师，4 个直升机旅，2 个训练旅和 1 个运输机旅，装备各型固定翼作战飞机 440 多架，绝大多数为落后的米格-21 和米格-23，少量先进的米格-29、苏-27 屈指可数，【47】但普遍缺乏零配件和维护，许多飞行员甚至使用教练机执行作战任务。

乏善可陈的防空军部队。1982 年败于以色列空军之手后，叙利亚重点投资购买 SA-10、SA-20 防空系统，重新构筑起坚固的防空网络。防空军司令部指挥 3 个防空指挥部（师级）、2 个防空导弹师，兵力为 6 万人，下辖 23 个防空旅、8 个防空团和 2 个雷达旅。【48】防空导弹系统大多是老式的 SA-2、SA-5、SA-6、SA-7、SA-8 和 SA-9，以及若干 ZSU 高炮。1997 年，叙利亚向俄订购了 S-300 远程防空导弹，直到内战爆发俄才交付。在 2007 年以色列轰炸叙利亚的核设施过程中，叙空军先进的俄制"道尔-M1"导弹防御系统没能作出任何反应。

拥有该地区规模最小的海军。苏联解体后，海军从未装备过新的舰艇。海军下辖 3 个旅级海军基地，潜艇与反潜艇旅、扫雷艇旅、混合舰艇旅和训练旅各一个，没有舰队或中队等大规模的海军部队，装备以巡逻艇、导弹艇为主的 38 艘舰艇，有 R 级常规动力鱼雷潜艇 3 艘（均无作战能力），"别佳"级小型护卫舰 2 艘，还有大约一些老式的海岸观察和反潜直升机等。

二、阿萨德家族牢牢掌握军队

总统阿萨德为军队最高司令，总揽军权。1973 年宪法规定，军队最高领导机构为总司令部，总统为总司令，是最高军事统帅。总统通过国防部、总参谋部和陆海空三军司令部领导全军。国防部为政府军事领导机构，总参谋部在总司令部和国防部领导下负责平时战备和战时作战指挥。政治部在总司令部和复兴党总部双重领导下，负责全军政治教育和宣传工作，部队营以上单位设立复兴党组织，设有负责政治工作的专职干部。目前巴沙尔总统任总司令，掌握最高军权。

军事安全机构高层"阿拉维化"。阿萨德规定军队所有重要位置的指挥官都必须由忠于他的阿拉维派军官担任，任何对阿萨德执政不满的人都无权管理军队。军事安全机构领导成员全部由来自阿萨德所属的马塔维拉部落家族成员，突击队和禁卫军则由阿萨德的近亲指挥。阿拉维派军官超过军官总数的1/2，内务警察和情报人员也大多来自阿拉维，复兴党中央委员会18位军人中，有12位是阿拉维派。【49】据统计，在军队将级军官中有88%是来自阿拉维派。【50】阿萨德的胞弟里法特·阿萨德曾任共和国卫队司令，另一位胞弟贾米勒曾任民兵司令，负责保卫拉塔基亚地区的阿拉维社团。里法特·阿萨德被解除职务后，阿萨德的女婿阿瑟夫·舒卡特曾指挥过共和国卫队。阿萨德堂弟阿德南·阿萨德主管特战队，负责大马士革地区的安全保卫。其他两位家庭成员尤苏夫·阿萨德和穆哈默德·阿萨德则分别掌管哈马地区的复兴党机构和驻扎在阿勒颇的特种防卫部队。武装部队总参谋长、特种部队司令、情报局局长、军事情报局局长均为阿拉维派。士兵中阿拉维人比重高达70%，装甲第四师和共和国卫队由清一色的阿拉维派士兵组成，受巴沙尔弟弟马赫尔直接指挥，负责保卫政权和首都安全。【51】空军飞行员的98%，特种战部队的100%，以及首都驻军的全部，特种部队和内卫部队也都是阿拉维子弟兵。阿萨德还先后清除几十位难以驯服的顽固派将军。

建立直属总统指挥的禁卫军——共和国卫队。成立于1976年的叙利亚共和国卫队，最初目的是保卫政府官员免遭外部威胁，因为阿萨德相信只能用自己的血脉捍卫自己。这支2万人组成的装甲特种部队，完全由阿拉维派构成，阿萨德任命弟弟里法特为卫队司令，专门从代尔祖尔油田获得的收益中拨出专款给共和国卫队，优先保证该队的武器装备和官兵们的生活物资。在阿萨德的大力支持下，共和国卫队成为叙利亚战斗力最强、武器装备最为精锐、对总统最为忠心的禁卫军，一直由阿萨德家族掌握，负责保卫大马士革安全，也是唯一一支允许在首都活动的军事力量，成为维护阿萨德权威统治的中坚力量，并直接镇压了1982年的哈马叛乱。1997年，巴沙尔升为共和国卫队司令。2000年，巴沙尔成为总统后，将共和国卫队交给了弟弟马赫尔。2011年骚乱后，马赫尔领导的共和国卫队与反对派发生过多次正面对抗，竭力维护哥哥的统治。

注重军队高层"复兴党化"，打破原有复兴党内部文官集团与军人集团的二元权力状态。所有高级将领必须加入复兴党，高级将领的权力受到党组织制约，军队和党政机构相互依存，没有独立进行权力分配和权力控制的能力，再加上阿萨德的权威统治，对军队实施严格控制，加强军队职业化建设，将军队塑造为其政权最重要的支柱的同时，削弱了其干政的能力，一举扭转了1970年前军人频繁干政的局面。阿萨德成为叙利亚历史上第一位能有效控制军队，却又不被军队控制的政治领袖。【52】在叙利亚内战期间，军队成为维护巴沙尔政权的关键力量。

三、大力发展生化等非常规作战武器

叙利亚国防科技工业相当落后，仅能生产小型、轻型武器、普通弹药和被装等后勤物资，在苏联帮助下，还能生产少部分的火炮，承担飞机、坦克等装备的部分维修和保养工作，但生产规模和能力非常有限。

为平衡以色列的军事力量，叙利亚着重发展弹道导弹。根据伦敦国际战略研究所的报告，叙利亚拥有数百枚"飞毛腿"B和"飞毛腿"C地地战术导弹。在伊朗、朝鲜协助下，叙利亚还研制了射程为700公里的"飞毛腿"D型地对地导弹，建有3个"飞毛腿"导弹地下工厂。

为弥补常规武器劣势，叙利亚开始大规模发展生化武器。叙利亚最早在1973年10月第四次中东战争时，从埃及获得了一些化学毒剂。20世纪70年代末，叙利亚获得了苏联提供的可装载在"飞毛腿"导弹上的VX毒剂弹头，先后建立了3处研制和生产试验中心，存储了上百吨沙林毒剂、VX毒剂和芥子气。1985年，叙利亚开始为其"飞毛腿"导弹制造了大量固体沙林毒气弹头，以及上千枚航空毒气弹，还研制了多种毒剂炮弹。叙利亚从未承认拥有生化武器，也没有加入《禁止化学武器公约》。

第四节　长期处于外部制裁、孤立和战争状态

独立后的叙利亚，坚决反对美国中东霸权和以色列侵略扩张，因此长期遭

受欧美等国威胁与制裁，与以色列处于战争状态，始终处在战争状态和封锁制裁的困境中。

一、美国威逼叙利亚加入其中东体系

为驱逐中东的英法势力，1944 年 9 月，美国不惜得罪英法，成为首个承认叙利亚独立的西方国家。1946 年叙利亚独立后，叙美建立外交关系。冷战开启后，随着英法势力撤出中东，美国迅速填补该地区权力真空。由于叙利亚在中东的重要地位，美国希望将其纳入自己的中东势力范围。而独立后的叙利亚坚决反对美国和以色列的侵略扩张，积极支持巴勒斯坦民族解放事业，导致了美国长期敌视、制裁、封锁和军事威胁。

进入 20 世纪 50 年代，美国频繁支持叙利亚军事政变，以建立一个亲美国家，两国关系由此紧张。美国当时在中东面临两大挑战：一是压制中东阿拉伯国家民族解放运动；二是阻止苏联进入中东。1950 年，为防止苏联进入中东，美国纠集英法、以色列、澳大利亚、新西兰和南非联邦等国成立中东军事联盟组织——中东司令部，遭到中东国家反对而夭折。1952 年美国又推出"中东防务组织"，因中东国家一致反对而胎死腹中。而此时埃及纳赛尔领导的民族运动得到苏联的支持，中东各国反帝反殖的民族解放运动蓬勃发展，苏联在中东的影响日益扩大，引发美国高度警觉。在几次失败后，美国计划采用军事条约方式重新拼凑中东军事联盟。1954 年，在美国强迫下，伊拉克与土耳其签署《巴格达条约》。美国又游说英国、巴基斯坦、伊朗先后加入该条约。1955 年 11 月，巴格达条约组织举行第一次理事会，标志着中东军事联盟——巴格达条约组织正式成立。在当时民族解放运动高涨的情况下，该组织遭到大多数中东国家抵制和反对。1955 年 3 月，叙利亚公开反对巴格达条约组织，并与埃及签署《政治、经济和军事合作协定》，得到沙特支持。为逼迫叙利亚参加该条约组织，美国联合土耳其对叙利亚进行军事威胁，调集军队在土叙边境进行军事演习，引发中东各国强烈反美浪潮。1959 年 3 月，伊拉克宣布退出巴格达条约组织，1979 年伊朗又发生伊斯兰革命，该组织名存实亡。

巴格达条约组织的出现极大地刺激了苏联，利用中东大部分国家抵制该条约的机会，苏联加紧进入中东地区。利用 1955 年美英拒绝对埃及提供武器的机会，苏联为埃及提供大量先进武器。1955 年，叙利亚与苏联签订了大量贸易协定。1956 年苏联与叙利亚签署军事援助协定和文化合作协定。

为遏制苏联进入中东的速度，1956 年美国利用土耳其、伊拉克对叙利亚进行军事威胁，美国中情局则策划叙利亚国内军事政变，但苏伊士运河危机的爆发使得该计划失败。美国不甘心失败，1957 年 1 月，美国总统艾森豪威尔称中东国家面临"来自共产主义方面的危险"，要求使用武力"保卫"中东，遭到中东国家强烈反对。8 月，美国企图颠覆叙利亚政权，再次唆使土耳其军事进攻叙利亚。后在苏联及中东各国公开声援下，美土军事威胁破产。叙美关系的急剧恶化强化了叙利亚与苏联关系。10 月，苏联和叙利亚签署经济技术合作协议，苏联对叙投资 5 亿美元，并提供 1.6 亿美元低息贷款，为苏联对中东国家金额最大的经济援助。

进入 60 年代，为扭转中东失利局面，美国武装以色列打击埃及和叙利亚等亲苏国家，遏制纳赛尔为代表的阿拉伯民族主义力量，削弱苏联势力，中东爆发了第三次战争。战争爆发后，美国军事援助以色列的立场引发阿拉伯国家普通的愤慨，埃及、伊拉克相继与美国断交。苏联迅速补充了叙利亚在战争中的损失，并派出大批军事顾问。1963 年，叙利亚复兴社会党上台执政后，与苏联签署全面合作协定，此后苏联全面进入中东。在 1973 年第四次中东战争前，苏联向埃及和叙利亚提供 54 亿美元军援，在叙的苏联军事顾问多达 3500人，为叙顶住以色列反攻提供了强力支撑。

1973 年第四次中东战争后，美国主导了中东和平进程，促成阿以达成脱离接触协议，叙美关系一度改善。但美国此时又撮合了埃及与以色列建交，遭到叙利亚强烈反对，这也使得叙成为唯一有实力对抗以色列的国家。无奈势单力孤，叙利亚只得求助于苏联，而此时苏联与埃及因第三次中东战争而彻底闹翻了，叙利亚成为中东唯一盟友。1980 年，叙利亚与苏联缔结军事同盟条约。1982—1986 年，苏联每年向叙利亚提供不少于 20 亿美元的军事贷款。【53】到解体前，苏联向叙提供军事、经济援助达 200 亿美元，在叙军事专家最多时有5000 人，【54】叙利亚被称为"苏联人的以色列"。

冷战结束和苏联解体后，为美国重塑中东提供了良好机会。经过海湾战争、伊拉克战争，美国彻底摧毁了伊拉克的战争机器，全面制裁了伊朗，并撮合了约旦与以色列的和解，美国开始对付唯一激烈反抗以色列、不配合美国中东政策的叙利亚，对叙利亚实施全面制裁。为体现中东和平的主导者地位，2004 年 2 月，小布什提出旨在建构美式政治体制的大中东计划，主要针对叙利亚和伊朗，但遭到阿拉伯世界的普遍冷遇和反对。

二、叙以问题成为美国主导的中东和平死结

美国是以色列铁杆盟友，叙、以两国则是世仇，美国在历次中东战争中大力支持以色列，使得叙美关系非常紧张。第三次中东战争时，叙美断交。

1973 年，美国调停了第四次中东战争，促成交战各方脱离接触，叙美关系开始改善。1974 年 6 月，两国复交。1974—1979 年叙利亚获得美国 4 亿多美元的赠款和贷款，美对叙出口从 1974 年的 4000 万美元增加到 1976 年的 2.7 亿美元，并默许叙利亚控制黎巴嫩。

1979 年 3 月，美国主导埃及与以色列媾和之后，对以色列坚持强硬立场的叙利亚成为美国推行中东和平路线的"绊脚石"和"眼中钉"。1982 年，里根推出的《中东和平方案》使美叙关系迅速降温。同年美国支持以色列入侵黎巴嫩后，叙美关系再度冷淡。1983、1984 年在黎巴嫩，叙美两国甚至发生过小规模武装冲突。

叙以问题成为中东和平进程的核心问题。基辛格曾说，在中东，没有埃及，就没有战争；没有叙利亚，就没有和平。叙利亚坚持巴以、叙以和黎以问题合并解决，围绕与以色列和平建交和撤军戈兰高地的问题上，叙以僵持不下，中东和平进程迟迟难以取得实质性成果。冷战结束和苏联解体后，以及海湾战争爆发，美国决心推动中东和平进程，俄也愿意配合美国的努力。叙利亚积极参与海湾战争使美叙关系改善，1991 年 5 月，由美国总统布什主持了马德里中东和会，叙利亚首次参加会谈。但由于以色列的强硬立场，会议没有取得任何成果。在 1994 年 10 月，以色列先后与巴解组织和约旦签署和平协议，巴勒斯坦在加沙建立临时权力机构，2003 年美国又推翻了反以的萨达姆政权，中东和平进程的主要对手就是叙利亚和以色列，但双方谈判异常漫长艰苦。叙利亚不再坚持以武力收复戈兰高地，主张"以和平换土地"，即以色列先撤军，后谈判和平问题，而且将叙以、黎以和巴以谈判"并轨"。以色列坚持应该先

建立外交关系，承认以色列合法性与安全需要，再谈戈兰高地领土问题，双方存在原则性分歧。1994年，以色列外长佩雷斯首次承认叙利亚拥有戈兰高地主权，叙以双方就分阶段撤离戈兰高地以及安全保障等方面几近达成一致协议，但以总理拉宾因此遇刺身亡，黎巴嫩真主党又大肆骚扰以北部地区，新上台的以色列总理内塔尼亚胡坚持强硬政策，"不建立巴勒斯坦国、不撤离戈兰高地、不讨论东耶路撒冷最终地位"，导致叙以和谈崩溃。1996年以色列通过《戈兰高地法》，进一步确认高地为以色列领土，持续扩大定居点计划，这使得和谈更加困难。【55】1999年，以色列总理巴拉克上台后，双方围绕先撤军还是先订和平协议，以及撤军具体界限等问题僵持不下。

阿萨德去世后，巴沙尔一方面表示如果以色列完全撤出戈兰高地，他愿意与以签署和平条约，另一方面又支持真主党和哈马斯。此后叙以仍处于紧张军事对峙状态，并不时发生武装冲突。

三、欧美借中东恐怖组织问题长期制裁叙利亚

为保护以色列安全，美国一直将多个反抗以色列非法占领的巴勒斯坦激进组织和黎巴嫩真主党列为恐怖组织，指责叙利亚支持这些恐怖组织，阻碍了中东和平进程。叙利亚则坚持在国际法范围内定义恐怖主义，强调不应把巴勒斯坦和真主党反对外国占领的合法斗争混为一体，坚持以色列的镇压才是恐怖主义活动。

1979年开始，美国每年公布恐怖主义国家"黑名单"，都有叙利亚，并据此制裁叙利亚。1980年1月，美国限制对叙军事出口。1983年，美国中断对叙利亚所有援助。1986年10月，英国认定叙利亚参与了企图在希斯罗机场炸毁以色列客机的阴谋活动，断绝与叙利亚外交关系，美国为表示支持也与叙利亚断交。1986年11月，欧盟对叙利亚实施一揽子制裁，包括禁止出售先进武器、中止当前正在交易的合同、开展包括限制高层互访在内的外交制裁，及提高对叙利亚航线的安全限制等。同月，西德以叙利亚大使馆官员参与东柏林爆炸案为由，对叙利亚实施了经济和外交制裁。美国中情局还拟定了名为"叙利亚：政治剧变的方案"，准备推翻叙总统阿萨德的统治。不过1987年美叙两国复交，这一计划并没有实施。1988年"洛克比空难"后，叙利亚成为主要嫌

疑对象，欧共体对其实施长达八年的武器禁运和贸易制裁。2001 年初美国把叙利亚列为"无赖国家"之一。"9·11"事件后，美国再次把叙利亚列入"支持恐怖活动国家"的名单。

出于自身安全考虑，叙利亚关闭了哈马斯和杰哈德等组织在大马士革的办事处，为美国提供了关于"基地"组织的情报。对于叙利亚的配合，美国并不领情。2001 年 12 月，布什总统在联合国大会上宣读"无赖国家"名单就包括叙利亚。2002 年，布什的"邪恶轴心"名单也包括了叙利亚。伊拉克战争期间，美国一再指责叙利亚向伊拉克提供反坦克导弹等军事装备，收留庇护逃亡的伊拉克高级官员，接受伊拉克转移的大规模杀伤性武器和大批钱财、允许恐怖分子越境打击美军，叙利亚一度成为美国军事打击的重点目标。2003 年 10—11 月，美国通过了《叙利亚责任及黎巴嫩主权法》，对叙进行全面经济、政治、外交制裁。[56] 2004 年 5 月，美国财政部禁止美国的银行及其海外分支机构与叙利亚商业银行业务往来。2005 年 6 月，借黎巴嫩前总理哈里里遇害，美国禁止叙利亚公司 SES 国际集团及与其有关的两名叙利亚官员的经贸活动，对叙内政部长、军事情报官员展开制裁。11 月，美众议院通过法案，要求除用于支持叙利亚民主和人权进程的 655 万美元外，停止一切对叙援助。2006 年 3 月，美国将叙利亚商业银行、叙利亚黎巴嫩商业银行列入洗钱中心的名单上，要求所有美国银行避免与其开展业务。2008 年 5 月，小布什将这些制裁措施延长一年。2009 年 5 月，奥巴马再次延长一年。叙利亚内战爆发后，这些制裁一直在延续。

四、以拥有大规模杀伤武器为由制裁叙利亚

美国以拥有大规模杀伤性生化武器为由，加大制裁叙利亚的力度。1986 年 6 月，以叙利亚与伊朗合作发展化学武器为借口，美国禁止向叙出口 8 种可用于生产芥子气及神经毒气的化学品，并禁止向叙出售直升机。11 月，里根政府禁止叙利亚同美国进出口的银行贸易，取消了航空货运协议，禁止在美国国内出售飞往叙利亚的机票，减少驻大马士革大使馆员工数量，并敦促美国石油公司结束在叙工作。

冷战后，美国"禁止大规模杀伤性武器扩散安全方案"成为其全球反恐战

略的重要内容，也成为其推行霸权政治的绝佳借口，借此打压所谓的"无赖国家"。伊拉克战争结束后，美国迫使利比亚放弃了核武器，迫使伊朗签署《不扩散核武器》议定书，并同意接受国际原子能机构严格审查，迫使朝鲜恢复参加《朝核六方会谈》，因此美国将叙利亚看成是其防止大规模杀伤性武器战略的主要障碍。为回应美方指控，保护自身安全，叙利亚在拒绝美国指控的同时，于 2002 年 5 月 2 日，正式建议安理会将中东确立为无大规模杀伤性武器区，主张如果以色列签署核不扩散条约，放弃大规模杀伤性武器，叙利亚也愿意放弃大规模杀伤性武器，并将中东确立为无大规模杀伤性武器区。但美国要求即使以色列拥有核武器，叙利亚也必须放弃大规模杀伤性生化武器，否则将面临制裁。2003 年 7 月，美国纠集英国、波兰、西班牙、葡萄牙、日本和澳大利亚等 11 个国家在澳大利亚布里斯召开会议，决定对叙利亚等"无赖国家"实施海上和空中拦截和强行检查，凡是怀疑装载有核材料和生化材料以及毒品、伪钞的飞机和舰船都要被拦截并接受强行检查。2006 年 12 月，美国制裁叙利亚国防部、科学分析和研究中心。2007 年 1—4 月，美国相继制裁叙利亚科学技术应用高等研究所、国家标准和校准实验室和电子研究所、叙利亚海军、空军、军队供应局和工业建设防御部门。

叙利亚深受制裁危害。外国投资在国民生产总值中所占的比例由 2000 年的 1.5%下降到 2003 年的 0.7%，为 1994 年以来最低值。[57] 叙利亚航空公司长期无法购进任何西方的飞机或替换零件，导致了 16 架民航停飞，仍在服务的只有 5 架。

五、与以色列长期处于交战状态，屡败屡战

导致国内政变迭起的第一次中东战争。根据联合国 1947 年 11 月的"关于巴勒斯坦未来治理问题的决议"，以色列得以在巴勒斯坦地区建国。以色列在 1948 年 5 月 14 日下午，即英国撤离的当天，宣布建国。5 月 15 日，叙利亚、埃及、约旦、伊拉克和黎巴嫩五个阿拉伯国家对以色列发起第一次中东战争。战争初期，阿拉伯国家进展很大。在美苏协调下，双方停火，以色列利用停火获取美苏大量军事援助，而阿拉伯国家却陷入争吵与分裂。以色列对阿拉伯国家进行了各个击破，阿拉伯国家被迫与以色列停战议和。7 月 20 日，叙利

亚最后签署《以色列和叙利亚总停战协定》。战争结束后，以色列占领了整个巴勒斯坦面积的80%，阿以停火线成为双方边界，并逐渐得到国际社会承认，拟建立的巴勒斯坦国化为泡影。同时阿拉伯军队伤亡四五万人，近百万巴勒斯坦民众成为难民，财产损失约20亿英镑。此次战争的失败直接导致了叙利亚国内政局的动荡，国内接连发生军事政变，葬送了刚刚建立的议会民主政体。

损失惨重的第三次中东战争。60年代开始，随着阿以矛盾不断激化，1967年6月5日，以色列率先发动第三次中东战争，开战第一天就摧毁了埃及、叙利亚和约旦的空军战机，随后出动装甲部队占领加沙地带和西奈半岛。6月7日和8日，埃及和约旦先后被迫与以色列签署停战协定。6月9日，以军占领了戈兰高地。6月11日，叙利亚与以色列接受联合国的停火协议。以色列以微小代价占领埃及西奈半岛、戈兰高地、巴勒斯坦加沙地带以及约旦河西岸和耶路撒冷旧城（东区），总面积8.16万平方公里。埃及、叙利亚和约旦三国损失惨重，叙利亚伤亡近2000人、损失坦克86辆、飞机55架，还失去了约1200平方公里的戈兰高地。【58】从此，以色列不断扩大戈兰高地的犹太人定居点计划，企图长期合法占领。叙利亚与多数阿拉伯国家长期坚持对以色列的"三不"政策，即不承认以色列，不与以色列直接谈判，不与以色列缔结和平条约。1967年11月22日，安理会通过决议，要求以色列撤出第三次中东战争后占领的他国领土，也要求阿拉伯国家承认以色列的独立与安全，遭以色列拒绝。

先胜后败的第四次中东战争。1973年10月6日，埃及和叙利亚突然袭击以色列，第四次中东战争爆发。埃及军队抢渡苏伊士运河，突破"巴列夫防线"，同时叙利亚收复了戈兰高地大部分地区，并包围了戈兰高地重镇库奈特拉。40多个国家发表声明支持阿拉伯国家，阿拉伯国家派出数万人军队配合埃及和叙利亚作战，提供22亿美元紧急援助，阿拉伯产油国以石油禁运打击以色列和欧美。埃及和叙利亚初期取胜后停止进攻，坐等谈判，给了以色列喘息的机会。在美国源源不断的武器支援下，从10月10日起，以色列开始各个击破，重新占领戈兰高地，偷渡苏伊士运河，进入埃及本土作战，整个战局根本逆转。在苏美力压和联合国安理会调停下，10月24日和25日，埃及、叙利亚和以色列先后停火，战争结束。战后叙利亚和埃及伤亡被俘约3万人，损失坦克 2500 多辆、飞机近 500 架，戈兰高地得而复失，以色列取得了军事上的重大胜利，而阿拉伯国家也打破了其不可战胜的神话。1974 年 5 月，在美国"穿梭外交"下，叙利亚和以色列在日内瓦签署"脱离协议"：以色列撤出第四次中东战争所占领的叙利亚领土，包括库奈特拉城；在叙利亚与以色列军队间设立缓冲区，由联合国军队驻扎；叙利亚释放以色列战俘，交还以军阵亡士兵尸体等。

此次战争对于叙利亚最大危害是埃及与以色列签署和平条约，结束了与叙利亚并肩作战的局面。在美国的极力撮合以及数次屡战屡败的巨大压力下，埃及与以色列签署《戴维营协议》，埃及收回西奈半岛，并于 1980 年与以色列建交，这打破了阿以冲突的僵局，但遭到叙利亚为首的阿拉伯国家集体抵制。在 1994 年，以色列先后与巴解组织和约旦签署和平协议，巴勒斯坦在加沙建立临时权力机构。2003 年美国又推翻了反以的萨达姆政权，这使得叙利亚成为唯一有实力对抗以色列的前线国家，进而使叙利亚在阿以对抗中处于孤立境地，所以叙利亚后来主要通过支持黎巴嫩真主党和巴勒斯坦武装来对抗以色列。叙利亚先后在 1980 年黎巴嫩内部教派冲突、1982 年的巴以冲突中与以色列爆发大规模武装冲突，但均损失惨重的失败而告终。

六、在阿拉伯世界相对孤立

叙利亚虽然在共同对抗以色列的过程中暂时携手阿拉伯国家，但由于是什叶派掌权，在逊尼派国家眼中始终是个异类，在阿拉伯世界一直非常孤立。

深入介入巴勒斯坦和黎巴嫩事务，引发西方和众多阿拉伯国家不满。叙利亚、黎巴嫩和巴勒斯坦曾是大叙利亚的组成部分。长期以来，在"大叙利亚"观念的影响下，叙利亚视黎巴嫩为自己的特殊地方。作为"阿拉伯民族主义"的重要组成部分，阿萨德终生致力于实现"叙利亚联邦"梦想，包括叙利亚、黎巴嫩、巴勒斯坦和约旦在内的"大叙利亚"国家，他统治下的大马士革政权也以"阿拉伯民族主义跳动的心脏"自诩。20 世纪 70 年代后，为了确保主导黎巴嫩，并对抗以色列，叙利亚扶植真主党，积极介入黎巴嫩内部事务。1976 年，应阿拉伯国家邀请，叙利亚出兵黎巴嫩。1979 年，黎巴嫩内战结束，阿拉伯国家纷纷撤走驻黎部队，叙利亚部队单独留在黎巴嫩。此后，1982

年，叙利亚迫使黎巴嫩政府废除与以色列签署的《黎巴嫩—以色列撤军协议》。1989 年 3 月，叙利亚与黎巴嫩签订《塔伊夫协议》，承认叙黎"特殊关系"，使得叙利亚完全控制了黎巴嫩。1991 年叙黎先后签署《兄弟关系合作与协调条约》《安全防务协定》，叙利亚全面控制黎巴嫩内政外交，两国还建设一体化天然气管道、铁路、输电线等，一体化进程加深。后来，在阿拉伯世界、欧美和联合国安理会的不断施压下，2005 年 4 月，叙利亚被迫从黎巴嫩撤军，叙黎关系正常化。2008 年 10 月，叙利亚与黎巴嫩正式建立外交关系，客观上宣告了巴沙尔放弃其父亲的"大叙利亚主义"。

叙利亚是最早支持巴勒斯坦解放事业和巴解组织的阿拉伯国家之一，曾是巴解组织早期的大后方与军事基地。1979 年埃及和以色列签署和平条约后，叙利亚、巴解组织、利比亚和阿尔及利亚等组成阿拉伯"拒绝阵线"，拒绝同以色列谈判解决中东问题。但由于叙利亚一直试图以"大叙利亚"框架控制巴勒斯坦民族解放运动，大力支持巴解组织的反对派，如法塔赫、哈马斯等组织，深度介入巴勒斯坦民族解放组织的内部事务，反对参与美国主导的中东和平进程并组建以复兴党党员为骨干的巴勒斯坦游击队组织"闪电组织"，这些都使得叙利亚与巴解组织的矛盾很深，叙利亚曾明确反对巴勒斯坦建国，反对美国主导的中东和平"路线图"，坚持通过巴解组织反对派的武装斗争解放巴勒斯坦。2003 年伊拉克战争结束后，鉴于自身安全形势发生重大变化，叙利亚表示不反对中东和平路线图，但要求吸纳叙利亚和黎巴嫩，一揽子解决中东问题。

"六五"战争和"十月战争"，由于面对共同的敌人以色列，叙利亚与阿拉伯世界的关系得到暂时改善。1962 年叙利亚与埃及恢复外交关系，并联手约旦共同抵抗以色列发动的"六五"战争。第四次中东战争中，叙利亚联手埃及打破了以色列不可战胜的神话，叙利亚与阿拉伯国家的关系迅速改善，并获得阿拉伯国家大批经济援助。1973 年，沙特与叙利亚恢复外交关系。到 1981 年，叙利亚累计从沙特接受了 11 亿美元财政援助，1974 年阿拉伯国家联盟首脑会议上决定每年向叙利亚提供 10 亿美元援助，1978 年达到 18 亿美元。【59】随着由于埃及和约旦先后与以色列签署和平条约，叙利亚联合其他阿拉伯国家建立拒绝阵线，将埃及逐出阿拉伯联盟，断绝与埃及和约旦的外交关系。后来随着形势发展，"拒绝阵线"名存实亡。

20 世纪 80 年代，由于叙利亚在两伊战争中支持伊朗，反对伊拉克，得罪了整个阿拉伯世界，伊拉克等国纷纷与叙利亚断绝外交关系，沙特等国大幅度减少向叙利亚提供经济援助。直到 80 年代末两伊战争结束后，叙利亚与阿拉伯国家的关系才有所缓和。在海湾战争中，叙利亚采取与其他阿拉伯国家相同立场，支持美国对伊拉克发动的海湾战争，并在中东和平进程与阿拉伯国家的密切合作，叙利亚与其他阿拉伯国家的关系有所改善。战争中，叙利亚与埃及、沙特等国协调一致立场，共同反对伊拉克入侵科威特的行为，叙利亚还派遣军队进驻沙特等国，形成叙利亚、埃及、沙特等三国为核心的阿拉伯反伊拉克阵营，与埃及和海湾六国达成《大马士革宣言》，关系得到改善，叙利亚与埃及在以色列撤离戈兰高地与中东和平进程中密切合作。90 年代末，叙利亚与伊拉克也恢复了外交关系。巴沙尔上台后，采取务实的外交政策，放弃"大叙利亚主义"，从黎巴嫩撤出全部军队，与阿拉伯国家关系进一步缓和。

与伊朗的结盟遭阿拉伯世界的敌视。伊拉克战争后，中东地区逊尼派和什叶派矛盾激化，叙利亚成为双方争夺的焦点，而叙利亚在西方国家的打压下，也逐渐加强与同遭西方打压的伊朗的关系，成为伊朗在中东扩大影响的桥梁，出现所谓的"什叶派新月地带"，引发与逊尼派海湾国家的恐慌。叙利亚内战爆发后，大多数阿拉伯国家明确要求巴沙尔下台，并以武器装备和金钱的形式资助叙利亚反对派武力推翻巴沙尔政权。

七、与俄罗斯、伊朗等国关系密切

苏联解体后，随着俄罗斯与以色列建交和俄罗斯国力衰微，俄叙关系有所疏远。后来随着北约不断东扩至俄西北部边界，而独联体南部安全环境日益恶化，叙成为俄在地中海的唯一战略支点，是俄南下中东的"门户"，也是与美欧进行全球博弈的主要基地，战略价值不言而喻。而叙利亚在伊拉克战争后受到欧美全面制裁，也急需俄的支持，双方重新开始靠近。2005 年 1 月，巴沙尔访问莫斯科，俄宣布取消叙利亚 98 亿美元债务，使叙利亚外债总额降至本国 GDP 的 10%以下。

2008 年，俄与格鲁吉亚爆发冲突后，美国在东欧部署了反导系统。随后俄在叙境内部署反导系统，并进一步扩建塔尔图斯海军基地。至 2012 年升级工程完成后，塔尔图斯可以停泊包括航空母舰在内的各类军舰。俄加大对叙经济投资，2010 年向叙出口达 110 亿美元，在叙投资超过了 200 亿美元，并向叙利亚出口了 10 亿美元武器。过去十年中，叙利亚是俄在中东地区的最大军火买家，占到了俄全球武器出口的 10%。2011 年叙利亚危机爆发后，俄全力支持叙利亚政府，直接派出空天部队保住了巴沙尔政权。

与伊朗形成准同盟关系。虽然两国分属阿拉伯民族与波斯民族，但伊朗发生伊斯兰革命后，什叶派掌权，两国基本保持了良好准同盟关系。两伊战争期间，叙利亚是唯一支持伊朗的阿拉伯国家，伊朗也以石油援助等形式回报叙利亚。叙利亚在阿拉伯世界比较孤立，在埃及和约旦先后与以色列达成和平协议，又失去苏联最大的外援国后，急需依靠伊朗来打破封锁制裁并与以色列相抗衡。伊朗也将叙利亚视为争夺中东地区势力范围的重要力量。1991 年，萨达姆在海湾战争中受削弱，但恰在此时土耳其与以色列结成"土以同盟"，又给了"叙伊准同盟"延续的理由。2003 年伊拉克战争结束后，美国强力推动"大中东民主化"，剑指叙利亚和伊朗，这让叙伊两国继续抱团取暖。双方反对美国霸权和以色列的战略是相通的，彼此都将对方视为战略后方。叙利亚危机爆发后，伊朗更有唇亡齿寒的感觉，从人员和武器物资等方面不遗余力地支持叙利亚政府。此外，叙利亚与中国关系非常友好。

第五节　"中东幼狮"的弱威权政体深陷困境

被誉为"中东幼狮"的巴沙尔·阿萨德曾带来了外界赞誉的"大马士革之春"，但这动摇叙利亚权威政体而遭遇失败。为维护自身统治，缺乏超凡个人能力的巴沙尔只能依靠弱威权政体，艰难维系国运。

一、眼科医生被偶然"制造"成总统

1965 年出生于大马士革的巴沙尔·阿萨德本来对政治不感兴趣，一心想当医生，弥补父亲的缺憾。中学毕业后他进入大马士革医学院，专攻眼科，后

又去英国学习眼科。正如他在伦敦的眼科导师舒伦堡所说，巴沙尔更适合当眼科医生而不是总统。在阿萨德的长子、极富魅力的青年军官，民众普遍接受的总统接班人巴西尔·阿萨德死于 1994 年一场离奇车祸后，在伦敦的巴沙尔被紧急召回，开始了总统培养历程。

担任军职和强力反腐树立国内权威。1994 年，回国不久的巴沙尔被送往霍姆斯军事学院学习坦克指挥，然后转入阿勒颇空军学院学习飞行驾驶。1996 进入培养军队高级将领的参谋指挥学院学习。1997 年军校毕业后，巴沙尔担任共和国卫队司令兼第 105 装甲旅旅长，被誉为"中东幼狮"，这为他日后顺利接管政权奠定了基础。巴沙尔还被任命为负责打击贪腐的总统顾问和推广信息技术的国家信息协会主席。在他直接领导指挥下，国内打击贪腐成绩斐然，包括军队情报局局长的儿子、涉及贪腐的前情报部门负责人巴沙尔·纳贾尔被捕入狱，涉嫌贪污的前总理马哈茂德·祖阿比畏罪自杀，内阁中几位副总理和部长因贪腐被逮捕入狱。通过反腐风暴，巴沙尔赢得了民众认可，被成功塑造成"反腐英雄"。

巴沙尔大力普及信息技术，放松对媒体、言论的限制。在他的支持和推动下，叙利亚加快国内信息化建设，国家积极倡导计算机的应用与普及，放宽对互联网和信息的控制，加快互联网应用，在各省建立了信息协会机构，信息科学普及取得了显著的成绩。1998 年他成功说服阿萨德将国际互联网接入叙利亚，国民可以自由上网和使用手机。建立网上虚拟大学和教育体系，颁发国际认可的学位。加速建设电视台，播放西方电影和其他娱乐节目。在巴沙尔的推动下，1999 年叙利亚人使用手机成为合法行为。2000 年初，在巴沙尔努力下，政府废除了禁止在商业和大众传媒中使用传真机的法令。因此，巴沙尔被民众誉为"改革先锋"。

阿萨德也尝试让巴沙尔处理一些外交事务，以积累国家治理经验。1998 年，阿萨德将黎巴嫩事务处理权转交给巴沙尔，由此开始正式处理国家对外事务。阿萨德还特别注重在国内舆论上塑造巴沙尔的光辉形象，利用各种媒体对巴沙尔参加重要活动和事务进行大肆宣传，不断塑造其"年轻、开明及具有知识"的形象。

帮助建立忠于巴沙尔个人的亲信集团。阿萨德生前还极力清除任何可能对巴沙尔构成威胁的人，任命巴沙尔的亲信担任要职。20 世纪 90 年代末，副总统、巴沙尔的叔叔里法特、总参谋长谢哈比、情报部门主管纳贾尔等一批元老被解职。同时阿萨德还任命巴沙尔亲信、阿拉维派的阿里·阿斯兰为总参谋长，强力部门总管换成了巴沙尔的妹夫阿瑟夫·舒卡特，以巴沙尔支持的米鲁组阁，并将内阁 35 位部长换上了 23 位新面孔，形成效忠于巴沙尔个人的领导集体。

实现平稳交接班。2000 年 6 月 10 日，阿萨德突发心脏病去世后，他一手建立的权威政权迅速有效地支持了巴沙尔的接班。阿萨德去世不到 2 小时，叙利亚人民议会召开特别修宪会议，将总统任职年龄从 40 岁调整到 34 岁，从法律上为巴沙尔担任总统扫清障碍。6 月 11 日，代总统哈达姆颁布命令，巴沙尔由陆军上校升至陆军中将，之后任命为武装部队总司令，军方高级将领随即向巴沙尔宣誓效忠。在 6 月 17—20 日召开的复兴党第九次代表大会上，巴沙尔当选为总书记，晋升为大将，被推举为唯一总统候选人。6 月 27 日，人民议会举行特别会议，通过了巴沙尔担任总统的提名。7 月 10 日举行的全民公决中，巴沙尔高票当选为总统，实现了平稳接班的目的。在 2007 年 5 月的全民公决中，巴沙尔再次当选为总统。

二、"大马士革之春"的失败与弱权威体制的确立

更好地维护自身统治，巴沙尔执政之初进行了一些政治改革：在牢牢控制了军队、情报、安全部门的同时，放松社会管制，减少个人崇拜，宣布实行多党制和自由选举制度，允许一些党派和团体存在；签署《50 号法令》，放宽对言论、媒体限制，允许私人开办电视台、电台和网站经营，监督国内反贪活动；打击贪污、腐败、特权，开放集会自由，允许民众开展广泛政治活动，鼓励讨论经济改革和政治民主；在司法上淡化伊斯兰法内容，对反对派更加宽容，赦免了穆斯林兄弟会在内的数千名政治犯，并将潜在对手、前总参谋长谢哈比请回大马士革，授予其"总统府贵宾"荣誉称号。巴沙尔曾亲自组织了一个"改革论坛"，倡导执政党和反对派、知识分子间的建设性对话，以缓解国内紧张气氛；形式上赋予人民议会更多的权力，重组议会并授予议员表达意见权，缓和了国内压力和反对派势力的对抗，并采纳了人民议会对经济政策的积

极建议。这就是外界称之的"大马士革之春"。2001 年议员马本恩·胡姆西等人的被捕，标志着"大马士革之春"结束。

辞退大批复兴党元老，培植个人亲信集团来巩固自己的威权统治。2005 年复兴党第十次代表大会上，巴沙尔迫使复兴党元老和实权人物辞职，各级政府和复兴党组织及其议会中 60% 的官员陆续退休或辞职。【60】巴沙尔把忠于自己的、具有改革精神和专业素质的亲信安插到要害部门。弟弟马赫尔任共和国卫队司令兼叙军精锐第四装甲师师长，姐夫阿瑟夫·舒卡特曾长期主管叙军情部门，接任叙武装力量副总参谋长，后任国防部副部长；表哥哈菲兹·马克卢夫则为大马士革安全总局头目。2010 年，巴沙尔又辞退了一大批复兴党的基层和中层领导与干部，而这些人本来在控制社会和调解族群、部落与宗教冲突中发挥着非常重要的作用。

巴沙尔的上述做法削弱了复兴党的执政能力，最终也削弱了自己的统治，造就了其弱威权的统治。一大批熟悉叙利亚宗教、族群事务的元老和中下层官员被解职，而巴沙尔提拔的年轻官员大多数虽然是阿拉维派，但他们出身于城市，接受西式教育，但与阿拉维派部落势力联系不紧密，也缺乏政治和军事历练与治国经验，短时间内无法适应叙利亚复杂的宗教、部落关系，如旅游部长由曾留学法国的经济学家阿格哈·卡拉担任，又如获得美国印第安纳大学博士学位、曾长期在世界银行设在伦敦的金融部门供职的纳比勒·苏卡尔担任巴沙尔经济顾问。这使复兴党党内出现严重的"空心化"，逐渐丧失了选拔高级官员和制定内外政策中的主导作用，极大削弱了复兴党执政能力，损害了原先支持政权的阶层利益，又没有获得民众广泛支持，使巴沙尔的政治统治基础变窄，对社会控制能力减弱，相比较阿萨德而言，只能是一种弱权威体制。

三、推动经济私有化改革、发展市场经济没有惠及大众

推行私有化改革。巴沙尔上台后，政府面临巨额财政赤字、私有经济停滞、国家经济全面下滑等问题，巴沙尔全面推行经济调整改革，雇用了一批曾在美国留学工作过的精英人士和在国际货币基金组织供职的经济学家出任内阁成员，明确宣布叙利亚将改革苏联式的计划经济模式，推行私有化，走市场经济之路。2005 年巴沙尔提出建立"社会的市场经济"，即保持一定程度的国有

经济部门的同时，扩大私营经济比重，放松对外资和金融业管制。在巴沙尔批准的叙利亚 2006—2010 年第十个五年计划中，明确提出将摈弃各种中央指令性计划，加速发展本国社会主义市场经济体制。

大力吸引外来投资，发展对外贸易。面对国内经济困境，巴沙尔一改过去严格的计划控制，大力减少外币交易限制。2008 年叙利亚政府发行国库券，帮助控制预算赤字。2009 年，政府放宽外汇管制，对出口产品免除所得税，实行国际通用的协调税则，降低进口关税。加强与国际经贸合作，分别与伊拉克、约旦、阿联酋等国召开经济贸易混合会议，签署运输合作协议和自由贸易区协定，加快推进阿拉伯自由贸易区一体化进程。实施阿拉伯天然气项目，争取欧洲国家低息贷款，成为欧盟联系国，并申请加入世界贸易组织。巴沙尔的经济改革一定程度上刺激了经济发展，2006—2009 年叙利亚国内生产总值年均增长 5.4%，【61】石油、旅游等收入和吸引外资都大幅增长。

巴沙尔上台后推行的经济私有化改革，建立所谓的"社会的市场经济"，引入了一些市场机制，放松了部分管制，对某些领域实行了私有化，但巴沙尔政府认为国有经济是保证政治及社会稳定的重要因素，不放松对国有经济的控制，也不允许经济向自由化方向走得太远，计划经济始终占主导地位，在交通、通信、石油、化工、医药、纺织、外贸等各领域仍由国营企业垄断或控制，政府始终对经济发展保持相当大的控制和领导。世界银行一位经济学家将叙利亚经济称为"博物馆里的收藏品"——一个绝无仅有的例子，还保存着 1956 年那个时期的社会主义经济。【62】

此外，巴沙尔政权的支柱阿拉维派由于受政府保护，在商业、政府和军事等部门都居于优势。经济改革最大的受益者是与巴沙尔政权有密切联系的阿拉维派大商人和官僚，他们借机垄断了主要私营经济部门，形成庞大的官僚资本，掌握国家大部分财富，国家贫富差距巨大，5% 的人占有 50% 的国家财富。【63】当前叙利亚经济主要由 3 个家族掌控，他们分别是阿萨德、沙利斯和马克拉夫斯家族，其下还有 10 个小一点的家族。巴沙尔的表兄拉米·马赫洛夫是叙利亚最大私营公司的副老总，也是叙利亚最大的商人，通过密如蛛网的控股公司，掌控了包括通信、石化、金融、零售业和航空在内的几乎 60% 的国家经济部门。【64】这使得经济改革尽管取得了一定的经济增长，但多数民众无法分享改革利益。

巴沙尔公共领域私有化改革，使得原有的社会保障体系被逐渐打破，加上受到世界金融危机影响，政府大幅度削减了对教育、住房、医疗、食品、燃油和养老等公共部分的投入，导致中下层民众生活水平下降很快，社会贫富分化愈演愈烈，中产阶级的财富迅速缩水，普通民众生活水平急剧下降，有近50%的民众住在贫民窟，在大马士革更是高达70%。【65】私有化改革损害了民众利益，极大削弱了巴沙尔政权的统治基础。

四、国内库尔德人民族运动高涨

库尔德人是中东第四大民族，数量仅次于阿拉伯人、土耳其人和波斯人。库尔德人从未建立过自己的国家，是典型的跨界种族。第二次世界大战后阿拉伯民族主义思想高涨，认为库尔德人是帝国主义和犹太复国主义安插在阿拉伯民族中的"特洛伊木马"，所以周边国家长期不承认库尔德人的民族地位和公民权，引发了库尔德人民族自治运动，是中东仅次于巴以问题的第二大热点问题，让中东国家头疼不已。【66】

法国殖民当局的庇护引发叙利亚库尔德民族运动。一战后，西方列强对库尔德斯坦的分治是叙利亚库尔德问题产生的历史根源。【67】叙利亚库尔德人主要聚居在北部的艾因阿拉伯、库尔德山脉和杰齐拉三个地区，人口总数为160万，不到全国人口的10%，是国内仅次于阿拉伯人的第二大民族。库尔德民族运动开始于20世纪20年代，并得到当时法国殖民当局的庇护。1925年，由于对境内库尔德人实施高压的民族同化政策，土耳其爆发库尔德人大起义，遭到政府残酷镇压，大量库尔德人逃到叙利亚东北部。出于对叙利亚实施分而治之的政策，并为解决叙利亚与土耳其边界争端中获得利益，这些出逃的库尔德人得到了法国的庇护。1927年10月，这些人在黎巴嫩成立了第一个反对土耳其的泛库尔德独立运动联盟组织——霍伊布。霍伊布组织武装力量，反抗土耳其政府的镇压，大力推动库尔德人文化运动，建立库尔德广播电台，这些为库尔德民族主义的兴起奠定了思想基础。1928年，法国允许库尔德人在叙利亚加兹拉地区实行自治。1928—1936年，库尔德人控制了加兹拉的地方政府和安全部队，并获得公民权，继续推行库尔德自治运动。

叙利亚独立后严厉压制库尔德人民族运动。复兴党倡导阿拉伯民族主义，否认库尔德人族群特性并压制其民族主义运动。第一，拉拢极少数库尔德人巩固自身统治。复兴党政权是什叶派的少数派，不得不拉拢少数库尔德领袖，允许其加入复兴党、军队和议会，以扩大统治基础。1964年，库尔德宗教领袖库夫塔鲁被任命为大穆夫提（伊斯兰教法说明官），此后40年他一直担任该职。达维什和梅洛等库尔德著名政党领袖都与复兴党过往甚密。

第二，否认库尔德人民族地位，剥夺其公民权。1962年，政府颁布"93号法令"，对加兹拉地区进行人口普查，规定无法证明自己在1945年之前就已在叙利亚生活的库尔德人将被剥夺公民权，这导致约12万库尔德人丧失公民权，占加兹拉库尔德人的35%以上，[68]这些人不能参与选举、合法结婚，不能在医院就医，也不能拥有自己的财产，甚至曾任政府部长的阿卜杜·巴齐和军队参谋长的塔维克也未能幸免。到1996年，叙利亚有20多万库尔德人被剥夺公民权。[69]同时政府对库尔德人实行阿拉伯化政策。复兴党禁止在公共场合使用库尔德语，出版库尔德语书籍和在学校中教授库尔德语。规定库尔德人的所有商店、山脉、农场、城镇和村庄名称都必须以阿拉伯语重新命名，库尔德儿童也要以阿拉伯语取名。叙利亚库尔德人的文化中心、书店以及与库尔德语相关的活动都被视为非法。禁止庆祝库尔德新年和节日，禁止播放库尔德民族音乐。其实政府对信奉基督教的亚美尼亚人、亚述人等少数民族并未采取限制措施，这是对西方的忌惮以及以宗教来区分民族的基本理论主张。

第三，在库尔德地区建"阿拉伯带"。为防止库尔德人一体化和向外扩张，早在1965年，叙政府就推出了"阿拉伯带"计划，向叙利亚与土耳其边界移民建立"阿拉伯地带"，以阻隔两国库尔德人的联系。"阿拉伯带"覆盖了与伊拉克和土耳其所有边界地区，政府将库尔德人强制隔离，并在此保持强大的军事力量。大约14万叙库尔德人被强制驱逐出他们的土地，安置了大约2.5万个阿拉伯家庭。[70]1973年政府实施"在贾兹拉省建立国营示范农场计划"，将大量贝都因阿拉伯人迁移至该地区。1975年政府在库尔德核心地区建立了41个示范农场，安置了大约4万个阿拉伯家庭。

第四，将库尔德人作为地缘政治工具。中东各国利用库尔德人来反击对方。20世纪60年代后，叙利亚与伊拉克在复兴党领导权和教派问题尖锐对立，阿萨德上台之初就积极介入伊拉克的库尔德民族运动，试图促成土耳其库尔德斯坦爱国联盟与伊拉克库尔德民主党和解。20世纪70年代，土耳其和叙利亚在幼发拉底河水资源利用上矛盾升级。叙利亚向土耳其库尔德工人党提供训练营地和武器，以迫使土耳其提高供给叙利亚的水资源。据粗略估计，约20%的库尔德工人党武装拥有叙利亚国籍。【71】1998年，土耳其以叙利亚包庇库尔德工人党领袖奥贾兰为名，威胁向叙开战。后叙利亚驱逐了奥贾兰，避免了一场战争。

叙利亚政府对境内库尔德人的民族压制政策，激发了其民族运动。20世纪50年代初，叙利亚库尔德人在卡什米利成立了库尔德民主青年统一协会。1957年，库尔德人组建了叙利亚第一个库尔德政党——叙利亚库尔德民主党（KDPS），并成为领导库尔德民族主义运动的主要组织，要求叙政府承认库尔德人作为叙少数民族的身份。1960年8月5日，政府破获库尔德民主党中央委员会，逮捕5000多名党员，之后该党分裂为左右两翼。此后库尔德政党又经历了多次的分裂与整合。20世纪80年代，叙政府阿拉伯化政策有所放松，库尔德人民族运动也相对缓和。

20世纪90年代以后，受到伊拉克库尔德人获得自治和"大马士革之春"的鼓舞，库尔德人民族运动的高涨。2002年初，库尔德人成立"耶基提党"，要求废除对库尔德人语言、文化的限制，承认库尔德民族的存在，警方以煽动民族与宗教不和为由，逮捕了该党的两名领导成员。2003年9月，叙利亚库尔德民主联盟党（PYD）的成立。2004年3月12日，北部库尔德卡米什利市爆发大暴动，政府大规模镇压，导致库尔德人伤亡数百，数千人遭逮捕。在这次暴动中，大马士革和阿勒颇数以千计的库尔德人举行示威游行活动，这在叙利亚历史上是首次遍布所有库尔德地区的反对派运动。卡米什利暴动后，参与该暴动的库尔德民主联盟党成立人民保卫部队（YPG），在叙库尔德人区域开展游击作战。2004年4月，流亡欧洲的叙利亚库尔德组织成立"西库尔德斯坦流亡政府"。2006年，叙利亚流亡议会成立叙库尔德斯坦国民议会。2007年，叙利亚库尔德民主联盟党确立在西库尔德斯坦实行民主自治方案。2009年12月，叙库尔德政治大会成立，包括叙库尔德民主党在内的9个库尔德政治组织参加。

五、放弃"大叙利亚主义"并未改善自身孤立状态

冷战结束后，中东地区经历了海湾战争和伊拉克战争，随着埃及等国家与以色列的关系持续改善，中东地区"阿拉伯民族主义"已无法维持。新世纪民主、人权、平等、自由等观念深入人心，巴沙尔无法维持阿萨德时代意识形态主导的外交政策，转而放弃"大叙利亚主义"，主要以国家利益为核心，致力于改善与周边国家关系，努力争取以色列归还戈兰高地，认可土耳其占领亚历山大勒塔，撤军黎巴嫩并建交，但这些努力没有根本改变其孤立状态。

以国家利益为核心，务实处理与美国的关系。在叙利亚参加美国主导的海湾战争后，叙美关系有所改善，美国对叙利亚态度相对温和，而叙利亚也开始参加美国主导的中东和平进程。由于反对美国发动的伊拉克战争，支持美国认定为恐怖组织的巴勒斯坦激进组织，双方关系一度急剧恶化。叙利亚一方面积极与埃及、沙特、英国、法国等国家建立友好合作关系，2004年与欧盟签署《叙利亚欧盟伙伴关系协议》。另一方面，应美国要求关闭叙伊边界，封锁了叙利亚与巴勒斯坦的边界，关闭巴勒斯坦激进组织驻叙利亚的总部机构，不包庇美国通缉的伊拉克领导人，最大限度维护国家利益。

改善与周边国家的关系。在埃及和约旦相继改善与以色列关系、签署和平条约后，叙利亚也逐步接受联合国安理会提出的"土地换和平"的基础上与以色列进行谈判的要求，2003年，叙利亚调整一度反对中东和平"路线图"立场，不反对"路线图"，但要求吸纳叙利亚和黎巴嫩，全面、一揽子解决中东问题，即坚持在不放弃戈兰高地的原则下，灵活务实地进行谈判解决，逐步缓和与以色列的关系。在2005年4月，应国际社会要求，全面撤军黎巴嫩，但对巴勒斯坦问题和真主党保持适度的支持。2006年，以色列和黎巴嫩发生冲突，叙利亚支持黎巴嫩。改善与土耳其的关系，双方曾有一段时间的"蜜月期"。与埃及实现了全方位的合作，与约旦关系有所改善，与伊拉克关系全面回升，双方在经贸、科技、文化和政治等领域展开广泛合作。

由于中东地区复杂的宗教、教派关系，长期的历史积怨，以及欧美对叙利亚长期敌视封锁制裁，叙利亚成为逊尼派与什叶派争夺的对象，强化与伊朗关系得罪了中东大多数逊尼派阿拉伯国家。巴沙尔在任上遭遇的一系列"外交失

败"使他受到了国内保守势力的强烈指责。如：未能寻找到同以色列谈判归还失地的机会，坚决反对伊拉克战争导致叙美关系严重恶化，被美国列为"邪恶轴心"和支持"恐怖主义"黑名单，遭受欧美全面制裁，甚至经常面临美国军事打击威胁。另外，巴沙尔结束在黎巴嫩 29 年的军事存在，受到了国内保守派的攻击。

"巴沙尔"这个词，在阿拉伯语中的意思是"带来好消息的人"。在"大马士革之春"和经济私有化改革的失败、外部持续的制裁与孤立，促使他不得不重新回到威权政体中，但又缺乏他父亲的超凡能力，只能建立一种弱威权政体，勉强维护统治。内战爆发后，巴沙尔政权处于风雨飘摇之中。

注　释

【1】学术界认为叙利亚是希腊语"亚述（Assyria）"的缩写形式，包括南起西奈半岛，北到陶鲁斯山脉，西起地中海东岸，东到叙利亚沙漠的广阔地区。

【2】时延春：《大使眼中的叙利亚》，世界知识出版社 2014 年版，第 24 页。

【3】包括今天的伊拉克东北部、土耳其东南部、叙利亚西北部、黎巴嫩、巴勒斯坦和约旦西部，因在地理分布上称新月状而得名。与北面崎岖山地、南面荒漠高原相比，此地带降水丰富、农牧业发达，所以称为"肥沃新月"。

【4】据《旧约全书·创世纪》的说法，他们是诺亚的儿子闪的后代，因此被称为闪族。

【5】阿拉伯古谚语。

【6】王霏：《试论叙利亚的族群、教派与地域忠诚问题》，《阿拉伯世界研究》2016 年第 1 期。

【7】王新刚：《现代叙利亚国家与政治》，人民出版社 2016 年版，绪言第 9 页。

【8】时延春：《大使眼中的叙利亚》，世界知识出版社 2014 年版，第 25 页。

【9】严庭国：《当代叙利亚社会与文化》，上海外语教育出版社 2008 年版，第 288 页。

【10】时延春：《大使眼中的叙利亚》，世界知识出版社 2014 年版，第 109 页。

【11】高光福、马学清：《列国志·叙利亚》，社会科学文献出版社 2008 年版，第 155—156 页。

【12】高光福、马学清：《列国志·叙利亚》，社会科学文献出版社 2008 年版，第 94—96 页。

【13】时延春：《大使眼中的叙利亚》，世界知识出版社 2014 年版，第 118 页。

【14】时延春：《大使眼中的叙利亚》，世界知识出版社 2014 年版，第 111 页。

【15】严庭国：《当代叙利亚社会与文化》，上海外语教育出版社 2008 年版，第 214 页。

【16】时延春：《大使眼中的叙利亚》，世界知识出版社 2014 年版，第 115 页。

【17】小阿瑟·戈尔德施密特、劳伦斯·戴维森：《中东史》，哈全安、刘志华译，东方出版中心 2010 年版，第 316 页。

【18】萨拉丁建立起自己的卫队，由马木鲁克人组成。后随着阿尤布王朝的衰弱，马木鲁克人乘机夺权。

【19】此协议来自英国的马克·赛克斯与法国的弗朗索瓦·乔治·皮科两名外交官，无中生有地制造了一个新中东，法国占领叙利亚、黎巴嫩和南安纳托利亚；英国占领巴格达、巴士拉在内的中、南伊拉克和巴勒斯坦的海法和阿克两港，英国又提前将巴勒斯坦答应给犹太复国主义者；俄国吞并安纳托利亚东北部。三国还瓜分了库尔德人地区。协议为中东地区数百年战争埋下了伏笔。

【20】根据此部宪法，叙利亚实行议会共和制政体，议会为最高立法机构，采取一院制，设124个议席，议员任期4年，总统经议会选举产生，政府总理和内阁有总统任命。全体年满18周岁公民享有选举权和被选举权。这种政体直到1963年复兴党上台后才被废除。

【21】1947年，米歇尔·阿弗拉克和萨拉赫丁·比塔尔等人成立阿拉伯复兴党，主张"统一、自由和社会主义"。1945年，阿克拉姆·胡拉尼组建阿拉伯社会党，主张消除封建主义，推行土地改革。1953年，目标相近的两党合并成阿拉伯复兴社会党，宗旨是复兴阿拉伯民族辉煌，建立单一社会主义国家等。复兴党领导总机构为民族机构，下设国家为单位的地区机构，总部在大马士革，先后发展到约旦、伊拉克和黎巴嫩。1962年，在如何对待与埃及结盟的问题上，复兴党分裂为阿克拉姆·胡拉尼为首的左翼反对结盟，而米歇尔·阿弗拉克和萨拉赫丁·比塔尔为首的右翼则主张结盟。

【22】该宪法奠定了叙利亚世俗化共和制政体，叙利亚后来宪法都以此宪法为蓝本。

【23】1959年，13名复兴党军官在埃及秘密成立复兴党军事委员，主要领导成员是三位阿拉维派军官：萨拉赫·贾迪德、哈菲兹·阿萨德和穆罕默德·乌姆兰，阿萨德后来成为叙利亚总统。当时复兴党全国党员不足千人，所以军事委员会政变成功后即为复兴党所承认，并成为复兴党军事领导机构。

【24】复兴党取得政权后，创始人米歇尔·阿弗拉克和萨拉赫丁·比塔尔为代表的文官领袖主张阿拉伯统一和复兴社会主义的理想，尊重私人财产，相对保守，为右派。以军事管制委员会为代表，如青年军官萨拉赫·贾迪德，关注国内社会经济问题，主张尽快在叙利亚实现社会主义，崇尚激进改革，被称为"新左派"。

【25】1930年10月6日，哈菲兹·阿萨德出生于叙利亚阿拉维派的发源地——地中海沿岸古城拉塔基亚省卡尔达哈镇附近山村的一个贫困农民家庭。

【26】"瓦赫什"意为野兽，"阿萨德"意为"狮子"，代表着尊严与力量，"哈菲兹"意为"保护者"。

【27】王霏：《叙利亚现代民族国家构建研究》，中国社会科学出版社2015年版，第159页。

【28】这部宪法一直使用到2012年。

【29】王新刚等：《现代叙利亚国家与政治》，人民出版社2016年版，第189页。

【30】王新刚、马帅：《阿萨德时期叙利亚政治稳定与国家治理能力评析》，《陕西师范大学学报》（哲学社会科学版）2016年第6期。

【31】Volker Perthes, *The Political Economy of Syria under Asad* , London, I.B.Tauris, 1995, p.141.

【32】刘晨：《叙利亚动荡的特殊性及其未来走势》，《亚非纵横》2012年第2期。

【33】周煦：《叙利亚史——以阿和平的关键国》，三民书局2003年版，第164页。

【34】王新刚：《20世纪叙利亚——政治经济对外关系嬗变》，西北大学出版社2003年版，第175页。

【35】王新刚：《中东国家通史：叙利亚和黎巴嫩卷》，商务印书馆2003年版，第330页。

【36】Tim Nibloce, Emma Mruphy, *Economic and Political Liberalization in the Middle East*, pp.181-182.

【37】David Waldner, *State Building and Late Development,* Ithaca, N.Y., Cornell University Press, 1999, p.119.

【38】王霏：《叙利亚现代民族国家构建研究》，中国社会科学出版社2015年版，第175页。

【39】陈杰：《试析叙利亚经济体制的转型》，《国际观察》2007年第4期。

【40】Joshua Landis, "The Syria Uprising of 2011:Why the Asad Regime is Likely to Survive to 2013", Middle East Policy, Vol.XIX, No.1, 2012, p.80.

【41】Glenn E. Robinson,"*Elite cohesion,* Regime Succession and Political Instability in Syria", *Middle East Policy*, Volume5, Issued4, 1998, p.159.

【42】叙利亚军队历史可以追溯到1919年法国殖民统治时期，当时法国以阿拉维少数派为主要力量，建立了一支内部治安部队，以达到在叙利亚分而治之的目的。1945年英法撤军后，叙利亚以此为基础正式组建军队，这奠定了军队阿拉维化的基础。根据1949年叙利亚军方的报告，所有部队均在阿拉维统领之下，这成为复兴党夺取政权的关键。

【43】Volker Perthes, *The Political Economy of Syria under Asad*, London, I.B. Tauris, 1995, p.147.

【44】时延春：《大使眼中的叙利亚》，世界知识出版社2014年版，第127—129页。

【45】严庭国：《当代叙利亚社会与文化》，上海外语教育出版社2006年版，第76页。

【46】时延春：《大使眼中的叙利亚》，世界知识出版社2014年版，第127—128页。

【47】时延春：《大使眼中的叙利亚》，世界知识出版社2014年版，第128页。

【48】时延春：《大使眼中的叙利亚》，世界知识出版社2014年版，第128页。

【49】Raymond A. Hinnebusch, *Syria: Revolution from Above*, pp.95-96.

【50】程松编译：《锻造大马士革弯刀——西方军事观察家眼中的叙利亚国防力量报告》，《国际展望》2004年7月。

【51】装甲第四师成立于1982年，编制为1.5万人，全部由阿拉维职业军人组成，有三个装甲率和一个机械化旅和额外的特种部队。在叙利亚战争中充当救火队和开路先锋，为巩固巴沙尔政权立下汗马功劳。

【52】吴炜：《阿萨德和叙利亚》，《世界知识》1994年第6期。

【53】严庭国：《当代叙利亚社会与文化》，上海外语教育出版社2006年版，第134页。

【54】赵国忠主编：《简明西亚北非百科全书（中东）》，中国社会科学出版社2000年版，第589页。

【55】2016年9月15日，时任联合国秘书长潘基文在安理会表示，以色列定居点扩张政策安置了50多万人，是非法的、必须结束的。

【56】除粮食和药品外，禁止对叙出口一切产品；禁止美国公司在叙利亚投资或从事商业活动；禁止叙利亚飞机飞越美国领空或着陆美国领土；减少与叙利亚的外交接触；限制叙利亚外交官在美国的旅行；限制叙利亚财产交易；冻结叙利亚政府及个人在美国的资产。

【57】颉迪：《国际经济制裁及其对国家发展的影响》，吉林大学 2013 年博士论文，第 126 页。

【58】季国兴、陈和丰等：《第二次世界大战中东战争》，中国社会科学出版社 1987 年版，第 273 页。

【59】王新刚：《中东国家通史：叙利亚和黎巴嫩卷》，商务印书馆 2007 年版，第 297 页。

【60】Shmuel Bar, "Roots of Alawete-Sunni Rivalry in Syria", *Middle East Policy*, Vol.XIX, No.2, 2012, p.49.

【61】王新刚等：《现代叙利亚国家与政治》，人民出版社 2015 年版，第 400 页。

【62】新华社联合国 2000 年 6 月 18 日英文电。

【63】Omar S Dahi, Yasser Munif, "Revolts in Syria: Tracking the Convergence Between Authoritarianism and Neoliberalism", *Journal of Asian and African Studies*, Vo.47, No.4, 2011, p.328.

【64】Michael Peel, "Assad's Family Picked up by the West's Radar", *Financial Times*, April 27, 2011.

【65】Robert Goulden, "Housing Inequlity and Economic Change in Syria", *British Journal of Middle Eastern Studies*, Vol.38. No.2, 2011, pp.188, 201.

【66】库尔德人祖先是当地古老民族，全世界库尔德人约 3000 多万，主要分布在土耳其（1720 万），伊朗（620 万），伊拉克（580 万）和叙利亚（160 万）四国交界处的库尔德斯坦地区。库尔德人一直梦想建立统一的大库尔德斯坦国家。

【67】1920 年协约国瓜分奥斯曼帝国的《色佛尔条约》，规定库尔德斯坦自治或独立。1923 年土耳其民族英雄凯末尔与协约国签订《洛桑条约》，取消了库尔德人自治或独立的条款。整个库尔德斯坦地区分别附属于土耳其（北库尔德斯坦）、英国占领的伊拉克（南库尔德斯坦）、法国占领的叙利亚（西库尔德斯坦）、伊朗（东库尔德斯坦），这是四国库尔德人的由来。

【68】David McDowall, *A Modern History of the Kurds*, I. B. Tauris, 2007, pp.473-474.

【69】Kerim Yildiz, *The Kurds in Syria: The Forgotten People*, Pluto Press, 2005, p.94.

【70】Middle East Watch, *Syria Unmasked: The Suppression of Human Rights by the Asad Regime*, Conn: Yale University Press, 1991, p.97.

【71】Christian Sinclar, Sirwan Kajjo, "The Evolution of Kurdish Politics in Syria", *Middle East Report*, August 31, 2012.

第 二 章

国际调解无法阻止内战的全面爆发

叙利亚危机是在"阿拉伯之春"的浪潮下，长久积累内外矛盾的总爆发。阿拉伯国家联盟强行调解失败后倒向反对派，联合国的斡旋也无法阻止危机升级为全面内战。

第一节 "阿拉伯之春"下的叙利亚风雨飘摇

"阿拉伯之春"推动了叙利亚内外矛盾升级为全面内战。

一、国家经济发展停滞不前，民不聊生

由于没有任何控制的措施，从 1981—2000 年，叙利亚人口增长了 800 多万，但国内生产总值只从 155 亿美元增长到 173 亿美元。人口快速增长使失业率居高不下。"2003—2004 年，失业率高达 20% 以上，国内 30.1% 的人口、约 510 多万人处于贫困线以下（月收入 49 美元），200 多万人难以保障基本生活需要。失业人口中 60% 是年轻人，大学毕业生通常毕业四年后才能找到第一份工作。从黎巴嫩回撤的数百万劳工加剧了国内失业危机。每年新增就业人口约 30 余万人，需要 7% 的经济增长率才能平衡就业需要"。【1】

失业率激增使得叙利亚社会保障的维稳功能显得力不从心，反对势力乘势而起。"在一些主要的阿拉伯国家（阿尔及利亚、埃及、摩洛哥、叙利亚、突尼斯），20 岁出头、寻找工作的青年人数量的扩大将持续到 2010 年左右……识字人口的迅速增多造成有文化的年轻一代和大部分没文化的老一代之间的鸿沟，因此'知识和权力之间的分离'可能'会使政治系统处于紧张状态'"。【2】

这些力量被动员起来反对当局，失业率的高低与反政府程度的强弱相一致，而叙利亚内战的爆发印证了这种情况。

连年旱灾沉重打击了叙利亚的国民经济。从 2006 年以来，叙利亚连续四年遭受了本地区有气象记录以来最严重的旱灾。国内 60% 的土地遭受严重干旱，【3】导致小麦等粮食作物产量剧减，再加上水资源紧张、过度开采地下水、农业基础设施欠发达、灌溉技术落后等，中小型农场与畜牧场全部破产，牲畜无一幸免，作为昔日地中海粮仓国家的叙利亚开始依赖粮食进口。2008 年农业产值仅占 GDP 的 17%。随着旱灾而来的还有疾病肆虐和食品短缺，许多儿童因营养不良而患病，大量农村家庭逃荒，学生入学率下降了 80%，又引发了青少年群体的教育问题。

与旱灾同步的是，受到国际金融危机、世界油价不景气的影响，加上巴沙尔经济自由化改革，国家社保体系的补贴功能大幅度萎缩，物价飞涨，中下层民众生活水平急剧下降。2010 年国内小麦价格上涨了 30%，普通家庭 48% 的收入用以购买粮食产品，11% 的民众极端贫困。【4】到"阿拉伯之春"爆发前，32% 的民众日均生活费仅有两美元。【5】50% 的叙利亚人生活在贫民窟，在大马士革更是高达 70%。【6】低收入、低保障和低幸福指数引发严重的社会问题，相当数量的适龄男女因经济拮据无法结婚，生计艰难导致社会不满情绪急剧上升。

连年的旱灾、政府的应对不力、西方长期的经济制裁以及物价飞涨造成约 130 万—150 万逊尼派为主的农民流落南部城市德拉街头，而那里本来就有 150 多万伊拉克难民，政府也没有处理好灾民难民集聚所衍生的各种社会问题，灾民无法得到应有的社会保障和就业，所以叙利亚危机首先从德拉市开始。

二、国内政治体制僵化、腐败横行

叙利亚是有核心的多民族国家（逊尼派为主体），但在作为复兴党一党执政的军政体制下，绝大部分逊尼派被排除在国家政治生活之外。随着时间推移，这种"核心边缘化"的政治体制弊端日益显现，叙利亚危机很大程度也是这种国家政治体制危机。

长期实施高压统治。阿萨德上台后，长期沿用复兴党在 1963 年 3 月 8 日实施的《紧急状态法》，禁止民众言论集会自由等基本权利，当局有权随意抓捕、审讯和监禁民众，闻名中东的叙利亚秘密警察遍布国内各地，甚至连街头的小贩都有可能是秘密警察。1973 年宪法禁止成立新的政党，实行党禁。2000 年巴沙尔上台伊始曾推动改革，但不允许任何政治组织或个人以任何方式危害或动摇巴沙尔家庭、阿拉维派的统治以及复兴党的执政地位。直到 2011 年《紧急状态法》废除后，叙政府才开放党禁，大批反对党得以成立。

复兴党执政能力大大下降。早期的复兴党意识形态主要是坚决反对美国和以色列的侵略扩展，走社会主义道路，因而获得广大民众支持和拥护。巴沙尔上台后，积极准备与美国和以色列和谈，其私有化经济改革的结果造成的底层群体无法维持生计，再加上清洗大批复兴党元老，扶持的年轻新官僚缺乏政治历练和治国经验，这些都使复兴党在意识形态领域出现真空，因而导致执政能力大大下降，也造成巴沙尔对社会控制的减弱。

官僚阶层异常腐败。巴沙尔经济私有化改革使阿拉维派大商人和官僚家族资本垄断了国家经济命脉，造成贪污腐败横行。2003 年至 2008 年期间叙利亚在世界范围内的腐败排名下降幅度超过了 80 名。根据 2011 年世界透明组织报告显示，叙利亚"清廉指数"排在 182 个国家的第 129 位。根据世界银行统计，在 183 个受调查的国家中，叙利亚的营商环境位列第 143 位。有国际组织甚至估计叙利亚每年国家财富的 1/3 被贪腐的权势阶层剥夺。如巴沙尔的表兄拉米·马赫洛夫获得了电信垄断权，知名商人议员雷德塞夫坚持揭露该项交易许可证发放程序中的贪腐行为，导致他身陷牢狱。

三、国内教派矛盾尖锐，长期处于紧张对峙状态

公元 7 世纪，红海沿岸的阿拉伯人有两股主要政治势力：以麦加为根基的倭马亚家族和实力较弱的哈希姆家族。伊斯兰教创始人穆罕默德便出自哈希姆家族。【7】随着穆罕默德创立符合阿拉伯商业需要的伊斯兰教并逐渐发展，引起了倭马亚家族为首的麦加贵族警惕，这些贵族决心剿灭伊斯兰教，穆罕穆德和他的信徒被迫迁往麦地那，并在此迅速壮大。为了阿拉伯整体利益，倭马亚家族和哈希姆家族最终达成妥协，穆罕穆德将麦加守旧势力吸纳入教，伊斯兰

教将阿拉伯人统一成强大的阿拉伯民族和国家，成为与基督教、儒家并立的三大主流文明体系，盛极一时。

阿拉伯统一不久，穆罕穆德去世，并未留下遗嘱明确指定继承人，各派协商推举早年追随穆罕默德的德高望重的阿布巴克尔为第一任哈里发（继承者，政教合一的领袖）。【8】其后，欧麦尔、奥斯曼和穆罕默德的女婿阿里先后被推选为第二、三、四任哈里发，史称"正统哈里发时期"。第四任哈里发执政期间，倭马亚与哈希姆两大家族因争夺哈里发继承人爆发内讧，伊斯兰教分裂为倭马亚主导的逊尼派（多数派）和哈希姆主导的什叶派（少数派），两派对立与矛盾延续至今。逊尼派主张哈里发应根据资历、才能和威望选举产生的，把穆罕默德早期追随者的言论和事迹编成一本书——《圣训经》，称为《逊奈》，逊尼派由此得名，阿拉伯语原意为"遵循传统者"。承认阿里及其后裔才是先知合法继承者的少数派称为什叶派，"什叶"在阿拉伯语中意为"追随者"或"同党"，特指第四大哈里发阿里的追随者。什叶派认为出身圣裔哈希姆家族的阿里才是正统哈里发，否认逊尼派所拥戴的哈里发的合法性。什叶派逐渐形成了有别于逊尼派的神学、教法及圣训，但两派矛盾本质是利益与权力的争夺。

公元657年，出身倭马亚家族的叙利亚总督穆阿维叶挑起内战，反对已就任第四任哈里发的阿里。公元661年，阿里遇刺身亡，穆阿维叶取得胜利，并建立起倭马亚王朝。什叶派不承认该王朝的统治，力争将阿里的两个儿子哈桑和侯赛因推为哈里发。公元680年，倭马亚王朝杀掉了侯赛因。由于担心侯赛因后裔可能还会领导起义，逊尼派试图对什叶派赶尽杀绝。什叶派虽然被追杀，但一直保存着实力与之周旋。公元680年卡尔巴拉之战后，什叶派宣布逊尼派为篡位者，只承认来自阿里后裔的伊玛目为宗教和政治领袖。那些被逊尼派统治的基督徒、犹太教徒等不愿做二等公民，也加入什叶派，令什叶派在宗教仪轨上与逊尼派区分开来。当前逊尼派是伊斯兰教中最大派别，在全球约16亿穆斯林中，逊尼派占近85%，自称"正统派"。沙特是伊斯兰世界中唯一不承认什叶派身份的国家。什叶派是伊斯兰教第二大派别，全世界近15%的穆斯林属于这一派，其中近一半在伊朗。

巴沙尔家族所属什叶派中的阿拉维派分支。阿拉维派意为"阿里的崇拜者"，于公元9世纪中叶创立，因此被归类于什叶派分支，主要聚集在西部拉塔基亚附近的阿拉维山区。阿拉维派在叙利亚什叶派中约占 75%，约占总人口 11.6%，有 150 万—200 万人。【9】阿拉维派受斯诺替教、基督教及琐罗亚斯德教影响，形成了混合的伊斯兰教思想，尊崇阿里为万物创始和复兴的神，也崇拜太阳、月亮和天空，内部又分为太阳派、月亮派和天空派。他们相信轮回，允许危机时刻使用"塔基亚"（隐瞒自己的信仰）原则，不必进行礼拜，信徒不封斋、不朝觐、不崇拜圣地，没有建清真寺。除伊斯兰教节日外，他们还庆祝许多源于基督教、琐罗亚斯德教的节日，如圣诞节、复活节等，也举行弥撒，饮红酒吃面包。【10】

由于信仰上的独特性，这个教派一直为正统的伊斯兰教所不能容忍。阿拉维派世世代代都只能是贫雇农或地主权贵的仆人丫鬟，只能居住在偏远山区，从事农牧业，在经济、政治和社会诸多方面受到排斥。这造成了大约 75% 的阿拉维派居住于拉塔基亚地区，构成当地多数，也促使阿拉维派养成了吃苦耐劳的秉性。

阿拉维派命运的转折起源于法国的殖民统治。法国当时采取分而治之的政策，扶持阿拉维少数派对付大多数的逊尼派，允许阿拉维派迁往城市并参军。由于阿拉维派以吃苦耐劳、坚韧顽强著称，使得军队逐渐阿拉维化。1963 年复兴党发动政变上台，阿拉维派青年军官发挥了关键作用，此后阿拉维派势力逐渐上升。1970 年，阿拉维派代表人物阿萨德上台，叙利亚历史上首次由宗教少数派阿拉维派军人掌权。

阿拉维派上台后曾大力镇压逊尼派。阿萨德上台后，陷入恐慌的逊尼派迅速在全国各地发起抗议运动。1973 年宪法问题、1976 年参与黎巴嫩内战打击逊尼派以及 1982 年哈马大屠杀三件事，使两派严重对立。哈马大屠杀以后，众多逊尼派流亡海外，构成叙利亚反对派的主力。

四、叙利亚成为逊尼派国家与什叶派国家争夺的焦点

20 世纪 70 年代，叙利亚和伊朗先后发生政变或革命，什叶派夺取政权成为统治力量，突兀地横在逊尼派的包围圈中，两派冲突开始爆发。逊尼派首领的沙特与什叶派首领的伊朗，既有阿拉伯人与波斯人的历史裂隙，也有逊尼派与什叶派延续千年的斗争，更有这两个大国对地区主导权的争夺。1979 年伊

朗伊斯兰革命成功后，什叶派上台，并在霍梅尼主义的主导下表现出强烈的进攻性，要在整个伊斯兰世界建立伊斯兰化的神权制度，并将海湾君主制的逊尼派阿拉伯国家视为"非法政权"，向其输出"霍梅尼主义"，公开支持这些国家的什叶派反对力量推翻逊尼派统治，对中东地区逊尼派国家构成严重威胁。

面对咄咄逼人的伊朗，沙特等逊尼派国家一方面全力支持伊拉克萨达姆政权与伊朗对抗，成功将伊朗拖入长达八年的两伊战争，阻止其向外输出伊斯兰革命。另外，六个海湾逊尼派君主制国家成立海湾阿拉伯国家合作委员会联合自保（以下简称"海合会"），在区域整合方面也取得了令人瞩目的成绩。海湾战争后，该地区形成以沙特为逊尼派大本营，包括约旦、埃及以及海湾国家组成的亲西方的伊斯兰国家"温和阵营"和以伊朗为什叶派大本营，包括叙利亚、黎巴嫩真主党、巴勒斯坦激进组织以及中东各色"圣战"团体所代表反西方的伊斯兰国家"抵抗阵营"，两大阵营尖锐对立。

2003 年美国推翻萨达姆政权后，伊拉克人口占多数的什叶派通过民主选举掌握国家政权，与伊朗建立了密切联系。伊朗联合伊拉克、叙利亚以及黎巴嫩真主党，形成了一个在地缘上连成一体的什叶派势力范围，改变了该地区的原有的教派力量平衡，打破了中东海湾地区原有均势，在客观上重新挑起了两大阵营的对立。伊朗利用有利的地缘政治环境，通过什叶派扩张，以及"伊朗—真主党—哈马斯"三角关系和伊朗与叙利亚的联盟，不断谋求在中东和海湾地区的主导权，此外，伊朗顶住国际社会压力，继续其核研发活动，使逊尼派国家感到了巨大压力。逊尼派国家认为伊朗主导的"什叶派之弧"威胁到逊尼派统治。

逊尼派国家加紧整合，以压制伊朗为首的什叶派联盟的崛起。沙特主导海合会扩容，邀请约旦和摩洛哥加入，组成了逊尼派君主制国家联盟。同时联合逊尼派国家孤立伊朗，严厉禁止什叶派活动。2009 年 2 月，在伊朗与巴林的外交危机中，约旦和埃及声援巴林，摩洛哥与伊朗断交。2011 年初春，巴林什叶派举行大规模游行示威，反对逊尼派统治。沙特担心是巴林什叶派上台后将投靠伊朗，不惜动用军队武力镇压了巴林什叶派。2016 年 1 月 2 日，沙特以参与恐怖主义罪名，处死著名的什叶派宗教领袖奈米尔，引发伊朗民众冲击沙特驻德黑兰使领馆，沙特乘机与伊朗断交。随后巴林、苏丹、阿联酋、卡塔尔、科威特、也门等国家纷纷与伊朗断交，沙特还切断与伊朗运输和经贸往来。

叙利亚成为逊尼派围堵什叶派联盟的最佳突破口。当前真正由什叶派掌权的国家只有伊朗、伊拉克和叙利亚。伊朗和伊拉克的什叶派既是统治阶层，又占人口的大多数，也是地区大国，具有丰富的石油等资源，逊尼派国家难以撼动其什叶派统治。而叙利亚政权属于什叶派少数教派，对于逊尼派国家而言，打破什叶派联盟的唯一突破口就是叙利亚，叙利亚由此成为中东逊尼派与什叶派冲突的聚焦点。同时，叙利亚正处于从南到北的逊尼派地带与由东至西的什叶派地带的交汇处，是逊尼派与什叶派博弈的核心，沙特等逊尼派国家认为，叙利亚内战是削弱伊朗为首的什叶派联盟的绝佳机会，它们明里暗里尽一切可能支持叙利亚反对派推翻巴沙尔，建立逊尼派政权，把叙利亚从反对沙特和美国的"反抗轴心"阵营中拉出来，以补偿伊朗夺取了原来逊尼派控制的伊拉克，并形成的针对伊朗、俄罗斯以及黎巴嫩真主党的抗争局面。伊朗和沙特等国积极干预叙利亚内战，支持各自的代理人，使两派冲突不断激化。

第二节　中小学生街头涂鸦引爆国内流血冲突

几名中小学生街头的涂鸦，引爆了国内大规模游行示威和流血冲突。

一、中小学生街头涂鸦引发大规模游行示威

在"阿拉伯之春"的大背景下，2011年3月6日，叙利亚南部德拉市15名年幼的中小学生，凭着一腔青春懵懂而冲动的热血，在学校和街道的墙壁上涂鸦了"人民想要推翻这个政权""打倒巴沙尔"等抨击巴沙尔政权的标语，恰巧被一名过路的军官发现。警惕的军官立刻逮捕了这些学生，【11】随后严刑拷打学生，逼问幕后主谋和组织，还阻挠前来寻找孩子的父母。尽管当地部落首领立即展开了斡旋，但军方并没有释放学生。【12】愤怒的家长们包围军官所在营区，军人与家长发生激烈肢体冲突。3月7日，家长们获悉部分少年在狱中被拷打致死，随后家长和大批德拉民众上街游行示威，要求释放学生、处罚相关官员、惩治腐败。"德拉游行"揭开了叙利亚危机的序幕。

在欧美等国支持下，3月中旬后，叙利亚反对派在大马士革成立了第一个政治组织——"地方协调委员会"，并发动全国范围的民众游行示威。【13】3月16日，数百人在大马士革内政部大楼前举行了"没有暴政的叙利亚"的游行示威，呼吁释放政治犯和扩大民主。3月18日，上千名青年在德拉市举行游行示威，呼吁政府加快改革、废除紧急状态法、增加工资和社会补助等。3月20日，德拉市民众焚烧了当地复兴党总部、司法及警察机构，洗劫了巴沙尔表兄拉米·马赫洛夫的电讯公司办公楼。3月25日，数千民众涌到德拉市中心阿萨德广场并与警方发生冲突，造成至少20人死亡。同一天反对派全国范围内举行"尊严日"大规模示威活动。

这一轮游行示威，主要是针对政府贪腐和低效，以及要求政府对以色列强硬：一是没有出现大型的、组织严密的，并将社会经济议题与政治诉求融合，进而挑战政权的抗议活动。游行示威总体上表现为随意散漫的罢工、游行等形式，政治诉求还没有与社会经济要求融合。【14】二是参与者主要为社会中下层青年，要求进行政治改革、废除紧急状态法、实行多党制，并不主张暴力推翻巴沙尔政权。三是工人、青年社团以及伊斯兰运动政党诉求相异。工人反对金融危机带来的贫穷和高失业率，要求结束官僚腐败。年轻人则抗议政府和紧急状态法的限制。伊斯兰组织抗议对以色列软弱，然后转向社会经济活动和戒严法。

二、巴沙尔软硬皆施暂时平息了国内局面

巴沙尔吸取突尼斯、埃及和利比亚局势动荡的教训，亲赴德拉与示威民众谈判，将肇事军官革职查办，释放学生并慰问家长，民众随即提出军队撤出德拉并允许民众持有武器，据说巴沙尔同意了民众的要求，这为游行示威升级为武装冲突埋下伏笔。

巴沙尔政府进行大范围改革以挽回民心。【15】2011年3月29日，巴沙尔解除了总理奥特里的职务。3月30日，巴沙尔发表了自抗议开始后的首次全国讲话，指责国外势力的阴谋造成了动荡。4月14日，巴沙尔解散政府，任命前农业部长阿迪儿·萨法尔为新总理，制订涉及政治、安全、司法、经济和行政改革等诸多领域的全面改革计划，成立选举法草案起草委员会，拟制新的

选举法草案，反对派也向政府提出结束危机的具体方案。【16】4月19日，巴沙尔宣布废除紧急状态法以及和平示威法，通过和平游行法案，撤销1968年设立的国家安全法院、释放政治犯、放松对媒体控制、开展民族对话、实施多党制、提高库尔德人地位，并推出改善民众生活15项安抚措施（给老百姓加薪，提高个税起征点，为教师配发电脑，公务员发补贴等），批准为"监管和平示威的权利"实施一项新法。副总统沙雷和阿塔尔、政治与媒体事务部部长沙班等人组成的与反对派对话委员会，总统新闻顾问沙班代表叙政府与反对派接触。7月25日，叙利亚通过政党法，开始实行多党制。

政府有限的让步却激起民众更大的热情，反对派人士又提出新的要求，诸如重组安全机构和修改宪法等有关内容，遭到政府拒绝。3月30日，反对派抗议浪潮席卷全国，引发大规模流血冲突，巴沙尔当天对全国发表了讲话，立场强硬，对此前改革承诺只字不提，反对派大失所望，叙利亚乱局愈演愈烈，呈现"逢周五必大乱"。【17】

双方暴力冲突升级后，政府动用军队围困重点抗议城市，逮捕示威者、封锁道路并开枪威吓。反对派游行队伍中有人拿起武器与军警交火，双方伤亡人数直线上升。3月下旬，政府开始搜捕反政府人士。3月22日起，安全部队镇压活动升级，从拉塔基亚到霍姆斯、哈马，再到大马士革以及德拉与伊兹拉，均出现了安全部队开枪的报道。3月23日，官方以德拉市非法武装分子在奥马里清真寺藏匿武器弹药并绑架儿童为由，武力袭击该清真寺，打死打伤数百人。4月下旬，当德拉出现抗议民众与警察的大规模武装冲突后，巴沙尔立即命令弟弟、共和国卫队司令兼第四装甲师师长——马赫尔·阿萨德率领第四装甲师火速赶到德拉。4月25日凌晨，在数十辆坦克掩护下，5000名士兵分四路开进了德拉实施宵禁。为在斋月前遏制抗议浪潮，7月31日晚，政府军对冲突最激烈的哈马市和代尔祖尔市采取军事行动，与武装分子激烈交火，造成至少140人死亡。

由于反对派一盘散沙，缺乏有效组织和统一民众的能力，使得巴沙尔政府的允诺改革和武力镇压两手政策初见成效，局势得到暂时平静。5月2日，叙利亚内政部发布公告，要求反对派在5月15日前自首，上缴武器、揭发恐怖分子活动、藏身地点以及武器下落者，可免予追究法律责任。5月16日，军队开始自德拉市撤军。当天，巴沙尔会见德拉民众代表团后称，叙已经渡过了长达两个月的政治危机，还承认军队在处理示威抗议活动中犯有错误，并下令禁止向示威者开枪。5 月 20 日，受美国对叙制裁升级的鼓舞，叙利亚全国范围内又发生游行抗议活动和暴力冲突，但规模和烈度均明显降低。7 月中旬，政府重新控制中部和南部主要城市，局势逐渐得到平息，但根本矛盾没有解决。

三、反对派试图组建统一的军事政治组织

在内战爆发之前，国内并不存在有组织的反对派，但国外的反对派则长期受到美国政府暗中资助。[18] 2011 年 8 月后，随着卡扎菲政权败局已定，西方开始集中对付叙利亚，启动制裁，宣称巴沙尔政权丧失合法性，支持反对派组建政治和军事组织以武力推翻巴沙尔政权，叙利亚局势又开始紧张。

叙利亚自由军是最早组建、境内最大的反对派武装。[19] 2011 年 7 月 30 日，原叙利亚政府空军上校利亚德·阿萨德率领一群逊尼派政府军士兵宣布倒戈，组建自由军以推翻现政权，总部设在土叙边境的土耳其哈塔伊省的难民营内，利亚德·阿萨德自封总司令。[20] 叙利亚自由军不是一个统一的军事组织，国内各战场名目繁多、背景复杂的"起义军"纷纷都以自由军为旗号，甚至包括极端分子。叙利亚自由军主要由逊尼派穆斯林反叛官兵构成，占全部力量的 50%—60%，[21] 最初核心力量不超过 2000 人，其余为工人、学生、异见分子、工程师、医生和教师等，其政治目标是建立一个世俗的、西方式的自由民主国家。内战初期，叙利亚自由军不仅是军事反对派主力，也具有很强的政治影响力。据 2012 年初美国民调显示，有 34% 的叙反对派认为自由军是叙利亚人民合法代表。

境外最大反对派政治组织——叙利亚全国委员会。叙利亚危机爆发后，2011 年 8 月 23 日，包括叙利亚穆斯林兄弟会在内的 7 个反对派力量，仿效利比亚反对派在班加西成立的"全国过渡委员会"的做法，在土耳其伊斯坦布尔成立了叙利亚全国委员会，主席是巴黎大学政治学教授伯翰·加利昂，并于 10 月 2 日宣布正式组建联合阵线性质的叙利亚全国委员会，负责向叙利亚自由军发放武器和资金。叙利亚全国委员会主张武力推翻巴沙尔政权，重建逊尼派政权，得到了土耳其、沙特、卡塔尔等国公开支持。

叙利亚全国委员会是一个反巴沙尔政权的松散聚合体，主要由流亡海外的穆斯林兄弟会、知识分子和政治精英等近 300 名人组成，包括伊斯兰教徒和世俗主义者，目的是把反对派力量团结起来，发挥协调反对力量的主导作用，因而成为叙利亚海外影响最大的政治反对派组织，据称覆盖所有反对派势力的 60%。但全国委员会成员大多数长期流亡海外，在国内没有什么社会基础和影响力，甚至国内一些反对派还认为其不过是外国的走卒。

叙利亚全国委员会直接效仿利比亚"全国过渡委员会"设 300 名委员，主要由执行委员会、总秘书处和大会三个机构组成，执委会是领导层，原则上设 7 名执委，采取轮值主席制。全国委员会计划分三个阶段进行"叙利亚革命"，即政权更迭、过渡时期和未来的政治道路，每个阶段大约预期为 6 个月。叙利亚全国委员会的组建标志着反对派团结起来，通过联合阵线方式，致力于武力推翻巴沙尔。2011 年 10 月 10 日，利比亚执政当局"全国过渡委员会"第一个宣布承认叙利亚全国委员会为合法政府并关闭了叙当局驻的黎波里大使馆。10 月 11 日，埃及民主联盟宣布承认并支持叙利亚全国委员会。12 月初，叙利亚全国委员会与叙利亚自由军商定"建立交流与行动协调的长期渠道"。

境内最大反对派政治组织——"全国民主变革力量民族协调机构"（简称全国民主协调机构）。2011 年 6 月 30 日，反对派在大马士革成立全国民主协调机构，是境内最大反对派政党联合体，由老牌反对党——全国民主联盟所属的 5 个党派以及库尔德 5 个党派、左派联盟 4 个党派和境内外部分反对派独立人士组成，总协调员为全国民主联盟总书记兼发言人哈桑·阿卜杜·阿济姆，主张通过和平方式进行民主变革，建设民主、多党政体和现代世俗国家，拒绝外部干涉。

此外，国内著名的反对派政治组织还包括"建设叙利亚国家运动"（主席为政论家卢艾·侯赛因），"地方协调委员会""叙利亚变革和解放人民阵线"（领导人为前共产党员格德里·贾米勒，主张与政府展开对话，并反对任何外部势力干涉该国内政）。2012 年 5 月 2 日，境内叙利亚人民意志党、叙利亚社会民族党、叙利亚第三条道路运动、和平变革道路运动、马克思主义民主联盟、民族行动运动等 6 个反对党派和代尔祖尔人民运动委员会等组织在大马士革共同组建"和平变革力量联盟"，致力于和平、安全地渡过当前的危机。

四、反对派武装在欧美等国支持下开始暴力夺权

对美国来说，叙利亚内战是打击巴勒斯坦抵抗组织、黎巴嫩真主党、削弱伊朗的好机会，还可以进一步控制整个中东的油气资源，巩固美国的世界霸权地位。

欧美无力也无意直接军事打击叙利亚。由于对中东的石油依赖大大减少，为应对中国的快速和平崛起，美国在中东奉行收缩战略，战略重心是在亚太地区围堵中国，美国不愿意在中东大打出手。另外，叙利亚危机是巴以问题、伊核问题、黎巴嫩问题、伊斯兰教派问题、难民问题、伊斯兰恐怖组织等中东问题核心所在，牵扯俄罗斯、伊朗等所有世界和地区大国的战略利益。如果尚能控制局势的巴沙尔政权轰然倒塌，叙利亚内部种族矛盾、恐怖主义、安全问题等行将外溢，极有可能将中东再次拖入全面战乱的境地，最危险的是伊斯兰极端势力会趁机崛起，这最终会危害欧美自身利益。同时，刚刚从伊拉克战场和阿富汗战场脱身的美国不愿意立即卷入下一场战争，从而又背上一个战争包袱，况且叙利亚军队远胜于利比亚和伊拉克军队，忠诚度很高，作战体系也相对完整。此外，没有安理会的支持，美国又缺乏明确完整和配套的政治策略，欧盟尚未从欧债危机中恢复过来，自身还面临分裂，还没有能力干预。可见，未来一段时间欧美很难会再大规模军事干预中东。所以欧美主要采取怂恿土耳其、卡塔尔、沙特等国打头阵，对叙政府进行外交施压、经济制裁、统一并武装反对派等手段，企图低成本、短时间实现叙政权更迭。

土耳其成为叙利亚反对派的大本营。作为逊尼派的土耳其政府，其在叙利亚危机中有自己利益和打算：第一，推翻巴沙尔政府，建立逊尼派亲土耳其的政府，扩大土耳其在中东地区的影响；第二，打击叙利亚库尔德人武装，防止其独立或与土境内库尔德人反叛势力结为一体；第三，管控"IS"的威胁，将叙利亚战乱排除在土耳其边境之外。土耳其私心是希望巴沙尔政权、"IS"、叙利亚库尔德人相互搏杀，自己坐收渔翁之利。所以，在叙利亚危机爆发初始，土耳其与利比亚一道成为最先承认叙反对派的国家，并成为叙利亚自由军的大本营，公开武装自由军来推翻巴沙尔政权。

在国内外反对派的支持下，叙利亚自由军实力大增。2011年9月，叙利亚

自由军又与另一支反政府武装"自由军官运动"合并,规模进一步壮大。2011年11月16日,自由军宣布成立临时军事委员会。2012年2月9日,自由军已有22个军营,约3万人,包括1.5万"归顺"士兵,分布在全国13个省份。随着实力的增强,叙利亚自由军陆续控制了大马士革郊外以及第三大城市霍姆斯的部分地区。2月下旬,叙利亚自由军攻占叙西北部伊德里卜省大部分地区。

由于力量和装备与政府军存在巨大悬殊,自由军主要装备为自动步枪、反坦克火箭等轻武器,无坦克、火炮等重型装备,亦缺乏空中掩护,所以主要采取游击战战术:以7—10人小股部队实施大规模游击战,破坏、争夺叙政府军控制的机场、火炮基地、交通要道、检查站等战略据点,以逐渐削弱当局重武器优势,其基本战术是攻占一地后,能守就守,如果当局以强大火力回击,他们就迅速撤退,政府军很难撵上他们。当政府军撤离后,他们又将其重新控制。难以建立稳固基地,也是自由军以游击战术为主的重要原因。这套战术让政府军在城市巷战中优势难以发挥,重型机械化的政府军队在城市各个区域都处于被动防守的局面,力量难以展开,往往还造成平民重大伤亡。反政府武装则充分利用城市街道狭窄,不利于重武器发挥的特点分散对抗政府军,在多地点燃战火,政府军不得不同时多线作战,还要对一些关键城市"严防死守",力量被"摊薄"。

无论从装备还是战斗力来讲,自由军与政府军相差甚远,很难与政府军正面交锋,只不过是通过打游击的方式袭击政府军和安全部队而已。但自由军整合了许多武装组织成为当时最大反对派军事武装力量,并在全国范围内频繁武装袭击政府军,这成为让国内局势由游行示威演变为武装流血冲突的主要推手,也成为初期反对派武装夺权的主要力量。

第三节　阿拉伯国家联盟强行斡旋失败后彻底倒向反对派

叙利亚危机超出阿盟自身的能力范围,其强行斡旋失败后彻底倒向反对派,更加恶化了局势,也削弱了自身影响力。

一、从旁观到强行斡旋

根据《阿拉伯联盟宪章》的规定,阿盟奉行不干涉成员国内政的基本原则,除非当事国政府向阿盟提出申请。2011 年 3 月后，叙利亚开始出现大规模游行示威。在此后的大半年内，叙利亚并未主动要求阿盟介入，所以阿盟基本是冷眼旁观。

2011 年 8 月 7 日，叙利亚政府军攻入代尔祖尔市，造成上百人伤亡。对此，阿盟首次公开发表声明谴责叙政府，要求立即停止镇压，停止所有暴力流血行为。8 月 27 日，阿盟召开理事会部长级非例行会议，专门讨论了叙利亚危机。海合会也打破沉默发表声明，称巴沙尔政府应该立即停止对民众的杀害。9 月 19 日，阿拉伯议会主席达格巴希严厉谴责叙政府对民众的镇压，并威胁像对待利比亚那样冻结其阿拉伯联盟成员国资格。

随着叙利亚游行示威升级为大规模暴力冲突，为吸取利比亚战争中被北约边缘化的教训，增强地区影响力，阿盟开始主动、强行介入叙利亚危机，试图在阿盟框架内平息该危机。2011 年 9 月 8 日，阿盟秘书长阿拉比在开罗接见叙利亚反对派人士，敦促他们参与到和平解决危机的政治议程中来，开启全国性对话。9 月 10 日，阿拉比在大马士革与巴沙尔举行会谈，要求叙政府停止军事镇压。9 月 13 日，阿盟理事会召开例会，特别提到在叙实施停火和停止暴力杀戮后，阿盟将派遣高级代表团赴叙利亚调查。11 月 2 日，阿盟宣布叙政府无条件同意阿盟提出的停止暴力并与反对派展开全国对话的"阿拉伯倡议"，该倡议没有要求巴沙尔辞职的内容。【22】11 月 3 日，阿盟秘书长阿拉比访问大马士革，会见了叙利亚全国委员会代表团，请他们关注"阿拉伯倡议"中的全国对话。11 月 12 日的阿盟理事会中，阿盟呼吁叙所有反对派在 3 天内到阿盟开罗总部开会，就未来过渡期达成统一意见，并视会议成果决定是否承认其地位。此后，阿盟多次呼吁反对派与政府展开全国对话。2012 年 1 月 8 日，阿盟理事会要求叙利亚各反对派方达成一致政治主张，并责成阿盟秘书长筹备敌对双方对话，组建过渡时期统一的全国政府。

二、以制裁相威胁，迫使叙利亚政府接受观察团

阿盟向其成员国派遣观察团始于 2010 年底的中东剧变，先后向埃及、也门、突尼斯和阿尔及利亚等国派驻了观察团，深入了解当事国局势动态，监督总统选举，体察民情，加强与政府军、反对派的沟通协调等。在叙利亚危机

中，阿盟也同样使用了这个办法，但不同的是这次用制裁等强硬手段迫使叙政府接受观察团。

终止叙利亚的阿盟成员国资格。由于叙利亚政府迟迟不签署"阿拉伯倡议"，也没有同意阿盟派遣观察团。2011年11月12日，阿盟理事会部长级会议明确提出对叙利亚政府实施政治和经济制裁。同日，阿盟宣布从11月16日起终止叙利亚的成员国资格，直到履行"阿拉伯倡议"，同意接受观察团。11月16日，阿盟外长会议终止叙利亚阿盟成员国资格，要求叙在3天内同意结束一切暴力行为，签署"阿拉伯倡议"，允许阿盟派遣500人的观察团，以监督其执行"阿拉伯倡议"的情况。11月18日，叙政府表示原则上同意该倡议，但提出观察员缩减到40人、观察员不能探访医院和监狱、不能会见反对派囚犯的家属、前往任何地方必须有叙政府安全人员陪同等修改意见，遭到阿盟拒绝。叙利亚则回应阿盟观察团损害了叙国家主权，要求解释和说明观察团作用。

阿盟中止叙利亚的阿盟成员国资格极大鼓励了叙利亚反对派，反对派暴力活动明显升级。2011年11月16日，叙利亚自由军用火箭炮和机枪袭击大马士革近郊的叙空军情报机构大楼，与政府军激烈交火。11月20日，大马士革的叙利亚复兴党党部大楼遭到火箭弹袭击，这是武装分子首次对大马士革市内目标发动攻击。

阿盟对叙政府实施经济制裁。面对叙利亚局势不断升级，2011年11月24日，阿盟理事会部长级会议要求叙利亚在48小时内签署阿盟观察团协议，否则将对叙实施经济制裁，但叙政府没有理会。11月27日，阿盟决定禁止叙高级官员出访阿拉伯国家，停止与叙中央银行的交往，冻结叙政府资金，中止与叙央行业务及暂停向叙投资等。12月3日，阿盟部长级委员会要求叙利亚本月4日前签署调停协议，否则各项制裁将生效，包括禁止叙利亚相关人员进入阿拉伯国家，并冻结其财产；[23]寻找一条海上渠道替代从土耳其到海湾国家的叙利亚境内陆路运输渠道；禁止对叙利亚运送武器；从12月15日起减少50%往返叙利亚的航班，其中还包括叙利亚航空公司的航班；要求红新月会进入叙利亚观察人权状况；要求叙利亚就"阿拉伯倡议"以及有关解决叙利亚危机的阿拉伯决议阐明其执行程度的立场，并准备就叙利亚问题向联合国求助。

阿盟对其成员国上一次制裁要追溯到 1979 年对埃及的制裁。

由于阿盟是叙利亚最重要的贸易伙伴之一，制裁让叙利亚本已虚弱不堪的经济雪上加霜，叙政府不得不同意阿盟的要求。2011 年 12 月 4 日，叙政府表示愿意签署阿盟观察团协议，但要求签署协议后，将阿盟恢复其成员资格、废止经济制裁，反对外部势力干涉等内容应正式写入协议中，遭阿盟拒绝。经过艰难谈判，12 月 19 日，叙利亚副外长梅克达德在开罗与阿盟签署了《法律中心和阿盟观察团任务协议》，允许阿盟向叙利亚派遣观察团，但观察团调查时间由 2 个月压缩为 1 个月，人数由 500 人缩减为 150 人。12 月 26 日，阿盟观察团主席阿尔·达比先期率领由政治、军事和人权领域人士等 50 余人组成的观察团抵达大马士革，然后分赴霍姆斯市、大马士革农村省、伊德利卜省、德拉市和哈马市等地，敦促叙政府履行"阿拉伯倡议"、了解真相（如叙政府是否全面停火、安全机构有无镇压和平示威、释放近期在押人员、从城市和居民区撤出所有武装、媒体是否能真实、客观和自由地进行报道等），与官方或非官方机构、家庭或个人进行联系和沟通，开展各项工作等。截至 2012 年 1 月 8 日，阿盟派遣了 165 名观察员，但未解除对叙制裁。

三、叙政府履行率先停火撤军和政治改革的要求

在阿盟斡旋和派出观察团期间，政府开始履行"阿拉伯倡议"，以此缓和局势。

率先停火撤军。在观察团进入叙利亚后，叙政府军表现得相当克制，按照要求率先撤离相关动乱城镇和地区，如暂停在冲突核心地区——霍姆斯的大规模军事行动，并将重型武器和军队撤出城区冲突地带。

释放全部在押的反对派政治犯。早在 2011 年 11 月，根据阿盟要求，叙利亚政府分三批释放了 2645 名因参与反政府游行示威活动而被捕的在押人员。2012 年 1 月 15 日，巴沙尔当天签署大赦法令，赦免了自 2011 年 3 月 15 日以来所有因参与反政府游行示威活动而被捕的在押人员，共 3952 名。

全民公投实行多党制、选举制和任期制的新宪法。为平息国内高涨的抗议活动，2011 年 8 月 4 日，阿萨德签署法令，宣布实行多党制，并承诺具体改革方案。10 月 15 日，巴沙尔颁布第 33 号法令，决定成立由 29 名成员组成的

宪法草案制定全国委员会，在 4 个月内完成了宪法草案的制定工作。2012 年 2 月 26 日，叙利亚就新宪法草案举行全民公决，全国有效选民中有 837.6 万人参与了投票，占全部有效选民的 57.4%，其中 89.4% 的投票者支持新宪法草案。新宪法对 1973 年宪法的 143 个条款中的 108 个条款都进行了修改，并新增了 14 个条款，核心内容是多党制、选举制和任期制，废除复兴党的权力垄断地位。总统由人民直接选举产生，任期为 7 年，只能连任一届。该宪法还明确规定只有在叙利亚住满 10 年以上的公民方可竞选总统，以限制多年流亡海外的叙利亚全国委员会成员。按照这一规定，巴沙尔任期到 2014 年期满。2 月 28 日，巴沙尔签署法令，新宪法生效。新宪法是巴沙尔政权做出的重大让步和实质性变化。但遭反对派抵制，美国则表示新宪法草案公决荒唐可笑。

允许反对派参与地方议会选举。作为政治改革的一部分，2011 年 12 月 12 日，叙利亚在全国范围内举行新一届地方议会选择，这是叙利亚复兴社会党执政近半个世纪以来，首次允许反对派参加的议会选举，所有年满 18 周岁的叙利亚公民均有投票权。据叙利亚通讯社报道，共有 42889 名候选人参加此次选举，竞逐全国 1337 个行政区共 17588 个地方议会席位。叙利亚全国共设立了 9849 个选举中心，投票从当天早上 7 时开始，至当晚 10 时结束，整个过程相对顺利，甚至一些反对派也参与了投票。

叙政府履行"阿拉伯倡议"的工作得到了观察团和阿盟的认可。阿盟观察团团长阿尔·达比称，叙政府未对观察团视察工作设置障碍，观察团在叙各省"完全自由"地视察。阿盟秘书长阿拉比也曾表示，观察团在叙利亚的行动已取得一定成果，这包括敦促政府释放数千名在押人员、从冲突地区率先停火并撤出军队、坦克和装甲车等。

四、以阿盟斡旋为契机而壮大的反对派向政府军发起进攻

无论巴沙尔如何努力实施改革，以缓解局势恶化，反对派一门心思要巴沙尔下台，并力图将叙利亚问题国际化，以引发西方国家的军事干预，因而明确拒绝接受阿盟的"阿拉伯倡议"，也反对阿盟的观察团。早在 2011 年 11 月 2 日传出叙利亚政府接受"阿拉伯倡议"后，叙利亚全国委员会等反对派公开拒绝签署"阿拉伯倡议"，并呼吁国际社会干预。阿盟观察团进入叙利亚后，叙

利亚反对派将此称为"闹剧",严厉指责观察团未履行职责,在视察时与政府合作,有失公平,并称观察团在制止冲突方面做得远远不够,还质疑阿盟部分成员国本身的人权状况不佳,是否有资格派遣观察团。2011 年 12 月 29 日,叙利亚反对派公开呼吁更换观察团团长阿尔·达比,理由是他曾经担任过苏丹军事情报机构的负责人。2012 年 1 月 9 日,叙利亚反对派声称阿盟观察团的任务已经失败,呼吁联合国采取更强硬措施介入。1 月 10 日,巴沙尔发表电视讲话,表示将尽快进行新宪法公投和议会选举,并与阿盟协商缓和局势。但叙利亚全国委员会主席伯翰·加利昂当天对巴沙尔的讲话予以反击,称唯一方法是继续"叙利亚革命",并提交联合国安理会。

此外,反对派以阿盟观察团调停为掩护,大肆占领政府军撤出的地区,并向政府军发起进攻,企图尽可能扩大地盘并壮大队伍。如在当时冲突的核心地区霍姆斯市,2011 年 3 月后,当地逊尼派社区先是以"非暴力不合作"方式,逼迫政府军和安全部队撤离主城区。到了年底,由逊尼派示威者组成的叙利亚自由军及"革命委员会",利用从黎巴嫩走私进来的武器驱逐政府机关职员,控制各项城市设施,并进攻霍姆斯军事学院及当地国家安全总局大楼和军营,试图夺取那里的武器弹药。为营救被包围的军政人员及家属,叙利亚政府军、安全部队和"沙比哈"民兵组织从霍姆斯市外围发起反攻,并通过断水断电和分区封锁的方式,压缩反对派活动区域。由于叙军的严密封锁,反对派处境危在旦夕,待在土耳其的全国委员会曾把霍姆斯形容为"枯萎之城",指责政府军阻挠向城内逊尼派街区运送医药、食品和燃料。12 月底阿盟观察团的到来让反对派起死回生,政府军暂停在霍姆斯的大规模军事行动,叙利亚自由军乘机从黎巴嫩获得大量补给,并继续扩充地盘。连叙利亚全国委员会主席伯翰·加利昂都承认,霍姆斯的抵抗运动之所以能壮大起来,有赖于阿盟观察团在叙利亚各地蹲点的时间"空当",使得他们能够恢复元气,叙政府军在这些时候不敢对他们动手。

乘机壮大起来的反对派武装开始大举向政府军进攻,双方冲突升级,局势不断恶化。2012 年 1 月下旬,叙利亚自由军对霍姆斯市政府军发起反攻。同时还向大马士革发起攻击,占领大马士革东郊地区,严重威胁首都安全。1 月 29 日,政府军对被反对派武装占领的大马士革郊区发动围攻,出动了超过

2000 名士兵、50 辆坦克以及数十辆装甲车，夺回了失地。从 2 月 3 日夜起，霍姆斯激战陡然升级，叙利亚自由军突袭了市郊拉斯坦镇的叙利亚安全部队，把政府军赶出塔夫比塞赫居民点，控制了霍姆斯城近三分之二的区域。2 月 4 日，巴沙尔严令西部军区第 2 军主力投入霍姆斯市，还将马赫尔·阿萨德指挥的第 4 装甲师派往霍姆斯，双方爆发了一场恶战。到 3 月 1 日，政府军已完全控制骚乱中心霍姆斯市阿姆鲁门地区，自由军遭到重创，被迫紧急撤离。

除攻占政府军地盘，攻击政府军外，在阿盟斡旋期间，反对派还继续制造恐怖袭击事件。2011 年 12 月 26 日，在阿盟调查团到达大马士革的当天，反对派在大马士革连续制造两起针对叙安全机构的自杀式汽车炸弹袭击事件，造成至少 44 名军人和平民丧生，166 人受伤，是自 3 月中旬爆发反政府示威活动以来境内发生的最严重暴力事件。2012 年 1 月 23 日，阿盟观察团团长达比向阿盟报告工作时强调，在叙利亚存在反对派武装人员，而且大部分暴力冲突是由反对派武装挑起的，叙利亚政府军进行了反击。

五、沙特等国使阿盟斡旋失败

作为逊尼派的沙特等海合会国家，坚定支持反对派。2011 年 8 月初，沙特国王阿卜杜拉就曾公开谴责叙利亚政府镇压人民，并召回驻大马士革大使，要求叙政府改革。沙特在阿盟内部处处为叙反对派说话，暗地向反对派提供资金和武器，试图通过反对派来推翻巴沙尔政权，遏制伊朗什叶派的扩张，扩大其在阿拉伯国家和中东的影响力，从而巩固其作为阿盟主导国家的地位。

沙特和卡塔尔等国对巴沙尔政权的态度支配了阿盟在叙利亚问题上的态度，这也是导致阿盟斡旋失败的最主要原因。2011 年 8 月，阿盟开始介入并斡旋叙利亚危机时，成立了以卡塔尔首相兼外交大臣哈马德为主席、有关叙利亚局势的阿拉伯部长级委员会，【24】而昔日"盟主"埃及只是参与者之一，针对巴沙尔政权的经济制裁措施就出自该委员会之手。沙特充分利用海合会轮值主席国之便，召开了有关叙利亚问题的会议，会后向联合国递交了有关巴沙尔交权、实行政改等措施的解决方案，受到联合国重视。在沙特等逊尼派国家主导下，阿拉伯世界要求中止阿盟斡旋。2012 年 1 月 10 日，阿盟两名来自科威特的观察员在叙利亚遭"身份不明的示威者"袭击受伤，这使阿盟对叙利亚危机日益恶化感到严重不满。尤其是阿盟赴叙观察团报告遭部分成员国质疑后，在沙特和卡塔尔主导下，阿盟立场和态度发生了逆转。1月12日，海合会国家外长会议要求阿盟中止赴叙利亚观察团的工作，组建由联合国参加的新的观察团，阿拉伯议会也呼吁召回观察团。1月19日，观察团团长达比召回阿盟，向阿盟提交观察团监督情况报告。1月22日，在阿盟外长会议上，沙特等海湾国家直接宣布观察团任务失败，海合会率先取消对观察团人员和资金支持，这使阿盟观察团名存实亡。

阿盟并非一开始就旗帜鲜明地支持反对派，而是寄希望于巴沙尔政权能与反对派在政治上达成一致，尽早结束内乱。然而随着形势的发展，得到多方援助的反对派实力不断壮大，并开始主动攻击政府军，而巴沙尔政权迟迟不能完全完全履行有关和解协议，双方暴力冲突不断升级。阿盟在沙特和卡塔尔等国主导下，放弃中立立场，要求巴沙尔下台，并请求安理会出面干预。2012年1月22日，阿盟外长会议公布了一份有关结束叙利亚国内暴力冲突的倡议，首次呼吁巴沙尔将所有权力移交给第一副总统，并要求叙当局在两个月内组建包括反对派在内的全国统一政府，建立民主多元的政体，恢复国家的安全和稳定，在阿拉伯国家和国际社会的监督下实行选举，起草新的宪法，并在宪法基础上起草选举法；责成阿盟秘书长委任特使关注叙政治进程、呼吁国际社会向新政府的组建提供支持，并对暴力镇压事件进行调查。1月27日，摩洛哥代表阿盟，以这份倡议为蓝本向联合国安理会提交了一份叙利亚问题决议草案。

阿盟将叙利亚问题决议草案提交给联合国安理会，事实上也宣告了阿盟斡旋的失败。2012年1月28日，阿盟宣布暂停观察团任务。2月4日，摩洛哥提交的草案在安理会遭中俄否决，这标志着阿盟斡旋彻底失败。2月12日，阿盟正式决定终止叙利亚观察团任务，接受观察团团长达比的辞职。叙利亚局势进一步升温，政府军同武装分子在多个城市发生冲突。

六、阿盟斡旋失败后全面支持反对派夺权

草案被安理会否决后，在沙特、卡塔尔等国支持下，阿盟转而全面压制叙利亚政府，全力支持反对派，并扶持其建立新政权。2012年2月12日，阿盟外长会议决定，为叙利亚反对派提供全面的政治与经济支持，包括武器援助。

支持反对派推翻巴沙尔政权。2012 年 7 月 2 日，在阿盟协调下，叙利亚全国委员会、叙利亚自由军等数十个反对派在开罗阿盟总部召开了阿盟框架下的叙反对派大会，并起草了《共同政治主张文件》《过渡阶段路线图》和《民族承诺文件》在内的过渡时期文件，一致同意推翻巴沙尔政权，并规定了过渡时期的政体、公民权利和义务等内容，这两份文件是叙反对派纲领性文件。2013 年 3 月 26 日，阿盟将叙利亚在阿盟席位授予叙利亚反对派全国联盟。阿盟还数次召开由阿盟、欧美国家主导的、排斥叙利亚政府的"叙利亚之友"国际会议，使得参会的 60 多个国家承认了叙利亚反对派的合法地位。

对叙利亚政府实施全方位制裁。2012 年 2 月 12 日，阿盟决定对叙利亚的经济制裁依然有效，除直接影响叙利亚平民生活的物资外，阿拉伯国家应停止所有与叙利亚政府的经贸往来。断绝与叙利亚的外交关系，驱逐叙利亚外交大使。2 月 5 日，阿拉伯议会要求成员国断绝与叙利亚的外交关系，停止与叙利亚的贸易活动。在阿拉伯议会的号召下，2 月 7 日，海合会驱逐叙利亚驻该组织成员国大使，并召回本国在叙利亚的大使。当天，突尼斯宣布与叙利亚断绝外交关系。2 月 9 日，利比亚宣布驱逐叙利亚驻利使馆。2 月 12 日，阿盟决定停止成员国和所属组织与叙利亚政府间所有形式的外交合作，禁止叙利亚参加阿盟峰会。3 月 15 日，海合会宣布关闭其所有成员国驻叙利亚使馆，并公开扬言"武装叙利亚反对派"和向叙派出国际"维和部队"，对叙危机火上浇油。

政治军事施压叙利亚政府。2012 年 2 月 12 日，阿盟宣布将向叙利亚派遣新的、3500 人组成的观察团，配备更加先进的装备和通讯设施，还讨论了向叙派遣"民族军队"，以维护其和平与安全的问题，遭叙政府坚决反对和拒绝。

七、阿盟的斡旋恶化了局势，彰显了自身的虚弱

阿盟的介入对巴沙尔政权施加了较大压力。阿盟一改利比亚危机中的边缘化形象，从召集地区国家开会、发布相关决议、谴责叙政府暴行，实施对叙制裁、终止其成员国资格、号召人道援助、呼吁联合国介入、支持反对派组建过渡委员会等，作风大胆强硬，扮演了地区主导者的角色。阿盟观察团赴叙利亚进行斡旋、实地考察和调研取证等工作，虽然收效不大，但秉持公正、公平、公开原则，让一些真相和内情公之于众，一定程度上缓和了局势。同时阿盟对

叙利亚政府采取的一系列制裁和施压，使巴沙尔政权受到空前孤立，并承受了较大压力，伊朗在核问题上的妥协与此不无关系。

阿盟强力介入以失败告终，彰显了自身的虚弱。阿盟自身的局限性限制了其在叙利亚问题上的作用。受到自身客观条件的诸多限制，阿盟不能像北约、欧盟等组织那样拥有超强的约束力和领导力，能够左右事态的发展。在叙利亚危机中，阿盟"海合会化"的趋势明显。埃及原本一直主导阿盟，被"阿拉伯之春"边缘化。逊尼派代表的卡塔尔和沙特开始主导阿盟，积极制定和通过叙利亚问题相关决议，推动其国际化，而以什叶派为主的黎巴嫩、伊拉克等国则明确表示反对外部干涉、不参与对叙制裁。双方的分化与矛盾，导致阿盟决议往往事倍功半。尽管阿盟为地区冲突的解决"使出了浑身解数"，但因本身实力的薄弱和受到其机制、性质、宗旨等方面限制，发挥的作用和地区影响力有限，没能扭转叙国内乱局，反而让形势更加复杂，从而使得"基地"组织的变体"IS"组织得以崛起，间接又削弱了阿盟的影响力。

第四节　科菲·安南的"六点和平建议"实现短暂停火

在叙利亚危机不断升级的情况下，联合国接手斡旋，任命前秘书长科菲·安南为特使。经过艰难斡旋，安南的"六点和平建议"计划为各方接收，叙利亚实现短暂停火。

一、安南首次斡旋遭遇僵局

2012 年 2 月 16 日，联合国大会通过了一份有关叙利亚问题的决议，呼吁联合国任命一位特使，和平解决危机。经磋商，2 月 23 日，联合国秘书长潘基文和阿盟秘书长阿拉比发表联合声明，任命联合国前秘书长科菲·安南为叙利亚危机联合国与阿盟联合特使，巴勒斯坦前外交部长纳赛尔·基德瓦为安南副手，以对话来促进危机的政治解决。安南的任命得到了叙政府和国际社会支持。安南也明确提出了危机最终解决方案应是政治途径，反对军事干预。

安南停火和政治对话主张遭到叙政府和反对派共同反对。2012 年 3 月 7 日，安南抵达开罗，与阿盟秘书长阿拉比、埃及外长阿姆鲁等就叙利亚局势举行会谈。3月10日，安南抵达大马士革，分别会见巴沙尔和反对派领导人，公开敦促巴沙尔立即撤军，各方停火，并寻求达成政治解决方案。但反对派早就把巴沙尔下台和先停火作为对话的前提。3月10日，叙利亚全国委员会发表声明称只有巴沙尔辞职，才能开始对话，这等于拒绝了安南的建议。

叙政府也拒绝了安南对话的建议。政府认为反对派武装的存在使得双方没有对话的可能性，如果政府单方面停止清剿行动，撤离城镇，则反对派势必展开更大的反攻，所以对话的前提是解除反对派武装，这是反对派不可能接受的。此外，巴沙尔还指责反对派袭击平民和军人，破坏国家稳定，借以说明使用武力的正当性。

二、各方艰难接受安南"六点和平建议"计划

首轮斡旋失败后，安南将重点放在对叙利亚危机能起到实质性影响的国家身上，通过这些国家来推动内战双方和谈。从3月10日开始，安南密集访问阿盟、卡塔尔、伊朗、伊拉克、土耳其、埃及、中国、俄罗斯等，并获得广泛的支持。他和他的特使团多次与叙政府和反对派沟通接触，以获得双方的认同，利用政治合力推动解决危机。

安南这样做的效果很明显。3月10日，俄罗斯外长拉夫罗夫与阿盟各国外长就斡旋叙利亚局势的计划达成协议，包括停止各方暴力；建立公正的监测机制；无障碍运送人道主义物资；坚决支持科菲·安南开启叙利亚内部政治对话的使命；外部不得干涉叙利亚内政等5个部分。上述协议相对比较公正，确保了叙利亚主权不受侵犯，再加上俄叙的盟友关系，叙政府接受了这个协议，放弃了解除反对派武装的先决条件，准备在没有先决条件的情况下进行对话，但也要求反对派放弃要求巴沙尔下台的前提条件。同时安南加紧做反对派的工作，3月13日，安南同土耳其总理和外长以及叙利亚全国委员会领导人加利昂分别举行了会谈，加利昂保证全面合作。

在安南紧张斡旋各派的同时，叙利亚境内暴力冲突不断。3月12日，政府军与自由军在位于西北的伊德里卜省展开激战，政府军封锁省会伊德里卜城。同一天，武装分子在霍姆斯省的胡拉地区引爆了霍姆斯至哈马省的输油管道，引起大火。3月17日，位于大马士革的空军情报局分局和大马士革安全

局刑事分局分别遭到炸弹袭击，导致100多人伤亡。3月19日凌晨，政府军与自由军在大马士革西部马泽区发生激烈交火，这是危机爆发以来大马士革最激烈的冲突。3月28日，巴沙尔在视察霍姆斯市时，遭武装分子袭击，不得不终止视察。

为缓解紧张局势，3月16日，安南向叙政府提出"六点和平建议"：承诺解决人民合法诉求和关切；立即停止在平民区使用重型武器并撤出部队，停止一切形式的武装暴力行为；每天人道停火两小时，以便运送物资和撤离伤者；加快释放被任意羁押者，公布全部羁押地点；确保新闻记者在叙利亚全境的行动自由和一视同仁的签证政策；尊重法律保障的结社自由与和平示威权利等。该和平建议获得国际社会的赞同。3月21日，在中俄努力下，安理会一致通过不具有约束力的主席声明，全力支持安南的斡旋努力和六点建议，要求叙政府和反对派在联合国监督下停止一切暴力行为，确保人道主义援助及时进入。安理会同时还通过了一份强烈谴责反对派恐怖袭击的媒体声明。

处于劣势的反对派为获得喘息机会，而叙利亚政府也愿意寻求政治解决，所以安南相对公正的调解方案得到双方同意。3月17日，叙政府致信联合国，表示愿与安南合作，致力于寻求叙利亚危机的政治解决。3月27日，叙利亚政府和反对派均表示愿意接受安南提出的"六点和平建议"，这使政治解决叙危机出现了一线转机。

三、欧美等国火上浇油，公开武装反对派

正当安南艰难斡旋给叙利亚危机带来一丝和平希望时，欧美等国非但没有实质性帮忙，反而火上浇油，武装反对派尽快推翻巴沙尔政府，这为安南斡旋最终失败埋下伏笔。

统一叙利亚反对派力量。就在安南获任斡旋特使的第二天，2012年2月24日，在欧美主导的第一届"叙利亚之友"会议上，欧美、海湾地区等60多个国家和国际组织承认叙利亚全国委员会是叙利亚人民的合法代表，呼吁组成民族团结政府，但巴沙尔必须把权力移交给现任第一副总统。大会还对叙政府发布旅行禁令、冻结资产、终止石油贸易、降低外交关系与阻止武器运输等，并积极呼吁国际社会武装叙利亚反对派。4月1日，第二届"叙利亚之友"会

议在伊斯坦布尔召开，美国国务卿希拉里·克林顿、法国外长阿兰·朱佩等
83个西方和阿拉伯国家与国际组织代表参会。会议确认叙利亚全国委员会是
叙所有反对派武装的领导中心，是反对派与国际社会对话的主导力量，海湾国
家将为叙反政府武装支付军饷，国外经济与武器援助通过叙利亚全国委员会统
一分配给境内反对派武装，包括叙利亚自由军。7月6日，第三届"叙利亚之友"
国际会议在巴黎举行，有包括美国国务卿希拉里在内的100多个国家和国际组
织的代表参加。会议发表最终声明，坚持要求巴沙尔下台，并加大力度援助叙
反对派。

"叙利亚之友"会议武装反对派的行为遭到俄坚决反对。2012年3月2日，
俄罗斯外交部表示，俄有可靠证据证明叙反对派武装中有"基地"组织等恐怖
组织，俄将要求联合国反恐机构对部分国家官员有关向叙反对派提供武器的建
议进行调查。【25】3月7日，俄罗斯常驻联合国代表丘尔金在安理会有关利比
亚问题的公开会议上，指责利比亚政府在其境内设立训练营，帮助培训叙利亚
反政府武装，并将这些受训人员送回叙利亚与政府军作战。4月1日，俄罗斯
外交部表示，"叙利亚之友"国际会议决定向叙反对派武装提供包括军事支持
在内的直接援助，这同和平解决叙利亚危机的宗旨背道而驰。

四、各方在撤军停火的先后顺序问题上僵持

在叙利亚各方接受安南建议后，鉴于暴力冲突不断，安南要求政府作为强
势一方，在4月10日前率先从平民区撤出军队和重型武器，然后再与反对派
讨论停火协议，但遭到政府拒绝。

此时政府军在与反对派的交战中占据上风。自2012年1月以来，叙利亚
政府军先后对大马士革东部郊区、中部霍姆斯市、哈马省农村地区等地采取军
事行动。3月14日，政府军收复战略据点——北部叙土边境重镇伊德利卜省
省会伊德利卜市，结束了自由军对该市长达数月的控制。3月21日，政府军
重新控制东部城市代尔祖尔。至此，被反对派武装控制的大部分城镇已被收
复，政府军正在对伊德利卜省采取大规模军事行动，以清剿自由军。

政府虽然接受了安南的"六点和平建议"，但现在政府军处于进攻态势，
鉴于反对派以往的做法，如果率先停火并撤离动乱城镇，反对派武装又将重新

控制这些地区，也会使反对派得到喘息之机，这对巴沙尔政权来说是难以接受的。另外，政府与反对派之间没有任何信任，联合国如何监督双方停火还是没有答案。政府吸取上次阿盟调解期间停火的经验教训，坚持局势平静后再撤军停火，防止反对派利用停火撤军壮大实力。4月1日，叙外交部表示不接受安南提出的率先撤军停火建议，在部分地区局势不稳的情况下，政府军不会轻易撤出军队和坦克，直到局势平静。

政府军率先停火，反对派不仅可以得到喘息修整的时机，还能乘机扩大自己的地盘，所以反对派坚决要求政府军率先停火撤军，然后才对话。3月31日，叙自由军发言人发表声明称，只要政府军撤出冲突地区坦克、炮兵和重型武器，反对派将立即停火。4月7日，自由军领导人与安南的代表会谈时表示，如果政府军在规定日期的4月10日前从各个地区撤出坦克和军队，自由军愿意于12日开始停火。

西方逼迫叙政府军率先停火。3月12日，安理会举行了中东问题部长级会议。美国坚持叙政府必须率先停火。3月31日，美国和海湾国家敦促安南尽快制订叙利亚和平建议时间表。4月1日，法外长呼吁为和平建议设立最后期限，以便采取"下一步措施"，以此威胁和压迫叙政府率先撤军。

俄要求各方同时停火，同时履行安南的建议。4月2日，俄外交部长拉夫罗夫要求包括叙政府和反对派全面履行安南和平建议。4月3日，当得知叙政府军开始撤离前线的军队和装备时候，俄外交部表示叙反对派及其武装团伙必须有对应的行动，包括明确肯定支持和实现安南的计划。4月6日，拉夫罗夫在与安南通话时表示，俄坚决主张叙利亚反对派与政府一样，也应开始着手履行停火等义务。

五、政府被迫再次率先停火撤军，局势暂时平静

在联合国和欧美等国的巨大压力下，叙利亚政府再次同意率先停火并撤军，叙利亚危机解决初露曙光。4月1日，叙外交部长致信安南，表示同意率先停火并撤出军队和重武器，4月10日前停止所有前线部署、停止使用重武器并将部队完全撤出人口聚集地区，但要求获得反对派停火和撤离武器以及相关国家停止支持反对派的书面承诺。4月2日，叙利亚驻联合国代表贾法里在

联合国总部表示同意将 4 月 10 日作为履行安南计划的最后期限，但反对派也必须同时遵守承诺。安南则敦促叙利亚政府立即兑现上述承诺，他同时还在等待叙利亚政府就他此前提出的六点建议中的其他方面做出具体回复，包括每天两小时的人道主义停火，确保记者在叙全境自由行动，尽快开启政治对话进程等。安南的副手纳赛尔·基德瓦也同叙利亚反对派进行了建设性交谈，并敦促反对派在政府军实现停火后的 48 小时内停止军事行动。

叙利亚政府率先撤军和履行其他义务得到安南确认。4 月 2 日，军队开始从大马士革农村省、中部霍姆斯市和北部伊德利卜省的部分地区撤离。同一天，安南发言人艾哈迈德·法齐确认叙方撤军行动开始，并表示如果 10 日前能够完成撤军计划，政府军与反对派武装将在此后 48 小时内实现停火。4 月 5 日，安南发表声明称，叙政府已从伊德利卜、扎巴达尼和德拉这三个城市撤出部分军队，政府还开始履行安南建议的其他内容。4 月 4 日，叙政府同意国际红十字会委员会主席雅各布·克伦贝格尔视察部分冲突地区，并商讨建立人道主义援助机制等议题。4 月 5 日，安南向联大通报情况时，确认自 3 月 25 日以来，叙利亚已经向欧洲、美俄、韩国记者签发了 21 个签证。4 月 12 日，叙利亚内务部赦免了 100 多名未涉嫌谋杀的武装分子。

西方国家和反对派极力否认政府撤军行为，威胁发起新的攻击。4 月 10 日，美国白宫发言人杰伊·卡尼表示，美国没有看到证据显示叙政府军撤退。相反，美国看到很多证据显示叙政府军对无辜平民发动进一步进攻。与美国声明遥相呼应的是，同一天，叙利亚反对派否认政府撤军，还威胁如果（政府）不停止炮击并撤出坦克，就打算加强军事行动、发动攻击。总部设于英国的叙利亚人权观察组织当天说，没有迹象表明政府军大规模撤离动乱城市。

为加快危机和平解决进程，安理会一致支持安南设置撤军和停火的最后期限。4 月 5 日，安理会一致通过了一份主席声明，支持安南的停火最后期限，呼吁叙利亚政府"以明显可见的方式紧急履行"对安南的承诺，在 4 月 10 日前实现停火。安理会同时还呼吁包括反对派在内的各方在叙利亚政府完全履行上述承诺后的 48 小时内停止一切形式的暴力活动，并与安南进行接触。4 月 6 日，安南明确告知叙利亚政府，大马士革时间 4 月 12 日上午 6 点是叙利亚政府和反对派之间实现全面停火的最终时刻，为部署联合国维和部队铺平道路。

在之后的 48 小时内，政府军应将部队完全撤出人口聚居区，而反对派则应该在这 48 小时内停止一切暴力。

在政府军率先撤军停火三日后，4 月 5 日，叙政府要求安南提交反对派关于同意停火的书面保证，以及卡塔尔、沙特和土耳其等国停止向反对派提供资金和武器支持的书面保证，作为继续撤军停火的条件，因为反对派到现在为止并没有承诺停火。4 月 6 日，政府军与反对派武装在霍姆斯、中部省等地区展开激战。4 月 7 日，叙外交部发表声明说，在未获得这些书面保证前，政府军不会从动乱城市撤军。声明特别指出，叙利亚绝不会重复阿盟观察团的故事，即叙军撤离城市及其周围地区后，武装团伙重新控制这些城市。4 月 8 日，叙外交部提出，主张叙利亚 4 月 10 日会从城中撤出的部队说法并不确切，并要求安南提交叙反对派武装同意按期停火和卡塔尔、沙特、土耳其不向反对派武装提供武器的两个书面保证，这致使停火计划面临失败的危险。

作为率先停火三天，并撤出部分军队和装备的叙利亚政府，要求反对派书面停火承诺以及周边国家停止支持反对的书面承诺并不过分，但这个要求遭到了反对派明确拒绝。4 月 8 日，叙利亚自由军表示拒绝向当局提供任何书面保证，强调只要现政权存在，就不放下武器。之后，叙利亚政府又表示不再坚持书面保证，但需要安南确保反对派及其他相关国家政府也接受停火计划，这明显超出了安南的能力范围，最后也不了了之。4 月 9 日，叙冲突扩展至叙利亚与黎巴嫩、土耳其的边境地带。在叙土边境，政府军动用武装直升机和坦克与反政府武装激烈交战。

由于没有收到反对派停火的书面承诺，叙政府军没有按期停火，引发西方和反对派威胁。根据政府和安南的协议，政府军应该在 10 日上午 11 时实现停火。但直到 4 月 11 日，街头的枪声并没有结束。11 日当天，安南向安理会表示，叙政府未能按照其同意的和平协议释放和平信号，政府军正在攻击新的目标。与此同时，停火期限过后，西方和反对派仍然一边倒地指责巴沙尔政府没有停火诚意，美、英、法等国纷纷对叙政府施压，指责政府没有撤军，没有遵守承诺，要求国际社会采取措施敦促叙政府履行承诺义务。4 月 11 日，叙利亚自由军甚至威胁将重新发动攻击，叙利亚全国委员会称"不能对叙政府抱有任何幻想"，应迅速建立"隔离区"或"安全走廊"以保护平民。对此，安理会表示严重关切，4月11日，安理会敦促叙双方在今后48小时内停止一切暴力，即4月12日前，叙利亚当局应就停止暴力和冲突做出"显著"转变，并敦促反对派全面落实对六点建议所做的承诺。

俄斡旋叙政府继续率先停火撤军。由于无法获得反对派的书面停火承诺，安南只能呼吁叙政府恪守和谈诺言，全面履行承诺，俄的斡旋再次打破僵局。4月10日，俄外长拉夫罗夫与叙利亚外长穆阿利姆会举行了会谈，说服叙政府在没有获得反对派书面保证的情况下，继续率先撤军停火，叙当局将部分政府军从霍姆斯市撤往部队驻地。但拉夫罗夫也强调，反对派武装应该根据安南的计划，立即全面停火。

在俄的斡旋和种种国际压力下，4月11日，叙利亚政府宣布叙武装部队将于当地时间12日清晨6点开始，结束叙利亚境内一切军事战斗。声明同时强调，若反对派发起攻击，政府军保留还击的权力。叙政府停火声明受到安南、中俄等国的欢迎，安南同时呼吁全体叙利亚人能以此为契机，各方有义务落实六点建议，承诺通过政治进程解决当前危机。

停火协议执行后，叙利亚局势开始平静。4月12日上午6时，政府军和反对派武装均按照停火协议实施停火，在曾发生激烈冲突的大马士革、霍姆斯省、哈马省和伊德利卜省等地局势平静，没有听到任何枪声，叙利亚危机迎来政治解决的关键时刻。

第五节　史上"最短暂"的维和行动失败后内战全面爆发

安南无法弥合叙利亚政府与反对派的根本分歧，反对派武装以胡拉镇惨案为由，向政府军发动全面进攻，史上"最短暂"的维和监督团被撤回，由此揭开了叙利亚数年内战的序幕。

一、停火监督团并未真正让叙利亚实现停火

叙利亚冲突双方实现停火后，安理会迅速决定部署停火监督团，以监督双方执行停火和落实"六点和平建议"，[26] 以力促危机走向政治解决的道路。2012年4月4日，联合国维持和平行动部代表团访问大马士革，商讨部署国

际观察员事务。叙利亚基本实现了停火后，4月14日，安理会通过决议，决定立即设立联合国叙利亚监督特派团，并派遣先遣队同有关各方建立联系。4月21日，安理会通过决议，决定设立联合国叙利亚监督团，从速部署300人非武装军事观察员，最初任期为90天，任务是监测各方停火和执行安南"六点和平建议"情况。4月27日，联合国秘书长潘基文任命挪威将军罗伯特·莫德担任联合国叙利亚监督团首席军事观察员。【27】4月29日，来自61个国家270名军事观察员和60名民事观察员，包括中国9名观察员的联合国叙利亚监督团，部署在叙利亚17个城市，开始执行监督停火任务。安理会设立监督团的决议受到包括叙政府在内的国际社会支持，但叙政府保留根据观察员国籍决定其去留的权利，并参与协调特派团的全部行动。【28】此外，叙利亚全国委员会和叙利亚自由军都对安理会决定表示欢迎。

联合国监督团并未真正实现停火。在经历了几天短暂平静后，暴力活动又不断发生。4月14日，武装分子包围了阿勒颇广播电视中心，并向该中心附近的拉希德清真寺祷告的平民射击，造成数十人伤亡。当天武装分子在大马士革农村省暗杀数名政府军军官，袭击了德拉省安全部队巡逻队，造成多人伤亡。4月27日，大马士革发生了3起爆炸事件，上百人伤亡。4月28日夜，武装分子乘坐快艇，向海滨城市拉塔基亚的政府军开火，造成多人死亡。5月9日，监督团车队在南部德拉市附近遭到路边炸弹袭击，造成负责保卫车队的叙军人受伤。5月10日交通早高峰时段，大马士革遭遇连环爆炸，造成55人死亡、372人受伤，震惊国际社会。5月11日，联合国秘书长潘基文发表声明称，叙政府军与反叛力量武装冲突严重升级，反叛力量在多个地点对政府军和民用基础设施发动协同攻击。

反对派和政府军相互指责。4月15日，叙国防部发表声明称，鉴于恐怖分子袭击军队和平民日益增多，军队将坚决打击恐怖分子，保护国家和人民安全。4月26日，叙新闻部长马哈茂德宣布，自本月12日各方实施停火以来，叙反对派武装违反停火1300多例。对此，叙利亚自由军最高军事委员会领导人穆斯塔法·谢赫发表声明称，自由军履行了停火承诺，但政府军并未停止军事行动。4月27日，叙利亚自由军声称，政府军迄今86次违反停火。

反对派武装呼吁外部军事干预，欧美则把暴力事件全部归责于巴沙尔政府。4月19日，叙利亚自由军最高军事委员会呼吁在安理会框架之外成立军事联盟，对巴沙尔政府发动进攻。西方则指责巴沙尔政府是叙利亚境内暴力事件升级的根源。5月9日，当联合国监督团车队在叙南部城市遇袭后，美国国务院发言人表示，停火未能维持，叙政府应承担暴力活动的"绝大部分责任"。5月10日，当大马士革连续发生爆炸案造成重大人员伤亡时，美国白宫发言人拒绝承认袭击是反对派所为，而是企图利用叙利亚混乱的极端分子所为。美国国务院同一天发表声明，称爆炸袭击事件是因为叙政府制造了"暴力气候"和暴力事件。5月15日，白宫发言人指责巴沙尔抓住权力不放，导致暴力冲突持续不断。

联合国要求叙政府作出更大让步。4月24日，安南的发言人法齐认为叙政府没有完全履行撤军停火承诺，呼吁将所有重型武器从人口密集中心撤出。4月27日，联合国秘书长潘基文批评巴沙尔对反对派镇压行动已经到达了"不可容忍的地步"。但叙政府则指责潘基文避而不谈反对派的暴行，是变相支持反对派"粗暴"攻击政府。5月25日，潘基文向安理会提交的报告称，叙利亚整体局势依然严峻，政府军并未停止使用或撤走重型武器。

二、履行安南相关建议，叙政府加快政治改革

在撤军停火的同时，政府也开始履行安南"六点和平建议"中的其他义务，并主动加快政治改革，以缓和紧张局势。

继续释放在押反对派人员。在阿盟调解期间，叙政府就释放了在押的全部反政府人员。按照安南的"六点和平建议"要求，叙利亚政府又陆续在2012年4月21日、5月5日、5月16日、5月31日分别释放因涉嫌参与反政府活动、但没有参与暴力活动的30人、265人、250人、500人，总共释放的人数已经超过1500人。对此，6月1日，联合国监督团团长莫德发表声明称，叙政府释放被捕者是积极举动，是执行安南"六点和平建议"令人鼓舞的一步。

举行多党制议会选举。根据2月份生效的新宪法规定，5月7日，叙利亚近半个世纪以来首次举行以"政治多元化"为基础的议会选举，复兴党不再作为社会的"领导和导向力量"，而是与其他党派平等地参加选举。依据法令，人民议会共设250个席位，其中工人和农民占127席，其他领域人士占123席。

有 11 个新成立的政党，与另外 10 个与全国进步阵线关联的政党共同角逐 250 个议席，共有近 7200 名候选人，其中 710 名为女性。国内部分反对派，如"叙利亚变革和解放人民阵线"参与选举，但海外反对派，如叙利亚全国委员会等则呼吁抵制，认为议会选举是巴沙尔政府的"宣传工具"。

根据议会选举结果，叙利亚组建多党制新政府。根据新宪法，2012 年 6 月 6 日，巴沙尔任命农业部长里亚德·法里德·希贾卜为新任总理，并命其组阁新政府。【29】6 月 23 日，巴沙尔颁布法令，成立新一届政府，新增民族和解事务部、国内贸易部与水资源部。新政府中，叙利亚反对派"叙利亚变革和解放人民阵线"领导人格德里·贾米勒被任命为主管经济的副总理与国内贸易部部长，反对派议员阿里·海德尔担任民族和解事务部部长。6 月 26 日，新政府组建成立，这是叙利亚政府推动政治体制改革的巨大进步。

准许人道主义救援进入冲突区进行救援。在安南斡旋期间，叙利亚政府签署相关人道主义救援与合作的框架协议，联手相关机构进行人道主义救援。2012 年 3 月 2 日，叙利亚当局同意国际红十字会和红新月会的工作人员进入霍姆斯展开人道主义救援工作，包括提供食物和药品、组织人员撤离等。3 月 7 日，叙利亚同意联合国负责人道主义事务的副秘书长瓦莱丽·阿莫斯访问霍姆斯冲突地区。6 月 5 日，叙利亚政府与联合国达成协议，允许联合国 9 大机构和 7 个国际非政府组织进入交战最激烈的霍姆斯、伊德利卜、德拉和代尔祖尔等四个省，为近 100 万受战火威胁的民众提供人道援助。在扩大救援的同时，叙利亚政府加速简化相关手续，向人权高级专员办公室和其他国际组织提供所需信息、文件。

三、反对派借胡拉镇惨案发动全面进攻

在叙利亚的监督团未能有效监督停火，叙境内暴力事件呈上升趋势，最终爆发了胡拉镇大惨案，震惊国际社会。反对派拒绝安南和平建议，向政府军发动全面进攻，内战爆发。

震惊世界的胡拉镇惨案。2012 年 5 月 25 日凌晨，霍姆斯省胡拉镇发生的炮击事件，攻击者使用了坦克和大炮，造成 108 人死，其中包括至少 49 名儿童和 34 名妇女，300 多人受伤。26 日晚，联合国叙利亚监督团团长莫德强烈

谴责胡拉镇大屠杀。胡拉镇惨案是安南和平建议实施以来最为暴力血腥的事件，引发国际社会的强烈谴责。

胡拉镇惨案的发生有其必然性，某些势力不愿意看到安南调解后在叙利亚实现真正的停火与政治解决。4月12日，在联合国和阿盟联合特使安南斡旋下，叙政府与反政府武装开始实行停火，但在西方及一些阿拉伯国家的支持下，叙境外的主要反对派并不甘心停火，一直在叙境内开展袭击政府势力及恐怖活动，意在招来外来军事干预，推翻巴沙尔政府。叙政府对此也保持高度警惕，严防反政府武装在境内形成据点。因此，叙利亚虽实行总体停火，但真正停火并未实现。在5月28日安南按日程访问叙利亚之前，25日胡拉镇惨案显然意在破坏安南的调解使命，其发生有必然性，反映了叙利亚目前局势的微妙性和严峻性。胡拉镇惨案发生后，5月29日，安南在与巴沙尔见面时，呼吁巴沙尔立刻采取行动落实六点建议，因为叙利亚有陷入全面内战的可能，类似胡拉镇惨案还时有发生。

反对派和欧美国家立即认定为叙政府军所为，并呼吁军事打击叙政府军。反对派表示政府军25日动用了坦克和大炮猛烈炮击胡拉镇，随后来自周围阿拉维派村庄的"沙比哈"民兵组织进入胡拉镇屠杀儿童、妇女。反对派在网上发布的录像画面显示，一些死者身上有明显伤口。惨案发生后，叙利亚自由军最高军事委员会和叙利亚全国委员会同时呼吁安理会立即宣布安南计划失败，并迅速组成军事联盟对叙利亚军事和安全部门进行空中打击，以保护叙利亚人民。

欧美认定是政府军为惨案凶手。5月26日，白宫发言人称，胡拉屠杀事件是叙利亚当局不人道和非法的又一有力证据。5月27日，欧盟外交事务和安全政策高级代表阿什顿发表声明，称对叙利亚政府军制造的此次屠杀事件感到震惊，强烈谴责叙利亚政府，呼吁巴沙尔下台并进行民主过渡。28日，英国外交部召见叙利亚驻英国代办，就这起事件谴责叙利亚当局。法国外长法比尤斯形容这是屠杀，已经立即安排"叙利亚之友"国家在巴黎举行会议。此外，6月1日，美国政府网站公布了一组叙利亚卫星照片显示，惨案发生后，政府军在胡拉镇周边挖掘乱葬岗，以此证明政府军是凶手。【30】

俄等国强烈谴责屠杀事件，要求彻底查清事实，惩处凶手。俄反对西方在未充分调查的情况下，就认定政府军为凶手的说法。5 月 28 日，俄外长拉夫罗夫与安南进行电话交谈后发布声明，呼吁联合国对胡拉惨案进行客观公正的调查。同一天，俄常驻联合国第一副代表亚历山大・潘金表示，很难认为在安南出访叙前夕进行屠杀符合叙政府利益，这只符合那些怂恿武装斗争干扰和平进程的人的利益，也不排除外国特工部门干涉局势的可能性。

叙政府指认系反对派武装分子所为，与政府军无关。5 月 27 日，叙利亚外交部临时召开新闻发布会，发言人严正否认政府军在胡拉地区实施“大屠杀”的说法，并指出确凿的情报显示，发生在胡拉地区的伤亡事件是一次有预谋、而非自发事件。叙方严厉谴责那些对国民发动屠杀的暴行，联合国安理会应审视那些资助、渗透并意在引入外部武力干涉的势力，叙利亚政府也将成立军事司法委员会，在三天后公布对此的调查结果。5 月 28 日，叙外交部向联合国安理会以及其他国际组织发表了一封公开信函，阐述了初步调查结果。5 月 31 日，叙利亚胡拉大屠杀案调查小组宣布了调查小组初步调查结果。据目击者称，当天有 600 至 800 名从外地前来的武装分子向该地区和守卫在此的政府军发动了进攻。所有袭击致死的平民都是支持政府的人，恐怖分子要求他们上街拿起武器，加入反政府示威，遭拒绝后向他们下了毒手。他强调，在胡拉事件发生的前后，政府军始终没有进入该地区。死者也多是由近距离枪击和锋利物致死，而非炮击，此外尸体中还有很多是武装分子，他们在与政府军的交火中被打死，还有 26 名军人和警察。从逻辑上推断，政府是不希望在安南访叙前夕发生屠杀案的，而一些极端组织则愿意看到在安南访叙前夕发生引起国际社会关注的事件，以便向政府施加更大的压力，逐步使局势的发展朝着西方国家对叙利亚采取军事行动的方向发展。

联合国未调查出惨案幕后真凶。5 月 26 日，联合国秘书长潘基文和特使安南发表联合声明，强烈谴责胡拉镇惨案，并要求叙政府立即停止对人口稠密地区使用一切重型武器，呼吁各方停止任何形式的暴力。27 日下午，安理会召开紧急会议，强烈谴责胡拉镇惨案，重申叙所有各方必须停止一切形式的暴力活动，要求叙政府立即停止使用重武器，并立即将军队和重武器撤出居民聚集区。此外，安理会要求潘基文继续就事件进行调查，并向安理会汇报结果。5 月 29 日，联合国人权事务最高专员署称，根据联合国监督员现场检查，在胡拉镇惨案中，只有不到 20 名死者是遭炮击身亡，其余人大部分死者被近距离射杀。6 月 27 日，在向联合国人权理事会第 20 次会议上，叙利亚问题独立国际调查委员会在提交关于叙利亚人权状况的调查报告中称，【31】胡拉镇惨案真凶尚未查明，亲政府民兵、反对派和来历不明的外国势力均不能排除嫌疑。

反对派以胡拉镇惨案为由放弃安南停火协议，发动全面进攻。5 月 26 日，鉴于胡拉镇惨案，叙利亚自由军公开声明将不再执行安南提出的六点建议。5 月 30 日，叙利亚自由军向叙政府发出 48 小时的"最后通牒"，令其从城市和乡村撤出所有部队、坦克和大炮，并保证和平示威的权利等，否则将不再受安南和平建议的约束。同一天，叙利亚全国委员会主席伯翰·加利昂表示，巴沙尔下台是"挽救安南和平建议与政治解决叙利亚危机的唯一途径，否则叙利亚局势将濒临失控边缘，将危及整个地区局势"。6 月 1 日，也就是反对派最后通牒的期限过后，叙利亚自由军宣布恢复对政府军的进攻，并呼吁设立"禁飞区"和"缓冲区"，甚至成立国际军事联盟，对政府军进行空中打击。6 月 4 日，叙利亚自由军正式宣布不再遵守安南的六点建议。

叙利亚进入内战状态。在公开放弃安南的停火协议后，反对派武装持续与政府军在多个地区交战。反对派武装采用游击战术，频繁袭击政府军巡逻站、哨所和炮塔，大马士革和北部城市阿勒颇成为冲突中心地区。从 6 月 3 日起，反对派武装先后在大马士革郊区、德拉、伊德利卜和霍姆斯省展开攻击，打死了上百名政府军官兵，成为安南和平建议实施以来最大规模的武装冲突事件。6 月 10 日，600 余名叙利亚自由军从五个方向同时向大马士革发起进攻，并罕见地使用榴弹和迫击炮，这也是危机爆发以来以来大马士革最严重的战事，标志着叙国内战事的重大转变。10 日，政府军出动武装直升机对霍姆斯及附近城镇库赛尔、塔尔比塞赫和拉斯坦持续发动袭击。6 月 12 日，联合国首次宣称叙利亚冲突现在可称之为"内战"。6 月 26 日，巴沙尔在向新内阁讲话时称国内已陷入战争。

四、成立过渡政府方案失败，叙利亚内战全面爆发

在内战即将全面爆发之际，安南作出最后努力，使用"B 计划"，即提议在国际社会协调下，由巴沙尔政府和反对派组成联合过渡政府，由此推动叙利

亚局势的缓和。

在安南的积极奔走下，国际社会就成立叙利亚联合过渡政府达成共识。2012年6月27日，安南宣布酝酿设立一个包括现任政府、反对派与其他人士共同组成的过渡性全国联合政府。6月30日，安理会五个常任理事国、欧盟、阿盟及土耳其、伊拉克、科威特和卡塔尔等部分叙利亚周边国家代表，在日内瓦召开叙利亚问题行动小组外长会议，同意建立包括反对派和巴沙尔政权在内的联合政府作为过渡管理机构，这成为日后国际社会推动叙危机政治解决的指导原则。

但俄罗斯与欧美在过渡政府是否包括巴沙尔存在根本分歧。美国和法国表示巴沙尔不能进入叙利亚"过渡管理机构"。俄则反驳称，叙利亚问题行动小组外长会议通过的公报，并未规定巴沙尔必须离职。叙利亚过渡政权的组成应由叙利亚人自主决定，外来势力不能将意志强加给叙利亚。

叙利亚反对派拒绝成立联合过渡政府的提议，要求巴沙尔下台。6月28日，叙反对派发表声明称不会接受过渡政府计划，除非巴沙尔下台。7月3日，叙利亚全国委员会指责国际社会在日内瓦达成"过渡管理机构"共识是个"笑柄"，这是让叙民众同"他们的行刑人"举行谈判。

叙利亚政府欢迎该过渡方案，但坚持消灭恐怖分子。6月28日，巴沙尔表示政府有责任歼灭恐怖分子，不会接受强加给叙利亚的解决方案，只有叙利亚人可以解决国家危机。7月2日，巴沙尔签署国家反恐法令，规定严惩任何参与恐怖活动的人。7月4日，叙外交部表示欢迎日内瓦举行的叙利亚问题行动小组外长会议达成的共识。

安南的过渡政府计划遭到叙利亚反对派坚决反对，俄与欧美又存在根本分歧，且该方案缺乏任何实施机制，很难监督执行，最后只能以失败告终。7月7日，安南接受法国媒体采访时首次坦承，为叙利亚危机寻求和平的、政治解决作出了重大的努力和尝试，但没有成功。

2012年7月中旬，反对派大举进攻大马士革，与政府军展开激战，叙利亚开始陷入全面内战。7月12日，双方在中部哈马地区的特雷姆瑟镇展开激烈交战，造成140多人死亡，联合国指责政府军动用飞机大炮和坦克等重型武器。而叙政府则指责武装分子"不加选择地对平民开枪"，否认使用重型武器袭击普通民众，并强调打击恐怖主义分子。7月15日，政府军与反对派武装在大马士革塔蒙德、戈德姆等9个区域发生交火，反对派称之为"解放大马士革"行动。政府军动用了武装直升机、坦克和迫击炮。双方的冲突于蔓延至城中核心区域，接近总统府，距离议会大厦仅有400米。当天，国际红十字会宣布叙利亚正处于"非国际性武装冲突"状态，这是内战的技术性说法。7月20日，政府军重新掌控大马士革米丹、塔德蒙、巴尔泽等区。8月3日，联合国秘书长潘基文在联大表示，叙利亚危机已经演变成一场代理人的战争。

全面内战爆发迫使监督团终止监督任务，安南辞职，斡旋彻底失败。内战的爆发，威胁到未携带武器的监督团人员安全。从6月1日开始，联合国监督团车辆遭袭击多达上百次，观察员面临生命危险。6月16日，监督团宣布暂停在叙一切活动，留在驻地待命。7月20日，安理会决定将监督团人员由300人减至150人，同时任命联合国军事顾问巴巴卡尔·盖伊接替挪威少将罗伯特·莫德担任联叙监督团团长。8月2日，安南在日内瓦的记者会上宣布辞职，联合国秘书长潘基文随后任命阿尔及利亚前外长拉赫达尔·卜拉希米为联合特使，以继续延续斡旋工作。【32】8月19日，监督团任期结束。8月23日清晨，最后观察员一批撤离叙利亚，使命终结。

从设立到撤离，联叙监督团只坚持了短短四个月，是1948年联合国首次开展维和行动至今，"最短暂"的一次任务。2012年12月3日，出于安全考虑，联合国宣布暂停在叙境内活动，撤离"非必要"的工作人员。安南斡旋失败后，美国将其归责于中俄在安理会的"不作为"，而俄则认为美国的立场在很大程度上是安南离职的原因。

五、各方的根本性分歧是安南斡旋失败的根本原因

监督团无法有效督促各方开启和平进程。监督团从设立之初，就陷入无停战可供监督、无和平可供维持的窘境。4月12日达成形式上的停火，根本没有得到冲突各方实质性的执行，仅仅只经历了几天极为短暂的缓和，有关各方违反停火的事件便层出不穷，武装冲突再次升级，针对观察员巡逻车队的枪击、爆炸、武力扣押等事件也日益增多，使得监督团连自身安全都无法保障，更不可能去监督各方停火。监督团被迫撤离叙利亚，使得安南的斡旋成为无本

之木，根本不可能成功。

俄与欧美等国在叙利亚危机上的根本分歧是安南斡旋失败的决定性因素。安南的"六点和平建议"以承认巴沙尔政府合法性为前提，其联合过渡政府也包括了巴沙尔本人。这一点与俄立场类似，俄认为巴沙尔下台问题应由叙民众决定，坚决反对欧美等国在叙利亚推行"利比亚模式"，所以俄给予了叙利亚政府政治、经济和军事等各方面的大力支持和援助。但欧美等国和叙反对派始终坚持巴沙尔下台是和谈的前提，不断强化对叙政府的制裁，极力支持并武装反对派武力推翻巴沙尔，从未真心支持、配合安南的斡旋努力，这决定了安南的最终失败。

巴沙尔政府未完全从冲突城市撤离军队和重型装备，让欧美等国和反对派据此为发动进攻的理由。按照安南的计划，政府军需要从冲突城市完全撤出军队和重型装备，但鉴于阿盟调解期间的教训，为防止反对派占领更大地盘，在未获得反对派停火和海湾国家停止支持的书面承诺时，政府军并未完全撤出军队和装备，欧美等国以此指责叙利亚政府，反对派也以此作为进攻政府军的理由。而政府军对反对派的反击，也让双方暴力冲突不断升级。

反对派武装借安南调停重整旗鼓，发展壮大，使局势再度陷入恶性循环。在安南"六点和平建议"实施的这段时间，反对派武装在欧美等国的大力支持下，再次利用停火协议壮大了力量，卷土重来，悄悄占领政府军撤出地区，大量充实武器弹药，获得了包括迫击炮、反坦克导弹等装备，补充了数千名外国"圣战"分子，原本遭到政府军重创的叙利亚自由军发展突飞猛进，不断向政府军发动大规模进攻：除了在霍姆斯、哈马等"传统热点"地区与政府军激烈交火外，还在中部和北部的广大地区建立起"准安全区"，实施行政管辖，分发食品、提供天然气，并将政府军压缩在城镇的孤立据点内。反政府武装与政府军在大马士革、阿勒颇市和霍姆斯市等广大地区展开激烈交战，内战全面爆发。

注　释

【1】王新刚等：《现代叙利亚国家与政治》，人民出版社 2016 年版，第 399—412 页。

【2】塞缪尔·亨廷顿：《文明的冲突与世界秩序的重建》，周琪等译，新华出版社 2002 年版，第 122 页。

【3】方金英：《叙利亚内战的根源及其前景》，《现代国际关系》2013 年第 6 期。

【4】转引自王新刚等：《现代叙利亚国家与政治》，人民出版社 2016 年版，第 412 页。

【5】刘月琴：《2011 年叙利亚政治危机的现状及前景》，中国社会科学院西亚非洲研究所 2011 年《中东黄皮书》。

【6】Robert Goulden,"Housing, Inequality, and Economic Change in Syria", *British Journal of Middle Eastern Studies*, Vol.38, No.2, 2011, pp.188-201.

【7】哈希姆家族被尊为圣裔，现在的约旦便仍由该家族统治。

【8】"哈里发"在《古兰经》意为安拉在大地设置的代理人。

【9】时延春：《大使眼中的叙利亚》，世界知识出版社 2014 年版，第 27 页。

【10】王霏：《试论叙利亚的族群、教派与地域忠诚问题》，《阿拉伯世界研究》2016 年第 1 期。

【11】按照当时的紧急状态法，当局可随意检查媒体，切断通信服务，不经司法程序随意抓捕、审讯民众。

【12】陈聪：《燃泪天堂》，新华出版社 2016 年版，第 21 页。

【13】到 2012 年 2 月，这一组织已经在全国成立了 14 个分支机构。作为反政府活动最初的"领导机构"，主要由社会活动人士、记者和学者等组成，拒绝与传统的反对派结盟，反对武装对抗和外国军事干预。

【14】即使抗议活动的个别群众有一定的组织性，但没有大的工会组织支持、协调。长期以来，叙利亚严格控制工会组织，独立的工会组织一直没有形成，抗议示威者也缺乏兴趣去组建大的联盟。

【15】改革包括：将全国工资增加 20%—30%；降低个人所得税起征点；向基础卫生事业投入更多资金；保证五年内为年轻人提供 5 万个就业机会；尽快将临时工作人员转为永久性员工等。在政治方面，承诺尽快成立新的反腐专门机构；尽快研究在保障国家安全情况下废除紧急状态法；尽快颁布允许多党参政的法律；尽快出台新的新闻法规；加强司法管理，杜绝滥用司法权力。

【16】主要内容包括：允许和平示威；举行民族和解对话；六个月后举行自由民主选举等。

【17】4 月 1 日，25 万名示威者在全国各大城市举行"烈士星期五"大规模抗议活动。在接下来的 11 个月里，反对者相继在霍姆斯、哈马、德拉等城市举行"反抗星期五""决心星期五""伟大星期五""尊严星期五""儿童星期五""下台星期五"等示威活动。示威者人数越来越多，他们的诉求也从反失业、反腐败，要自由演变为要求政权更迭、总统下台。

【18】据"维基解密"网站透露的美国外交文件显示，美国长期暗中资助叙利亚国内外的反对派。如 2009 年 4 月，美国资助叙利亚反对派在伦敦建立反叙利亚政府的卫星电视台。

【19】自由军并非指某一特定武装队伍，而是大规模松散式伞形组织，由高度碎片化的作战单元联合组建，其领导层久居海外，进行遥控协调。

【20】据利亚德·阿萨德本人称，2010 年突尼斯剧变后，为防止其影响波及国内，叙政府曾指派他在阿勒颇组建空中情报机构。德拉市的民众示威游行爆发后，叙情报部门曾强迫他向示威者开枪，但他拒绝执行命令，并宣布倒戈。2011 年 10 月初，利亚德·阿萨德获得土耳其

的政治避难身份,在土境内遥控指挥自由军。2013年3月24日,在土叙边境一次袭击行动中,利亚德·阿萨德身受重伤,截去右腿后得以保命。

【21】Glenn Kessler,"Are Syrian Opposition Fighters 'Former Farmers or Teachers or Pharmacists'?" *The Washington Post,* June 26th, 2014.

【22】该倡议共有13项条款:立即停止针对平民的所有暴力行动,军队从城市全面撤离,避免陷入教派冲突或给外国介入提供理由;对受害者予以赔偿;释放所有被在押政治犯和涉嫌参加抗议的人员;阿盟与叙政府和各反对派磋商全国对话大会等。

【23】名单包括巴沙尔的弟弟马赫尔·阿萨德,国防部长、军事情报局长、安全事务副总参谋长、大马士革军事情报局长、内政部长等18名军方与政府高官及1名商人。

【24】该部长级委员会代表阿盟全权负责叙利亚危机的解决,就局势进展进行斡旋,组织召开会议,发布相关决议、公告,回应媒体等,并敦促巴沙尔履行相关承诺,以及支持反对派等,具有一定约束力。

【25】根据联合国大会1994年通过的有关宣言,所有国家不应在其他国家领土上组织恐怖活动,挑唆、庇护并参与恐怖活动。

【26】2012年4月5日,联合国安理会通过的关于支持安南为叙利亚各方停火设置最后时间限制的主席声明中,还包括实现全面停火后,在叙利亚境内建立一个有效可信的联合国监督机制,监测六点建议执行情况。

【27】时年54岁的莫德将军曾任挪威军队参谋长、联合国停战监督组织总参谋长等职。1989年至1990年参与联合国在黎巴嫩的维持和平行动,2009年至2011年担任联合国驻巴勒斯坦停火监督组织主管。

【28】并非所有安理会成员都怀有善意,叙政府担心部分观察员蓄意歪曲事实,侵害其主权。

【29】2011年3月,叙利亚南部爆发大规模民众抗议活动。3月29日,巴沙尔准许叙利亚总理奥特里及内阁辞职。直到2012年6月份议会选举后,巴沙尔才任命希贾卜为新总理,组建新政府。8月6日,上任仅两个月,希贾卜叛逃。

【30】美国国务院网站称,该组照片是由商业卫星在本周早些时候拍摄到的,照片显示了屠杀惨案发生后,胡拉镇附近挖掘乱葬岗的画面,同时,在这组照片上还能看到安塔立博镇(Atarib)平民区有明显的大炮袭击痕迹。根据该网站公布的照片,能明显看出5月31日,在叙利亚3座城镇附近有军队部署,另外,沙伊拉特和霍姆斯附近也有直升机部署。

【31】2011年9月,为了对不断恶化的叙利亚人权状况进行评估,联合国人权理事会授权成立了叙利亚问题独立国际调查委员会,该调查委员会分别在2011年11月和2012年2月提交了两份调查报告。

【32】拉赫达尔·卜拉希米是全球公认最出色的外交官之一,长达15年的黎巴嫩内战各方在他的努力下签署结束内战协议。2012年8月17日,拉赫达尔·卜拉希米接替安南被任命为新一任联合国阿盟叙利亚危机联合特使。

第三章

美俄等军事强国和上百个国家参战或介入

叙利亚政府军与反对派武装相持不下时，"伊斯兰国"恐怖组织乘势崛起，威胁全世界安全与稳定。美俄等国先后以反恐为名组团参战，全球上百个国家参战或介入，叙利亚内战演变为一场"微型世界大战"。

第一节　内战初期巴沙尔政权处境艰难

内战初期，叙政府背靠黎巴嫩，依托俄和伊朗等国海上支持，南守北攻，以拖待变，力保阿勒颇—沿海—霍姆斯—大马士革一线，总体上属于守势，处境艰难。

一、政府军战事全面吃紧

内战最先在大马士革市区打响。2012 年 6 月 10 日，600 余名叙利亚自由军从五个方向同时攻向大马士革市区，后被打退。7 月 15 日，叙利亚自由军发动"大马士革火山与叙利亚地震"战役，进攻大马士革塔德蒙等 9 个市区。7 月 20 日，马赫尔·阿萨德指挥第四装甲师打退了自由军的进攻。8 月 4 日，政府军完全控制市区，此后战事主要在郊区展开。11 月 7 日，自由军开始第二阶段解放大马士革的战役，2 万多名自由军进攻西南郊达拉亚镇。政府军诱敌深入，11 月 26 日，政府军将 4000 多名武装人员包围在此镇。经过多天激战，政府军控制了达拉亚镇。政府军随即在市区外围建立宽约 8 公里的狭长地带，阻止武装人员潜入，此后反对派只能在郊区附近以偷袭为主。

反对派还积极进攻北部阿勒颇市，企图背靠土耳其建立大本营。首都大马士革位置偏内陆，而靠近沿海的霍姆斯和阿勒颇则像两道铁闸，牢牢地锁住了极端组织和反政府武装的攻势，保住了首都的补给后路以及沿海经济发达的富庶地带。二者任何一个失守都将是灾难，反对派武装就可以直插沿海地带，截断政府的海上补给线，并包抄大马士革。

反对派加紧进攻中部霍姆斯市。霍姆斯市地处大马士革—霍姆斯—阿勒颇北部沿海战略核心区的中心，有高速公路相连大马士革和阿勒颇，战略地位非常重要，一旦反对派武装攻占霍姆斯市，大马士革和阿勒颇两大城市的失陷是迟早的，巴沙尔政权将等待"死刑判决"。霍姆斯地区还掌握叙利亚能源命脉，拥有国家两大炼油厂之一。叙利亚柴油消费的一半从欧洲和土耳其进口，在欧洲和土耳其实施制裁后，柴油供应只能靠本国炼油厂提供。一旦霍姆斯失控，民众冬季供暖和军队行动都将受到严重影响。

阿盟调停让霍姆斯市的反对派武装起死回生并发展壮大，反对派不断对政府军发起攻击。到全面爆发内战的时候，霍姆斯市如同一块夹心饼干，政府军占据城内的军事学院、兵营和警察局，周围是叙利亚自由军，但外圈则又是政府军包围着，双方在市区进行惨烈的巷战。2014 年 5 月初，在真主党帮助下，政府军将反对派武装压缩到瓦伊尔区这个最后据点，此后双方在此展开了三年拉锯战。直到 2017 年 5 月，冲突降级区成立后，政府军才全面控制霍姆斯市。

内战在全国爆发。在东部，自由军控制了盛产石油的代尔祖尔省，占领最大油田吉萨油田。在北部，自由军占领伊德利卜省最大空军基地——塔夫塔纳兹军用机场，这是内战爆发以来反对派夺取的最大军事基地。自由军首次攻占省会城市——拉卡省拉卡市，并完全瓦解政府军在东线的防御。此后，双方战事胶着。巴沙尔控制大多数城市，包括大马士革、经霍姆斯、哈马通往阿拉维派传统地区拉塔基亚的北方走廊。为打通塔尔图斯—霍姆斯—大马士革军援通道，2013 年初政府军展开大规模攻势，陆续攻占古塞尔、泰勒凯莱赫等，同时在霍姆斯、大马士革等地反攻取得一定成效，但未能改变总体被动态势。美欧支持的反对派在北部和东北部不断扩大控制区，在南部夺占德拉和库奈特拉大部，严重威胁首都安全。2013 年 6 月 4 日，政府军攻占古塞尔，高调宣传并公开承认引入真主党参战，引发西方震动。海合会、阿盟等国重启对自由军的武器援助，欧美开始考虑军援自由军，反对派政治和军事领导层全面改组，自由军展开整编，在全国范围发起较大攻势。政府军在全国400多条战线上与数千支反叛武装作战，处境非常艰难。

二、政府和军队高层叛逃或遭暗杀现象增多

大批高级军政官员成为反对派的暗杀对象。2012年3月28日，叙空军准将赫列伊夫·阿里·阿卜杜勒拉赫在阿勒颇市附近遭武装分子枪杀。7月18日，叙国家安全总部大楼遭遇自杀式攻击，国防部长拉杰哈，巴沙尔的姐夫、国防部副部长舒卡特及政府危机处理部门负责人图尔克马尼3人身亡，内政部长、国家安全局局长等其他多名高官受重伤，国家安全团队几乎全军覆没。政府随即任命法赫德·贾西姆·弗拉杰将军为新任国防部长。[1] 10月29日，叙空军将领阿卜杜拉·马哈茂德·哈利迪将军在大马士革北部被暗杀。12月19日，叙内政部大楼遇袭，内政部长身负重伤。2013年3月21日，大马士革伊曼清真寺发生自杀式爆炸袭击，造成包括在伊斯兰世界广受尊重的宗教学者穆罕默德·萨义德·拉马丹·布提等49人死亡，80多人受伤。[2] 4月29日，总理哈勒吉的车队在大马士革遭遇汽车炸弹袭击，哈勒吉本人躲过暗杀。8月25日，哈马省省长阿纳斯·纳伊姆遇刺身亡。

政府高官叛逃增多。从2012年3月7日石油部副部长胡萨米尔丁叛变加入反对派阵营开始，多名高级官员开始逃亡或叛变。5月30日，叙利亚驻美国加州荣誉总领事齐哈比辞职并与巴沙尔划清界限。7月11日，叙驻伊拉克大使法尔斯宣布脱离巴沙尔政府。7月24日，叙驻塞浦路斯临时代办拉米娅·哈里里宣布脱离巴沙尔政府。7月25日，叙驻阿联酋大使阿卜杜勒·拉蒂夫·达巴格宣布脱离巴沙尔政府。8月6日，上任仅仅两个月的总理里亚德·法里德·希贾卜举家叛逃约旦并携带两名政府部长及三名高级军官加入了反对派阵营，成为当局叛逃的最高级别官员。巴沙尔当天随即宣布免去希贾卜总理职务，任命副总理奥马尔·格拉万吉为看守政府临时总理。8月9日，巴沙尔任命瓦埃勒·哈勒吉为政府新总理。[3] 2016年6月22日，巴沙尔任命电力部长伊马德·哈米斯为新总理组建新政府。

军队高级将领也开始叛逃。2012年6月21日，空军上校哈桑·哈马达驾军机叛逃至约旦，后来又有数架飞机叛逃。7月5日，在法国情报机构协助下，

前国防部长之子、负责总统防卫工作的共和国卫队第 10 旅旅长穆乃夫·塔拉斯准将叛逃土耳其，【4】这是内战以来巴沙尔最亲密团队的首例反叛。8 月 5 日，叙利亚首位宇航员法里斯将军叛逃土耳其，加盟反对派。随着叛逃官员的增多，西方开始热炒"后巴沙尔时代"等话题。9 月 19 日，反对派悬赏 2500 万美元捉拿巴沙尔，同时呼吁西方在叙设"禁飞区"。12 月 17 日，叙国家情报总局公关部长萨巴赫叛逃并加入反对派。12 月 25 日，叙宪兵司令阿尔沙拉尔叛逃并加入反对派。此外，还有数千名士兵叛变。对此，巴沙尔从容面对，称"相当于政府自我净化，广而言之，相当于国家自我净化"。

三、国内经济形势急剧恶化

在叙利亚局势出现动荡后，其国内经济发展几乎陷入停滞，欧美等国的经济制裁更是雪上加霜。旅游业暴跌，石油收入和海外投资锐减，还需新增大笔补贴福利和军事行动，国家经济已经陷入严重危机中。

石油收入接近枯竭。由于欧美的石油禁运和反对派占领大部分油田，叙利亚原油产量从战前每天 38 万桶降至 2013 年的 2 万桶，每月损失 4 亿美元，【5】石油美元收入几乎枯竭。叙利亚对欧盟的石油出口自 2011 年 9 月起停顿，截至 2013 年 9 月，叙利亚损失高达 130 亿美元。【6】

国内燃料严重短缺。叙自身油气开发技术相当落后，主要依赖进口欧盟的油气设备来提高油气产量。另外，由于精炼能力不足，叙利亚燃气产量仅能满足国内日常需求的 50%，严重依赖希腊公司提供燃料。欧美对叙油气行业的制裁，再加上反对派占领大部分油田，严重影响了国内燃料供给，国内出现了柴汽油危机、家庭用天然气危机，以及电力供应紧张，大马士革开始拉闸限电，柴油、天然气等也出现供应紧张。全国每天平均停电 3 小时，部分农村地区则达 7 小时。

由于欧盟对叙利亚实施严格的金融和贸易制裁，造成叙出口大幅度下降，外汇储备大为缩水。2012 年叙出口比上年下降 44%，向欧洲的出口下降 93%。动乱前外汇储备为 195 亿美元，2012 年降至 96 亿美元。尽管叙利亚中央银行试图维持外汇储各，但资金"外逃"非常严重，引发货币急剧贬值。动荡前叙镑对美元汇率一直稳定在 50：1，2012 年 2 月跌至 74：1，3 月黑市比价一度跌至 105：1。叙利亚央行罕见地连续抛售 30 亿美元，甚至抛售黄金，防止货币崩溃。此后汇率比价一直在 80—90：1 之间徘徊。

持续的经济制裁造成国内市场商品短缺，货币大幅度贬值又造成通货膨胀高涨。2012 年 5 月通胀率同比上升 32.5%，超过年初 15.4% 的升幅，恶化势头没有停止。日用商品价格持续攀升，如家用燃气罐价格由动乱前的每罐 5.4 美元，升至 2012 年年初的 7.7 美元，并在年中黑市上升至 23 美元。诸如鸡蛋、牛奶、牛羊肉、鱼和糖等日常消费品均有不同程度的涨幅。2012 年 4 月，叙利亚政府不得不在国内市场分配糖果，因为商人们卖的糖果价格是它本身价格的4 倍。

战争重创经济发展，加剧了经济下行。全国有 30% 的中小企业倒闭，失业率高达 25%。官方统计显示，截至 2012 年底，各省公共和私人建设设施损失达 2 万多亿叙镑（约合 253 亿美元）。局势动荡使国内旅游业瘫痪，年损失额高达 20 亿美元。2013 年 2 月，世界银行数据显示，叙利亚国内生产总值已经缩水 20%。根据联合国西亚经济社会委员会数据显示，叙利亚国内失业率达 37%，2013 年末可能达到 50%。内战还恶化了人道主义局势，近三分之一民众需要救援。为应对因经济形势恶化的挑战，2013 年 2 月 9 日，巴沙尔更换 7 名部长，调动 5 名部长职位，意在改善经济管理，同时掌控局势。

四、联合国协调宰牲节停火失败

在联合国特别代表卜拉希米努力下，2012 年 10 月 24 日，叙政府军和反对派武装达成宰牲节期间停火 4 天的协议，受到国际社会的欢迎。联合国难民署利用短暂停火向阿勒颇、霍姆斯等冲突热点地区调运 550 多吨紧急救援物资。

停火首日的 26 日头几个小时，局势相对平静，但随后急转直下。10 月 26 日上午，大马士革汽车发生炸弹袭击事件，叙政府军声称多地遇袭，被迫还击。27 日，大马士革、阿勒颇战火再起。政府军认定反对派武装违反协议，而反对派武装宣称停火已经"破裂"。10 月 31 日，大马士革再次遭到爆炸袭击，造成多人死亡，停火协议失败。

此次宰牲节停火没有任何监督约束机制，双方都不相信真的能够停火，就连卜拉希米本人也不敢确定。叙政府是在为生存而战，反对派则要求巴沙尔下台，冲突双方都想借停火扩大占领区，恢复和壮大势力，更何况某些势力压根就不想停火，这些都是停火计划失败的重要原因。

联合国协调的叙利亚问题国际会议没有取得效果。2013 年 5 月 27 日，美国国务卿克里与俄外长拉夫罗夫在巴黎举行了秘密会谈，尝试协调解决叙利亚冲突。6 月 5 日，联合国、美俄就叙利亚问题第二轮日内瓦会谈进行磋商。磋商结束后，联合国同俄美共同争取召开日内瓦会议，三方计划 6 月 25 日再次磋商，后被叙利亚化学武器袭击事件一再推迟。

由于协调多时未见任何成效，2014 年 5 月 13 日，卜拉希米提出辞职，被联合国秘书长潘基文接受。7 月 11 日，潘基文任命意大利资深外交官斯塔凡·德米斯图拉为联合国叙利亚问题特使，接替卜拉希米。【7】

第二节 欧美主导反对派成立"临时政府"

欧美主导建组新的反对派——叙利亚反对派和革命力量全国联盟（简称全国联盟），并组建以美国代理人为首的"临时政府"，试图统一境内外反对派力量，加快推翻巴沙尔的进程。

一、叙利亚全国委员会未能统一境内外反对派

叙利亚全国委员会一直内斗不止。2012 年 2 月 27 日，卡迈勒·拉卜瓦尼等 20 名全国委员会委员宣布退出，并成立了新组织"叙利亚爱国组织"，理由是该委员会已经无法代表民众意愿。3 月 13 日，叙利亚反对派元老、叙利亚全国委员执委会成员海赛姆·马利赫，以委员会无法代表民众意愿为由，宣布离开叙利亚全国委员会。3 月 17 日，"自由全国变革运动""伊斯兰祖国运动""解放和发展集团""土库曼全国集团"和"库尔德新生活运动"等 5 个反对派组织宣布脱离全国委员会，另起炉灶。8 月 28 日，全国委员会创始人之一、女发言人巴丝玛·库德马尼宣布退出，称委员会已经脱离组建时的道路。2012 年 5 月 24 日，叙利亚全国委员会主席伯翰·加利昂因内斗被迫辞职。6 月 10 日，叙利亚库尔德人阿卜杜勒巴塞特·希达成为新领

导人。

叙利亚全国委员会无法统一指挥境内反对派武装。2012 年 3 月 1 日,叙利亚全国委员会宣布成立军事局,类似国防部一样统一指挥境内反对派武装,叙利亚自由军头领利亚德·阿萨德和原政府军将领穆斯塔法·谢赫都加入了军事局,军事局统一将外国援助的装备输送给国内反对派。这是反对派第一次试图从军事上把各类反对派武装人员联合起来,但各个反对派表面上听从全国委员会指挥,实际只是希望获得其资金和武器装备,并不服从其命令。

"统一叙利亚反对派大会"遭境内反对派抵制。叙利亚全国委员会坚持武力推翻巴沙尔政权,而境内最大反对派全国民主协调机构则力主政治谈判,拒绝外部军事干涉。为弥合各派矛盾,2012 年 3 月 26 日,叙利亚全国委员会在伊斯坦布尔召开"统一叙利亚反对派大会",企图统一领导所有反对派,共同武力推翻巴沙尔政权。这一大会遭到境内反对派抵制,3 月 26 日,全国民主协调机构和"建设叙利亚国家运动"都宣布抵制这一大会。9 月 26 日,全国民主协调机构等境内 30 个反对派在首都召开和平民主变革会议,呼吁各方立即停止暴力,反对外来干涉,坚持和平、民主和循序渐进地变革。此外,叙利亚全国委员会与全国民主协调机构还激烈争夺叙反对派代表角色。

二、境内反对派武装林立,叙利亚自由军日益衰微

据美国卡特中心统计,叙战场上出现的大小反对派武装组织共计近 6000 支,[8]总人数达 10 万—12 万人,包括近万名外籍战士,[9]呈现出政府军——反对派武装——极端武装分子三方对峙局面。这些反对派军事政治组织之间矛盾丛生,实力目标大相径庭,亦不乏极端势力掺杂其中,根本不受自由军指挥。

叙利亚自由军只是土耳其的工具,无法获得逊尼派阿拉伯人的真正支持。自由军是土耳其一手扶持起来的,土耳其为其提供了大量武器弹药和人员支持,自由军打了败仗可以退到土耳其,伤员也可以送到土耳其。但土耳其只是利用自由军推翻巴沙尔政权,并非真正把自由军当作自己人。自由军总部设在土耳其,受土耳其情报部门严密监控,与叙战场上其他反对派武装力量并无直接联系,更多的是土耳其号召民众推翻巴沙尔政权、劝降政府军的宣传工具。

自由军投靠突厥人的土耳其，使得很多阿拉伯人，尤其是逊尼派感到别扭，因为对于阿拉伯人来讲突厥人是个异族，阿拉伯人对土耳其人很警觉，因而无法真正支持自由军。境内反对派归属自由军的主要目的是索要武器、物资援助，并不听命于它。

叙利亚自由军遭"基地"组织渗透，声名狼藉。进入 2012 年后，叙境内发生了连串爆炸袭击事件，数百人伤亡。时任美国国家情报总监克拉珀透露这些袭击是渗透进叙利亚自由军的"基地"组织所为。伊拉克内政部也宣称"基地"组织正渗入叙利亚自由军。此后自由军的袭击手段非常血腥，声名狼藉。世界人权观察组织曾公开谴责叙利亚自由军进行绑架、滥用酷刑和处决俘虏，要求停止这些非法行为。联合国叙利亚问题国际独立调查委员会也指责自由军犯有"战争罪"。普京则将这些反对派武装分子比喻成"一群杀死对手，再吃掉他们内脏的家伙"。由于这些极端分子的存在，欧美一直不敢援助叙反对派致命性重型装备，这使反对派难以取得战略优势。

叙利亚自由军作战连续失利，内部分裂严重。2012 年 8 月 18 日，自由军在阿勒颇遭遇重大失败。同年 12 月，自由军领导层经整合组建最高军事指挥部，选出 30 人组成管理委员会，分别代表叙北、中、东、南、霍姆斯五大战区，以加强各反对派武装间的协同作战。同时推举世俗派人士萨利姆·伊德里斯为总司令，另设多名战区司令，但只负责联络协调、争取外援，不参与指挥作战。2013 年初以来，政府军以重武器加大围剿力度，自由军屡遭败绩，其作战重点仅在南部德拉省，其余战区呈守势。2013 年 5 月的古赛尔战役大捷中，自由军遭受沉重打击，西方国家甚至惊呼叙战局逆转。2013 年 11 月，自由军内部 14 个战斗旅宣布成立次级武装联盟——叙利亚革命阵线，以加强协调。2013 年 12 月，原属叙利亚自由军的 7 支武装宣布脱离自由军，【10】组建"伊斯兰阵线"，其组织性、纪律性、战斗力均强于自由军。该派既不认同叙利亚自由军，又不愿走向极端暴恐歧途，但坚持武力推翻巴沙尔政权，建立伊斯兰国家。由于战斗能力突出，美国极力支持"伊斯兰阵线"与叙利亚自由军共同作战。但"伊斯兰阵线"脱离自由军后，随即对自由军发起攻击。2013 年 12 月，"伊斯兰阵线"攻占叙北部自由军的军火库，缴获西方援助的价值高达 1690 万美元的装备。2014 年初，政府军全面控制霍姆斯市，自由军损失惨重。同时，沙特、卡塔尔围绕自由军领导层出现分裂。卡塔尔支持的自由军总指挥伊德里斯被罢免，沙特支持的阿卜拉·巴希尔接任。此举令伊德里斯率领15名战区司令脱离自由军，自由军分裂为追随巴希尔、伊德里斯的两派势力。2014年以来，越来越多的自由军士兵因该组织获胜无望、军纪废弛、拖欠军饷等纷纷退出，叙利亚自由军越来越被边缘化。

极端反对派武装——"征服沙姆地区阵线"开始出现（简称"征服阵线"）。此类武装组织最残忍，主张从肉体上消灭所有"异教徒"，"净化"伊斯兰社会，建立哈里发王国，头目为阿布·穆罕默德·乔拉尼，曾为"基地"组织伊拉克分支头目扎卡维副手。2011年年初，当叙利亚危机爆发后，"基地"组织伊拉克分支的"伊拉克伊斯兰国ISI"头目巴格达迪，派遣手下摩苏尔地区领导人乔拉尼进入叙利亚，建立当地分支机构。进入叙利亚后，2012年1月，乔拉尼宣布成立"支持阵线"，并制造多起血腥屠杀事件。2月，"基地"组织头目扎瓦西里承诺给其人员、物资等支持。2013年4月8日，巴格达迪宣布"支持阵线"和"ISI"合并成为一个新的团体——"伊拉克与黎凡特伊斯兰国"（ISIL，简称"伊黎"），但遭乔拉尼拒绝，"支持阵线"随即宣布效忠"基地"组织，并请扎瓦希里仲裁。2013年6月，扎瓦赫裁定"ISI"扩名违背伊斯兰法，责令巴格达迪严格限定"伊黎"在伊拉克境内，并且建议由"基地"组织统一协调行动。巴格达迪拒绝扎瓦赫里的裁定，宣布"伊黎"正式脱离"基地"组织，命令解除"支持阵线"武装。2014年1月，巴格达迪发起代尔祖尔和拉卡两大战役，将"支持阵线"逐出拉卡省，并将拉卡市正式确定为"伊黎"的大本营。扎瓦赫里也宣布断绝与"伊黎"一切关系，"支持阵线"与"伊黎"也处于战争状态。2016年7月28日，为躲避美俄等国军事打击，"支持阵线"宣布脱离"基地"组织，更名为"征服阵线"，但安理会依旧认定其为恐怖组织。2017年5月11日，美国公开悬赏1000万美元捉拿乔拉尼。

"征服阵线"组织体系完备，领导层设有16人军事委员会，下设团、连、排等各级作战单位。作战勇猛，成员包括很多曾在伊拉克、阿富汗参加过"圣战"的骨干力量。装备精良，拥有兵工厂，可自行生产机枪、炸弹、迫击炮、反坦克火箭筒等多种武器，甚至研发射程10公里以上的远程火箭弹，是反政府武装力量中最有战斗力和成功战役最多的力量。从2012年，叙利亚自由军等诸多反对派武装开始与"征服阵线"深度合作打击叙政府军，"征服阵线"则从自由军获得西方武器。2012年美国将"征服阵线"确定为恐怖组织时，自由军明确反对。2016年9月10日，俄美公布新一轮停火协议，规定反对派必须与"征服阵线"划清界限，遭到反对派拒绝。后来自由军被迫与"征服阵线"划清界限，双方随即爆发激烈冲突。

三、库尔德人坚守中立自治

叙利亚库尔德人武装既不属于政府，也不属于反对派，而是保持相对中立，借参战谋求民族独立或自治。在叙利亚危机爆发之初，10多万库尔德人涌上街头，反对叙利亚复兴党政权。为了孤立和打击逊尼派反对派，巴沙尔政权立即承认境内库尔德人民族地位，授予30万库尔德人公民权，库尔德人抗议运动沉寂下来，开始联合应对政治动荡。

建立统一的政党和军队，进行自治。2011年10月，11个叙利亚库尔德政党创建了库尔德民族委员会。2012年6月，在伊拉克库尔德地区领导人马苏德·巴尔扎尼撮合下，库尔德民族委员会和库尔德民主联盟党组建了库尔德最高委员会和库尔德人武装，叙库尔德各政党第一次实现了统一。7月19日，库尔德人民保卫部队在库尔德人地区发动起义。巴沙尔随即与库尔德人达成默契，政府军调离库尔德地区，库尔德地区实行自治。在库尔德民主联盟党的带领下，库尔德最高委员会几乎控制了库尔德的全部地区和交通要道，升起了库尔德自治的旗帜，有效抵制了叙利亚自由军的渗透，也使反对派无法依靠土耳其建立境内大本营。2015年11月，叙利亚库尔德自治政府正式开始运转，并得到俄叙的认可。

由于阿拉伯人与库尔德人长期敌视，2012年末以来，叙利亚库尔德武装与叙利亚反对派，包括叙利亚自由军发生多次交火，但更多地与"伊黎"交战。自2014年9月美国对叙"IS"展开空袭以来，叙库尔德武装遭"IS"猛烈攻击，10多万库尔德难民逃入土耳其。借助美国等西方国家的空袭，2015年9月，以人民保卫部队为主，库尔德人成立叙利亚民主军，下辖若干个旅，总数大约2.5万名库尔德人和5000名阿拉伯人。库尔德人武装在美国的支持下，向"IS"发动猛烈进攻，收复了很多失地，并围攻其大本营拉卡。

四、美国牵头组建反对派全国联盟和"临时政府"

叙利亚全国委员会一直被欧美扶植为叙主要反对派。由于该委员会难以整合各反对派,无法充当领导力量,尤其没有与恐怖主义和伊斯兰极端势力划清界限,所以美国公开呼吁彻底重组反对派领导层。

美国组建新的反对派统一领导机构——叙利亚反对派和革命力量全国联盟(简称全国联盟)的方案最初遭叙利亚全国委员会拒绝。早在 2012 年 9 月,美国已经物色了一批新的叙反对派领导层,希望重组和扶植一个听命于美国的、更具代表性的反对派领导机构,以联合各派势力,避免被极端势力利用,并作为未来叙"过渡政府"核心,以便公开提供致命性武器装备,加速推翻巴沙尔政权。2012 年 11 月 4 日,叙利亚反对派在美国、卡塔尔、土耳其等国撮合下,在多哈展开磋商,旨在形成统一的领导机构,并组建"临时政府"。按照美国方案,全国联盟共 50 个席位,叙利亚全国委员会只有 15 个,这遭到以反对派领导力量自居的全国委员会明确反对,很多反对派也认为这是西方强加的方案。

欧美等国威逼利诱反对派成立全国联盟。在多哈会议过程中,面对大多数反对派的质疑,阿盟秘书长阿拉比、阿拉伯国家外长、美英法德和土耳其等国代表纷纷亲临现场做工作。欧美明确承诺,他们会承认全国联盟为叙利亚合法代表,并为其提供巨额财政援助和军事支持。同时表示,如果方案失败,欧美等国将不再提供任何经济支持与武器援助。在欧美威逼下,2012 年 11 月 11 日,叙反对派同意成立全国联盟,以开罗作为总部所在地,后迁到土耳其。全国联盟选举原大马士革知名伊斯兰教士、曾经在倭马亚清真寺担任伊玛目的穆瓦兹·哈提卜为领导人。全国联盟共有 60 个席位,其中叙利亚全国委员会占27 席,为最大派别,叙 14 个行政区各派出一名代表,最高领导机关为 12 人的政治局。全国联盟主要工作是筹建所有族群和教派的过渡政府,但不包括巴沙尔。全国联盟号称集结了叙利亚 90% 的反对派力量,但以境外反对派为主。

反对派建立美国代理人领导的"临时政府",并公布"过渡时期路线图"。2012 年 11 月 11 日,在多哈成立全国联盟的会议上,在欧美等国强大压力下,各反对派经过紧张磋商和讨价还价后,就组成"临时政府"达成了 4 点原则协议。【11】11 月 29 日，全国联盟在开罗举行首次全体会议，商讨组建"临时政府"。12 月 8 日，全国联盟推选出一个由 30 人组成的最高军事委员会，统一指挥境内反对派武装。2013 年 2 月底，叙利亚反对派宣布，在"解放区"组建政府。3 月 18 日，全国联盟组织竞选"临时政府总理"，美国人加桑·希托当选，【12】"临时政府"和"总理"将接受叙利亚全国联盟领导。8 月 14 日，全国联盟公布以巴沙尔下台为前提的"过渡时期路线图"，提出了有关宪法、政治、选举、安全和经济等改革措施以及过渡时期司法框架。

全国联盟和"临时政府"的成立并没有改变反对派一盘散沙的状态。2013 年 3 月 25 日，叙利亚自由军公开表示不承认"临时政府"，多数反对派武装组织也宣布不接受"临时政府"的领导，沙特则强烈反对"临时政府总理"加桑·希托。由于内部各种矛盾，"临时政府"迟迟无法组阁。2013 年 7 月，"临时政府总理"加桑·希托被迫辞职。9 月 14 日，全国联盟选出了新一任"临时政府"总理艾哈迈德·图梅，【13】但依旧无法"组阁"，无法对反对派占领区实施有效管理。全国联盟虽被视为反对派总代言人，但其合法性受到很多反对派质疑。因为在参加日内瓦会谈上的分歧。2014 年 1 月 20 日，叙利亚全国委员会退出了全国联盟，直到会谈失败后才回归。2015 年 1 月 5 日，全国联盟选举温和派代表人物哈立德·胡杰为新主席。【14】

国内主要反对派拒绝承认全国联盟。2012 年 11 月 7 日，国内主要反对派全国民主协调机构、"叙利亚民主平台"以及库尔德族代表宣布拒绝参加多哈的反对派统一大会，拒绝承认全国联盟。11 月 19 日，全国民主协调机构发表声明，拒绝承认全国联盟，不接受任何形式的"临时政府"，坚持由政府和反对派共同组建过渡政府。

第三节　"化武换和平"免除巴沙尔政权的灭顶之灾

在化学武器袭击事件缺乏确凿证据的情况下，不顾国内外强烈反对，美国准备全面军事入侵叙利亚。在这紧要关头，俄罗斯从中斡旋达成"化武换和平"协议，避免了叙利亚政府的灭顶之灾，也为国际和平树立了典范。

一、欧美划下使用化学武器为军事入侵的"红线"

据西方情报显示，从 1973 年开始，叙利亚每年生产上百吨用于制造化学武器的生化制剂，现在已经拥有了数百吨沙林毒气、芥子毒气、氰化物等化学武器，也拥有二元化学武器。【15】叙利亚也具备了使用战斗机搭载导弹、弹道导弹和巡航导弹发射化学武器的实力。2012 年 7 月 23 日，叙利亚外交部宣布将使用生化武器来抗击国外的侵略，但不会对准自己的国民，这是叙利亚第一次承认拥有生化武器。7 月 29 日，叙外长穆阿利姆表示如果以色列签署《不扩散核武器条约》，那么叙利亚会遵守所有国际法规，包括生化武器在内的大规模杀伤性武器。面对国际社会的质疑，8 月 28 日，叙副外长梅克达德否认了拥有化学武器。12 月 8 日，叙利亚外交部分别致信联合国秘书长和安理会主席，强调如果有化学武器，在任何情况下也绝不使用，但警告可能对恐怖分子使用。12 月 10 日，叙政府向俄罗斯保证不存在化学武器扩散威胁。上述表态加剧了国际社会的担心。

反对派和极端组织均拥有化学武器。2012 年 6 月 10 日，据媒体报道，利比亚化学武器落入叙利亚恐怖组织手中，计划对平民使用后嫁祸于叙政府。12 月，叙利亚自由军在 YouTube 上发布一段拥有化学武器的视频，使用的毒气是神经毒气。2015 年 10 月 29 日，国际禁止化学武器组织机密报告显示，当年 8 月份，"IS"组织与叙反对派武装在阿勒颇以北的马雷亚镇交战中使用了化学武器。此前，伊拉克库尔德地区政府曾发表声明称，"伊斯兰国"组织在战斗中使用了芥子毒气。而在 2016 年年底和 2017 年上半年叙政府军收复阿勒颇市和大马士革郊区后，均在反对派的武器库中发现由英美公司生产的有毒化学物质。俄叙指责英美涉嫌提供有毒化学物质，但遭英美否认。2017 年 10 月 18 日，美国国务院发布的最新叙利亚旅行警告中承认，"IS"和"征服阵线"在叙利亚使用化学武器。

国际社会反对叙政府使用化学武器。2012 年 7 月 24 日，国际禁止化学武器组织总干事于聚姆居发表声明指出，虽然叙利亚尚未加入《禁止化学武器公约》，【16】但该国接受了《关于禁用毒气或类似毒品及细菌方法作战的日内瓦议定书》，【17】这意味着已承诺不使用化学武器。联合国秘书长潘基文也表示，所有国家都有责任不使用化学武器等大规模杀伤性武器，敦促叙利亚尽快加入《禁止化学武器公约》。2012 年 7 月 24 日，俄罗斯外交部声明期待叙利亚当局不使用化学武器，但不排除反对派武装使用的可能性。10 月 7 日，伊朗外长萨利希提醒巴沙尔政府，切勿动用化学武器，否则政权将失去合法性。

欧美明确叙政府使用化学武器为军事入侵叙利亚的"红线"。化学武器是欧美军事干预叙利亚的心腹大患。早在 2012 年 2 月，美国就公开表示在监控叙利亚化学武器情况，但五角大楼相关报告指出，美军需派出约 7.5 万人赴叙参战，才能完全控制其化学武器，这基本不可能。"基地"组织和黎巴嫩真主党都想获得这些化学武器，这会引发中东地区更大战争。鉴于使用化学武器带来的严重后果，欧美对叙利亚划下"红线"，一旦叙政府对反对派武装动用化学武器，欧美将军事打击叙政府军。2012 年 7 月 13 日，五角大楼警告叙政府切勿动用化学武器，否则将严重越线。7 月 23 日，奥巴马警告叙政府不要对反对派武装使用化学武器。8 月 20 日，奥巴马再次警告叙政府，如果使用生化武器，美国可能会军事介入。

欧美等国在叙周边部署大规模军事力量，为"红线"作准备。2012 年 8 月 24 日，奥巴马发出"红线"动武警告后，五角大楼开始制订应急计划：使用间谍卫星日夜监视叙化武库，以确认叙政府是否准备动用，或者是否失控等问题。美法等西方特种部队已在约旦与叙利亚边境待命，准备巴沙尔倒台时进入叙利亚控制其化武库，防止落入极端分子手中。以色列特种防化部队定期通过土耳其秘密进入叙境内，实地监测和了解化武动向。12 月 6 日，美军在地中海叙利亚海域部署了"艾森豪威尔"号航母战斗群和"硫黄岛"号两栖攻击舰，集结了 1 万多名官兵、70 架战斗轰炸机和 17 艘军舰。12 月 12 日，法国"戴高乐"号航母加入美军地中海战斗群，北约在土叙边境部署"爱国者"防空导弹。

二、叙利亚境内出现化学武器袭击事件，联合国介入调查

在第二轮叙利亚问题的日内瓦国际会谈即将召开之际，配合美军的"红线"准备，叙利亚战场上开始如约出现了诡异而频繁的化学武器袭击事件。2013 年 3 月 19 日，叙政府指责反对派武装在阿勒颇省坎阿萨镇使用含有化学物质的火箭弹，造成上百人伤亡（包括 11 名政府军士兵）。反对派武装矢口否认，

反而指责是政府军使用了含有化学物质的火箭弹。3 月 25 日，反对派称政府军向反对派武装发射了化学武器，导致多人伤亡。4 月 28 日，政府宣称驻守大马士革郊区的政府军遭受反政府武装化学炮弹袭击。5 月 29 日，土耳其情报机构在土南部抓获了 12 名隶属于叙反对派"支持阵线"的武装分子，并查获了 2 公斤沙林毒气。6 月 1 日，政府军从哈马省恐怖分子手中查获两个装有沙林毒气的器皿。

欧美等国认定叙利亚政府使用了化学武器。坎阿萨镇发生化武袭击事件后，白宫警告叙政府不要为自身使用化学武器提供"托词"或"掩护"。2013 年 4 月 25 日，美国政府称，叙政府军在作战时可能"小规模"使用化学武器。5 月 9 日，土耳其总理埃尔多安指责叙政府使用了化学武器。5 月 10 日，美国国务卿克里表示"有力证据"证明，叙政府军对反对派武装使用了化学武器。6 月 4 日，法国外长法比尤斯认定叙当局使用了化学武器。6 月 5 日，英国政府表示有证据表明叙当局使用毒气对付反对派武装，同时宣布向全国联盟提供5000 件全套化学武器防护器具。6 月 13 日，白宫正式宣布叙政府数次使用了包括沙林毒气在内的化学武器，但没有证据显示反对派使用化学武器。

反对派也有使用化武的嫌疑。2012 年 5 月 5 日，联合国叙利亚问题独立国际调查委员会委员卡拉·德尔蓬特在日内瓦表示，联合国调查人员从叙冲突受害者以及医护人员处获得的证词显示，叙反对派武装在冲突中使用化学毒剂的嫌疑非常大。2013 年 7 月 9 日，俄常驻联合国代表丘尔金向联合国提交了有关叙反对派武装在坎阿萨镇使用沙林神经毒气的证据，现场收集的证据表明反对派武装向政府军控制的坎阿萨镇发射含有沙林的炸弹。7 月初，俄发布专家报告，称叙反对派武装在控制区生产化学武器。9 月 5 日，俄外交部公布了有关叙使用化学武器调查报告，认为 3 月坎阿萨镇发生的化学武器袭击事件与叙反对派有密切联系，在土壤和炮弹样本中还发现了第二次世界大战期间西方国家用来制造化学武器的物质。[18] 2016 年 11 月 16 日，俄国防部专家在阿勒颇省反对派未爆炸的迫击炮弹中检测出芥子气。上述指控均遭美国拒绝。

联合国化武核查小组调查活动"一波三折"。坎阿萨镇化学武器袭击事件后，2013 年 3 月 20 日，叙政府正式请求联合国秘书长潘基文派遣调查组。3 月 26 日，潘基文宣布由瑞典科学家、曾经为联合国核查伊拉克生化武器特别委员会工作的奥克·塞尔斯特伦率领联合国真相调查小组，调查坎阿萨镇化武事件。3月28日，联合国秘书长裁军事务高级代表安格拉·凯恩要求调查不仅针对坎阿萨镇事件，还包括其他所有可能使用化学武器的报道，调查小组专家可以不受限制地进入叙任何设施、不受限制地接触所有人等要求。4月8日，叙外交部表示无法接受该调查组，理由是与先前要求只调查坎阿萨镇化武事件相违背，而且无法信任来自英美等国的调查人员。俄也反对联合国扩大调查范围，而且调查专家组"必须包括安理会五大常任理事国的代表"。4月15日，全国民主协调机构也表示拒绝联合国调查小组在全境范围内调查，认为这样会走上伊拉克的老路。

由于各方分歧严重，调查小组只能在周边邻国进行调查。2013年6月4日，叙利亚问题独立国际调查委员会发布调查报告称，叙利亚冲突中已使用了数量有限的化学武器，但尚未确认是何种化学物质，及其使用者是谁。7月25日，几经交涉，联合国与叙利亚政府各自让步达成共识，调查小组将尽快抵达叙利亚，同时对三起化学武器事件传闻进行调查，包括坎阿萨镇化武袭击事件。8月18日，联合国化学武器调查小组抵达大马士革，开始为期两周的调查。

三、姑塔地区化学武器袭击惨案震惊世界

就在联合国调查小组刚开展化武袭击事件调查时，2013年8月21日，反对派通过互联网发布消息，称政府军向大马士革东郊姑塔地区发射含有沙林毒气的火箭弹，造成1360名平民伤亡，包括大量妇女儿童，随后半岛电视台进行了全球报道，引发国际轩然大波。

反对派及西方认定叙政府为凶手。全国联盟立即呼吁西方及阿盟尽快设立禁飞区、军事打击政府军。8月25日，法国总统奥朗德表示，叙政府是化学武器攻击的背后元凶。8月26日，美国国务卿约翰·克里表示，有强烈迹象显示叙政府使用了化学武器"滥杀平民"，并且无耻地试图掩盖自身的"懦弱罪行"。此后，美国公布叙政府使用化武三条主要证据：一是美方成功截获了在实施化武袭击当天叙国防部高官与化学武器部队指挥官之间的电话通话记录。该记录显示，国防部官员要求指挥官就实施化武袭击进行解释，这成为美国认定政府军使用化武的主要根据。二是美国情报部门报告。8月30日，在

联合国调查小组化武袭击调查报告出来之前，美情报部门抢先公布了对该事件的评估结果，称叙政府使用了化学武器，但没有具体证据。三是美国通过检验受害者头发和血液样本，证实这些人确实遭到沙林毒气侵害。

美国的这些证据遭广泛质疑。俄外长拉夫罗夫称这些证据既无地理坐标，也没有名字，没有专业人士提取样本的相关证据，无法直接证明巴沙尔政府使用了化武。2013 年 8 月 29 日，英国首相卡梅伦在国会下议院承认，"不能百分之百确认叙政府发动了化学武器袭击"。下议院议员乔治·加洛维在议会辩论中指出：叙当局真的疯狂到非要在联合国调查小组当天在首都时发起化武袭击吗？俄总统普京则敦促美国向安理会出示指控证据。9 月 9 日，奥巴马的首席幕僚、白宫幕僚长麦克唐纳承认奥巴马政府缺乏"无可反驳、可消弭合理怀疑的证据"证明叙政府使用了化学武器。不少西方人士也质疑"叙当局动用化武"结论。美国"薄荷新闻网"记者事发后曾深入姑塔地区调查，当地武装分子承认此次化武袭击事件是沙特援助的武装分子所为。【19】

俄罗斯和叙利亚认为是反对派所为。8 月 21 日，叙利亚政府表示有伤者和袭击目击者的证词，以及土壤和空气样本等确凿证据，证明是反对派自导自演的"闹剧"，栽赃陷害政府军，进而拉西方国家军事打击叙政府。俄认为这个时期政府军在战场上占据上风，没有必要选择在联合国化学武器调查小组刚刚进入叙利亚的时候发动化学武器袭击，而且死亡的绝大部分是平民，很少有反对派武装分子死亡。8 月 21 日，俄外交部称反对派武装分子向姑塔地区发射了含有化学物质的自制火箭弹，借此"嫁祸"叙政府军，以阻挠第二次日内瓦和谈的召开。9 月 10 日，俄外交部指出，反对派提供的姑塔地区化学武器事件受害者的照片与视频系伪造。

联合国化武调查小组无法确认化武凶手。2013 年 8 月 26 日，联合国调查小组赴大马士革东郊姑塔地区事发地进行调查。9 月 16 日调查小组发布报告，确认在姑塔地区使用的沙林毒气总量达到 350 升，但是无法确认使用主体。12 月 12 日，调查小组发布最终报告，叙利亚危机期间，化学武器至少被使用 5 次，包括 8 月 21 日和 24 日发生在姑塔东区和朱巴尔区的化学武器袭击事件，但无法确定谁是幕后真凶。

四、美国军事打击计划遭遇尴尬

联合国化武调查结果尚未出炉之际，美国借姑塔东区化学武器袭击事件，准备绕开安理会军事打击叙利亚。2013 年 8 月 24 日，奥巴马召开国家安全委员会会议，审议了对叙军事打击方案。8 月 25 日，美国国防部长哈格尔表示已做好军事打击准备。8 月 27 日，英法表示做好了军事打击准备。当天奥巴马宣布最早将于 29 日展开对叙为期三天的导弹打击。

美国组织多国军事联盟，完成军事打击部署。2013 年 8 月 30 日，美海军第六舰队司令潘多夫将军坐镇东地中海指挥，在叙利亚海域部署"尼米兹"号和"杜鲁门"号 2 艘航母，1 艘核潜艇，1 艘"圣安东尼奥号"两栖战舰和 5 艘"伯克"级驱逐舰，在土耳其和约旦部署"爱国者"导弹系统，增派 F-16 战机。英军在叙利亚沿海部署 1 艘核潜艇、1 艘两栖舰、2 艘巡防舰和 6 架台风式战机。法国派出"保罗骑士"号驱逐舰。以色列在北部城市海法部署"爱国者"导弹系统，在耶路撒冷部署"铁穹"导弹阵地，并征召预备役军人，为市民提供防毒面具。随着叙政府军的疏散，美国升级军事打击计划，准备以科索沃战争为参照，从海上向叙境内目标发射"战斧"导弹，有限度打击叙导弹或火炮发射系统、武器库、指挥和控制设施、雷达和通信装备、巴沙尔官邸、军事情报机构、军队工作人员、特种部队司令部以及共和国卫队总部等，不攻击化武储存地点，以避免毒气泄漏。9 月 8 日，美国宣布对叙军事打击时间为 3 天，以摧毁叙政府军。

主要盟友退出军事打击联盟，国际社会反对动武。2013 年 8 月 29 日，英国议会下院经过长达 8 小时的马拉松式辩论，最终以微弱优势否决了卡梅伦的对叙动武方案，卡梅伦随后表示英国不会派兵对叙参战。英国的突然退出，令积极主张动武的法国颇为尴尬，加之奥巴马又突然宣布也需要走国会授权的程序，9 月 1 日，法国称议会要充分讨论对叙动武问题。此外，德国、意大利、澳大利亚、加拿大等西方国家虽谴责化武袭击，但均明确表态不会参战，北约也表示不会参与，至少有 12 个北约国家表态不经安理会批准不参与军事行动，奥地利公开拒绝美国利用其领空袭击叙利亚。中东除土耳其沙特等少数国家外，大部分国家反对美国对叙动武。伊朗警告美国动武将招致以色列的灭亡，也将陷入"第二场越战"。埃及、阿尔及利亚、伊拉克、黎巴嫩等阿拉伯国家纷纷反对美国动武，约旦表示不允许任何国家从其国土上对叙发起军事行动。9月1日，阿盟外长会没有同意美国军事打击计划，而是呼吁尊重联合国宪章和国际法。9月2日，梵蒂冈警告外界军事干预叙利亚可能引发世界大战。9月3日，联合国秘书长潘基文强调，任何军事行动都必须得到安理会授权。9月5日的G20峰会上，奥巴马主导二十国集团发表联合声明，谴责叙政府使用化学武器，但未直接支持军事打击计划。

俄罗斯坚决反对美国对叙动武，并做好相应军事部署。2013年8月26日，俄罗斯外长拉夫罗夫警告美国对叙动武违反国际法。9月6日，普京在G20峰会上明确表示，如果美国军事打击叙利亚，俄将继续向叙和伊朗提供S-300等更多武器。同时俄升级塔尔图斯军港设施，增调岸舰导弹营、高射炮和岸防炮营，部署"伊斯坎德尔"战术导弹系统。8月29日，俄大型反潜舰"潘捷列耶夫海军上将"号，"航母杀手"之称的"莫斯科"号和"瓦良格"号导弹巡洋舰进驻地中海。到9月上旬，俄在叙利亚海域有"莫斯科"号在内的11艘军舰。

空袭也存在不少难度，美国民众大多反对动武。麻省理工学院研究显示，对叙空袭有450个目标需要打击，同时叙利亚现有150枚可携带化学弹头的飞毛腿导弹、多处化学武器场所，摧毁这些目标可能造成化学武器扩散。此外，2013年8月底，美国全国广播公司和昆尼皮亚克大学公布的民调显示，61%的民众反对军事打击计划。9月6日，《华盛顿邮报》调查报告显示，超过一半众议员反对动武。9月11日，美《军事时报》调查显示，75%的美国军人反对动武。

在主要证据不足、国际社会反对、盟友纷纷退出、民众大多反对的情况下，奥巴马转而寻求国会授权，让国会承担发动战争的责任。[20] 2013年8月31日，白宫正式向国会提案，要求国会依据《战争权力法》，授权对叙利亚采取军事行动。9月1日，奥巴马政府向议员通报"秘密情报"，以寻求动武支持。9月3日，奥巴马邀请国会领导人在白宫开会，争取支持对叙利亚军事行动。9月4日，为获取国会授权，美国国务卿克里在国会做证时否认叙利亚有"基地"组织等极端分子存在，普京公开指责克里撒谎。9月4日，国会参议院外交关系委员会以微弱优势通过对叙动武议案，规定动武期限不超过 90 天，并禁止派地面部队。9 月 7 日，奥巴马发表电视讲话，呼吁民众和国会支持对叙动武。

五、"化武换和平"协议成功化解美军入侵危机

就在美国军事打击叙利亚前夕，事情突然发生转机。2013 年 9 月 5 日，普京与奥巴马在莫斯科的 G20 峰会上达成"化武换和平"基本原则。【21】9 月 9 日，俄罗斯外长拉夫罗夫向美国国务卿克里正式提出"化武换和平"建议，叙利亚政府交出化学武器，在国际监督下逐步销毁，并加入《禁止化学武器公约》，美国放弃军事打击计划，克里当即表示同意。9 月 10 日，奥巴马表示如果叙同意销毁化学武器，他将停止对叙军事打击，叙利亚随即表示同意。9 月 11 日，普京在《纽约时报》发表文章，再次呼吁通过联合国和平解决叙利亚化学武器危机，联合国秘书长潘基文，中、英、法、德立即声援并认可"化武换和平"方案。

2013 年 9 月 12 日至 14 日，美国国务卿克里和俄外长拉夫罗夫签署《销毁叙利亚化学武器的框架协议》（FESC）：首先，美俄确认叙政府当前有包括沙林气、芥子气和神经毒气在内的 1000 吨化学武器，这个"关键性突破"为接下来的核查和销毁奠定了基础。其次，美俄要求叙政府一周之内交出包括化学制剂名称、类型、数量、化学武器种类、存放地点和存放方式、生产、研究和发展设施等信息在内的详细清单。再次，立即将其所拥有的化学武器及组件置于禁止化学武器组织的监督下，赋予禁止化学武器组织、联合国以及其他核查人员不受限制的检查权。在 2014 年 7 月 1 日前完成提到的全部化学武器，包括相关材料、设备的转移销毁任务。最后，美俄同意由安理会通过决议，确保对销毁进程的具体监督和执行。当不遵守该协议的时，安理会应当通过新的决议来采取强制措施。2013 年 9 月 27 日，禁止化学武器组织通过了美俄销毁叙化学武器框架协议详细执行计划。数小时后，安理会全票批准该计划生效，要求叙利亚与禁止化学武器组织和联合国合作，以最快捷和最安全方式全面启动销毁化武的特别程序。10 月 11 日，安理会批准联合国与禁止化学武器组织成立联合工作团，用不到一年时间销毁叙化学武器。

FESC 的签署受到了国际社会和叙利亚政府的支持。2013 年 9 月 11 日，

叙利亚国内反对派全国民主协调机构表示欢迎该协议。在 FESC 签署的当日，叙利亚政府正式申请加入《禁止化学武器公约》，并将根据公约要求，立即摧毁化学武器及生产设施。随后叙政府还在 9 月 21 日最后期限到来之前，提交了详细的化学武器清单，为核查和销毁工作创造了条件。9 月 14 日，全国联盟表示拒绝 FESC，并声称将继续与政府军战斗。叙利亚自由军公开指责 FESC 是对"推翻巴沙尔政权的努力的一次打击"，决不接受该协议。在各方激烈交战的同时，核查人员顺利地清查了叙政府提供的 21 处化学武器存放点。2013 年 10 月 31 日，在最后期限到来前，禁止化学武器组织完成了境内核查和境内销毁的任务，主要采用大锤捣毁化武制造设备、用炸药炸毁可以装载毒剂的火箭弹、用坦克压毁可发射毒剂的炮弹或灌入混凝土、让生产设备无润滑运转从而自毁等方式。11 月 7 日，禁止化学武器组织宣布，叙政府履行了自己的承诺。

2013 年 11 月 15 日，禁止化学武器组织制定了境外销毁方案。依据方案，叙利亚化武境外销毁主要分为两类：第一类是将把最危险的化学品——芥子气和其他用于制造沙林、VX 神经毒气等优先类的化学武器原料运到美国改装的"开普雷"号货轮上，在公海海域进行水解销毁；第二类则是将剩下的原料进行招标，而后将其运往中标公司所在国，中标公司将通过商业模式将其销毁。12 月 31 日，在中国、俄罗斯、美国、丹麦、挪威等多国的密切配合下，叙利亚化学武器原料被转运到美国"开普雷"号货轮上，最终在公海上完成水解销毁工作。

由于气候、地面安全和防护设备尚未到位等因素的影响，直到 2014 年 6 月 23 日，叙最后一批化学武器原料运送出境，移出化学武器工作按期完成，禁止化学武器组织对此给予了证实。禁止化学武器组织由此获得 2013 年度诺贝尔和平奖。

叙利亚销毁化武后，化武疑云一直没有消散，化武袭击事件不时见诸媒体，叙政府与反对派各执一词，真伪难辨。客观地看，化武问题无论在政治上还是在军事上，对叙政府都具有极大杀伤力，这个问题早已演变为政府与反对派之间博弈的筹码。即使化武如期全部销毁，问题也难以完全解决。2017 年 10 月 24 日，在俄的反对下，设立于 2015 年 9 月的禁止化学武器组织——联合国调查机制未继续延期调查叙利亚境内化学武器袭击事件。

"化武换和平"协议既为叙政府卸下了沉重包袱，又免除对其军事打击的危险，也对伊朗和以色列核问题的解决具有积极意义。该协议彰显了俄罗斯外交智慧，使俄在叙利亚相关问题上掌握了主动权和话语权，塑造了外交大国形象。该协议消除了欧美心腹大患，也使美国摆脱了尴尬境地，也表明美国无法独自决定叙利亚命运。"化武换和平"最重要的是捍卫了联合国权威和尊严，树立了和平解决争端的典范，联合国也乘机开启第二轮日内瓦和谈。

第四节　"伊斯兰国（IS）"极端组织趁乱崛起

"伊拉克和大叙利亚伊斯兰国"（The Islamic State of Iraq and Syria，简称IS）极端组织，趁乱崛起于伊拉克和叙利亚广大地区。

一、各方都对 IS 的兴起心怀鬼胎

为迅速推翻巴沙尔政权，美国默许并支持 IS 的崛起。2016 年 3 月 23 日，纽约前市长鲁迪·朱利安尼在接受福克斯电台采访时称，前国务卿希拉里是"IS"的创造者之一。叙利亚危机初期，美国就认识到反对派与极端组织交织一体，反恐和推翻巴沙尔政权之间有矛盾，但推翻巴沙尔政权、瓦解"什叶派联盟"是首要目标。因此，希拉里采取折中方案，只给反对派提供轻型武器和弹药援助，通过沙特和卡塔尔提供资金，大力支持以全国联盟为代表的世俗派政治力量和以叙利亚自由军为代表的温和派军事力量，希望推翻巴沙尔政权，建立一个反对派世俗政府。事与愿违，全国联盟与自由军一盘散沙，被政府军打得一败涂地。同时这些温和力量与 IS 等极端组织连为一体的，支持温和派的资金和武器大多流入 IS 手中，结果是温和派没成气候，IS 却借机壮大。2017 年 5 月 25 日，大赦国际透露，美军援助叙利亚反对派的 10 亿美元武器全部落入 IS 手中。

叙利亚危机爆发后，土耳其和沙特等国，都试图通过支持逊尼派反对力量，包括极端势力，推翻巴沙尔政权，削弱伊朗实力。沙特和卡塔尔等国通过

资金、人员、武器、外交等全方位支持包括极端武装在内的叙反对派，沙特从英国购买了 400 多亿美元军火，偷运给 IS 及其他极端组织。土耳其是包括 IS 在内的叙反对派大本营，欧美的武器装备、物资、金钱，以及招募的极端分子，都是通过土叙边境交给反对派，土耳其还大量参与 IS 的石油、文物等走私活动，从中获取巨大经济利益。【22】2015 年 6 月，CNN 报道了土耳其情报局运送武器给 IS 的视频，而拍摄该视频的土耳其《共和国报》记者当即被土政府判处间谍罪。

当叙利亚政府变得衰而不倒，而壮大的 IS 向土耳其、沙特等国发动大规模恐怖袭击时，沙土两国开始调整政策，公开打击 IS。2014 年以后，沙特开始逮捕 IS 成员。2015 年 8 月，土耳其加入美国反 IS 联盟。12 月，沙特组建 34 国伊斯兰反恐联盟打击 IS。

叙利亚政府迫于紧张局势也一度纵容 IS。内战发生后，政府军主要打击叙利亚自由军，对 IS 则睁一只眼闭一只眼。其原因在于欧美、逊尼派邻国及其支持的自由军是首要敌人，而 IS 组织却是敌人的敌人，所以 IS 在某种程度上对政府有利，政府有意无意养着这条毒蛇，让极端势力混杂于反对派中，从而使欧美不敢放手全力武装反对派。进入 2014 年下半年，IS 开始在叙中部地区扩张势力，与政府军在多地激战，政府军连吃败仗，先是西北部伊德利卜省会城市被 IS 攻克，成为丢掉的第二座省城。不久，军事要地吉斯尔舒古尔市和埃里哈镇又先后被"征服阵线"夺取，进而几乎使整个伊德利卜省区落入极端武装之手，塔尔图斯的外翼侧锋彻底暴露于极端武装的火力覆盖半径内，IS 及反对派武装剑指巴沙尔老家拉塔基亚。地处领土腹心之地的千年古城巴尔米拉被 IS 占领，导致 IS 伊拉克叙利亚两个战区连成一片。从此，叙政府开始全力打击 IS。

二、IS 趁乱发展壮大并企图占领全球

IS 的源头是阿布·穆萨布·扎卡维领导的"基地"组织伊拉克分支。扎卡维是出生在约旦的逊尼派阿拉伯人，曾因参加恐怖组织而被约旦政府判处监禁。1999 年出狱后，扎卡维前往阿富汗并得到本·拉登资助，创建逊尼派的"沙姆战士团"，表面上对苏作战，因此受到美国资助，实则想推翻约旦政府。

"9·11"后扎卡维遭美军围剿，藏匿在伊朗东部。

伊拉克战争后，上台的什叶派处处压制逊尼派，教派暴力冲突不断升级。扎卡维以"基地"组织伊拉克分支的名义袭击美国和伊拉克政府，获得逊尼派和沙特等国支持，成为"基地"组织主要人物。扎卡维先后斩首包括美国人在内的数十名平民，被称为"杀戮者的酋长"。2004年6月，美国将扎卡维的悬赏金额从1000万美元增加到2500万美元，与本·拉登并列。2005年9月，扎卡维宣布对什叶派全面开战。2006年6月，扎卡维被美军击毙，分支组织陷入困境。

扎卡维死后，阿布·马斯里当选为分支组织领导人。2006年10月，马斯里宣布解散"基地"伊拉克分支，成立"伊拉克伊斯兰国"（ISI）组织。此时伊拉克成立逊尼派与什叶派联合政府，逊尼派武装支持政府，国内政治稳定，这使得ISI人员流失严重，袭击事件大幅下降。2007年美国500万美元悬赏马斯里，2008年降至10万美元。2010年4月，马斯里被击毙，该组织一度只剩两三百人。

2010年5月16日，阿布·巴卡尔·巴格达迪当选为ISI组织新的首领。[23]巴格达迪曾是一名清真寺教士，伊拉克战争后加入"基地"组织伊拉克分支。2004年2月，他被捕并关押在美军布卡营地监狱，这里关押着数万名萨达姆政权的逊尼派军队和情报部门人员，巴格达迪在此设计了"伊斯兰国"方案，并散播开来。2004年12月，巴格达迪出狱后宣布效忠于扎卡维，后担任ISI组织顾问。成为该组织领导人后，巴格达迪采取了"地方化"和"专业化"举措。主要招募伊拉克本地人充实力量，并提高薪金，任命前萨达姆军队陆军上校萨米尔担任副手负责军事，并大量招募前萨达姆军队和情报机构人员。美国全面撤军伊拉克后，巴格达迪外部压力骤减，与什叶派政府矛盾深重的逊尼派纷纷投靠巴格达迪，而"阿拉伯之春"和叙利亚内战给了该组织壮大的机会。巴格达迪对逊尼派实时恐怖袭击，留下物证嫁祸于什叶派，为教派冲突火上浇油。2013年4月8日，巴格达迪宣布成立"伊拉克与黎凡特伊斯兰国"（ISIL）（简称"伊黎"）。2014年1月，"伊黎"攻占了伊拉克重镇费卢杰，3月攻占叙利亚拉卡和代尔祖尔大片地区。6月，先后攻克伊拉克摩苏尔和提克里特等重镇，控制尼尼微、萨拉赫丁等省，逼近库尔德自治区首府埃尔比勒，并控制伊叙、伊约边界。2014 年 6 月 29 日，巴格达迪在摩苏尔自称哈里发，将"伊黎"更名为"伊拉克和大叙利亚伊斯兰国"（简称 IS），"定都"叙利亚拉卡，宣称对于整个伊斯兰世界拥有权威地位。

IS 最高权力机构由巴格达迪及其两个副手艾布·阿里·安巴里和艾布·穆斯林·图尔克马尼三人掌控，巴格达迪是最高领导人和精神领袖，自任埃米尔，直接领导两个副埃米尔。巴格达迪的伊斯兰神学博士学位和教士经历，让他比本·拉登和扎瓦赫里拥有更大舆论与道义优势。本·拉登未曾占领过任何国家一平方米领土，巴格达迪却建立了所谓政权。

IS 在伊拉克和叙利亚设立了两套领导班子，分别由巴格达迪两个副手掌管。图尔克马尼在萨达姆时期已是伊拉克陆军部队的少将，负责所控制的伊拉克省区。安巴里曾担任萨达姆军队中校，主管伊拉克情报部门特种部队的事务，负责所控制的叙利亚省区。

多个上层专业部门领导各项事务。从公开资料来看，有七部门说、八部门说、九部门说和十部门说，即 IS 的上层机构由不同专业分工的具体部门负责具体事务，如负责战争事务的战争部门、负责处理内部管理的管理部门、负责处理战俘问题的战俘部门、负责内部安全的治安部门、负责财政事务的财政部门、负责通信与后勤的协调部门、负责管理外籍士兵和发动自杀式袭击的外籍士兵部门、负责处理社会事务的社会部门、负责处理武器供应的武器部门、负责处理爆破装置的炸药部门等等，专业化管理程度和水平都很高。巴格达迪及其两个副手发号施令，通过各个部门之间的相互配合来处理各类军事、经济和社会事务，通过地方设立 12—13 个"省政府"来行使权力。

通过"伊斯兰法"管理地方事务。设立伊斯兰法庭，严格按照伊斯兰教法传统处理各类民政事务，禁酒禁烟禁毒，禁止听音乐和参加社交活动，对违禁者一实行鞭刑。利用搜刮来的部分钱财进行基础设施建设、完善电力和供水系统、建立学校和救济穷人、开设医院、发展农业、发行货币、推广小型商业计划、打击投机倒把等稳定民心，同时严禁扰民和抢掠。IS 占领区相对稳定，鲜有民众反叛。

三、IS 的崛起是多种矛盾交错深化的结果

IS 是近代伊斯兰复兴运动的产物。伊斯兰教基本宗旨是主张返回原初教旨，推翻现存世俗政权，建立由宗教领袖或教法学者统治的、以伊斯兰教法为基础的伊斯兰国家和秩序。【24】近代以后伊斯兰世界全面衰落，沦为西方列强蚕食瓜分的对象。第二次世界大战后，阿拉伯复兴运动风起云涌，并联合反对美国霸权和以色列复国主义。部分阿拉伯国家建立世俗政权，部分阿拉伯国家建立政教合一的政权。对于如何复兴伊斯兰主义，有温和派与极端派两条道路之分，两者共同目标都是重建伊斯兰教法统治下的伊斯兰国家，但温和派主张采取合法斗争方式，极端派则主张采取合法斗争与暴力斗争相结合的方式，甚至滑向恐怖主义。冷战结束后，美国在阿拉伯地区发动数次战争，穆斯林精英积极寻求抵御外辱、重振伊斯兰的复兴之道，最终在 2011 年爆发了"阿拉伯之春"。随着多个世俗政权的倒台，阿拉伯国家再次出现了两条道路之争。IS"建国"也是在地区反复动荡和伊斯兰主义回潮的背景下发生的，主张以"圣战"方式建立哈里发国家，再现伊斯兰辉煌。

中东地区连年战争破坏了当地地缘政治秩序，造成权力真空，为 IS 成长创造了良好环境。2003 年伊拉克战争结束后，什叶派掌权，教派矛盾和民族矛盾不断加剧，大批逊尼派精英深受压迫，加上伊朗、沙特和叙利亚等国纷纷在伊拉克培植亲信，以加大美国统治代价，这些都带来了伊拉克社会大动荡。"基地"组织乘机不断对美军和什叶派政府发动恐怖袭击，实力大增。叙利亚内战爆发后，周边国家纷纷介入其教派矛盾和民族矛盾，使内战长期化和复杂化。IS 乘机进入叙利亚，利用复杂局势迅速发展壮大。

美国中东收缩战略助长了 IS 发展。为应对中国崛起，奥巴马 2011 年推出"亚太再平衡"战略实施，重心转向亚太，在中东实施战略收缩，无暇顾及 IS。刚刚结束的伊拉克、阿富汗战争让美国付出沉重代价，美国无力立即卷入叙利亚内战。另外，对中东原油依赖度不断下降助长了美国中东收缩战略。此外，近几年恐怖活动主要发生在伊斯兰国家内部，其对美国的威胁已经大大减弱了。美国所保护的以色列，在中东基本处于无人敢欺负的境地，同时美国对在中东地区推广民主的热情也不是那么高了，所以美国容忍中东动荡的程度在

提高。2013 年 7 月，美国国家安全事务助理赖斯对美国中东战略提出"外交优先、减少送入、避免战争"三项原则，印证了美国中东战略收缩的传言，美国不愿过多干预 IS。

中东腐败、压迫和不得人心的政府是 IS 壮大的主要原因。美国卡耐基国际和平基金会中东研究中心高级研究员摩诃·叶海亚认为，IS 之所以对阿拉伯或穆斯林青年有致命吸引力，很大程度上源于中东国家内部存在的五大恶性趋势：一是阿拉伯国家教育系统失败，导致青年人缺乏抵御极端思想影响的能力；二是经济结构单一脆弱，尚未实现工业化；三是治理不善和腐败盛行，导致政府失去民众信任；四是应对"阿拉伯之春"乏力，加剧社会分化和宗派矛盾；五是民众对西方的不信任感被 IS 利用。阿拉伯国家约 55% 的民众不信任本国政府或政治精英，超过 91% 的人认为政治和经济腐败是普遍现象。[25] 2016 年 5 月 19 日，美国战略之页网站报道，62% 的阿拉伯民众认为腐败更加严重。国际清廉指数排名显示，非洲国家最腐败，紧随其后是中东国家。

中东地区国家认同被宗教教派认同代替,IS 乘虚而入。第一次世界大战后，英法殖民者依据自身利益将中东地区划分为不同国家，造成对民族、教派聚居区域的不合理切割，使国家认同感很低。中东统治者为克服这种不足而长期实行高压统治，使该地区长期未能衍生出国家身份认同。中东阿拉伯民族占主体的国家多达 23 个，穆斯林在人口数量上又占绝对优势，伊斯兰教又是几乎所有阿拉伯国家的国教。这种民族、宗教同质化的现象，造成中东国家间表现出一种"大家庭"特色。但在穆斯林内部，由于什叶派与逊尼派严重对立，宗教认同具体表现为教派认同，将民众凝聚在一起的是部族和教派，而不是国家，而教派跨国界分布又加剧了国家认同的缺失。"在世界其他地方，无论新旧民族都已经发展为国家，而在中东情形则相反：国家还在寻找民族"。[26] 历经海湾战争、阿富汗战争、伊拉克战争、利比亚战争和"阿拉伯之春"，本就脆弱的国家认同又被宗教教派认同取代。IS 抓住了广大穆斯林普遍存在的反抗和求变心态，一面抨击现实世界不合理、不公平，一面勾勒"哈里发国"愿景，大量宗教极端分子，机会主义者、施虐狂、寻求刺激者、全球化的失败者和边缘群体加入，无形中使得 IS 不断壮大。

国际社会缺乏合力打击 IS 组织。叙利亚内战爆发后，世界和地区大国纷纷在叙利亚寻找各自代理人，而欧美在叙利亚反恐问题上奉行明显双重标准，甚至资助相关极端组织，这使得国际社会无法合力对抗 IS。2014 年 8 月，美国牵头组建国际联盟打击 IS。2015 年 10 月，俄与叙利亚政府、伊朗、伊拉克等国联手打击 IS。2015 年 12 月，沙特组建的 34 国伊斯兰反恐联盟打击 IS，显示出对美反恐三心二意的不满，也表达出对俄罗斯组建反恐联盟的担忧。但沙特主要想削弱什叶派主导的叙利亚、伊拉克和伊朗，不可能在打击 IS 方面发挥多大作用，所以各方难以真正合力打击 IS。

四、鼓吹"圣战萨拉菲主义"（Jihadi-Salafists）的意识形态

"圣战萨拉菲主义"构成了 IS 意识形态的核心来源，[27]通过对"异教徒"实施"圣战"，暴力推翻阿拉伯世俗政权，建立伊斯兰政权和国家。

第一，建立"哈里发国家"。扎卡维时期就确立了建立"哈里发国家"的目标。2014 年 6 月，IS 发布了名为"赛克斯—皮科的终结"的视频，表明推翻中东民族国家体系、恢复中世纪哈里发国的"建国愿景"。巴格达迪以此为标准，将 IS 变为"实验场"，在认可伊斯兰主义基本信条的同时，强调先知穆罕默德、《古兰经》和沙里亚法的神圣性，要求完全回归传统，任何质疑、违背、修改都被视为叛教，这种虔诚姿态得到众多穆斯林赞同。

第二，煽动逊尼派和什叶派冲突。IS 提出要尊重《古兰经》和圣训，一切修改和违背都是"叛教"行为，只认为自己教派的人是兄弟，别的都是"卡菲尔"（叛道者）。根据这一标准，IS 特别强调逊尼派和什叶派的对立，认为什叶派是敌人和叛徒，是首要攻击目标，大批选择现代生活方式的逊尼派教徒也被划入清除的"叛教者"之列。除了反对"异教徒""无神论者""叛徒"之外，还反对以这些民众为基础组成的国家政权。

第三，滥用"异教徒定判"原则。"异教徒定判"是指对穆斯林中不信教者判处死刑的一种神学制裁。IS 极端滥用"异教徒定判"原则，不仅把阿拉伯世俗统治者视为叛教者和圣战打击的首要目标，还把反对其主张的普通穆斯林、所有非穆斯林地区和群体都视为叛教者，允许残杀妇女儿童。2014 年 7 月，巴格达迪声称：当今世界事实上被划分为由穆斯林和圣战者组成的信仰伊斯兰

阵营和卡菲尔（叛道者）与伪善者的阵营，不存在第三阵营。

第四，强调滥用暴力的"进攻性圣战"。伊斯兰教中的"圣战"，并非仅仅意味着战争，原意有"斗争""奋斗"和"作战"等多种含义和形式，十分复杂。【28】历史上"圣战"的内容因时间地点不同而不同，并且《古兰经》和圣训对实施"圣战"有严格的法律和道德限制，主要是禁止攻击平民和非战斗人员、妇女、儿童、教士，善待战俘，尊重人道原则和道德原则等方面的诸多规定。IS滥用进攻性圣战，不仅对什叶派进行无情的杀戮和攻击，还大规模对平民和战俘实施公开血腥的斩首和杀戮，引发国际社会强烈谴责。

第五，反对现有主权国家和国际秩序。IS反对现在的民族国家理论和制度，根本不想成为国际社会平等一员。巴格达迪除了承认追随他的几个恐怖组织之外，反对世界上所有主权国家。当然只要皈依伊斯兰教，就可以变成"自己人"。IS这种做法甚至遭到了"基地"组织的反对。

IS意识形态深受历史上各种伊斯兰极端主义思潮的影响，体现出了强烈的不容异己、崇尚暴力的极端主义本质，违背了伊斯兰教法中对圣战的要求，不仅与伊斯兰教本身无关，而且严重扭曲了伊斯兰教崇尚和平、倡导中正的核心价值观，对伊斯兰文明造成了严重的伤害。

五、利用"战场创收"大肆搜刮钱财

该组织运行资金主要来自"战场创收"。据2015年年初的数据显示，其年周转资金大约有20亿美元，掌握资产总值超过2万亿美元，年收入则达到29亿美元，成为"世界上最富有的恐怖组织"。

石油走私收益丰厚。IS在2012年和2014年相继控制了叙利亚东部（占叙利亚石油产量的60%）和伊拉克的重要产油区，占有10个油田、32个工厂和11处石油加工厂，每天能出产2万到4万桶原油，动用的运油车不少于8500辆，每昼夜最多运输石油20万桶，每桶20到30美元的低价出售给土耳其、伊克库尔德人、叙利亚南部、黎巴嫩以及约旦等地，甚至包括巴沙尔政府，只用美元现金交易，收益每月可达3000万到9000万美元。【29】

洗劫占领区银行和倒卖文物大发横财。先后洗劫了伊拉克、叙利亚等国的央行分行，在摩苏尔银行洗劫了4.29亿美元巨款和大量金块，抢劫合计达20

亿美元。在占领区也搜集各类古董进行倒卖，仅在 2014 年 8 月就在大马士革以北的纳布克镇卖出了多件 8000 多年前的文物，获取了约 3600 万美元。2015 年 4 月，IS 在占领叙利亚巴尔米拉期间，通过非法文物交易净赚 2 亿多美元。据估算，IS 每年仅靠倒卖文物能获利 2 亿美元。土耳其城市加济安泰普是 IS 走私品的主要销赃地，土耳其运输公司参与过 IS 大件文物的运输，国际犯罪团伙通过制作假文书、隐瞒真实来源等方法将文物"洗白"，文物主要流入欧美国家。

在所控区域强征税费，绑架勒索钱财，拒绝者将被处死。除了正常的穆斯林"什一税"之外，IS 还向非穆斯林收取"保护税"，在占领区收取各类过路费，并向过往司机颁发通行证，向企业勒索钱财，绑架人质，勒索赎金，贩卖人口。美国记者詹姆斯·福利也遭到 IS 绑架，美国支付了 1.32 亿美元赎金，但人质还是被杀害。

IS 还控制伊拉克北部大量农田，洗劫政府仓库的小麦，通过走私毒品年获利 2 亿到 5 亿美元。这些钱通过中东地下银行网络系统支付内部人员和士兵薪水、宣传和购买武器，使得国际经济制裁束手无策。因为拥有充足的运转资金，IS 可以向 6 万名恐怖分子每人每月支付 600 美元。2015 年下半年，该组织的收入仍以每月 8000 万美元的速度增长，其中收入的 50% 来自对占领区商业活动的税收，43% 来自倒卖石油，其余部分来自贩毒、卖水电和捐款等。【30】

六、拥有强大的军事实力与作战能力

IS 骨干是原"基地"伊拉克分支机构、数千名萨达姆政权的逊尼派官兵、车臣伊斯兰武装等，以及世界各地的"圣战者"，包括几十名纯种欧美人和"东突"分子。这些人身经百战，具有丰富实战作战经验和素养，制订了详细周密的作战计划，并修建了军事基地、通信设施等，大大提高了 IS 整体作战水平。IS 在控制区"全民参战"，14 岁后的男孩接受作战训练，女孩学习家务。对于外籍兵源，根据国籍、地区和语言进行新兵编组，送往不同训练营接受一个月军事训练。部队分为三类：前线部队、守备部队和休整部队，以便轮换体整。以每月 1000 美元的薪水引诱北非、阿拉伯和欧洲的贫穷男子当兵，包括 2000 名嗜杀成性的突尼斯雇佣兵。2017 年 6 月 15 日，普京在接受美国导演奥利弗·斯通采访时表示：IS 恐怖分子约 8 万人，其中 3 万来自包括俄在内的 80 个国家的雇佣兵。

缴获大批先进武器。2014 年，IS 占领了摩苏尔后，缴获了 2300 辆"悍马"。2015 年 5 月，占领拉马迪后获得了"艾布拉姆斯"坦克等多种美制装备。IS 在伊叙夺取了十余座政府军武器库，获取坦克、装甲车、重型火炮、防空武器等大型装备。占据叙利亚塔布卡空军基地和伊拉克摩苏尔机场时，获得了几十架"黑鹰"直升机和米格-23 战机。

IS 设立"军事发展与生产委员会"领导武器生产，下设"质量检查和标准化组织"。雇用萨达姆军队的武器专家制造简易爆炸装置，包含汽车炸弹、饵雷和导弹。在费卢杰的弹药生产规模达到了工业规模，兵工厂 50 多个生产车间，每个车间专门从事不同的武器零件生产，从切割材料到组装零部件乃至填充炸药，有专门生产火箭发射装置、炸药和推进装置的工程，实现了标准统一化、生产流程化和军事工业基本的精确度，数万件武器短时间就能造好。

机动灵活的游击战术。IS 注意搜集战区和对手情报，不光关注作战部队本身，还涉及指挥官、士兵家属、地区领导人和部落等信息。在进攻前通过绑架、威胁和拉拢等手段，与地方部落领导人结成联盟，并且渗透到敌对部队中，通过袭击敌对官兵和地区领导人的家属和住宅，逼其就范。作战前 IS 会派出小股部队，袭击和破坏敌对部队检查站、后勤、通信枢纽和前沿哨所等，发放"斩首视频""宣传单"进行心理威慑。比如攻取摩苏尔之前，IS 就曾派出大批士兵，分头潜入城郊袭击政府军巡逻队和检查站，迫使政府军放弃外围据点。在攻取拉卡和代尔祖尔战斗中，IS 军队同样胁迫地方部落领导人倒向自己，最终取得胜利。IS 在隐蔽处构筑了星罗密布的掩体来抗击空袭，掩体间互联互通，穿着老百姓服装藏于平民中，分散成班排规模活动，从不常驻一地。作战中，IS 利用隘路和掩体，昼伏夜出，四面出击，利用不良天气或乘政府军松懈之机，采取小群多方向渗透，打一枪就走，还广泛利用无人机轰炸或侦察盟军。

不同于"基地"组织单一的讲话视频或录音，IS 熟练运用新媒体蛊惑年轻人参加圣战。既有展示血腥残暴的"斩首"视频，也有洋溢着战场浪漫主义的征兵海报，开发网络在线游戏，制作专门新闻 APP"黎明报喜"，甚至利用黑暗网络等来招募圣战者。发布语种除阿拉伯语之外，包括英语、法语、俄语、希伯来语、印地语、孟加拉语、泰米尔语、古吉拉特语、乌尔都语等。很多年轻人受蛊惑参加IS。西方加入IS的年轻人年龄多集中在18—29岁，涉及至少15个西方国家，以英法居多。[31] 披着宗教"神圣"外衣的IS为年轻人提供了一个从充满束缚的家中逃离的机会，使他们误以为这种火热的军事化生活更富于冒险性和刺激性，从而实现所谓"崇高"理想，并在伊斯兰法中寻求社群归属感。IS招募的外籍战斗人员远远超过阿富汗、巴基斯坦、伊拉克、也门或索马里等国参加"圣战"的外国人。

第五节　美俄等国以反恐为名组团参战

IS的崛起直接威胁世界和平与稳定，联合国安理会通过数个决议，号召各种方式打击IS。此后，美俄各自以反恐名义组团参与叙利亚内战。特别是俄军的全力打击重创IS。

一、安理会号召国际社会军事打击IS

IS成立后，迅速发展壮大。从2014年6月开始，短短三个月，武装人员扩编到9万多人，控制区达26万平方公里，超过英国国土面积，[32] 并拥有超过20多亿美元储备，直接控制民众超过900万，[33] 建立了"准国家"统治。巴格达迪号召五年内占领西亚、北非和中非（南至喀麦隆、肯尼亚等）、中亚地区，要"征服罗马和西班牙""把真主旗帜插上白宫""几年内占领新疆""获得全世界"。

全球恐怖组织高度认同IS。在中东北非地区，2014年8月，尼日利亚"博科圣地"和利比亚"伊斯兰教法斗士"宣布效忠IS。9月，IS宣布建立"西奈省"。11月，"耶路撒冷支持者"宣布效忠IS。2015年3月，"博科圣地"改名为"伊斯兰国西非省"。2015年10月底，IS和"支持阵线"摒弃前嫌，合作对抗叙政府军。2015年11月初，"基地"组织领导人扎瓦赫里宣布与IS合作。在东南亚，2014年底，IS进入阿富汗，遍及西部、南部和东部25个省。"巴基斯坦塔利班"下属的"斗士团体""哈里发运动"宣布效忠IS。2015年3月，

IS 成立呼罗珊舒拉委员会，领导巴基斯坦和阿富汗作战。菲律宾的"摩洛伊斯兰自由战士""阿布沙耶夫武装"，印尼的"东印尼圣战士""帝汉岛穆斯林游击队员""伊斯兰祈祷团"（Jemaah Islamiah）等已宣誓效忠 IS，"伊斯兰团"甚至宣布成立东南亚 IS，领土包括马来西亚、泰国、菲律宾和文莱。2016 年 8 月 8 日，阿富汗塔利班与 IS 激战一年多后，双方达成停火协议，共同对付政府军。【34】积极渗透中亚。2013 年 11 月，车臣"迁徙者支持军"宣布效忠 IS。2014 年 9 月，"乌兹别克斯坦伊斯兰运动"宣布支持 IS，"东突"等极端组织也宣布向 IS 投诚。2015 年 9 月 4 日，塔吉克斯坦国国防部副部长阿布杜哈里穆·纳扎尔佐德带领 135 名 IS 分子对国防部中央机关和内务部实施恐怖袭击。开始进入美洲。2017 年 1 月，IS 借贩毒路线进入拉美。截至 2015 年 12 月底，全球 20 多个国家的 43 个恐怖组织宣布支持或效忠 IS。【35】IS 以伊叙为大本营，形成"核心作战人员、跨国关联组织、海外招募者"三位一体的全球多级恐怖主义体系，逐渐形成了横跨欧亚非三大洲的 IS 全球恐怖同盟。

IS 成为世界最大恐怖组织，在全球发动了大规模恐怖袭击。2015 年 11 月 13 日，IS 在巴黎发动第二次世界大战以来欧洲最严重的恐怖袭击事件，多个地点同时遭遇恐怖袭击，造成至少 129 人死亡、300 余人受伤，媒体称之为欧洲版"9·11"事件。IS 还接连公布了杀害美国、日本、英国记者和中国公民的视频，澳大利亚和美国也接连受到 IS 恐怖袭击。2016 年 6 月 2 日，美国国务院《2015 年恐怖主义报告》指出，IS 是世界最大恐怖组织。在 IS 带动下，欧洲武装分子在巴基斯坦建立了名曰"什尔万基"的"欧洲村"。阿富汗塔利班 2014 年 9 月发动"秋季攻势"，重创政府军。巴基斯坦塔利班屡次成功伏击北约车队。"博科圣地"从 2014 年 8 月中旬起，向首都阿布贾推进。利比亚原教旨主义武装夺取机场和炼油厂。

随着 IS 威胁到全球和平与安全，安理会先后确认 IS 的前身"基地"伊拉克分支、ISI、ISIL 为国际恐怖主义组织。2014 年 6 月 29 日，巴格达迪将"伊黎"扩展为"伊拉克和大叙利亚伊斯兰国"后。7 月 30 日，安理会认定 IS 为国际恐怖主义组织。2016 年 12 月，美国将抓捕巴格达迪的悬赏奖金从 1000 万美元提高到 2500 万美元，还成立专门的追踪抓捕部队。

安理会授权成员国军事打击 IS。2014 年 8 月 15 日，安理会第 2170 号决议切断 IS 和"支持阵线"的资金和外来武装分子来源，并制裁赛义德·阿里夫等 6 名成员。2014 年 9 月 24 日，安理会第 2178 号决议要求各国通过边界管制、情报共享和立法等措施阻隔 IS 和"支持阵线"招募恐怖分子。2015 年 2 月 12 日，安理会第 2199 号决议，决定制止 IS 从事非法石油贸易、文物和武器走私、金融交易活动，禁止为其提供资金及切断其利用互联网进行恐怖活动等活动。在炸毁俄民用航班、发动巴黎恐怖袭击以及杀害包括中国公民在内的平民后，2015 年 11 月 20 日，安理会第 2249 号决议，呼吁"有能力的会员国根据国际法……采取一切必要措施"打击 IS、"支持阵线"和"基地"组织，摧毁其庇护场所。12 月 17 日，安理会通过了关于斩断 IS 等极端组织资金来源的决议，防止 IS 的石油和文物走私，制裁与 IS 等恐怖组织有关的个人和团体等。

二、美国领衔的国际军事联盟消极打击 IS

IS 崛起打乱了美国中东战略部署，对美国中东霸权构成直接挑战，美国被迫改变对伊朗和叙利亚的政策。一方面，将反恐放在首位，推迟更迭巴沙尔政权的时间表。另外，美国被迫达成伊朗"核协议"，解除对伊朗经济封锁。

组建国际军事联盟打击 IS。2014 年 9 月 11 日，应伊拉克政府请求，奥巴马宣布"坚定决心"行动，组织 18 国军队大规模空袭 IS。后将对 IS 的空袭范围扩展到叙利亚，有西方盟国、北约成员、西亚北非等 68 个国家参与。[36]

美国消极打击 IS，使得 IS 不断壮大。由于美国中东战略收缩，奥巴马坚决不派遣大规模地面部队，[37] 而深陷欧债危机的欧洲国家更是无余力打击 IS，所以美国领导的国际联盟主要通过采取直接空中打击、支持叙伊地面部队（叙利亚反对派武装）、情报收集与共享、限制外籍作战人员流入、切断资金链等方式来打击和削弱该组织，同时也希望利用 IS 消耗叙政府军实力。2017 年 1 月，美国媒体曝光前国务卿克里 2016 年与叙利亚反对派私下会谈。克里在会谈中透露，奥巴马政府曾希望利用 IS 的壮大来制约巴沙尔。所以美军事打击总体比较消极。据统计，在美军空袭 IS 的第一年里，共出动战机 2642 架次，日均仅 7 架次，空袭与英国面积相当的 IS 控制区。美国还以保护叙利亚石油设施为名，始终不轰炸 IS 的经济命脉——占领的油田油井、石油基础设施和油管与运输车，使得其仍能够通过大规模走私石油获取有足够的资金进行运转。由于 IS 战斗力远超伊军、叙军、库尔德武装和叙利亚自由军等，自奥巴马宣布对 IS 目标展开空袭以来，该组织反而成倍扩编了队伍，在叙利亚代尔祖尔以南地区顶住了叙政府军攻势，在幼发拉底河北岸地区压缩了叙利亚自由军的实控区域，在叙利亚领地扩大了一倍。该组织还将触角伸向北非、南亚、中亚、东南亚，在大肆渗透、招募的同时，在美欧制造大规模恐怖袭击事件。2015 年 7 月，奥巴马承认缺乏打击 IS 的"完整战略"，空袭 IS 效果非常有限。五角大楼承认按照这种打法，至少需要 20 年才能消灭 IS 组织。美国象征性打击 IS，根本目的是制造可控的混乱，以实现地缘政治和经济目标。2017 年 5 月，美国故意放松围困拉卡，使 IS 抽调大批兵力，在代尔祖尔和巴尔米拉方向集结并与叙政府军作战，引发了俄军驻叙司令谢尔盖·苏罗维金公开质疑美军与 IS 的勾结。

培训叙利亚反对派武装来打击 IS 的做法以失败告终。2014 年 9 月 18 日，美国国会通过了修正案，批准美军为叙反对派提供非致命装备和训练支持，帮助其对抗 IS。2015 年，美国从 6000 名叙利亚报名者中选出了 100 人赴土耳其和约旦培训，第一批接训的 60 人刚回到叙利亚就被 IS 打垮，第二批直接向 IS 投诚。2015 年 10 月，美政府承认，花费近 5 亿美元培训反对派打击 IS 的行动失败。

三、俄军高举反恐旗帜，全力打击反对派武装和 IS

普京曾用一句"叙利亚离俄罗斯很近"来概括俄在叙利亚的巨大利益，所以不可能轻易放弃巴沙尔政权。2015 年 9 月 30 日，应巴沙尔的邀请，经俄联邦委员会和普京的批准，俄军以反恐为名大规模空袭叙利亚境内的 IS。除担心叙利亚伊斯兰极端分子上台后，与俄国内伊斯兰极端分子联手搞乱俄之外。[38] 俄出兵叙利亚的最主要原因是防止美国控制中东石油资源与管线，从而封堵俄油气出口市场。另外，俄一旦失去叙利亚，伊朗会被美国彻底孤立和拿下，那么俄高加索和伏尔加河地区将会彻底暴露在美国和北约眼前，所以俄必须在叙利亚死死挺住以获取缓冲区。

俄军出兵叙利亚实现了奇袭效果，精彩纷呈。空袭前情报工作准备充足。

早在 2012 年，近 2000 人的俄军特种部队，包括"格鲁乌"，还包括黑海舰队海军陆战队，空降兵第 76 师突击队员等，就先期秘密抵达叙利亚境内，对大马士革—霍姆斯—哈马—伊德利卜—阿勒颇交通线上和拉卡—代尔祖尔—阿布卡马尔交通线上反对派和 IS 目标展开了详尽的侦察。2014 年 3 月克里米亚公投后，俄军使用 10 多个军民用卫星在内的航天器对叙利亚叛军实施技术侦察，包括导航卫星、通信与中继卫星、侦察卫星和气象卫星等，派出 2 架伊尔-20M 电子侦察机和 10 余架"蜜蜂-1"和"海鹰-10"等无人机，提前在叙战场上实施大范围空中侦察。运用驻亚美尼亚和塔吉克斯坦军事基地的技术侦察力量，针对中东地区形成了强大的技术侦察网络。积极使用网络侦察、谍报侦察等手段，掌握大量恐怖分子目标信息。

俄军以"帮助叙政府军运送反恐物资和提供反恐军事专家"为名向叙利亚运送装备和作战人员，有效掩盖出兵目的。从 2015 年 4 月开始，俄军就开始将大量的武器装备、弹药、人员、房屋预制件运往拉塔基亚空军基地。在该基地修建了新的停机坪、机库、维修了跑道。许多军用物资运送和基地建设行动都以人道主义援助名义进行，一些战斗机采取紧随运输机飞行的方式抵达，以掩饰行踪。俄军完成了输送近 2000 名作战人员的任务，以及一些战机坦克等大型装备，8 月份俄派出了航空分遣队进驻叙利亚军事基地。

大规模的军事部署始于 9 月。2015 年 9 月初，美国注意到俄开始向叙利亚运送装备和人员，但美方认为是俄保护在塔尔图斯军事保障站的需要。然而到了 9 月下旬，大批俄战机出现在叙利亚拉塔基亚附近的国际机场和巴希尔·阿萨德军民两用机场，这表明俄要采取大规模军事行动了。据披露，从 9 月 20 日开始，俄数十架伊尔-76MD、安-124 超重型运输机，甚至老旧的安-12 运输机从俄布良斯克州的谢夏镇飞往叙利亚拉塔基亚。机群曾试图通过保加利亚领空沿着一条狭长的空中走廊从巴尔干半岛、地中海抵达叙利亚，但美国压迫保加利亚关闭了领空，俄机群只能兵分两路，一路从伊万诺沃北方机场出发，经外高加索、里海、伊朗、伊拉克抵达叙利亚。另一路俄机群借用塞尔维亚、黑山领空，经地中海前往叙利亚。俄军依靠精确的空天导航定位系统，以散件方式运输战机，然后就地组装，很短时间内一个前线航空兵团的战机就出现在叙利亚了。9 月 30 日开始空袭之前，俄空军在叙利亚已经有了 2 个混成航空兵团，50 余架战机，包括最新的苏-30SM、苏-34、苏-24 和苏-25 等。地面装备有 T-90A 主战坦克、BMP-3 步战车、BTR-80 轮式步战车、TOS-1 喷火坦克、152mm 自行榴弹炮等。还有 S-300 远程地空导弹、铠甲 S1 型弹炮结合的防空系统和米-24 武装直升机。针对外界的报道和揣测，9 月 4 日普京表示正在向叙政府军提供培训和后勤支援，不准备对叙直接军事介入。即使到了 9 月 27 日，也就是空袭三天前接受美国哥伦比亚广播公司的采访时，普京再次否认出兵计划。

以军事演习为名充当"障眼法"。当大批部队与装备运抵叙利亚海岸的消息被西方情报部门和媒体曝光后，俄即向世界宣布将于 9 月下旬在叙利亚海域展开大规模实弹演习，这有效地掩盖了俄真实目的。借助 2015 年 9 月 8 日至 12 日的空军大演习和 9 月 14 日至 20 日的"中部-2015"战略演习，俄军不仅完成了全部军事部署，而且借机将苏-30 等战机集中在俄南部，后利用大型运输机作掩护，经两伊领空转场至叙境内。战前，50 余架战斗机全部部署到位。

瞅准时机实施大规模空袭。2015 年以来，经过四年内战消耗，叙政府军从原来 30 万人规模下降到一半。8 月上旬，IS 和反对派武装向巴沙尔的大本营拉塔基亚省发起"解放叙利亚沿海行动"，企图攻占拉塔基亚港，打通海上补给线。巴沙尔的控制区被压缩至西北部沿海狭长地带，而且多处被截断，巴沙尔有可能被赶入地中海。此时，俄通过明斯克停火协议基本结束乌克兰战事，俄得以从乌克兰战场抽身。另外，在 2015 年 8 月，美国与土耳其私下达成在叙利亚建禁飞区的协议，正与欧洲紧急协调叙利亚禁飞区事宜，所以俄必须抢在禁飞区实施之前出兵，以保住巴沙尔政权。9 月 30 日，俄军在正式空袭叙利亚的前一小时，才通知美国，只给在叙美军一个小时躲避时间。

目标明确，"长臂战略"运用得当。俄出兵叙利亚设立远、中、近三个目标。首先全面压制 IS 等恐怖组织攻势，遏制叙反政府武装，协助政府军以该国西部、南部为根据地，夺取有战略意义的大城市。中期目标是迫使不属于恐怖组织的反对派放弃推翻巴沙尔政权的目标，接受停火协议并与叙政府和谈，力争达成和解协议，重建国家政治构架。远期目标是使得叙境内各政治派别即使不相互合作，也能将枪口一致对准 IS，在俄及盟友的协助下彻底消灭或驱逐恐怖组织。在此目标指引下，俄运用"长臂战略"，主要动用空天军和海军的远程打击武器进行非接触式作战，这是俄军在阿富汗战争以来在境外的最大规模军事行动。

具体战术运用得当。俄军运用"陆上蛙跳战术"，即暂时搁置对大片敌占区的直接地面进攻，而是通过夺取若干拥有机场的重要战略节点，通过战机转场和空运人员和装备，迅速增强节点周边地区的空中打击力量，为地面部队展开进攻保驾护航。俄空天军还多次过境伊朗和伊拉克领空，使用伊朗空军基地，极大提高了打击效率。在具体作战中，以强大的情报能力辅助指挥作战，动用了大量无人机、对地面实施光学观测和无线电侦测的军用卫星以及所有传统手段实施侦察，并通过信息实时传输技术使得侦察、决策、攻击和结果评估同步进行，有效打击了恐怖组织和反对派武装。

得益于战前有力的情报搜集工作，空袭初始，俄军在 48 小时连续发动 43 次空袭，炸死叙利亚自由军首要指挥官 Lad Al-Deek 和反对派武装"伊斯兰军"首领扎哈兰·阿鲁什。【39】俄军仅仅空袭一周，就有 1300 多名自由军分子缴械投降，占整个自由军总数六分之一，自由军陷土崩瓦解之势。从 9 月 30 日至 10 月 6 日，俄战机共进行了 120 余架次作战飞行，摧毁 IS 设施 80 多处。仅 10 月 5 日，俄军战机攻击了 IS 的 10 处据点，摧毁 20 辆 T-55 中型坦克和 3 门火箭炮，还摧毁了 IS 在阿勒颇省一个指挥所，直接命中指挥官住所。从 10 月 7 日起，俄空天部队每天出动战机 64 至 67 架次。10 月 7 日，俄里海舰队舰艇发射 26 枚"口径-NK"巡航导弹，导弹飞越伊朗和伊拉克，击中叙境内 11 处极端组织目标。10 月 10 日—16 日，俄空天军共执行战斗任务 394 架次，摧毁 346 个目标，包括 46 个指挥部和通讯站、6 家炸药生产厂、22 个燃料物资库及 272 个据点、野战营等武装分子聚集区，并在 IS 组织阵营中引发大规模逃兵潮，武装分子纷纷向东逃窜，并试图躲进山林和居民区。11 月 16 日，俄民航班机遭 IS 炸毁，俄向 IS 宣战。空袭两个月后，IS 每天非法贩卖石油的收入从 300 万美元下降到 150 万美元。至 2016 年初，俄宣称已消灭了 2000 余名恐怖分子，收复了 1 万平方公里、4 百个居民点。

俄的强势介入极大改变了美国消极打击 IS 的局面，促使国际社会加大打击力度，这成为 IS 命运的转折点。2015 年 10 月 20 日，美俄签署在叙利亚领空相遇的《飞行安全谅解备忘录》，适用于美、俄以及所有打击"伊斯兰国"

国际联盟成员国的战斗机和无人机，以有效避免各种误判事件发生。巴黎恐袭案发生后，法国航母、英国特种部队、德国战机很快出现在打击 IS 的第一线。2016 年 2 月 21 日，五角大楼向俄军提供了美特种部队在叙利亚的位置。美俄等国相继派出航母编队、网络作战部队、战略轰炸机、隐身战斗机等精锐部队打击 IS。美军还仿效俄军，将打击目标扩大到 IS 的油井、输油管道、石油加工设施和运输工具，对该组织产生致命性的打击。2015 年 11 月 16 日，美战机摧毁了 IS 的 116 辆运油车，这是美国领导的盟军首次对 IS 石油利益链发动攻击。

美、英、法、俄等国还相继派出数百名精锐的特种部队参与"斩首"和引导空袭重点目标与设施的活动。截至 2016 年 6 月，包括 IS 军事领导人奥马尔·希塞尼、IS 主管财政的副头目阿尔卡杜里等在内的 120 多名 IS 头目和指挥官被击毙。

叙利亚和伊拉克军队调整战术，提高效能。经历最初的溃败后，叙伊政府军逐渐摸索出了克敌制胜的有效战术。在叙利亚战场，叙政府军一改在城市巷战中大量使用坦克的失败做法，充分利用俄军的空袭掩护，大量使用步兵伴随坦克进攻，并进行大胆穿插。在伊拉克的城市攻坚战中，接受美军顾问指导的伊政府军采用"孤立包围、分割围歼"的战法，在攻打拉马迪、费卢杰等城市作战中屡屡得手。

四、IS 遭受沉重打击，实力大为削减

控制地域急剧减少。在西线的叙利亚战场，阿勒颇战役的胜利使 IS 遭受重创，在俄空天军的支援下，叙政府军向东、北两个方向推进了 200 公里，IS 接连丢失从拉卡到代尔祖尔之间的大片土地，战场态势回到 2015 年初的状态。叙政府军和北方库尔德人武装从南、北两个方向朝 IS 老巢拉卡推进，很快形成合围之势。叙利亚自由军还攻下对 IS 意义重大的大本营达比克。IS 在土叙边境最后几个据点也被土耳其军队及其叙利亚自由军夺取，IS 为此失去人员和武器运输通道。与此同时，美国支持的库尔德部队和土耳其支持的反对派武装将"伊斯兰国"赶出了叙利亚北部的大片地区。在东线的伊拉克战场，2015 年 11 月以来，IS 先后丢失辛贾尔、拉马迪、费卢杰等军事重镇，只剩下"行

政副都"摩苏尔。2016年10月17日，在美军支持下，伊政府军发动了收复摩苏尔的战役。在北非战场上，2016年6月12日，利比亚政府军攻入IS在利比亚的大本营苏尔特。IS在2016年失去了近四分之一的地盘，曾跨伊叙据守的10大城市已相继失去6个。

IS收入和人员补充遭受沉重打击。2015年中期至2016年3月，IS月收入及控制区人口数量皆下降了约1/3，月收入由8000万美元下降至5600万美元，控制区人口由900万下降至600万。【40】石油收入锐减至少50%，不得不靠削减薪酬和在控制区强行征税维持运营，但并不足以弥补财政缺口。因此IS不得不大规模降低薪水，福利全部取消，工资减半。在其控制的伊拉克城市法鲁贾，武装分子一天只能吃两餐，还被欠薪。急于用钱的IS还大大降低了人质赎金，只要500美元就能赎出一名人质，税费只能用美元交易。自从俄美对IS石油设施展开大规模空袭后，IS大约900辆油罐卡车中有1/3被摧毁，直接导致IS收入锐减。到2016年3月，IS占领区内日均石油产量从3.3万桶降至2.1万桶。美军也对IS位于摩苏尔的金库进行了精确轰炸，至少炸毁其8亿美元现金。与此同时，由于多国加强边境管控，尤其是土耳其后来参战，直接在土叙边境建立起安全带，阻断了外国"圣战者"流入IS的通道，使加入IS的武装分子人数骤降。2016年4月底，每月前往加入IS的武装人员已由一年前的1500—2000人降至200人以下。到2016年10月，流入伊叙的外国"圣战者"骤降至每月50人。据欧洲议会统计，截至2016年10月，IS在叙利亚和伊拉克损失1.5万人左右。到2016年6月底，叙伊境内IS武装人员已缩减到1.8万—2.2万人。

乘美俄在反恐问题上的分歧与掣肘，2016年12月11日，IS偷袭并攻占叙中部古城巴尔米拉，2017年新年之际又发动多次偷袭，企图重新控制部分石油重镇，扩充经济来源。另外，IS开始化整为零，主动"遣返"外籍战斗人员，鼓励他们在本国发展分支机构，伺机在世界其他地区发动恐怖袭击，以分散国际反恐联盟的精力。2016年7月，孟加拉达卡、伊拉克巴格达、沙特阿拉伯、法国尼斯等地先后发生恐怖袭击事件，死伤近千人。7月20日，联合国秘书长潘基文在一份交给安理会的秘密报告中指出，IS化整为零，准备在北非和中亚开辟"第二战场"。

注 释

【1】弗拉杰此前的职务为叙利亚武装部队总参谋长，来自叙中部哈马省，虽为逊尼派，但却以个人的忠诚和勇敢深得巴沙尔家族的信赖。

【2】布提是一名在阿拉伯国家享有盛誉的逊尼派穆斯林宗教学者，明确反对激进的反对派，公开支持巴沙尔，被认为是巴沙尔的"宗教喉舌"，同巴沙尔家族也有交情，曾主持过哈菲兹·阿萨德的葬礼。

【3】瓦埃勒·哈勒吉1964年生于叙利亚西南部的德拉省。2000年至2004年担任德拉省复兴党党部书记，2010年起担任叙利亚政府卫生部长。和刚逃亡约旦的前总理希贾卜一样，哈勒吉也是逊尼派人士。2016年6月，原叙利亚电力部长伊马德·哈米斯取代哈勒吉，成为新一届政府总理。

【4】塔拉斯是逊尼派，是巴沙尔儿时的玩伴和军事院校的同窗。他的父亲穆斯塔法·塔拉斯上将曾长期任副总理、国防部长兼武装部队副总司令，是前总统阿萨德的左膀右臂，国内冲突初期已离开叙利亚。

【5】Zaher Bitar, "Economic sanctions to hurt Syrian traders", November 29th,2011.http://gulfnews.com/business/economy/economic-sanctions-to-hurt-Syrian-traders-1939575，最后访问时间：2015年7月20日。

【6】时延春：《大使眼中的叙利亚》，世界知识出版社2014年版，第110页。

【7】德米斯图拉是资深外交官，在联合国工作近40年，足迹遍布中东、索马里、巴尔干半岛等热点地区。他曾于2007年9月至2009年7月担任联合国秘书长伊拉克问题特别代表。

【8】The Carter Center, "Syria: Countrywide Conflict Report #4", http://www.cartercenter.org/resources/pdfs/peace/conflict_resolution/syria-conflict/NationwideUpdate-Sept-18-2014.pdf，最后访问时间：2014年10月11日。

【9】据叙政府统计，目前至少有300个武装团伙在叙作战，其成员来自数十个国家和地区。另据美国卡特中心统计，叙战场上出现的大小反对派武装组织共计近6000支。

【10】这七支武装包括：沙姆自由人旅、沙姆之鹰旅、伊斯兰军、统一旅、安萨尔沙姆旅、哈克旅、库尔德伊斯兰阵线。

【11】包括：初步定由10人组成"临时政府"；组建"支持叙利亚人民基金会"，敦促"叙利亚之友"会议成员尽快提供援助；叙境内各军事武装组建联合指挥机构，负责领导和协调国内反巴沙尔政权各军事武装的行动；成立叙利亚司法委员会。

【12】希托是1963年出生在大马士革的美国人，获得美国普渡大学工商管理硕士学位，在美国工作生活了25年。2012年11月，他突然从得克萨斯州一家科技通信公司高级管理人员位置上辞职，返回叙利亚建立了"夏姆救援基金会"。2012年，希托成为叙利亚"美国委员会全国委员"。2013年7月8日，加桑·希托宣布辞职。

【13】时年48岁的艾哈迈德·图梅此前是叙利亚的一名牙科医生，被誉为是温和派的伊斯

兰教派人士。

【14】哈立德·胡杰 1965 年 7 月 4 日出生在大马士革，在土耳其获得政治学和医学学位，年轻时在叙利亚曾两次被逮捕，是全国联盟的创建人之一。

【15】一元化学武器由于直接将毒剂装填在导弹或炮弹中，在运送和储存方面有较大风险。二元化学武器是将相对无毒或低毒的两种化学物质分别装载在弹体内隔墙的两边，在弹体飞行过程中隔墙破裂生成毒剂。

【16】1997 年生效的《禁止化学武器公约》截至 2017 年 2 月，共拥有 192 个缔约国。2013 年 10 月 14 日，叙利亚正式加入《禁止化学武器公约》，成为禁化武组织成员国。

【17】《关于禁用毒气或类似毒品及细菌方法作战的日内瓦议定书》禁止在战争中使用令人窒息或有毒的气体。

【18】这份报告的主要内容：导致惨案发生的弹药是一种俗称"黑索金"的烈性炸药，叙政府军没有配备这种炸药。另外，弹体是由叙利亚北部一个名叫"巴沙伊尔—安—纳斯尔"组织手工制作的非制导火箭型榴弹。

【19】陈聪：《燃泪天堂——新华社记者直击中东真相》，新华出版社 2016 年版，第 137 页。

【20】根据美国 1973 年通过的《战争权力法》，总统发动 60 天以上的战争干预行动才需要寻求国会授权，但美国总统基本都会绕过国会直接动用宪法赋予的权力发起军事打击。奥巴马寻求国会授权，明显是想不承担发动战争的责任。

【21】美国接受"化武换和平"提案，主要是军事打击叙利亚与美国中东战略战略收缩、重心转往亚太的总目标相悖。一旦在叙利亚大打出手，不仅会转移对伊朗核问题的注意力，可能会像伊拉克战争和阿富汗战争那样，反而使伊朗获益。同时军事打击可能引发不可控的世界性危机，美国不想再背上下一个伊拉克包袱。

【22】俄国防部查明 IS 非法运输石油的路线全部通往土耳其，并把所得用于交换武器和极端分子。2015 年 11 月底的一周时间内，近 2000 名武装分子、超过 120 吨武器弹药和 250 辆各类型汽车从土耳其进入叙境内。

【23】巴格达迪 1971 年出生于巴格达以北的萨马拉古城，获伊斯兰神学博士学位，精通伊斯兰经学，沉默寡言，擅长伪装容颜，口才极佳，会讲各种口音阿拉伯语，自称是先知穆罕默德的后裔。2017 年 7 月 11 日，伊拉克媒体报道，"IS 已经承认其最高头目阿布·巴卡尔·巴格达迪死亡"。

【24】金宜久：《论当代伊斯兰主义》，《西亚非洲》1995 年第 4 期。

【25】Maha Yahva:"The Ultimate Fatal Attraction: 5 Reasons People Join ISIS", http://nationalinterest.org /feature / the-ultimate-fatal-attraction-5-reasons-people-join-isis-11625? page=show，最后访问时间：2015 年 8 月 2 日。

【26】P. R. Kumaraswamy, "Who Am I?: The Identity Crisis in the Middle East," *Middle East Review of International Affairs,* Vol.10, No.1, March 2006, p. 64.

【27】IS 意识形态有三大源流：穆斯林兄弟会第二代思想家赛义德·库特布的极端思想、"萨拉菲派"极端思想和"基地"组织极端思想。刘中民：《伊斯兰国的极端主义意识形态探析》，《西亚非洲》2016 年第 3 期。

【28】吴冰冰：《圣战观念与当代伊斯兰恐怖主义》，《阿拉伯世界研究》2006 年第 1 期。

【29】Audry Kurth Cronin,"ISIS Is Not a Terrorist Group: Why Counterterrorism Won't Stop the Latest Jihadist Threat",Foreign Vol.94,No.2(March/April 2015),p.92.

【30】"Islamic State Monthly Revenue Totals $ 80 Million. IHS Says." IHS Online Newsroom,December 7 2015, http://press.ihs.com/press-release/aerospace-defense-security/islamic-state-monthly-revenue-totals-80-million-ihs-says,最后访问时间：2015 年 12 月 21 日。

【31】顾正龙：《西方青年缘何热衷投奔 IS》,《人民文摘》2014 年第 11 期。

【32】"Islamic State Has 50,000 Fighters in Syria",AL Jazeera. August 19, 2014,http://www.al-jazeera. c;om/news/middleeast/2014/08/islami-tate-50000-fighter-syria-2014819184258421392.html,最后访问时间：2014 年 8 月 26 日。

【33】周意岷：《应对"伊斯兰国"中亚扩张的国际机制探析》,《云南民族大学学报（哲学社会科学版)》2016 年第 6 期。

【34】2014 年夏天,IS 称阿富汗塔利班领导人奥马尔为"愚蠢的文盲军阀",而奥马尔则下令将 IS 阻挡在阿富汗的领土之外,双方因此大打出手。

【35】"Islamic State's 43 Global Affiliates: Interactive World Map",Intel Center, December 15, 2015. http://www.intelcenter.com/maps/is-affiliates-map.html,最后访问时间：2016 年 9 月 10 日。

【36】美国同时向伊拉克增派 475 名军人,使驻伊美军总数增至 1700 人,负责指导伊政府军和库尔德武装打击 IS。

【37】2015 年 2 月 11 日,美国总统奥巴马提交国会批准的为期三年的《打击"伊斯兰国"军事授权法案》,回避了地面部队的介入。

【38】俄境内现有 2000 万穆斯林,其中约 70 万伊斯兰极端分子,被称为瓦哈比分子。崔小西：《俄罗斯应对叙利亚危机的政策分析》,《阿拉伯世界研究》2014 年第 2 期。

【39】美国承诺自己培训的叙利亚反对派,若遭到 IS 或叙政府军攻击,美军将提供空中掩护,但这一政策不包括遭俄军空袭的情况。

【40】"lslamic State Monthly Revenue Drops to $56 Million, HIS Says",Apri118, 2016, http://press.ihs.com/press-release/aerospace-defense-security/Islamic-state-monthly-revenue-drops-56-million-ihs-says. 最后访问时间：2016 年 8 月 31 日。

第 四 章
人类历史上首次实时直播、公开透明的战争

　　叙利亚战争集中展示了近年来信息化战争的巨大成绩，参战各方一手拿枪，一手拿各种摄像器材现场直播，使得这场战争成为有史以来首场实时直播、公开透明的战争，也全面反映了现代战争的血腥与狰狞。

第一节　参战方"边反坦克边推特"

一、西方社交网络成为内战源头

　　早在 2011 年 2 月初，Facebook 的一个名为"叙利亚 2011 年革命"的账号，吸引了超过 12 万名叙利亚国内粉丝。该账号不断呼吁叙民众发起名为"愤怒星期五"的抗议巴沙尔政权独裁、腐败和专制的示威游行活动，并声称"自由发表言论的权利受到国家宪法保护"。后来 Facebook 又开设了 SNN 和 ANN 等专门直播叙利亚国内游行示威情况的账号。由于叙利亚几乎不允许外国记者进入，这些账号就呼吁民众将示威照片和视频上传到邮箱，用以向半岛电视台、《华盛顿邮报》《纽约时报》《今日美国》、BBC 和 ABC 等西方主要媒体播放。3 月 6 日，德拉警察逮捕街头涂鸦的中小学生的照片被实时上传到互联网，激起国内极大民愤。3 月 15 日，这些账号发表了名为"2011 年反对巴沙尔·阿萨德的叙利亚革命"的博文，呼吁民众举行大规模抗议活动。在这篇博文鼓动下，当天数十名民众在大马士革市中心哈米迪亚市场游行，由此揭开了大规模游行示威序幕。

　　在这些账号反复煽动下，4 月 1 日，25 万名民众在各大城市举行"烈士星

期五"示威活动，政府军与示威者爆发严重冲突。这些账号全程直播，极大地刺激了局势升级。此后，民众相继举行"反抗星期五""决心星期五""伟大星期五""尊严星期五""儿童星期五""下台星期五"等系列示威活动。4 月 18 日，推特上名为"@SyRevoSlogans"的账号开始向叙民众提供示威游行口号，吸引了众多国内粉丝。随后，"推特"另两个账号开始直播德拉示威实况、学生示威和政府镇压示威情况。这些账号吸引的民众越来越多，参加示威的人也越来越多，诉求也从反失业、反腐败，要自由演变为要求政权更迭、总统下台。与此同时，西方还极力封杀亲叙利亚政府的账号，亲政府人士在 Facebook、推特上注册账号，号召民众保卫叙利亚政权，都遭永久封号。

二、西方帮助叙利亚反对派建立网络系统扩大声势，施压叙利亚政府

早在危机之初，政府就切断反对派占领区的电力、通话和网络服务，而西方提供大量发电设施、卫星通讯设备和网络设备，还指导反对派使用"翻墙软件"，帮助反对派重建了网络系统。2011 年 3 月，美国向反对派输送了 4000 多台海事卫星电话。2012 年 8 月 10 日，英国援助叙利亚反对派的医药、通信和摄影设备，以"记录战争罪行"。在整个战争期间，在西方援助下，反对派自行建立了完善的网络通信系统，自行供水供电，成立专门的媒体服务中心，并在全国建立 70 多个网络报道小组，实时更新政府"屠杀"人民的视频和新闻。反对派一边与政府军激烈作战，一边通过推特等网络向西方媒体实时上传大量信息。如在胡拉镇惨案中，相关消息也首先是反对派从网络上第一时间向世界公布，极大壮大了反对派声势，对政府形成了巨大压力。但这些照片和视频漏洞百出，BBC 居然用十年前伊拉克恐怖分子袭击的照片充当所谓胡拉镇惨案的照片，美国媒体引用的视频里，硝烟竟然是自制的烟雾，但恶劣影响无法挽回。

三、直播内战的"白头盔"组织名声大噪

该组织只在"支持阵线"控制区救人，专门通过网络实时直播和揭露俄叙"暴行"，给俄叙造成巨大国际压力，西方对俄叙的指责均来自"白头盔"的视频与照片，包括美国借以导弹打击叙军机场所使用的照片。[1] 2016 年 8 月

17 日，叙利亚政府收复阿勒颇的战事正酣。5 岁小男孩奥姆兰满脸是血和土，但却不哭不闹坐在救护车内的照片一经"白头盔"网络发布，获得西方媒体热捧，引发国际舆论对政府军暴行新一轮指责，而实际上这是一张摆拍的照片，男孩的父亲明确说明不知道炮弹从哪而来，并且指责"白头盔"光顾摆拍，而不救助奥姆兰。这张照片让"白头盔"声名鹊起，被西方媒体塑造成中立的救人英雄，美国全国广播公司称他们是叙利亚冲锋救援队，冒着生命危险，在战火中的阿勒颇，去拯救生命。"白头盔"还被推荐为诺贝尔和平奖的候选人。

"白头盔"发布的视频照片也无一例外地将矛头指向俄叙政府。2016 年 9 月 18 日，阿勒颇停战期间，联合国和叙利亚红新月会联合组织的运送人道救援物资的车队在阿勒颇市遭到袭击。"白头盔"组织实时拍下袭击现场的画面和视频，并发给在伦敦的叙利亚人权观察组织，以指证为俄叙联军袭击所为。欧美立即据此认定俄是袭击凶手，并在安理会猛烈抨击俄叙犯下战争罪。

四、"白头盔"系欧美的政治工具

在"白头盔"名声大噪时，国际质疑声不断，其本质也渐渐显露。加拿大独立记者艾娃·巴特利特从 2014 年起就多次进入阿勒颇调查报道。2016 年 12 月 9 日，她在联合国记者会上揭露"白头盔"的本质与西方主流媒体的虚伪：所谓总部在考文垂的叙利亚人权观察组织，成员只有一个人，关于叙利亚的报道都依靠一个叫做"白头盔"的组织。而"白头盔"系 2013 年由英国前情报人员杰瑞米·海曼斯成立，得到了美英和欧洲 1 亿美元资助。英国独立机构"英国专栏"也揭露了"白头盔"的背景："白头盔"主要由美英两国政府提供资金，创建者是英国前情报人员杰瑞米·海曼斯，而他参与创立的公司和美国中情局、以色列情报机构以及叙反对派组织有紧密联系。"白头盔"成员每月工资高达 700 美元，而 IS 普通战士工资才不过 70 美元。

社交媒体上一直曝出"白头盔"成员和极端组织关系密切的视频和图片证据。视频中"白头盔"救援者与"支持阵线"成员一起挥舞黑旗，并把政府军士兵尸体扔进垃圾堆。而"白头盔"组织负责人雷德·萨利赫因为有与叙利亚"基地"组织、"支持阵线"等恐怖组织联系的嫌疑，一直未被美国获准入境。

"白头盔"组织所拍视频，大部分是摆拍。2017年2月13日，瑞典医生人权组织发布了报告，从医学的角度对"白头盔"所拍照片和视频提出了质疑，认为很多不符合医学常识。随后，"白头盔"将这些视频从社交账号上删除，并发表声明说视频是"假人挑战"，并不是真正的救援。而从"今日俄罗斯"采访的阿勒颇民众口中，人们也听到了一个完全相反的"白头盔"："白头盔"趁机偷盗伤者珠宝等贵重物品，而且只帮助反对派，从不救援平民。

第二节　战场成为美俄高新武器的公开试验地

一、F-22隐形战斗机首次参战

美F-22隐身战斗机首次参战平息非议。作为全球首款隐身战斗机，F-22从2005年服役以来从没参加实战，而且服役后出现了许多问题，如飞行员缺氧坠机，进而导致飞机全面停飞，并限制在5400米以下飞行等，广为诟病。2014年9月22日，美军动用F-22隐身战斗机打击了IS在叙利亚北部城市拉卡、代尔祖尔等地的军事设施，这是F-22战斗机正式服役以来首次参加实战。鉴于此次战争是非对称的，F-22战机高水平高性能的优势并不能体现出来，只是借实战全面测试其性能，平息种种非议。在经历了起飞推迟、航管出错等系列突发情况后，F-22攻击只比计划晚了数秒。但作为夺取全球制空权优势，F-22参与攻势作战也是执行对关键战役目标，如指挥中心、重点雷达站、防空导弹阵地等的第一波打击。所以总体来说，F-22对地攻击能力太差，空袭效果不大。

二、苏-35首次参战

美国在叙利亚出动F-22的另一个主要首要任务是保持在叙利亚的空中优势，充当指挥控制飞机和高空情报搜集飞机，甚至指挥和控制地面部队。到2017年5月28日，F-22战斗机已执行了1150个架次任务，近一半是近距离对地支援，发射了1572件武器。目前美军在叙常驻一个中队的F-22。据美国媒体报道，利用F-22战斗机的隐身特性，美机能在不被俄机发现情况下实施威慑，从而让俄战机"让开路"。美国的 F-22 号称雷达探测范围 400 公里，而苏 35 战机在 36 公里距离上才能发现 F22 战斗机。必须承认苏-35 与 F-22 存在代差，因此苏 35 应该会被 F-22 先于发现。不过苏-35 出色的雷达反隐身探测能力和高机动性能，再加上已经部署于此的俄 A50 预警机、图-214 侦察机、S400 系统和太空卫星等，F-22 也不是完全不可能被俄发现。

由于俄罗斯系应叙利亚邀请打击 IS 和反政府武装，所以俄军能够公开大规模在叙利亚战场试验新武器，范围涵盖了海陆空三军，甚至网络作战武器。俄军在叙利亚上空部署了 10 颗军用和民用卫星（大约相当于俄太空武器库的 10% 左右）以测绘地形、辨认目标及收集其他情报，承担地面、空中及海上部队间的无线电信号中继。2015 年 12 月初，俄政府散发了卫星高清图片，证明了土耳其正在帮助 IS 出口石油。

俄苏-35 战机在叙高调参战。苏-35 在 2014 年底服役，在叙参战的 8 架苏-35 战机，都是出厂之后直接奔赴叙利亚参战。2015 年底土耳其击落俄苏-24 战机后，俄随即在叙部署苏-35 战机。苏-35 参战后，俄主要改进了苏-35 进气口处的隔板，以防止外来物体碎片吸入发动机引发严重事故，还包括航空电子硬软件的调整。2017 年 5 月 3 日，俄军两架图-95MS 战略轰炸机和两架苏-35 战斗机飞行至阿拉斯加海岸附近，遭到美国空军 F-22 "猛禽"隐身战斗机拦截。

三、俄大规模测试电子战系统

俄在叙测试电子战系统，可干扰高空卫星，监控手机通信。首次参战就出现在叙利亚战场的苏-34 战机，主要测试其以网络为核心的空中作战装备。苏-34 上先进的 TKS-2M 通信和控制系统让飞行员可以绕开地面上指挥中心，彼此交流打击目标的坐标，发送给其他飞机及网上指挥所，以迅速调整打击方向。俄军还向叙利亚派出了尖端的"克拉苏哈"-4 系统，这是一种机动的地面电子战系统，用来干扰距离最远达 300 公里以外的近地轨道间谍卫星和机载监视雷达，也可扰乱敌军无线电通信，也可以建立起电子战保护伞，压制雷达，破坏制导、指挥和通信系统的工作，这种系统曾经在黑海成功地压制了美军"宙斯盾"系统。专家认为，该新型电子战系统可将地面部队的能力提高 1

倍，将飞机的生存能力提到到原来的 25—30 倍。

俄军还在叙利亚测试可远程控制敌军手机的电子战无人机。新无人机是在"海鹰-10"战术无人机基础上研发而成。它将成为更新版的 RB-341V"支索-3"无线电电子战系统的组成部分，这款改造升级后的"海鹰-10"经受了叙利亚战场的考验，能发送文字及音频视频信息，主要任务是压制移动通信基站，还能充当临时的虚拟基站，在屏蔽敌人手机通信的同时，让"自己人"的手机正常工作，甚至还能远程控制用户手机，但对方却无法察觉。这款无人机在叙利亚的使用相当成功，俄罗斯国防部曾通过此无人机向叙境内的反叛武装发送了休战申请范本，告知阿勒颇的平民关于人道主义通道及援助物资发送点位置，当时没有基站，但手机皆成功接收到了上述短信。此后，2017 年 3 月 28 日，俄海军以"海鹰-10"和"前哨"无人机组建无人机团部署在克里米亚、远东和科拉半岛。

四、叙利亚战场成为俄罗斯新式装备"练兵场"

2017 年 3 月 16 日，俄罗斯国防部长谢尔盖·绍伊古证实，在叙利亚测试了 162 种武器系统，只有 10 种没有达到预期设想。试验新装备主要包括最新式苏-24 歼击轰炸机、首次从波罗的海潜艇和最新轻型护卫舰上发射"口径"巡航导弹，开创性地成功用轻型护卫舰发射远程巡航导弹，以较低的成本获得了较高的军事效果。图-160"海盗旗"战略轰炸机首次发射了高精度的 Kh-101 新型巡航导弹。俄军还对伊尔-20M 飞机上的新型侦察和电子战系统进行了多次测试，战术无人机如"海鹰"、Forpost 和新的氢燃料无人机也首次在叙利亚大规模参与实战，还有 S-400 防空系统和"克拉苏哈-4"电子战系统。俄军还首次使用了最新型的卫星制导炸弹 KAB-500S-E，以及价格昂贵的携带 SPBE-D 末敏弹的 RBK-500 布散器。

第三节 远程精确打击震撼各方

一、特种部队成为远程精确打击的开路先锋

海湾战争中，尽管多国部队动用了上百颗军用卫星，动用多架战略和战术

机侦察机，依然难以掌控伊拉克"飞毛腿"弹道导弹的行踪。于是美英派出大量特种部队潜入伊拉克境内，寻找战略要点和"飞毛腿"发射车，召唤空中力量和巡航导弹进行打击。为了达到精确打击效果，这些特种部队还亲自使用激光照射器为"战斧"导弹导引。在随后的多次局部战争中，美英特种部队成为远程精确打击的先导力量。

在克里米亚公投不久，俄就向叙利亚派出特种部队，负责情报侦察与目标定位，为俄高效空袭奠定了良好的基础。整个战争期间，俄大量特种部队在叙执行侦察定位和破袭任务，为俄空袭作出了巨大贡献。在 2015 年 10 月叙利亚科威瑞斯机场解放战斗中，叙政府军坦克部队遭到反政府武装反装甲火器的压制，溃不成军。俄特战分队于 20 天内实施三次大规模夜间敌后侦察破袭，摧毁数十套反坦克导弹系统，为叙军装甲部队扫清了地面障碍。鉴于特种部队在远程精确打击方面的重要作用，2017 年 5 月，俄国防部决定在每个合成集团军组建一个特种侦察连，任务是在敌人后方寻找目标，然后把坐标发送给"伊斯坎德尔"战术导弹系统和升级版"飓风"齐射火箭炮，以便远程精确摧毁敌目标。

二、远程导弹打击引人注目

2014 年 9 月 22 日，在美军首次动用 F-22 打击 IS 的过程中，美军在红海和海湾北部的"伯克"级导弹驱逐舰和导弹巡洋舰共发射 47 枚"战斧"导弹。2015 年 10 月 7 日凌晨，俄海军里海舰队在出动 3 艘轻型导弹舰，向叙利亚境内发射了 26 枚巡航导弹，导弹准确命中了约 1500 公里外的目标，首次实现小舰也能打巡航导弹。同年 12 月 8 日，俄"顿河畔罗斯托夫"号柴电动力潜艇从地中海向叙利亚境内 IS 目标发射了"口径"巡航导弹，所有打击目标均被摧毁。俄成为美国之后，第二个在实战中运用远程巡航导弹实施战场精确打击的国家，对突破反导系统、威慑周边国家有巨大作用。此外，2017 年 6 月 7 日，伊朗德黑兰发生恐怖袭击事件后。6 月 18 日，伊朗伊斯兰革命卫队向叙利亚 IS 据点发射 6 枚地对地弹道导弹，以极小误差成功击中目标，引发美国和周边国家密切关注。2017 年 6 月 23 日，俄海军"埃森海军上将"号、"格里戈罗维奇海军上将"号护卫舰和"克拉斯诺达尔"号潜艇从地中海东部水域向叙境内 IS 设施发射了 6 枚"口径"巡航导弹，摧毁了 IS 的指挥站和位于哈马省的大型武器弹药库。

2017 年 4 月 7 日凌晨，美军以叙政府使用化学武器为由，向叙政府军的沙伊拉特空军基地发射了 59 枚最新型"战斧"海基巡航导弹，使用了高爆战斗部和侵彻战斗部（也就是钻地弹），摧毁叙政府军 5 架苏-22M3、1 架苏-22M4、3 架米格-23ML、1 台俄制萨姆-6 地空导弹雷达、1 台伊朗生产的 M600 战术导弹发射车和一些火炮，另外还造成数十名叙军士兵伤亡。美军行动后发布了打击效果卫星评估图可以看出，59 枚战斧导弹除了一枚故障，一枚失去目标，其他全部准确击中了 44 个预定目标，命中率超过 96%。但也暴露了战斧导弹打击强度不够的弱点。就是说，该导弹只能适合攻击高价值、高风险的小目标，比如指挥中枢、后勤仓库和防空系统。这次攻击中，总体来看破坏并不大。

单从数字上看，损失了 9 架战斗机的叙利亚空军遭到了重创，但苏-22M3 战机是苏制苏-17M3 的出口型，已经停产，也几乎没有库存，可以说苏-22M3 几乎已经没有战斗力，也不适于再进行维修。苏-22M4 却重要得多，根据最近叙利亚的战斗视频，它与米格-23 并肩战斗，不久之前还是叙利亚空军的主力。因此上述两种型号的战机损失 4 架，对叙利亚空军相当敏感，但却并不致命。2016 年俄罗斯向叙利亚提供了数十架先进的苏-24M2 战斗轰炸机，目前这批战机已经披挂上阵。[2] 至于 M600 导弹摧毁的只是载车，这种导弹比较有效，但造价并不高。如果不谈论此次打击的政治影响，只是评估打击的军事效能，可以说对五角大楼并不利。耗资巨大，59 枚"战斧"巡航导弹价值近 1 亿美元，但只摧毁了几架破旧的飞机，而且并未破坏机场。在袭击发生后不到 10 个小时，俄战机从该机场起飞轰炸恐怖分子。

在打击过程中，为了避开俄 S400 防空系统，美军被迫经过黎巴嫩领空发射"战斧"导弹，从地中海飞入黎巴嫩领空，然后沿约旦—叙利亚边界向南进入叙利亚领空，接着转向北攻击沙伊拉特基地。这样的话，"战斧"距离 S-300 和 S-400 防空系统有 200—300 公里远，[3] 由于受地球曲率影响，除非是天波或者地波超视距雷达，否则即便性能再先进的雷达，只要是部署在地面上，其对低空突防目标的探测距离通常仅有 30—40 公里。所以号称能够探测 600 公里的 S-400，在面对低空突防的战斧时，发现距离也就在 30 公里上下。

只要美军在制订"战斧"攻击线路时，有意远离俄军基地数百公里以上，俄军防空系统毫无反应就在情理之中。事实上不仅是巡航导弹，地面雷达对于低空突防的战机同样存在探测距离有限的问题，这些都显现了不受地形限制的空中预警机的重要性。所以就在美军空袭政府军空军基地不久，俄空天部队就立即再次将 A-50U 预警机派往叙利亚，其主要目的就是为了应对美军巡航导弹的袭击。

为警告美军打击叙政府军。7 月 6 日，俄军从境内恩格斯机场起飞的 2 架图-95M 战略轰炸机在进行空中加油后，使用新型 X-101 巡航导弹在 1000 公里外，对位于哈马和霍姆斯省交界处的 IS 目标实施了打击，摧毁三个大型军火库和一个指挥所。

三、战略轰炸机远程奔袭

2016 年 11 月 17 日，俄空天军图-95MSM 型战略轰炸机使用巡航导弹对叙利亚境内的恐怖分子目标实施了打击。这是该型战机首次参与俄罗斯在叙利亚的打击行动。两架携带导弹的图-95MSM 战略轰炸机从俄境内起飞，经过北海和大西洋，经过两次空中加油，飞行 1.1 万多公里，在地中海上空向叙境内 IS 目标发射了导弹，后返回了基地。11 月 22 日，在确认埃及西奈半岛客机空难事件是恐怖袭击后，两架共能够搭载 16 枚核弹的俄军图-160 轰炸机，罕见地从北欧出发，绕过欧洲大陆，飞经北冰洋及大西洋，经西班牙与北非之间的直布罗陀海峡进入地中海，飞过 12800 公里后对叙利亚的目标发射导弹。确认摧毁目标后，俄机经伊朗及里海返回基地。2017 年 1 月 22 日，俄军 6 架图-22M3 远程轰炸机从俄境内起飞，对叙利亚代尔祖尔省 IS 恐怖分子的设施进行打击，然后返回俄基地。

第四节　无人化、智能化作战引领未来战争潮流

一、俄战斗机器人成建制参战，战果卓著

2015 年 12 月，在作战机器人和俄陆战队的支持下，叙利亚军队成功攻占

"伊斯兰国"控制的叙利亚拉塔基亚754.5战略高地。此高地地形复杂，坡度大，坦克装甲车辆运用不方便，而且也容易遭到单兵反坦克武器的近距离射击，使用机枪扫射根本毫无用处。炮兵覆盖式轰击，也难以真的就凑巧命中对方非常隐蔽的火力点，战果却很微小。在这个高地，IS部署有各种可以交叉射击，互相掩护的地堡和暗火力点，轻重机枪，火箭筒和火焰喷射器组成了严密的火力网。叙利亚军久攻不克，伤亡惨重，俄军决定整建制使用战斗机器人进行攻坚战。

战斗中，俄军投入了一个机器人作战连，这应该是世界上第一次投入成建制机器人作战，包括6部"平台-M"型履带式战斗机器人、4部"暗语"型轮式战斗机器人、1个"洋槐"自行火炮群、数架无人机和一套"仙女座-D"指控系统。"平台-M"型履带式战斗机器人为多用途作战系统，可以用于搜集情报，发现移动和固定目标并对其进行摧毁，同时也能巡逻并保护重要设施，配备4具榴弹发射器和1挺远程控制的机枪。"暗语"机器人主要用于崎岖和多山地区作战行动，也可以用于海峡中，装备一挺7.2毫米机枪和5具反坦克火箭筒，主要摧毁敌人技术装备和有生力量。这些机器人作战系统行动非常迅速，而且目标又都很小。普通的火箭筒根本无法命中，也不怕机枪和自动步枪命中。战斗机器人集群、无人机、自行火炮均与前线指控中心——"仙女座-D"系统连接，并通过该系统直接接受俄国家防务指挥中心的指控。在俄国家防务指挥中心，无人机群和战斗机器人集群不间断地回传745.5高地的战场态势信息，并自动汇聚数据、融合显示在大屏幕上。每部机器人负责一个作战扇区，各作战扇区无缝合成一幅整体战场态势图，实时反映战场变化。据此，俄指挥官统观整体战局，实时指挥战斗。

战斗打响后，在操作员的"遥控"下，战斗机器人开始集群队形冲锋，冲至IS阵地前100至120米时，进行抵近火力侦察，之后用7.62毫米机枪点射伪装目标，用榴弹发射器吊射掩体后面的可疑目标。这些行动自如、不畏生死、射击精准的装甲怪物，让IS武装分子吃惊不已。他们既藏不住也无法靠近，只能实施集中火力压制。一阵阵弹雨，在战斗机器人的装甲上激起点点火星，而"吸引"敌猛烈射击正是这些战斗机器人的主要任务。指挥中心内，通过战斗机器人和无人机回传的信号，指挥官迅速锁定敌火力点的精确位置，并将坐标发送至火力打击单元——"洋槐"自行火炮群。于是,炮群精准齐射,一个个暴露的火力点被摧毁。此前一直无法攻克的高地,机器人20分钟结束战斗,IS放弃阵地,70多名武装分子被打死,而叙政府军只有4人受伤。伤亡比例是0:77。据报道,2025年,俄军作战机器人将占俄战斗力的三成以上,基本形成大规模作战能力。

俄新型无人战车在叙利亚成巷战利器首秀。为避免叙利亚巷战中的人员伤亡,俄使用了配备有导弹和机枪的无人驾驶战车"天王星-9"。该无人战车重14.7吨,装配有一门自动火炮、一挺机枪、多枚制导导弹和各种传感器,能够按预置路线,自动识别、侦察、追踪敌方目标,最高时速接近70公里,行驶里程超过600公里,并能够穿越河流。

二、俄美组建机器人作战力量

俄军正在积极研发下一代"新概念"军用机器人。一是"阿凡达"式脑控机器人,即可以感知并模仿操控者的动作,同时反馈对外界的视觉、听觉和触觉感受的机器人。二是3D打印机器人。2017年4月,俄罗斯技术集团公司仅用31小时就3D打印出首款自动化设计的无人机样机。俄罗斯《2020年前武器装备发展规划》要求从2013年开始,俄军开始组建机器人连。目前,俄已公开组建了四类机器人连,除文中提到的战斗机器人连外,还包括消防机器人连、排雷机器人连、核生化防护机器人连。早在2015年11月,俄军首批机动式辐射与化学探测遥控机器人开始在核生化防护部队服役,用于执行高浓度危险化学物质、高强度辐射环境下的高危探测、洗消任务。同时,俄还在研发集成度更高、智能性更好的核生化防护机器人,预计2017年底前列装部队。2017年3月31日,俄军空运国际排雷中心"乌兰-6"人机混编分队至叙利亚,参加刚刚解放的巴尔米拉古城的排雷作业。

当前,美军正组建士兵与机器人的混编班,计划为每个步兵班都编列一部无人机和一部战斗机器人。目前,全球服役的军用机器人系统已超过2.7万个,一半以上在美国。五角大楼花费巨额资金,以组建具有人类和机器人协同作战能力的"联合兵种班",要求"设计、开发和验证联合兵种班的系统原型","把人类与无人操纵装备、无所不在的通信和信息以及各种领域的先进作战能力结合起来，以便在日益复杂的作战环境中最大限度提高一个班的战斗水平"。这种新系统可望在2019年年中之前完成。2020年前，30%军用车辆改为无人驾驶。到2025年，美国陆军拥有战斗机器人将多于士兵。美军正在开发两款高性能无人战斗机担任F-35的僚机，充当空中保镖、前哨、打手等多重角色，这些无人机低廉的成本允许通过数量优势来有效支持有人飞机，新型战斗无人机飞行速度更快、隐身能力更强、功能更加多样化。未来美军高风险打击任务可能是由没有飞行员、却能自主执行任务的战斗无人机完成。

随着智能、网络、协同与控制技术和无人平台技术的发展，未来在陆、海、空、天各个领域将出现类似于"狼群""鱼群""蜂群"等各类无人集群，实施全域无人集群攻击与防御作战。有模拟试验表明，在同等条件下，装有传感器和武器的100架无人机集群摧毁了63个目标并探测到91%的敌军部队，而现有的可部署火力单位只消灭了11个目标，探测到33%的敌军部队。美军多次模拟试验表明，由8架无人机集群攻击当今世界上最先进的"宙斯盾"防空系统，至少有2.8架无人机能避开拦截，即使"宙斯盾"系统升级也至少有1架无人机可突防成功。如果数量增至10架以上，则只能拦截前面的7架左右。因此，采取"全向式"集群突防，是快速瘫痪敌作战体系、突入敌纵深作战的重要方式。2014年10月，美国海军进行了13艘无人艇的集群作战测试，当无人艇集群的传感器网络发现可疑船只后，迅速将其包围和拦截，实现了对"目标船"的集群防护。集群式防护能够"以多拦少""以多拦多"，是未来防空反导作战和反制敌集群攻击的重要方式。这些试验充分展现了无人机集群极高的作战效能，将在很大程度上改变未来作战模式。所以，许多国家的军队也开始研究对抗"集群作战"的技术和手段。

三、人机合一的智能系统成为单兵战斗力的倍增器

俄军在叙利亚战场上完成了未来士兵作战系统的首次实战秀。在2004年第一代未来士兵作战系统"巴尔米查"的基础上，2011年俄推出第二代未来士兵作战系统，包括防护、控制、生命保障、武器和能源保障等5个子系统组成，最为重要的部件为标配白光瞄准镜和夜视仪的AK-12自动步枪、6B43防弹背心、6B47防弹头盔、"彼尔米亚克人"防护服以及"射手座"C4ISR信息

终端。第二代未来士兵作战系统经历了叙利亚实战考验，2020 年将有 70% 的俄军地面作战部队装备这套系统。俄还专门针对不同军兵种进行了不同的改进设计，比如俄军的极地部队官兵就装备特别设计的"北极战士"系统，海军陆战队官兵装备的未来士兵作战系统内包含有救生衣，而女兵们也有针对其生理特点的女版未来士兵作战系统等等。目前，俄正在研发第三代未来士兵作战系统，除了继续改进原有的 5 个子系统外，还将增加 2 个颇具科幻色彩的新型子系统——动力外骨骼和武装机器人。美国的未来士兵的作战系统走在世界前列，其"21 世纪部队陆地勇士"计划按功能可分为防护系统、信息处理系统和作战系统，主要装备便携式电脑，集瞄准具、通信设备和发射天线于一体的头盔，各种传感器和火力结合的新式步枪等，核心是信息处理系统，装备的袖珍计算机和先进系统通过无线局域网引导作战，士兵无论昼夜都能发现、甚至对隐藏目标进行有效射击。

机器人战争时代的到来引发国际社会担忧。2017 年 8 月 21 日，包括特斯拉 CEO 埃隆·马斯克和谷歌 DeepMind 联合创始人穆斯塔法·苏莱曼在内的 116 名机器人学家和人工智能研究人员共同致信联合国，建议禁止杀人机器人参与战争。这封公开信认为，这些杀人机器可能遭到滥用，从而瞄准无辜民众，引发不良后果。该公开信还警告称，倘若不尽快采取措施，还有可能引发杀人机器的军备竞赛，急需部署有力措施进行约束。他们希望联合国将机器人武器添加到《特定常规武器公约》中，与化学武器、炫目激光武器、地雷等武器一起施加限制。

第五节 公开的血腥杀戮与反人道行为挑战人类良知

一、IS 以残忍肆意的屠杀令世人侧目

为了打造和传播"伊斯兰圣战"的威慑力，IS 重视以血淋淋的行动来扩展影响，旨在从精神上摧垮对手和民众的意志，尽快成为巴格达迪的顺民。在上述意识形态指导下，IS 以野蛮的反人类暴力行为著称。自 2004 年至 2014 年 8 月底，伊拉克境内发生的绝大多数针对平民的恐暴活动，都是 IS 所为。从

2013 年初至 2014 年 8 月底，叙利亚境内半数以上针对百姓的恐暴袭击，也是 IS 所为。真正引起世界高度关注的是 2014 年 6 月 15 日，IS 攻克尼尼微省塔勒阿法尔市，将被俘的 1700 名伊军官兵"以残忍方式"集体处死，并将视频传播到网络上，震惊世界。7 月 17 日，IS 占领叙利亚霍姆斯省沙尔天然气田，将 270 名叙军官兵集体处死。7 月 28 日，斋月结束之际，IS 在网络上播出长达半小时的录像，内容是摧毁摩苏尔和巴格达郊外什叶派清真寺，以及大量处死什叶派百姓的血腥镜头；从 8 月 5 日开始，IS 在伊拉克辛贾尔地区对亚兹迪人展开种族清洗，对拒绝皈依伊斯兰教的男子一律斩首，女子则一律变为性奴分配给恐暴分子；8 月 19 日和 9 月 2 日，IS 在网络上公布美国记者弗利和斯蒂芬被斩首的视频，要挟美国停止空袭。2015 年以来，IS 公开斩首日本记者和美国人质，屠杀异教徒。2015 年 2 月，IS 将被俘约旦飞行员莫亚兹·卡萨斯贝活活烧死；2015 年 12 月 3 日，IS 公布了 6 名童子军处死叙利亚安全部队成员的视频，5 名男孩选择开枪，1 名男孩则割断了战俘喉咙。2016 年 11 月，随着伊拉克政府军逐步收复摩苏尔，发现大量 IS 留下的"万人坑"。

IS 在撤离占领区时候，都会利用各种伪装的爆炸装置诱杀平民，尤其是儿童。利一个泰迪熊玩具、一张扑克牌、一包薯片、一只旧手表都可能是引爆器，用来诱杀好奇心重的平民，尤其是儿童。一条横在路上的普通水管也是一个简单而有"创意"的引爆器，一捆旧衣服可能不会伤害从上面走过的小狗小猫，但如果有人把它们捡起来打算回收或扔掉，那么就会引发爆炸。一堆泥土和石子下面可能藏着迫击炮弹。一块废弃的木板如果被捡起或踢开也会引发爆炸。胶布、拉杆和绊线能够把一扇门变成一件致命的武器。2017 年 4 月 15 日，叙利亚西部城市拉希丁发生针对政府军控制区撤离人员车队的自杀式炸弹袭击，IS 分子利用薯片引诱儿童后引爆自杀，导致 126 人死亡，包括 68 名儿童。

二、IS 各种反人类行为令人发指

IS 大肆贩卖女性性奴，清洗雅兹迪人。IS 每攻陷某一地区后，大量掳走年轻女性充当性奴市场"新货源"。IS 根据年龄、性别和索价将年轻女性划分等级，平均每人只要 150 欧元左右(约合人民币 1014.11 元)，一些女孩甚至"用一包烟就能换走"。在 IS 的女奴市场上，9 岁女童的价格最为昂贵，而她们被买走之后，就极有可能面临强奸。IS 鼓励强奸和性奴役非穆斯林女性，认为如果一名女子被 10 个穆斯林强暴，那么她将"转化"为穆斯林。这些年轻女孩也被作为奖品，吸引外国武装分子加入 IS。IS 买卖女性的收益估计已达 3500 万—4500 万美元。IS 组织在叙利亚和伊拉克境内"全方位清除雅兹迪人"，被 IS 绑架的雅兹迪妇女和儿童约为 6900 人，要么遭到惨无人道的暴力侵犯，要么作为"肉票"等待家人出高价赎回，成千上万被其视为"魔鬼崇拜者"的雅兹迪人被杀害、强奸和奴役，无异于种族清洗。【4】

2017 年 5 月，伊拉克政府军起获的 IS 文件显示，IS 曾对俘虏进行残忍的化学药品人体实验：服用硫酸铊、注射尼古丁。IS 以清除"异教徒"的宗教崇拜对象为名大肆毁坏文物。6 月 21 日晚，IS 炸毁了摩苏尔地标性建筑物、距今已有 800 多年历史的努里清真寺及其高达 45 米的"倾斜宣礼塔"。6 月 29 日，IS 撤离叙利亚古城巴尔米拉，2000 多年历史的巴尔米拉成为第二个"圆明园"，两个最宝贵的建筑：有着 2000 多年历史的贝尔神殿和巴尔夏明神庙化为一堆尘土与碎石，城中文物尽毁。此前，在伊拉克、叙利亚和利比亚，IS 已经毁掉了超过 30 个大型历史遗迹，包括教堂、清真寺、穆斯林纪念碑以及坟墓等，古老的亚述人遗址被 IS 摧毁。

三、大量平民伤亡被认为是"战争需要"

美国在打击 IS 过程中造成大量平民伤亡。2017 年 1 月 4 日，美国国防部称，自在针对 IS 的反恐行动开始以来，联军空袭意外导致 188 名平民死亡，对此表示遗憾和慰问。3 月 20 日，美国主导国际联军对摩苏尔的空袭造成 200 多名平民死亡，包括女性和儿童。这是自 2003 年美国入侵伊拉克以来，美国空中军事行动造成的最大规模平民伤亡。联合国对相关报道表示"严重关切"，美军称已对事件展开调查。

对于平民伤亡数字，国际特赦组织称美国国防部数十倍低估了死亡平民的数量。跟踪记录国际联盟空袭 IS 战况的"空中战争跟踪组织"说，"坚定决心"军事行动已造成超过 3800 名平民死亡。位于伦敦的叙利亚人权观察组织说，仅 2017 年 4 月 23 日至 5 月 23 日，仅叙利亚就有 225 名平民死于美军空袭。对此，美国国防部长詹姆斯·马蒂斯接受媒体采访时称，随着美军在叙利亚和伊拉克的军事战略从"消耗战"过渡到"歼灭战",不可避免地会有平民死伤,这是反恐战争节奏加快的"需要"。马蒂斯的轻描淡写不仅不尊重死者,而且违反了国际法,这一冷血理论也招致多方批评。6 月 14 日,联合国叙利亚问题独立国际调查委员会主席保罗·皮涅罗称表示,美国领导的联军对拉卡地区的空袭造成 300 名平民死亡,并迫使 16 万平民逃亡,"过度空袭"造成的平民伤亡令人担忧。同月,美军在打击拉卡的 IS 分子据点时,使用了国际禁止的白磷弹药,造成数十名平民丧生。2017 年 9 月 6 日,联合国受理了叙利亚问题独立国际调查委员会对美国为首的国际联军在叙利亚战争期间所犯下的人权罪行调查。

四、叙利亚政府军和反对派武装都犯下战争罪行

2013 年 5 月,在政府控制的、主要居住着阿拉维派和基督徒的塔尔图斯省两个逊尼派飞地,先后发生大屠杀事件,数百名逊尼派人士丧生。而一名逊尼派叛军指挥官亲手割下一具什叶派政府军士兵尸体器官的场景公之于世,并誓言所有阿拉维派将面临同样下场,这些都留下两派血腥屠杀的一幕。2013 年 9 月 12 日,联合国叙利亚问题独立国际调查委员会在日内瓦公布最新调查报告,称叙利亚冲突各方犯下战争罪行和侵犯人权的行为。根据报告,叙利亚政府军在最近几个月重夺失地的过程中,犯下了包括"屠杀平民""轰炸医院"在内的一系列战争罪行。与此同时,叙利亚反对派武装所犯下的战争罪行则包括"谋杀""劫持人质"以及"炮击居民区"等。在 2013 年 6 月的八国集团峰会上,俄总统普京言辞激烈地表态称,西方不能向吃人肉的叙利亚反对派提供武器。普京说,我认为谁都不能否认一个事实,叙利亚反对派不仅进行血腥屠杀,甚至还吃政府军士兵的器官,这些都有画面记录,你们愿意支持他们吗?你们愿意给这些人提供武器吗?

2013 年 9 月 8 日,就在美国因化武对叙动武的理由饱受质疑之时,一段曝光的视频更加剧了外界的担忧,视频当中,7 名叙利亚政府军士兵上身衣服被脱光,双手被绑跪在地上,旁边一名握着枪的叙利亚反对派武装指挥官正高声讲话。这名叙利亚反对派武装指挥官称,"50 年来叙利亚遭到彻底破坏,沾染腐败之风,我们定要报仇,血债血偿。"随后,这名反对派指挥官朝一名政

府军士兵脑后开了一枪，其余人也展开了血腥的屠杀，在政府军士兵血肉模糊的尸体被扔进水井之后，视频戛然而止。叙利亚全国委员会在伦敦的发言人虽然谴责这是暴行，但却认为是"受害人向杀人者和施加酷刑者寻求报复"。美国一直在间接地援助叙利亚反对派武装，而反对派被曝光的残忍面目令美国处境异常尴尬，美国对叙利亚动武的正当性遭到了严重质疑。

反对派武装对待平民相对残忍。2012 年 8 月，互联网上出现一段录像，显示叙利亚反政府武装"处决"在押平民的场景，招致国际强烈谴责。画面中，反政府武装人员押解下，包括一名身穿短裤的男子，多名身染血迹的在押人员进入一处室外场地，背靠一堵墙壁。现场嘈杂，人群呼喊口号，而口号内容显现那是叙利亚自由军的地盘。在押人员，或称"囚徒"，蜷缩着，目光试图回避持有突击步枪的武装人员。随后，持枪者们瞄准、射击……枪声持续时间超过 30 秒。依照国际法规定，这属于未经司法程序"草率处决"敌对阵营的人员。叙利亚自由军向西方国家媒体承认，录像中的做法"不对"；同时声称，反对派武装"不会杀伤平民"。反对派人士则声辩，画面中遭处决的平民不是"一般平民"，而是忠于叙利亚政府的人，杀伤过反对派武装成员，恐吓过反对派示威者。

针对反政府武装处决平民的录像，美国国务院发言人帕特里克·文特雷尔只是轻描淡写地表示：这与宽泛意义上的（叙利亚）反对派为争取自由和一个新叙利亚所作斗争格格不入、自相矛盾。德国外交部长吉多·韦斯特韦勒相对直接谴责：在反政府武装控制的区域内，反对派武装有责任防止针对毫无还手之力的人施加报复和暴力。

一名在叙利亚北部与反对派武装一起度过两星期时间的美联社记者发现，虽然没有直接目睹攻击平民的事件，但反对派武装对政府军士兵和追随政府的平民"毫不手软"，换言之"相当残忍"。一些反政府武装成员一旦抓获政府军和平民"俘虏"，会公开夸耀要把那些人"送往塞浦路斯"。所谓"送往塞浦路斯"，是反对派武装以行刑队射击方式处决"俘虏"的一种委婉说法。而这些所谓的反政府武装，包括叙利亚自由军，包含多种背景成员，既有宗教极端组织成员，也有刑事犯罪分子。一些西方国家民间维权机构的记录显示，叙利亚冲突中，反对派似乎与他们所指认的政府行径一样，以绑架、拘押和拷打方式对平民施虐。叙利亚反对派武装进占更多地盘的同时，选择的是"复仇和杀戮"，而不是他们所说的"正义"。

叙反对派还大量招募娃娃兵与政府军作战。2012 年 7 月，叙利亚反对派使用娃娃兵作战的视频开始出现。大多儿童刚刚超过 10 岁，被反对派招募，加入了对抗政府军的战斗。在这段视频中，这个男孩目睹了他的朋友艾哈迈德被击毙的场面。艾哈迈德很快就断了气，他的兄弟和同伴将尸体从前线搬了下来，但他们随后也被子弹击中。男孩用撕心裂肺的声音哭喊着艾哈迈德的名字。一名年长的反对派士兵上前安抚这名男孩，男孩用空着的手抹着眼泪，另一只手则仍然握着枪。这段视频是叙利亚冲突中首次被公开的"娃娃兵"真实战斗场面。

2012 年 11 月 29 日，总部位于伦敦的叙利亚人权观察组织公布的一份报告指出，叙利亚反对派武装分子在战斗行动中使用儿童，这违反了联合国公约。根据报告，被招募参战的主要是年龄在 14 岁至 16 岁之间的少年。他们常常充当通信员，或者是转运武器弹药，有时参与攻打政府军检查站。据这些少年自己讲述，反对派教他们使用武器和进行射击。按照国际法规定，招募 18 岁以下未成年人参战是军事犯罪。

五、大量难民成为恐怖组织人体器官贩卖活动的对象

阿勒颇北部的恐怖犯罪团伙，从事绑架儿童并交易其身体器官的行为，并向土耳其贩卖他们的身体器官，这是该恐怖主义集团的主要收入来源。另外难民成为恐怖组织人体器官贩卖活动的主要来源。2017 年 6 月，根据希腊利福斯岛访问叙利亚难民营的记者透露，土耳其和以色列的帮派之间已经密切合作贩运叙利亚难民身体器官，特别是他们的肾脏。地中海有很多难民尸体，主要是在土耳其海域和希腊废弃的岛屿之间，这些叙利亚难民尸体上的肾脏在死亡前被摘除并带走。还有很多恐怖组织在土耳其医院对叙利亚难民进行非法手术，然后将他们的器官带走，因为离体肾脏只能存活 48 个小时，恐怖分子应该是把器官空运走私的。长期以来，他们与包括土耳其在内的器官贩运者和有关官员之间进行非常密切的合作。

注　释

【1】由于志愿者行动时会戴上白色的头盔，所以有了"白头盔"的别名，正式名称是"叙利亚民间防卫力量组织"，简称"叙利亚民防组织"，和被国际认可的政府间组织"国际民防组织"没有任何关系。"叙利亚民防组织"成立于2013年，拥有3000多名成员。

【2】2011年内战爆发时，叙利亚空军有24架老旧的苏-24战机，但大多数因为太老而坠毁或停飞。

【3】S-400作为俄军现今最先进的防空导弹系统，其配备的相控阵雷达探测距离超过600公里，可同时跟踪300个以上的空中目标，对其中威胁最大的100个目标进行跟踪锁定，并引导72枚性能不同的导弹攻击其中36个目标，配备的40N6远程导弹，射程可达400千米，是当今世界射程最远的地空导弹。单从性能而言，S-400还是相当出色的，但即便再出色的防空系统，都无法规避一个客观存在的事实，那就是地球是圆的。

【4】所以由于信仰的巨大差异，雅兹迪人被误解为"魔鬼崇拜者"，在过去几千年中数次成为种族灭绝目标，这也是为何遭IS屠杀的主要原因。

第 五 章

俄与美欧等国在战场之外的介入与较量

除直接参与叙利亚内战外，欧美等国通过武装反对派，对巴沙尔政权采取全面的经济制裁、政治和外交施压等手段，企图低成本推翻巴沙尔政权，但遭到俄等国的全力阻击，双方展开针锋相对的斗争。

第一节　高强度经济制裁与大力的经济支持

欧盟充当了对叙利亚经济制裁的急先锋。作为叙的主要经济伙伴，欧盟以罕见力度对叙实施经济制裁，使叙利亚深陷巨大的困境之中。在俄等国全力支持下，叙政府艰难度日。

一、欧盟以罕见力度实施数十轮制裁

叙利亚是欧盟"大周边"的主要国家之一，为了维护"地中海后院"的安全和稳定，避免整个中东陷入持久战乱中，同时拓展欧洲民主价值观，与叙利亚经济密切的欧盟，以罕见力度对叙实施经济制裁，希望尽快推翻巴沙尔政权，将其变成"欧洲版"的民主、自由和市场经济地位国家。

欧盟数十轮制裁频繁上场，力度和密度罕见。2011 年 4 月，以侵犯人权为由，欧盟宣布冻结包括巴沙尔在内的叙政府高官资产。5 月 9 日，欧盟决定禁止向叙出口武器及装备、冻结巴沙尔的弟弟马赫尔等 13 名"应对暴力镇压平民负责的"官员及相关人员的资产。5 月 23 日，欧盟首次宣布对叙利亚总统巴沙尔进行制裁，禁止其入境并冻结其海外资产。在接下来的 17 个月中，欧盟对叙实施了多达 18 轮经济制裁，平均每月出台或追加 1 项。各轮制裁间

隔最长为 83 天，最短只有 1 天，这在欧盟对外制裁史上极其罕见。截止到 2017 年 8 月，欧盟共对叙利亚实施了 21 轮经济制裁，最新的是对叙使用化学武器的制裁。

美国经济制裁影响较小。受长期关系交恶和制裁影响，美叙贸易额很小，不到 3 亿美元，所以美国的经济制裁影响较小，主要集中在金融、电信、航空、军售和日用商品等领域。2010 年 5 月，美国宣布对叙制裁措施延长一年。叙利亚危机爆发后，美国立即对叙利亚实施全面制裁。2011 年 4 月，美国以侵犯人权为由，宣布对包括巴沙尔在内的叙高官实施制裁并冻结其资产，但美国国务卿希拉里不得不承认，鉴于两国一直有"棘手问题"，美国对叙利亚没有多少影响。

其他西方国家，如日本、加拿大、澳大利亚等国和中东除伊拉克、黎巴嫩、约旦和伊朗之外的国家，也都对叙实施经济制裁，还有阿盟和海合会等。

二、欧美等国制经济裁领域非常广泛

禁止金融投资与合作往来，切断叙利亚政府资金源头。2012 年 2 月 27 日，欧盟禁止成员国与叙利亚公共机构和中央银行进行黄金、贵金属及钻石交易，冻结叙利亚央行在欧盟的资产。禁止成员国向叙利亚移交以叙本币计价的票据，以及承制叙货币；禁止欧洲投资银行继续向叙银行发放贷款，禁止对叙贸易的长期金融支持和政府贷款，并中止与叙利亚签署主权项目援助合同；禁止欧盟各方继续购买叙国债；禁止叙银行在欧盟境内开设新的分行或投资欧盟银行，欧盟银行不得与叙银行建立新的合资企业，禁止通过双边和国际金融机构向叙政府提供财政支持等。土耳其也禁止与叙政府和央行的所有金融交易。

强化武器禁运。2011 年 5 月，欧盟禁止向叙利亚运送武器。2012 年 7 月 23 日，欧盟批准对所有供应叙利亚可用于大规模镇压的武器或其他设备嫌疑的船只与飞机进行检查，扣押任何被欧盟列入禁运清单的物品。决议还规定所有驶往叙利亚的船只和飞机须额外提供其所载货物的预清关和发运信息，到达欧盟国家机场或从欧盟机场起飞的货运飞机也需接受检查。10 月 15 日，欧盟禁止叙利亚航空公司的飞机飞越欧盟领空以及在欧盟机场降落，禁止对经第三国向大马士革供应武器进行海运和航运承保。禁止成员国从叙进口武器以及为叙转运武器，禁止成员国公民和企业为叙武器出口提供包括保险和再保险在内的金融服务，禁止欧盟公民和企业与第三国开展可能使叙受益的军事合作。防弹衣、防毒面具和可能用于制造有毒化学制剂的化学物品也禁止出口叙利亚。

借口一些个人和实体参与或支持了叙当局的镇压行动，欧盟冻结其在欧盟的资产、禁止发放签证和业务往来，甚至禁止叙国家奥委会主席穆瓦法克·朱马出席伦敦奥运会。截至 2017 年 8 月，欧盟累计将包括巴沙尔及其家族、政府总理、各部部长、军队高级将领等人在内的 255 名个人、69 家实体列入制裁名单，既包括叙国内三家国有石油公司、国际伊斯兰银行、石油运输公司等企业，还包括叙国防部、内政部、国家安全局、电视广播总局等六家政府机构，冻结上述个人和实体在欧盟的资产、禁止欧盟公民与之进行商业交易、禁止入境欧盟等。自 2011 年 3 月叙利亚危机爆发后，美国冻结了叙政府在美国的资产，禁止美国人与巴沙尔政权进行商业交往。冻结巴沙尔等官员在美国的资产，禁止入境美国。美国已对叙政府 300 多名个人和实体实施制裁，包括巴沙尔及其家族成员，政府总理、副总理、中央银行行长和各部部长，军队将领，以及中央银行和石油公司等。2017 年 4 月 24 日，美国财政部宣布制裁 271 名"与叙利亚政府的化学武器开发项目"有关的叙政府机构人员。

制裁叙利亚经济的核心领域——油气出口领域。2011 年 8 月 18 日，奥巴马签署总统令，宣布禁止与叙能源企业交易，不准进口叙石油和石油产品。9 月 3 日，欧盟禁止进口叙原油及石油产品、油气业设备，禁止向叙石油和天然气工业出口主要设备和技术，禁止成员国企业向叙石油企业参股从事勘探、生产和炼油活动，或者与叙石油企业进行新的合资合作；禁止向叙石油企业提供信贷和金融贷款，禁止向叙石油和天然气工业提供设备和装置等，并制裁叙石油总公司，目的是截断巴沙尔政府最重要的石油收入，此举让欧洲石油企业放弃在叙利亚的绝大部分业务。

其他领域的制裁。禁止叙利亚航空公司的任何班机进入欧盟域内机场；禁止购买、提供、运输或者出口电信监视（听）器和拦截设备，禁止向叙政府出售用于监督网络和电话通信的软件；限制向叙出售"可能被用来镇压反对派的物资和技术"；禁止向叙出口鱼子酱、软糖等食品和雪茄、红酒、宝石等奢侈品，包括价值超过 600 欧元的鞋、珍珠宝石，每支价格超过 10 欧元的雪茄，高档红酒，豪华汽车，飞机，售价超过 2.5 万欧元的船只；禁止向叙出口和从该国进口磷酸盐、黄金、其他贵重金属和金刚石；禁止欧盟企业在叙投资兴建发电厂、禁止用于互联网或电讯监控的软件或设备在叙销售等。土耳其还对叙进口商品课以 30% 的重税。

欧美经济制裁都是单方面针对叙政府的。2013 年 4 月 22 日，在叙反对派武装控制了境内大量油田后，为扶持反对派，欧盟允许成员国从叙进口石油，允许成员国向叙出口石油天然气工业设备与技术，允许成员国投资叙石油工业，但这些需经叙利亚反对派全国联盟的同意。对此，叙政府进行强烈谴责，认为这种做法"无异于侵略"。2013 年 6 月 1 日，为武装叙利亚反对派，欧盟解除了对叙武器禁运，各成员国自行决定向反对派提供武器。

此后，欧美等国对叙政府的经济制裁一直在延续。2017 年 5 月 29 日，欧盟将针对叙经济制裁延长至 2018 年 6 月 1 日，并将 3 名叙部长加入制裁名单。奥巴马上台后，除增加对叙制裁外，又延长了小布什实施的对叙各项制裁措施。特朗普上台后，也延续了奥巴马的制裁措施。

三、欧美等国的经济制裁不足以置叙利亚于死地

尽管叙利亚经济因制裁受到严重冲击，但作为少数几个能在粮食等基本生活领域自给自足的阿拉伯国家以及对欧美较低的经济依存度和高度集权型的政治体制，使其对欧美的制裁具有一定的"免疫功能"。欧美的制裁只是一定程度上削弱了叙政府的控制能力，并不能实现推翻巴沙尔政权的目标，也无助于解决叙利亚危机。

欧美经济制裁陷入窘境，基本无计可施。纵观欧盟对叙利亚的 20 多轮制裁，其内容基本围绕金融制裁（冻结资金或经济资源、禁止金融交易、限制出口信贷或投资）、贸易制裁（军火禁运、石油禁运）和旅行制裁的范畴进行，制裁对象主要针对巴沙尔家族、政府高官和国内主要经济实体，已经没有什么可以再制裁了，欧盟的制裁疲惫已初显端倪，轮番制裁也没有改变叙利亚现政权和拓展"欧式民主"。

制裁无法得到一致和有效落实。欧盟对叙的制裁无疑损害了部分成员国的经济利益。德国、意大利、荷兰不愿失去叙利亚这个能源合作伙伴，更不愿得

罪阿拉伯世界这个"核心国家",以免"引火烧身"。因此,欧盟一些成员国对于制裁措施往往"阳奉阴违",致使制裁大打折扣。

2011 年世界银行数据显示,叙利亚 2010 年贸易总量约为 422 亿美元,主要贸易伙伴为相邻的阿拉伯国家,如伊拉克、沙特、伊朗和黎巴嫩等国,如与伊拉克的贸易额达就到 59 亿美元,而与欧盟的贸易额约 90 亿美元,占其贸易总量的 21.3%,在叙对外贸易中只能属于"第二梯队",极大影响了欧盟经济制裁的效果。另外,叙利亚经济结构不对称性更让欧盟的制裁效果不佳。叙利亚是一个自给自足的农业国,旅游业和服务业在其国民经济中占很大比重,石油出口曾经长期在国民收入中占相当大的比例。但随着石油的减产和国内石油消费的大幅度增长,石油出口在国民经济的比例正在下降。因此,欧盟对叙石油禁运"政治意义大于经济意义"。

欧美经济制裁缺乏国际广泛支持,不仅削弱了制裁的"合法性",也使制裁的效果大打折扣。据西方媒体估计,巴沙尔的个人资产为 10 亿英镑,大多在俄国,但俄坚决反对经济制裁叙利亚。欧美对叙的武器禁运决议丝毫没有影响俄对巴沙尔的武器援助。如 2011 年 12 月 1 日,在美国、欧盟、阿盟宣布对巴沙尔政府实施新的武器禁运后,俄的"宝石"超音速反舰导弹运抵叙利亚。黎巴嫩、约旦、伊拉克等国,由于与叙利亚经济关系密切,没有加入经济制裁行列。随着巴沙尔逐渐适应制裁,制裁目标就越难实现,从后来欧盟经济制裁间隔时间越来越长就可以看出。

欧美对叙利亚危机的政策前景不外乎两种选项:第一,继续加大对巴沙尔政权的制裁力度,直到其下台实现"和平交班",但现在欧美基本没有新的制裁措施可以出台了;第二,在某一特定的合适时机在叙利亚复制"利比亚模式",动用武力直接推翻巴沙尔政权,这基本不可能,欧美也无法承受其成本与后果。在未来的一段时间内,欧美对叙利亚的制裁可能还会继续,但作用有限。

四、俄等国大力加强对叙利亚政府的经济支持

俄反对西方的经济制裁。2012 年 8 月 30 日,俄常驻联合国代表丘尔金呼吁美国和欧盟立刻取消对叙利亚所有的单边制裁,这些制裁没有经过安理会批

准，对解决叙利亚危机没有帮助，只会给普通民众生活带来不利影响，也违背安理会决议以及日内瓦会议共识。

伊朗与叙利亚签署相关经济协定，"联袂对抗"西方制裁。2011 年 12 月 8 日，伊朗向叙利亚购买价值 10 亿美元的肉类、家禽、橄榄油和水果，伊朗承诺向叙利亚传授在石油、航空和金融领域"规避"外界制裁的方式，如在制裁下如何转拨资金等。12 月 13 日，伊朗议会批准伊朗与叙利亚的自由贸易协定，规定在今后 5 年时间里，两国实行互免关税并无限制进行货物和产品贸易，这对双方显然是一个共赢的条款。此外，两国还就成立合资银行达成协议，叙利亚商业银行将与伊朗进行合作，此举也有助于两国合力打破西方国家金融制裁。2012 年 3 月，叙利亚与伊朗正式签署自由贸易协定，降低关税，帮助叙商品进入伊朗市场。当月，伊朗副外长侯赛因·阿米尔·阿卜杜拉扬宣布，伊朗将全面支持叙利亚人民和政府。8 月，伊朗向叙利亚提供 10 亿美元优惠贷款。2013 年 5 月，伊朗向叙利亚提供 40 亿美元贷款，其中 30 亿美元用来购买石油产品，10 亿美元用于购买日用品。2015 年 5 月，伊朗向叙利亚提供 10 亿美元贷款用于进口日用品。

俄等国在经济上大力支援叙利亚。近几年来，俄经济受世界油价冲击，非常不景气，无法对叙利亚提供更多支持，但俄也尽力在经济上支持叙利亚。俄是叙利亚是重要贸易伙伴，目前对叙利亚投资总额达到 200 亿美元。2012 年 8 月初，俄叙两国达成了用原油换取石油加工产品的相关协议。2013 年 3 月 27 日，巴沙尔向金砖国家发求援信，呼吁帮助叙利亚走出危机。委内瑞拉等国还免费向叙利亚提供了数万吨柴油。叙利亚是农业国，所以俄尽量进口叙利亚的农产品。仅 2016 年 3 月份，叙利亚就有上万吨水果、蔬菜等农产品出口俄罗斯。而伊拉克、黎巴嫩等国也拒绝响应阿盟和欧美等国对叙的经济制裁，在贸易领域继续帮助叙利亚。2017 年 10 月，委内瑞拉、伊朗和叙利亚商讨在叙利亚设立炼油厂。在这些国家的帮助下，叙利亚政府得以渡过难关。

第二节　空前的外交孤立与尽力的外交支持

欧美等国纷纷与叙政府断绝外交关系，驱逐叙外交官，转而承认叙反对派

"临时政府",遭到俄罗斯等国的反对。

一、欧美等国外交孤立叙利亚政府

2012 年 2 月 4 日,阿盟草案遭安理会否决后。欧美等国掀起与叙利亚断交的高潮。2 月 6 日,美国关闭了驻叙利亚大使馆,由波兰大使馆保护其在叙利亚的利益。此后,英国、比利时、意大利、法国、西班牙等国纷纷召回各自驻叙大使。2 月 16 日,欧洲议会要求欧盟成员国召回驻叙大使。此后,英、法、德、加拿大、日本、芬兰、瑞士、挪威等国家纷纷断绝与叙政府的外交关系。2 月 7 日,海合会六国决定驱逐叙利亚大使,同时召回驻叙大使。2 月 9 日,利比亚临时政府驱逐叙外交使团。2 月 19 日,埃及召回驻叙大使。3 月 16 日,海合会成员国关闭了驻叙使馆。3 月 26 日,土耳其召回了驻叙大使并暂停使馆所有工作。在阿盟发出断绝与叙利亚一切外交关系、敦促巴沙尔下台的呼吁后,伊拉克、黎巴嫩等国家反对外交孤立叙利亚。

借着胡拉惨案引起的愤怒,欧美等国又掀起一股外交孤立巴沙尔政权的风暴。2012 年 5 月 29 日,澳大利亚率先宣布驱逐叙驻澳外交官,并称这是对叙政府表示厌恶的"最有效方式"。随后欧盟、英国、法国、意大利、西班牙、德国、日本、土耳其、美国和加拿大纷纷驱逐叙外交官,美国国务院宣布驱逐叙驻美代办是与多国的共同行动。7 月 16 日,摩洛哥宣布叙利亚大使为不受欢迎的人,并要求其离境。7 月 22 日,马来西亚关闭驻叙大使馆。7 月 23 日,阿盟宣布断绝与叙利亚政府外交联系。

这场外交孤立的行为,还牵扯上了与政治无关的国际奥委会。2012 年 6 月 22 日,英国抵制叙利亚奥委会官员入境参加伦敦奥运会,并拒绝给叙奥委会主席穆瓦法克·朱马等人发放入境签证,得到国际奥委会批准。

二、欧美等国家外交承认反对派及其"临时政府"

叙利亚反对派全国联盟获得欧美等国的承认。2012 年 11 月 11 日,美国宣布承认全国联盟是叙利亚人民"合法代表"。11 月 12 日,6 个海湾合作委员会成员国承认全国联盟为叙利亚民众"合法代表"。11 月 13 日,法国成为第一个承认全国联盟的欧洲国家。15 日,土耳其承认全国联盟为叙利亚人民的唯一代表。19 日，欧盟与意大利承认全国联盟为叙利亚人民的合法代表，欧盟并准备好经济和军事支持全国联盟。11 月 20 日，英国宣布承认全国联盟为叙利亚人民唯一代表，并要求其任命一位政治代表派驻伦敦，英国提供 160 万英镑援助，用于向反对派控制区提供基本生活服务。

欧美等国与全国联盟和"临时政府"建立外交关系。2012 年 11 月 17 日，法国成为首个接受全国联盟大使的西方国家。11 月 23 日，卡塔尔承认全国联盟是叙利亚人民唯一代表，要求其向多哈派驻大使，这是首个要求叙反对派派驻大使的阿拉伯国家。11 月 27 日，全国联盟任命了驻英国大使。12 月 11 日，美国承认全国联盟为叙利亚人民合法代表。2013 年 2 月 16 日，利比亚临时政府邀请全国联盟在的黎波里开设办事处。此后，海湾国家和英国等欧洲国家纷纷与全国联盟互派大使。3 月 26 日，阿盟决定将叙利亚在阿盟席位授予全国联盟，直至叙利亚组建新政府。2014 年 5 月 5 日，美国承认全国联盟驻美国办公室为正式外交使团。

欧美等国大力援助全国联盟和"临时政府"。2012 年 11 月 16 日，叙利亚反对派在伦敦召开捐赠国会议，西方答应提供军事援助。截至 2013 年 3 月初，美向叙反对派提供了 3.65 亿美元援助，帮助叙反对派在其控制区提供下水道设施、教育、安全保障等基本公共服务，还向叙利亚自由军提供食品和药品援助。4 月 21 日，在欧洲、中东 10 国外长举行的伊斯坦布尔会议上，美国国务卿克里宣布对叙反对派的"非致命性"援助款翻番达 1.23 亿美元，并将向全国联盟提供额外的"非致命性"装备如装甲车、夜视镜等。截至 2013 年 5 月，美国已向全国联盟提供了 2.5 亿美元资助。【1】

欧美等国还通过第四届"叙利亚之友"，力促国际社会承认全国联盟取代叙利亚政府。2012 年 12 月 12 日，第四届"叙利亚之友"会议在摩洛哥马拉喀什举行，130 多个国家和组织的代表出席，会议承认全国联盟为叙利亚人民唯一合法代表，讨论了向其提供进一步的政治和财政援助问题。美国表示承认全国联盟是叙利亚人民合法代表，并正式邀请其尽快派团访问华盛顿。法国外交部长法比尤斯表示，已经有 100 多个国家承认全国联盟是代表叙人民唯一合法政府，这使世界各国更容易援助叙反对派。2013 年 1 月 28 日，支持全国联盟的国际会议在巴黎举行。法国外长法比尤斯、全国联盟以及来自 50 多个国家、地区和国际组织的高级官员参会。会议呼吁给全国联盟提供财政和物资支持，兑现第四届"叙利亚之友"的承诺。截至目前，全国联盟获得大约 20 多个国家和国际组织的外交承认。

三、叙利亚政府被逐出或退出相关国际组织

阿盟取消叙利亚成员国资格。为逼迫叙利亚政府接受阿盟观察团，2011年 11 月 12 日，阿盟宣布从 11 月 16 日起终止其阿盟成员国资格，直到其履行"阿拉伯倡议"、同意接受观察团。11 月 16 日，阿盟决定中止叙利亚的阿盟成员国资格。27 日，阿盟正式终止叙利亚的阿盟成员国资格。后来叙利亚接受了阿盟观察团，但阿盟并没有恢复其成员国资格。2012 年 2 月 12 日，阿盟决定停止成员国和所属组织与叙政府所有外交合作，禁止叙参加阿盟峰会。

叙利亚被逐出伊斯兰合作组织。[2] 2012 年 8 月 12 日，伊斯兰合作组织峰会在圣地麦加召开，本次峰会没有邀请仍为该组织成员国的叙利亚总统巴沙尔。在第一场筹备会议中，多国代表就提议暂停叙利亚作为该组织的成员国。13 日召开成员国外交部长会议，通过暂停叙利亚成员国资格的方案。8 月 16 日，伊斯兰合作组织发表声明，正式宣布暂停叙利亚成员国资格。被中止了阿盟成员国资格后，再次被伊合组织暂停成员国资格，意味着叙政府与整个伊斯兰世界基本隔离开来，这在外交上进一步孤立叙政府，但对于巴沙尔政权本身没有多大的影响，只能说是一种"形式大于内容"的表态而已。

主动退出地中海联盟，以报复欧盟的经济制裁。地中海联盟，由法国总统萨科齐提出，由欧盟和地中海沿岸国家组成，旨在促进欧盟、中东、北非国家之间的合作。2011 年 12 月 1 日，对于美国、欧盟及阿盟掀起的新一轮制裁潮，叙利亚暂停自己的地中海联盟成员国资格，以报复制裁。

四、俄罗斯反对外交孤立叙利亚政府

俄罗斯反对外交孤立叙利亚政府。2012 年 2 月 8 日，正在中东斡旋的俄外长拉夫罗夫表示，莫斯科不明白那些决定召回本国驻叙利亚大使的西方和海湾国家的逻辑，这将不利于为实现阿拉伯国家联盟和平倡议创造有利条件。5月 30 日，俄外交部发表声明称，驱逐行动表明这些国家根本不想倾听叙利亚

政府的立场，这将损害结束叙利亚危机的外交努力。

俄罗斯等国坚决反对美国支持叙利亚反对派和组建流亡政府。2012 年 12 月 12 日，俄外长拉夫罗夫表示，美国承认叙利亚全国联盟是合法政权的行为违反了《日内瓦公约》，这是对当前国际法和国际关系准则的公开、赤裸裸的挑战。2013 年 3 月 29 日，俄罗斯常驻联合国代表丘尔金指出，俄坚决抵制全国联盟占据叙利亚在联合国席位的企图，所谓"临时政府"不是通过议会和宪法程序选出的政府，毫无合法性可言，俄将不惜使用安理会否决权阻止其"合法性"。

第三节 全面政治施压与积极政治斡旋

与欧美只斡旋反对派、施压叙政府不同的是，俄罗斯等国在与欧美积极斗争的同时，还全力斡旋叙政府与反对派，希望政治解决危机。

一、欧美等国武力威胁巴沙尔下台

欧美要求巴沙尔下台。2011 年 3 月，叙利亚危机爆发时，忙于利比亚战争的欧美，无法分心干预叙利亚，所以均处于低调处理，只是简单谴责巴沙尔政权，而不是要他下台。到 5 月份，卡扎菲败局已定，欧美立即以罕见力度频繁压迫巴沙尔下台，叙利亚局势因此不断升级。2011 年 5 月，奥巴马要求巴沙尔辞职。7 月，美国国务卿希拉里表示巴沙尔已失去执政合法性，美国已经在考虑后巴沙尔时代。8 月 3 日，欧美推动安理会通过主席声明，谴责叙政府武力镇压民众示威活动，美欧要求巴沙尔下台。10 月，欧美试图推动安理会为军事打击叙利亚寻求合法性，但遭到中俄否决。此后，欧美多次公开要求巴沙尔下台，甚至为巴沙尔制订流亡计划。2012 年 5 月，奥巴马建议巴沙尔以也门模式流亡国外。6 月 7 日，美国国务卿希拉里要求巴沙尔交权并离开叙利亚。9 月 25 日，奥巴马在联大公开呼吁巴沙尔下台。

欧美大力武装叙利亚反对派以推翻巴沙尔政权。2013 年 2 月底，欧盟允许向叙利亚反对派提供非致命装备和技术援助。随后，英法表示将单独向叙反对派提供武器。6 月，美国以叙政府军使用化学武器为借口，公开向叙反对派提供军事支持和武器装备。此后，美国中央情报局在土耳其和约旦建立秘密基地，用于向叙反对派输送武器和训练人员。通过数次"叙利亚之友"会议，欧美建立了支持叙反对派的国际联盟。2013年以来，"叙利亚之友"中的核心国家又逐步形成"11国集团"，【3】并在开罗、罗马、伊斯坦布尔、阿曼和多哈举行了多次部长级协调会议，以支持反对派。

欧美在叙利亚附近保持强大军事力量，随时军事入侵。2011年12月，当巴沙尔政府疲于应对内战时，美军在叙利亚海域集结了"艾森豪威尔"号航母战斗群和上百架战机。2012年2月4日，阿盟草案在安理会被中俄否决后，欧美扬言48小时内对叙开战，数万名英国和卡塔尔特种部队开赴叙利亚边境。2月18日，美军派出多架无人机潜入叙上空。4月19日，美国国防部长帕内塔表示随时可以对叙利亚采取军事行动。2013年2月，美国军方透露已经制订军事干预计划。随着打击IS的展开，美军在约旦增派兵力，出兵叙利亚库尔德地区，大举增兵伊拉克，数次空袭叙政府军，并击落叙政府军战机。2015年8月，白宫秘密批准了美军打击叙政府军的计划。12月6日，美国为首的联军空袭代尔祖尔省的叙政府军，叙政府军损失惨重，而IS武装同时向叙政府军发动了猛烈进攻。这次袭击是美国领导的联军首次攻击叙政府军，遭叙利亚强烈谴责，美国却指责是俄罗斯空袭了叙政府军。2017年4月7日，美国以叙政府军使用化学武器为由，突然向叙空军基地发射了50多枚"战斧"式巡航导弹，震惊世界。

俄罗斯强调军事干预叙利亚就是对俄宣战，坚决反对武力推翻巴沙尔政权。2011年12月，在美国航母编队抵达了叙利亚海域、西方酝酿武力推翻巴沙尔政权的关键时刻，俄罗斯外交部强调，军事干预叙利亚局势就是对俄宣战。俄同时派出唯一一艘现役航母"库兹涅佐夫"号和"恰巴年科海军上将"号反潜舰，停靠在叙利亚塔尔图斯港附近海域，美俄两国航母同时出现在叙利亚海域。2012年2月8日，俄总理普京警告外国不要军事干涉叙利亚，这种行为"就像在瓷器店的公牛"，会重蹈利比亚的覆辙，应让叙利亚人民独自决定自己的命运。3月10日，俄外长拉夫罗夫强调俄强烈支持依照国际法、联合国宪章以及尊重主权领土完整、不干涉他国内政等原则解决叙利亚问题。4月13日，俄国防部表示，俄军舰将长期在叙利亚附近海域值勤。6月7日，拉夫罗夫重申，坚决反对任何外部势力干预叙利亚危机，必要时将在安理会使用否决权，以避免采取军事行动。6月20日，普京在二十国集团（G20）峰会新闻发布会上表示，更迭叙利亚政权只能通过宪法途径。此外，2012年3月29日，伊朗最高领袖哈梅内伊表示将保护叙利亚，坚决反对外国武装干涉，政治解决是唯一出路。

二、西方利用媒体极力抹黑巴沙尔及家族形象

极力渲染巴沙尔家族当下的奢侈生活。2012年3月14日，英国《卫报》披露3000余封疑似巴沙尔家族的电子邮件，显示尽管国内战乱不已，巴沙尔家却过着奢侈的生活。巴沙尔的妻子阿斯玛热衷网购世界各地奢侈品，[4] 花费巨资从国外进口高档食品专供其儿女享用，豪掷27万英镑从伦敦购买了豪华家具、镶钻项链、水晶吊灯、香奈尔服装和价值上万美元的高跟鞋。疑似邮件内容还显示，阿斯玛是家里的"真正独裁者"，坚决支持叙利亚政府血腥镇压反对派。

诋毁巴沙尔个人形象。2011年12月，在美国广播公司著名主持人芭芭拉·沃特斯的专访中，叙利亚政府抗议巴沙尔的访谈言论遭到大肆歪曲。[5] 2012年3月14日，根据英国《卫报》公开的疑似巴沙尔家族的邮件显示，有陌生女子给巴沙尔发送亲密信件，包括全裸照片，其中两人还是他的公关助手。还有邮件显示巴沙尔亲自批准对示威者实施血腥镇压的命令，还有伊朗方面向巴沙尔的诸多建议，包括如何演讲、如何压制反对派等内容。有邮件反映巴沙尔被建议对反对派占领的城市"强化安全措施"，并把承诺的改革不当回事。

对于这些邮件的真实性，《卫报》等英国媒体称，尽管已付出"大量努力"核实这些电子邮件的真实性，但依旧"不能排除邮件作假的可能性"。叙利亚官方媒体则应称，这些邮件都是反对派的阴谋，旨在破坏巴沙尔及其家族在叙利亚民众心目中的形象。

制造巴沙尔家族急于外逃的假象。2012年1月30日，根据西方媒体报道，巴沙尔母亲、妻儿及其亲属，在安全部队帮助下试图通过大马士革机场出逃，但遭反对派武装拦截，被迫返回。此外，也有一封来自卡塔尔埃米尔女儿的邮

件，建议巴沙尔及妻子去卡塔尔流亡。2012 年 12 月 6 日，西方媒体报道，巴沙尔向委内瑞拉寻求政治避难。

三、俄罗斯否决欧美任何包含对叙动武内容的安理会决议

叙利亚危机爆发后，在没有军事干预能力和意愿的西方，更想通过安理会武力推翻巴沙尔政权，这遭到俄罗斯坚决反对，双方在安理会展开了激烈斗争。

重复"利比亚模式"的草案遭否决。2011 年 10 月 4 日，由法国和英国提交的、获得美国支持的制裁叙利亚政府、企图重复"利比亚模式"的草案遭到中俄否决，这为叙利亚内部对话与和平解决创造了条件。

要求巴沙尔交权的草案遭否决。2012 年 1 月 22 日，阿盟发出新倡议，要求效仿解决也门模式，呼吁巴沙尔交出权力，组建联合政府。1 月 27 日，以阿盟新倡议为基础，摩洛哥代表阿盟向安理会提交了叙利亚问题决议草案，规定 15 天内巴沙尔向副总统移交权力，两个月内组建国民团结政府，如果没有执行，安理会将采取进一步措施。2 月 2 日，安理会经长时间磋商后删除了巴沙尔移交权力、组建团结政府等内容，但仍保留全力支持阿盟新倡议等内容。2 月 4 日，该草案在安理会遭中俄两国否决。欧美极端不满，美国代表苏珊·赖斯不顾外交礼仪地称中俄投反对票的做法让她感到"恶心"，法国外交部长阿兰·朱佩称中俄投反对票是联合国的"道德污点"，美国务卿希拉里称中俄阻碍"阿拉伯之春"前进道路，而俄则回称她是傲慢无礼的战争骗子。

单方面施压叙利亚政府，并以动武相威胁的草案遭否决。2012 年 7 月 19 日，在安南对叙利亚危机进行调解、延长联合国观察团任期的关键时刻，英美等国向安理会提交草案，同意延长观察团任期，但单方面要求叙利亚政府 10 天内全面停火并从动乱地区撤出部队和装备，否则将依据联合国宪章第七章对叙采取军事行动，这遭中俄否决。英美草案之所以再遭否决，主要原因是触碰了俄划出的动武"红线"。

西方否决俄的相关草案以袒护反对派武装。2012 年 8 月 15 日，联合国监督团在大马士革市中心的所住玫瑰酒店遭炸弹恐怖袭击。事件发生后，俄向安理会提交草案，建议谴责袭击事件、呼吁冲突双方遵守安理会相关决议并惩罚

凶手，但西方以"对事件不够了解"为由，否决了该草案。

将巴沙尔提交国际刑事法院审判的草案遭否决。2014 年 5 月 22 日，法国起草草案，谴责叙政府及反政府武装践踏人权、违反国际人道主义法的行为，要求将叙利亚问题提交国际刑事法院，对战争罪和反人类罪提起诉讼。【6】该草案的实质是，将巴沙尔与反对派一起交由国际刑事法院审判，实现推翻巴沙尔政权目的，而反对派只是西方棋子而已。该草案遭中俄否决，俄表示这对寻求政治解决危机带来毁灭性后果。

在阿勒颇设立"禁飞区"的草案遭否决。在俄叙联军即将取得关键性的阿勒颇战役胜利之际，2016 年 10 月 8 日，法国与西班牙向安理会提交草案，要求在阿勒颇设置禁飞区，俄叙停止空袭阿勒颇，但该草案遭俄否决。俄同时提交草案，要求区分阿勒颇反政府武装，极端武装必须离开，并提出有条件停止空袭，该草案遭欧美否决。为缓解西方压力，10 月 20 日，俄宣布在阿勒颇实施 8 小时人道停火，以便平民和武装人员安全撤离，但遭反对派拒绝。

要求阿勒颇开辟"人道主义"救援通道的决议遭否决。为阻止俄叙取得阿勒颇战役的胜利，避免城内反叛武装覆灭，2016 年 12 月 5 日，埃及、新西兰和西班牙在美英法的指使下，突然提出要求叙交战双方停火，让"人道主义"援助进入的草案，并要求立刻表决，但遭到中俄否决。让欧美恼羞成怒，美国代表扬言历史会记住中国竟帮助俄阻止叙人民获得救助，遭中方代表严厉驳斥。

以叙政府使用化学武器为由进行制裁的草案遭否决。2016 年 8 月 23 日，联合国——国际禁止化学武器组织联合调查小组发布叙利亚化学武器袭击事件调查报告，证实在 2014 年至 2015 年期间，叙利亚政府和 IS 恐怖组织曾多次使用化学武器。半年后，2017 年 2 月 28 日，正当俄主导的阿斯塔纳和谈实现叙利亚全面停火时，美英法三国突然以叙利亚政府使用化武为由，向安理会提交制裁叙利亚的决议草案，遭中俄否决。中俄认为该草案缺乏证据支持，此时表决会破坏阿斯塔纳和谈，且要吸取以大规模杀伤性武器为借口在中东发动战争的教训。4 月 12 日，英美法三国起草关于叙化武事件的草案，企图通过安理会谴责 4 月 4 日叙利亚政府发动对伊德利卜省汉谢洪城镇的化武袭击事件，要求对此进行调查，并要求叙政府公布与空袭有关的各种细节信息。此外，草案还规定一旦认定叙政府使用化学武器，将根据联合国宪章第七条（涉及实施制裁和动用武力）对叙采取行动。该草案在安理会遭到俄否决，俄呼吁对叙化武事件进行独立、公正调查。10月24日，在叙利亚政府军即将收复IS在叙利亚境内最后的据点时，欧美又以化武为由，企图在联合国安理会通过对叙利亚的制裁，遭俄否决。

对于有利于缓和叙局势的草案，中俄还是乐于与欧美合作的。如关于派遣联合国观察团，以及支持安南调解的几个草案，还有共同打击IS的草案，在安理会获得一致通过。

四、联合国大会等多边机构沦为西方的政治工具

在安理会遭到俄坚决阻击后，欧美更多使用惯常的操弄人权话题、在发展中国家制造敌对的老本行，利用联合国其他多边机构，以罕见力度单方施压叙政府，并作为其各种经济制裁和军事威胁的"正当依据"，这加剧了叙紧张局势。

欧美屡次通过联合国大会决议单方面施压叙利亚政府。尽管联大决议不像安理会决议那样具有约束性和强制力，但其普遍的政治影响对深陷困境的巴沙尔有很大杀伤力。2011年11月22日，联合国大会负责社会、人道和文化事务的第三委员会通过决议，谴责叙政府镇压反政府抗议活动。12月19日，欧美提议、联合国大会通过了谴责叙政府持续使用武力镇压示威民众的决议。2012年2月16日，为报复中俄在安理会否决阿盟提出的草案，西方通过联合国大会投票通过阿盟有关叙利亚问题的决议，完全复制了2月4日遭安理会否决的草案，要求巴沙尔交权，并严厉指责叙政府应对局势承担全部责任。决议通过后，英国外交官直言不讳地表示，这将增大中俄的压力，因为两国否决了阿盟的类似草案。7月19日，在关于延长在叙利亚的观察团任期，并直接适用军事打击的议案遭中俄否决后，欧美在8月3日的联合国大会上，通过沙特提出的叙利亚问题决议，详细列举了叙政府违反人权的行为，只简单提及反对派类似行为。

2013年5月初的古赛尔战役大捷，被称为叙内战爆发以来"政府军最大战果"，叙利亚自由军遭受沉重打击，西方国家甚至惊呼叙战局逆转。西方马

上通过联合国大会施压叙利亚政府。5 月 15 日，联合国大会通过叙利亚问题由英、美、法、德等国起草的草案，指责叙政府过度使用重型武器。

绕开安理会，通过联大会议追责叙利亚政府。在阿勒颇战役胜利后，欧美非常不甘心，指使部分小国绕开安理会，试图通过联合国大会追责叙利亚政府。2016 年 12 月 21 日，联合国大会临时增加议程，决定就列支敦士登等 39 国提出要求联合国设立"协助调查和起诉自 2011 年 3 月以来在叙利亚境内犯下国际法所规定最严重罪行者的国际公正独立机制"的决议草案进行表决。安理会对国际安全与和平负有首要责任，叙利亚的安全和和平问题本来是安理会管辖的，联大是没有权力的，但是经过欧美国家处理包装，淡化了安全问题，上升到人文关怀的高度，就不是非得安理会管辖不可了。

这一决议的通过充满争议。联合国会员国在"联大是否有管辖权设立该机制""会议该不该开"等议程性问题上出现严重分歧，导致会议几度中断，不得不寻求驻场国际法专家意见。得到相关法律专家意见后，联大主席决定对草案进行表决。【7】最终联大以 105 票赞成、中俄等国 15 票反对和 52 票弃权通过决议，决定在联合国设立追责机制，对叙利亚冲突期间涉及违反国际法的行为追究责任，加速进行公正和独立的刑事诉讼。这个决议能得到大多数国家支持，反映了国际社会对安理会在叙利亚问题上长期分裂局面的不满，希望通过联大对安理会施加更大压力。但叙利亚问题本质是大国间的斗争，因为欧美在安理会的目的没有达到，就把斗争挪到联大来，但这无助于问题解决，反而加剧了国际社会的分裂。虽然联大已通过决议推动机制建立，但最后的执行无法绕开安理会。

从未进入过叙利亚境内的调查机构报告，成为联合国人权理事会决议谴责叙政府的唯一依据。在欧美操控下，联合国人权理事会成为欧美升级叙利亚局势的工具，数十个单方面谴责巴沙尔的决议，借以逼迫巴沙尔下台，也极大增加了国际斡旋的难度。2011 年 8 月 22 日，联合国人权理事会第十七届特别会议通过决议，设立叙利亚问题独立国际调查委员会，其任务是调查 2011 年 3 月以来叙利亚国内所有涉嫌侵犯国际人权法的行为。【8】该委员会从未进入叙利亚境内，但所有人权理事会谴责叙政府的决议均出自该委员会之手。11 月 28 日，叙利亚问题独立国际调查委员会呈交调查报告指出，叙政府军大规模和系统性地侵犯人权，包括大规模和系统性的即决处决、任意逮捕、强迫失踪、包括性暴力在内的酷刑以及侵犯儿童权益等侵犯人权的行为。12月2日，联合国人权理事会审议并通过了这份调查报告，强烈谴责叙政府军实施"大规模和系统性暴力"，呼吁联合国主要机关调查叙政府的反人类罪。2012年3月1日，联合国人权理事会决议大量引用刚刚在突尼斯闭幕的"叙利亚之友"会议主席声明，强烈谴责叙政府侵犯人权，要求政府军停止军事行动，但对叙反对派只字未提。

积极配合叙利亚反对派正面战场需要的人权决议。2012年3月23日，在安南紧张斡旋叙利亚危机的时候，联合国人权理事会通过"叙利亚人权状况"决议，大量引用"叙利亚之友"主席声明的内容，强烈谴责叙利亚当局严重侵犯人权的行为，极力淡化叙反对派及恐怖分子的暴力行为，对安南斡旋产生了很大负面影响。2013年5月初，叙政府军取得古塞尔大捷后，欧美立马操纵联合国人权理事会，于5月29日通过调查叙利亚古赛尔事件的决议案，要求调查古赛尔事件中可能侵犯人权的行为。2016年下半年，当俄叙联军将数万反对派武装和极端分子围困在阿勒颇时，2016年10月23日，联合国人权理事会通过英国等国提出的草案，决定成立叙利亚阿勒颇人权问题独立调查委员会，调查叙利亚在阿勒颇违反人权的行为。尽管俄就此提出五个修正案文，但均遭否决。欧美企图借此阻止俄叙联军取得阿勒颇的胜利。

单方面谴责叙利亚政府，明显显示其政治倾向的人权决议。2012年6月1日，胡拉镇惨案刚刚发生不久，联合国的调查结果还未出来，联合国人权理事会先入为主，通过决议认为叙利亚政府对胡拉镇惨案负有主要责任。对此，俄表示此决议超出了联合国人权理事会委任状的范围，未等调查结论出来就认定责任人，并以这种方式向安理会施压，将使联合国与阿盟特使安南计划流产。3月20日，总部位于纽约的国际人权组织"人权观察"发布一份据称是"目前为止关于叙利亚反对派虐囚状况最为详尽的调查报告"，显示叙利亚自由军严重侵犯人权，包括绑架、虐待和非法处决安全部队人员、政府支持者和在叙伊朗公民。在反对派严重侵犯人权的情况下，7月6日，联合国人权理事会通过美国等提交的草案，在叙利亚问题独立国际调查委员会、联合国人权事务高级专员都认为叙政府和反对派武装均有侵犯人权行为的情况下，依然坚持单方面批评叙政府，对频繁发生的恐怖主义爆炸事件只字不提。俄要求在决议草案中增加"强烈谴责叙利亚境内所有恐怖主义行为"的内容，遭欧美拒绝，这明确显示出人权决议的政治倾向。8月15日，联合国叙利亚问题独立国际调查委员会公布叙利亚人权问题报告称，叙政府和反政府武装均犯下了违反人权的战争罪行，双方都侵犯了儿童权利，均使用更多残忍手段和军事力量，反对派武装犯下了包括谋杀、法外处决、酷刑等战争罪，但政府军罪行更严重。9月17日，该委员会重申叙政府军和反对派武装都有战争犯罪行为。但在9月28日，联合国人权理事会通过决议，仍然强烈谴责叙政府军种种侵犯人权的行为，但轻描淡写反对派武装侵犯人权的行为。2013年6月14日，联合国人权理事会通过决议，依旧强烈谴责叙政府侵犯人权的行为，只简单提及反对派武装违反人权的行为。

西方频繁利用人权施压巴沙尔政府的做法，一直延续到2015年底。2015年11月19日，联合国大会人权理事会通过沙特提交的草案，"最强烈地"谴责叙利亚当局对其本国人民"持续不断的武装暴力"，对其他在该国土地上侵犯人权的行为则给予了"强烈谴责"和"谴责"。此后，由于俄大规模参战完全改变了叙利亚政府的颓势，而IS的崛起也威胁到西方安全与利益，因此西方将反恐放在首位，推翻巴沙尔政权放后。2015年12月15日，美国国务卿克里明确表示，美国及其伙伴不寻求所谓的叙利亚政权更迭，让叙利亚人民决定叙利亚的未来。此后，西方才较少利用联合国人权理事会施压叙政府的行为。

俄坚决反对将巴沙尔交国际刑事法院审判。欧美希望重复对前南斯拉夫联盟总统米洛舍维奇的做法，由国际法院逮捕并审判巴沙尔，从而低成本快速实现推翻巴沙尔政权的目的。2011年12月，欧美利用联合国人权理事会呼吁安理会将叙利亚局势提交国际刑事法院，逮捕审判巴沙尔。2012年2月13日，联合国人权事务高级专员皮莱要求安理会指示国际刑事法院处理叙利亚政府"严重侵犯人权"的行为。9月17日，叙利亚问题独立国际调查委员会呼吁安理会把叙利亚犯罪调查工作转交国际刑事法院。11月9日，前国际刑事法院首席检察官刘易斯·莫雷诺·奥茨波呼吁国际法院向巴沙尔发出逮捕令，由北约执行。2013年1月14日，欧美纠集56个国家集体向安理会提议，要求将叙利亚问题提交国际刑事法院。2月18日，叙利亚问题独立国际调查委员会公开报告，指认叙政府军和反对派涉嫌多项战争罪行，高层领导应该担责，呼吁国际刑事法院介入调查，并递交了巴沙尔等人的名单。3月11日，瑞士向联合国人权理事会提交了由63个国家签署的呼吁书，要求将叙利亚冲突提交国际刑事法院。对此，俄罗斯明确反对，并认为这只会使叙局势更加复杂。没有俄的同意，西方不可能通过国际刑事法院来审判巴沙尔。

五、俄等国积极斡旋叙利亚政府与反对派的政治对话

除积极支持安南的调解工作外，俄罗斯还亲自斡旋叙政府和反对派的政治对话，以解决危机。

敦促叙政府改革，积极斡旋政府与反对派对话。2012年1月18日，俄政府表示以2011年11月2日的阿盟倡议为基础，准备为叙当局和反对派展开对话提供平台，地点在莫斯科，希望双方在没有任何先决条件的情况下举行非正式会谈。为吸引反对派参加会谈，俄敦促叙利亚政府进行改革。2月7日，俄外长拉夫罗夫访问叙利亚，敦促巴沙尔加快民主改革进程，巴沙尔表示将与叙利亚宪法草案制定委员会成员会谈，尽快将草案提交全民公投，随后举行议会选举，同时由副总统法鲁克·沙雷负责召集的"全国对话"仍然有效，以促成改革进程成功。

反对派和美国拒绝俄斡旋全国对话的努力。对俄在莫斯科召开全国对话的提议，叙利亚全国委员会主席伯翰·加利昂表示，如果巴沙尔下台，他才去莫斯科与政府会谈。俄外长拉夫罗夫回应，俄无意劝巴沙尔退位。2012年1月31日，叙利亚全国委员会发表声明，表示不会与巴沙尔进行任何政治对话。2月8日，白宫拒绝俄举行叙政府和反对派对话的呼吁。对此，俄表示鼓动叙反对派拒绝和巴沙尔对话的行为如同国际政治挑衅。胡拉镇惨案发生后，叙利亚全国委员会表示将继续"战斗"，双方对话没有举行。

俄建议在叙政府同意的基础上派出国际维和部队。针对阿盟呼吁安理会向叙利亚派驻维和部队的主张，2012年2月13日，俄表示，如果联合国宪章和国际法原则得到遵守，经叙利亚政府同意并就维和部队组成、任务、任期等问题达成一致，俄不反对向叙派遣维和部队，俄也愿意加入。

俄积极斡旋反对派。2012 年 7 月 10 日，叙利亚全国委员会主席希达访问俄罗斯，这是一年来俄会晤的第 6 个叙反对派代表团，虽然俄未承认全国委员会的合法性。会谈后，俄表示支持特使安南的和平计划，主张冲突各方都应尽快停止所有暴力行为，开展政治对话，由叙利亚人民决定本国命运。但美国和反对派称解决叙危机只能借助革命而非谈判。7 月 10 日，白宫表示政治过渡必须把巴沙尔排除在外。7 月 11 日，叙利亚全国委员会执行委员会成员伯翰·加利昂在莫斯科表示不寄希望于国际外交，解决叙危机只能借助革命。如果巴沙尔不辞职，危机就无法解决。对此，7 月 23 日，普京表示，解决叙利亚危机唯一可行的办法是政府和反对派同时停止暴力，通过谈判确定国家新宪法，最后再进行政权更替。如果巴沙尔遭"非宪法"方式剥夺权力，叙利亚可能陷入长期内战，俄也不容许把巴沙尔拉下台。鉴于双方立场存在根本差异，俄斡旋反对派效果甚微。

俄还积极协调其他国家和国际组织政治解决叙危机。2012 年 2 月 24 日，俄协调独联体集体安全条约组织就叙利亚局势发表声明，称必须立即停止叙国内暴力活动，促使当局和反对派无条件启动广泛政治对话。声明还呼吁国际社会严格遵循已有的国际法原则和联合国宪章，共同努力推动叙利亚危机的和平解决。3 月 29 日，俄总统梅德韦杰夫在金砖国家峰会结束后举行的记者招待会上表示，金砖国家不能接受对叙利亚局势的外来干预，金砖国家将促进对话。6 月 1 日，俄总统普京访问德国，俄德两国同意致力于政治解决叙利亚问题。6 月 11 日，俄呼吁伊朗参与解决叙利亚冲突。为此，6 月 13 日，俄外长拉夫罗夫专门访问伊朗。

为对抗西方"叙利亚之友"会议，俄承办有关叙利亚问题国际会议。2012 年 6 月 12 日，俄外长拉夫罗夫表示愿意承办有关叙利亚问题的国际会议，参加国应该包括安理会五个常任理事国以及卡塔尔、沙特、黎巴嫩、约旦、伊拉克、土耳其和伊朗等国，还应吸纳阿盟、欧盟、联合国、伊斯兰合作组织等地区和国际组织，但美国国务卿希拉里表示不欢迎伊朗参加相关会谈。后因为叙利亚战场出现化学武器袭击事件，会谈被无限期搁置。达成"化武换和平"协议后，在俄美协调下，2014 年 1 月，叙利亚问题日内瓦会谈在蒙特勒举行，叙政府与反对派代表首次接触。由于对巴沙尔去留存在根本分歧，会谈没有取得任何成果。

政府和反对派存在根本分歧，无法弥合。叙政府要求反对派武装放下武器，进行政治谈判。早在 2012 年 8 月 22 日，叙政府就表示要在没有任何前提条件下与反对派谈判，但反对派应该放下武器。2013 年 1 月 6 日，巴沙尔发表公开讲话，倡议冲突各方实施停火，举行全国对话大会，制定国民宪章，选举议会和政府以执行国民宪章等三个阶段解决危机，同时敦促欧美国家承诺停止资助反对派，坚称不会与"西方国家的傀儡"对话。这是叙利亚爆发内战以来，政府首次提出比较完整的政治解决倡议，引发各方反应。而反对派和西方坚持巴沙尔下台是政治对话的前提。2012 年 7 月 24 日，叙利亚全国委员会表示，反对派将不会同巴沙尔政权进行任何对话，只准备同当局开展政权交接机制谈判。如果巴沙尔下台，反对派愿意组建过渡政府。8 月 21 日，美国国务院发言人纽兰表示解决叙利亚问题的关键是巴沙尔下台。2013 年 2 月 4 日，全国联盟主席穆瓦兹·哈提卜开出了同政府和谈的前提条件是巴沙尔自行辞职，并离开该国以避免被审判。【9】政府和反对派的根本分歧无法弥合。

作为叙利亚政府盟友的伊朗也试图尽力调解，以早日结束战乱。2012 年 8 月 9 日，伊朗邀请俄罗斯、中国、古巴、伊拉克、委内瑞拉等亚非拉近 30 个国家，赴德黑兰讨论如何结束叙利亚流血冲突，联合国秘书长潘基文派代表参加，但欧美和海湾国家被排除在外。会议发表声明，支持叙利亚人民通过对话来结束危机、推行改革，反对外部力量干涉。在 8 月底的第十六届不结盟运动峰会上，伊朗借东道主之机，在讨论叙利亚问题时为叙当局斡旋，但赞同伊朗立场的不多。11 月 18 日，伊朗召集叙政府代表与各部落、政党、少数派及反对派代表召开"叙利亚全国对话"，一致表示反对外国势力干预、通过和平对话解决危机，但主要反对派——全国联盟没有参加。12 月 19 日，伊朗提出调解叙利亚冲突六点计划，国际反响不大。【10】此后，伊朗类似协调活动总体上收效甚微。

第四节 军事援助与军事禁运的针锋相对

不愿意军事干预，又无法利用安理会，西方决定大力武装反对派，而俄等国则大力军事援助叙政府，双方针锋相对。

一、欧美"非致命性"装备直接援助反对派

鉴于叙反对派与"基地"组织等极端势力连为一体，欧美在对叙政府武器禁运时，只援助反对派轻型武器装备，防止极端势力发展壮大。

利比亚战争结束后，欧美开始大规模武装叙反对派，以推翻巴沙尔政权。2012 年 2 月，西方大批武器弹药开始流入叙利亚自由军手中，包括轻武器、通信设备和夜视设备等。叙利亚全国委员会也承认，西方和阿拉伯国家正在武装反对派。3 月 25 日，奥巴马与土耳其总理埃尔多安达成一致，直接向叙反对派提供通信装备和医疗用品等非致命性装备。4 月 1 日，美国宣布为叙反对派提供 1200 万美元人道主义援助及部分通信设备。4 月 4 日，卡塔尔半岛电视台向叙利亚武装分子提供卫星通讯设备。6 月 30 日，美国国会批准对叙反对派 1500 万美元的非武装援助。8 月 1 日，美国向叙反对派追加 1000 万美元"非杀伤性援助"，主要包括药品和通信设备。8 月 3 日，奥巴马批准为叙反对派武装 2500 万美元"非致命性"援助。8 月 5 日，英国外交部向叙反对派提供新型卫星电话、医疗通信设备、饮水净化设备和便携发电机等。8 月 22 日，法国向叙反对派提供通信和保护设施。

由于叙利亚国内战事吃紧，美国甚至绕过自由军直接向叙反政府武装提供电台、轻机枪、机关枪、霰弹枪等装备。美国从格鲁吉亚等原华约成员国和苏联加盟共和国大量购买苏制武器，以补充叙利亚反对派。与之对应的是此时反对派武装已经"鸟枪换炮"，拥有包括坦克在内的重型武器。2012 年 6 月 14 日，美国国务院发言人纽兰承认向叙反对派提供通信设备和其他装备。7 月 31 日，叙利亚自由军首次获得 24 枚美制便携式防空导弹。

配合数次"叙利亚之友"会议的召开，欧美加快援助反对派。2013 年 2 月 28 日，第五届"叙利亚之友"会议在意大利首都罗马举行，美、英、德、法及部分阿拉伯国家等 10 余个国家外长，参与了此次会议。这次会议较前几次会议上百个国家代表参加的规模大大缩减，也说明愿意跟随西方的叙利亚立场的国家越来越少。在此次会议上，美国国务卿克里宣布，直接向叙反对派提供 6000 万美元的食品、医疗卫生用品等，并择机提供军队给养和药品等非武

器援助，这令要求获得西方武器的叙反对派非常失望。2月28日，欧盟理事会修改了欧盟对叙利亚的武器禁运措施，允许向叙利亚反对派提供非致命装备和技术援助。3月1日，在欧盟无法取得一致意见的情况下，英法表示将独自向叙利亚反对派提供武器。3月6日，英国向叙反对派提供1300万英镑的装甲车辆、防弹衣、搜救、通信及医疗用品等军事物资。3月15日，美国准许本国公民直接向叙反对派提供资金等援助。

2013年4月20日，第六届"叙利亚之友"会议在土耳其伊斯坦布尔举行，美国、英国、法国、卡塔尔和土耳其等11个国家的外长参与了会议。美国宣布向叙反对派提供1.23亿美元非致命性援助，包括防弹衣、夜视镜和通信设备，这使美国对叙反对派的援助总额达到2.5亿美元。反对派呼吁要求提供重型武器和在境内建立禁飞区和安全走廊的要求没有得到满足，这使反对派与欧美等国分歧日益明显。

2013年5月22日，第七届"叙利亚之友"会议在约旦首都安曼举行，来自美国、英国、法国、沙特、埃及、土耳其等11国的外长或代表与会。本次会议的主要任务是为预定6月初在日内瓦叙利亚国际会议做准备，同时美国准备说服欧盟修改对叙武器禁运以武装反对派。5月底，叙政府军取得古塞尔大捷，反对派武装遭受重创，黎巴嫩真主党的大规模参战使得欧美担心战局逆转，欧美开始公开武装反对派。6月1日，欧盟解除对叙武器禁运，各成员国自行决定向反对派提供武器，英法随即宣布向反对派提供非致命性武器。同一天，美国以叙利亚政府军使用化学武器为借口，公开宣布将向叙反对派提供"军事支持"，包括提供武器装备。

2013年6月22日，第八届"叙利亚之友"会议在卡塔尔多哈举行，由美国、法国、英国、土耳其、沙特、卡塔尔等11国外长参加，会议同意将向叙利亚境内反对派提供紧急援助，其中包括向叙反对派武装提供军事援助，但欧美仍致力于"非致命性"装备援助。

二、美国与中东等国家合伙武装叙利亚反对派

除了自己直接给反对派提供"非致命性"武器外，美国主要通过联合沙特、卡塔尔等中东国家，向反对派提供了大量武器弹药。沙特等国曾强烈主张向反

对派提供重型武器，以扭转叙利亚局势，但遭美国反对而作罢。五角大楼组织克罗地亚、沙特、约旦和土耳其等国为叙反对派输送大批武器弹药。2013年2月，美国媒体曝光，在美国组织协调下，沙特从克罗地亚大批采购苏制无后座力炮、手榴弹、机枪、迫击炮、火箭弹等武器以及乌克兰制步枪子弹、瑞士制手榴弹、比利时制步枪，悄悄运抵反对派手中。

美国领导整个行动。经美国政府与克罗地亚驻美大使尤什科·帕罗商定，克罗地亚负责提供武器，沙特付钱、约旦和土耳其负责运输。土耳其航运公司和约旦国际航运公司从克罗地亚首都萨格勒布的普莱索机场起飞民用A310和伊尔76MF等运输机，把来自克罗地亚和欧洲其他国家的苏制落后武器和一些美制武器运到土耳其和约旦，除最初的几架次飞往土耳其外，其他一律飞往约旦，然后再运往叙利亚反对派手中。普莱索机场在几个月之内成为运送用于支援叙利亚反对派武装的国际武器中转站。从2011年11月到2012年2月，普莱索机场起飞75架次民用运输机，共运载了3万多吨武器弹药。从2012年起，这个机场至少运送了价值10亿美元的武器弹药给叙利亚反对派。2016年9月的货运清单中，子弹数目高达1400万发，反坦克炮弹数量达36000发，还有6000件武器。

整个从普莱索机场的运输任务，曾露出一些惹人怀疑的马脚，如波黑地区空中运输管控部门曾对于有如此多的约旦飞机从萨格勒布起飞表示过惊讶，此外，萨格勒布当地也有人注意到约旦运输机的起降次数比以往更加频繁。作为欧盟对叙利亚采取武器禁运措施，从表面上看，克罗地亚也是该禁运的支持者，因为克罗地亚只是将武器运到了约旦。作为交换，华盛顿在克罗地亚加入北约和欧盟的过程中起到了关键性的作用。此外，美国国防部还为克罗地亚驻阿富汗维和部队提供了大量的美制武器援助，克罗地亚驻阿部队免费使用美国的运输工具参与行动。

美国中情局还负责武器分配监督工作。2012年6月21日，根据《纽约时报》报道，CIA官员正在土耳其南部协助向叙利亚反对派武装人员分发武器，以免武器落入与"基地"等恐怖组织手中。美国还在权衡是否向叙反对派提供卫星图像和详细的叙利亚军队部署情报，是否应该帮助叙反对派建立基础的情报部门。

沙特和卡塔尔等周边很多国家还直接向叙利亚反对派提供武器。2012 年 7 月 29 日，土耳其在靠近叙利亚边境的南部城市阿达纳设立秘密基地，与沙特和卡塔尔一起向叙利亚反对派提供军事、通信等重要援助。卡塔尔外交部、军方情报部门和国家安全局参与其中。此外，利比亚还通过叙黎边境秘密地下通道向自由军走私大量武器弹药。2012 年 1 月，利比亚全国过渡委员会透露，利比亚军火库有 5000 枚防空和反坦克导弹被走私到叙利亚，这也是为什么叙军在霍姆斯巷战中突然损失那么多坦克和装甲车的重要原因。3 月 15 日，海湾阿拉伯国家合作委员会宣布向叙反对派提供军事装备，并公开扬言"武装叙利亚反对派"和向叙派出国际"维和部队"。从 2013 年开始，沙特加大对叙利亚自由军的援助力度，光援助的反坦克导弹就达 1.3 万枚，约旦购买大量"陶"式反坦克导弹援助自由军。2013 年 5 月 20 日，叙政府军在中部战略要地卡绥尔镇发现挂有以色列牌照的军车，并在车上发现了窃听和监控装置。

大量武器被运送到叙利亚反对派武装手中这一消息，还可以从视频网站 YouTube 上找到印证。在一些流传的视频中，反对派武装人员曾感激地表示手中拥有了一些新型武器。2016 年 9 月 17 日，一名德国战地记者在停火期间在阿勒颇采访了"征服阵线"的指挥官。该指挥官承认，他们得到了美国为首的欧美军事顾问和武器装备支持，并表示胜利要归功于美制陶式反坦克导弹。

采访中，当记者再三向其确认，美国军事顾问是不是真的在圣战者的队伍中间，该指挥官回答说："美国人在我们这边。"他还表示从沙特政府得到了 730 万美元，从科威特政府得到了 50 万美元，以色列也提供支持，西方还为圣战者进入叙利亚开路，有许多来自德国、法国、英国、美国的战士。

三、欧美等国培训反对派武装

早在 2011 年 5 月，为了推翻巴沙尔政权，美国和北约军事专家就在土耳其东南的哈卡莱地区，训练叙利亚反政府武装。为支持叙反对派，2011 年 11 月 28 日，法国向土耳其和黎巴嫩派遣军事教官，培训叙利亚自由军。2012 年 9 月 28 日，美国国务卿希拉里表示再为叙利亚提供 4500 万美元援助，其中 1500 万美元主要用于援助叙利亚反对派组织，提供包括手机和相机在内的通信设备和培训。英国特工在对叙利亚反对派指挥人员进行训练，训练内容涉及谈判技巧以及如何向叙利亚民众和国际听众演讲，旨在让叙利亚人民和国际舆论对他们信服。

2013 年，针对当时叙反对派武装没有形成压倒性军事优势，而巴沙尔政府也并没有下台的局面，奥巴马推行支持叙反政府武装的"悬铃木"（Timber Sycamore）计划，通过训练培训反对派武装，尽快推翻巴沙尔政权。中情局用于该项目的预算约为每年 10 亿美元，是该局历史上最大手笔的秘密项目之一。按照当时美国设想，"悬铃木"项目是支持在叙利亚"温和反对派"武装，中情局在逃到约旦的叙利亚难民里搜罗人员，在土耳其和约旦建立多个训练营地，聘请军事承包商或美军退役特种兵当教官，每期训练为四至六周，主要是些步兵基础训练，只需熟悉和掌握最基本的步兵作战要领，然后送回叙利亚国内作战。过去几年，中情局共训练了万余名武装分子入叙参战。中情局还向反对派支付工资，代购武器，购买情报，维持通信网络，提供人员补充和弹药给养。叙反对派武装分子曾承认，接受外国给付的每月 150 美元酬劳。公允地讲，"悬铃木"项目确实改变了叙利亚国内战场形势。在叙南部地区，政府军始终面临来自于"温和派反政府武装"的威胁。但在叙北部，"温和反对派"武装早就成为 IS 分子的"陪衬"和"小伙伴"。

中情局出台的"悬铃木"项目一直存在很大问题。首先，美国提供给"温和反对派"武装的武器弹药，到了战场之后大多被转手交给了 IS，而囤积在约旦境内的武器库也失窃。2015 年，IS 组织炫耀其缴获的大批美制武器，让美国颜面扫地。其次，美国中情局并没有给叙反对派提供其急需的重武器，使其在战场上无法对抗来叙政府军战机和坦克的攻击，尤其是在伊朗和俄罗斯直接介入叙利亚战局之后，叙反对派武装的窘境就更加明显。最后，中情局支持的叙"温和反对派"武装一盘散沙，无法形成统一的战斗力，根本无法推翻巴沙尔政权。

美国国内也对该项目存在很大争议。如五角大楼认为应该优先打击 IS 和其他极端组织，而不是训练"温和派"推翻巴沙尔。2015 年，美国国会对中情局涉叙秘案的预算削减 20%。由于担心援助的武器再流入极端势力手中，2016 年 2 月，美国停止了中情局涉叙秘案。2017 年 2 月，特朗普承认，近年来美国在中东耗费了 6 万亿美元却一事无成，中东形势甚至比以前更糟。2017

年7月7日，在美俄峰会前夕，特朗普果断终止了中央情报局的这个秘密行动，变相承认美国在迫使巴沙尔下台方面手段有限。不过美国还在大力支持库尔德人武装。

欧美派遣特种部队帮助叙反对派武装攻击政府军。根据"维基解密"网站泄露的美国外交文件显示，从2011年12月开始，美国率领英国、法国和土耳其等北约特种部队进入叙利亚境内，训练当地反对派武装团伙，主要执行侦察和训练反对派武装的任务。2012年4月，德国特工通过停泊在叙利亚海域的本国船只，利用技术手段观察到叙利亚内陆600公里处的政府军活动，然后把收集到的情报传给美国和英国官员，由后者提供给叙利亚反对派武装。德国特工还从位于土耳其阿达纳市的北约基地监控叙利亚冲突。英国情报人员利用设在塞浦路斯的情报站收集情报，帮助叙反对派攻击政府军，英国军情六处还在霍姆斯市建立了四个基地，其中最有价值的情报是涉及叙政府向阿勒颇调集军队。英国还利用约旦作为其空军特勤队与特别舟艇中队的基地，为实施对叙潜入任务提供支持。据英国《卫报》披露，英国军情六处、皇家空军第22特别空勤团特种部队、美国中央情报局、法国外籍军团特种分队乃至土耳其军事情报局都有成员进入叙利亚，训练叙利亚武装人员，或者从事信息、情报工作。

叙利亚政府军曾抓获这些外国军人。2012年3月2日，叙利亚军队在霍姆斯地区俘虏了100多名法国军人，对此法国政府予以否认。8月5日，叙政府军在阿勒颇逮捕了一名土耳其将军，此人曾指挥恐怖分子夺取阿勒颇控制权。此前叙利亚在全国不同地方逮捕了40名土耳其军官。

四、俄罗斯和伊朗等国向叙利亚政府提供大量军事援助

从战机到地面武装，从海域控制到军事训练，从情报侦察到作战指挥，可以说俄军重建了叙政府军。叙利亚约50%的武器装备来自俄，双方近年来签订的军事合同总额达到40亿美元。2011年，俄罗斯出售给叙利亚包括导弹在内的军备价值近10亿美元，包括24架米格-29M/M2歼击机，以及8套"布克"-M2E中程地空导弹系统。叙内战爆发后，俄加大了对叙武器出口力度，数量难以统计。2011年12月以来，至少有四艘货船从俄军火输出港口黑海的十月区出发，抵达叙利亚。2012年1月31日，俄向叙利亚交付新型航空导弹

X-31A 和 X-31P。2012 年 2 月，莫斯科对叙出口 36 架雅克-130 型教练机，总合同额达 5.5 亿美元。2013 年 5 月 30 日，巴沙尔在黎巴嫩灯塔电视台的采访节目中暗示，俄已向叙运送 S-300 防空导弹。2014 年底，俄交付叙利亚首批 9 架雅克-130 教练机。2015 年底，俄提供叙政府军 100 多辆先进的 T-90 坦克、火箭筒、BTR-82A 装甲运输车、"乌拉尔"军用卡车以及 M-30 榴弹炮、30 多架苏-24M2 战斗轰炸机、直升机等装备，还有库存二战时代的 M1938 式 122 毫米榴弹炮和 RP-46 轻机枪。2016 年 11 月 23 日，俄经欧盟水域向叙利亚运送了 2 万吨航空燃料。截止到 2016 年底，俄向叙利亚输送了超过 300 万吨武器弹药，重新武装了装备损失严重的叙政府军。

俄还帮助叙政府修复升级武器系统。2012 年 2 月 27 日，俄升级了在叙利亚和黎巴嫩的雷达预警系统。在大马士革南部升级后的电子监控站可覆盖以色列和约旦全境、亚喀巴湾及沙特阿拉伯北部。而在黎巴嫩桑宁山（Sannine）的雷达站的监控范围也进一步扩大，同时与在叙利亚的雷达具备了数据共享的能力。

俄罗斯派遣作战部队入境帮助巴沙尔政权。2012 年 3 月 20 日，俄黑海舰队海军陆战队抵达叙利亚塔尔图斯港，参与内战。整个战争期间，俄军充当军事顾问指挥叙利亚、黎巴嫩真主党和伊朗革命卫队打击 IS，同时俄军还接管了叙利亚后方基地防务，承担了大马士革防空任务，以替换出更多叙政府军赴前线参战。2016 年 12 月 22 日，俄在阿勒颇东部部署 1 个宪兵营，帮助叙政府恢复水和能源供应，同时帮助扫雷和维持秩序。2017 年 4 月 30 日，俄工程兵在叙利亚霍姆斯市开设国际排雷中心分部，为叙培训了约 250 名工兵。2017 年 5 月，叙政府军完全收复霍姆斯市后，俄军至少派出 600 名士兵前往当地维持秩序。从 2016 年 3 月下旬至 2017 年 3 月上旬，俄军先后在巴尔米拉和阿勒颇清理出数万平方公里区域雷区和数万个爆炸装置。

伊朗向叙利亚提供大批武器。2012 年 4 月 14 日，一艘载有武器的德国货轮在地中海靠近叙利亚海岸地区被截留，船上武器弹药来自伊朗，目的地为叙利亚塔尔图斯港。5 月 25 日，伊朗证实向叙利亚政府提供武器援助。8 月 26 日，埃及海军以苏伊士航运安全为由，拒绝了美国要求向一艘满载武器并驶往叙利亚的伊朗船只开火的命令，当时该船正通过苏伊士运河。2015 年，伊朗向叙军供给了一批先进的"见证者"129 无人机。【11】伊朗还积极声援叙利亚,多次举行"封锁霍尔木兹海峡"的军事演习,一方面是为其自身抵御外敌的需要,另外在客观上对叙利亚有所帮助。

伊朗派遣大量军事力量参战。2012 年 6 月 1 日,伊朗从伊斯兰革命卫队中抽调 1.5 万名精锐士兵,组成远征军进驻叙利亚关键省份,以帮助叙平息骚乱。2013 年,伊朗又派出 4000 人的部队入境叙利亚参战,参加了阿勒颇战役等系列关键作战中,协助叙政府军打通德黑兰—伊拉克—约旦—叙利亚—黎巴嫩的陆上通道。此外,伊朗还负责为叙利亚训练数了万名来自黎巴嫩、伊拉克、阿富汗等国的什叶派难民和民兵,这成为巴沙尔重要兵源。2017 年 5 月 2 日,伊朗伊斯兰革命卫队表示将派遣更多军事顾问前往叙利亚,支持打击恐怖主义。10 月 14 日,伊斯兰革命卫队高级指挥官、伊朗"远征军"司令阿卜杜拉·霍斯拉维准将牺牲在叙利亚代尔祖尔前线,截至 10 月底,远征军已牺牲 3000 多人。

伊拉克是从伊朗向叙利亚军队提供武器补给的过境通道。伊拉克拥有大量什叶派人口,约占总人口数的 65%。伊拉克政府虽然没有派出军队到叙利亚参加保卫政府的战斗,却默许了伊朗通过其领土和领空向叙利亚运输武器和援助的行为,客观上起到了帮助叙利亚政府的作用。自 2012 年 10 月以来,伊拉克什叶派民兵参加叙利亚内战的人数不断增长。许多伊拉克什叶派将赴叙参战视为为什叶派信仰而战,将捍卫巴沙尔政权当成其神圣职责。

黎巴嫩政府在叙黎边境地区封堵向叙利亚渗透的武装分子和武器走私。黎叙边界长达 330 公里,而且大多是崎岖的山路,两国边防军难以完全控制边界沿线。自叙利亚内战爆发后,黎叙边界的"地下通道"日益活跃。大量反对派武装分子和走私武器利用这些通道进入叙利亚。为打击和阻止武器走私和人员偷渡,从 2011 年年底开始,叙政府军在叙黎边界叙利亚一侧埋设了大量地雷。黎巴嫩政府军采取措施,加强了在黎叙边界安全戒备和巡逻,在许多非法通道口增加了土墙的高度,建立了配有夜视镜的瞭望哨,并破获了许多武器走私团伙,缴获了大量武器弹药,抓获了大批武器走私分子。2012 年 4 月底,黎巴嫩海军拦截了在一艘走私武器的船只,发现 15 吨轻、重型武器和弹药,包括机枪、掷弹筒、火箭弹和炮弹等军用物资,总价值高达 6000 万美元,这些武器原计划通过黎叙陆路边界"地下通道"运往叙利亚霍姆斯市的反对派武装。在黎巴嫩海军截获这艘走私武器船之前，叙利亚反对派已经成功地通过叙黎边界走私获得三船武器，均为"毒刺"便携式防空导弹、"眼镜蛇"反坦克导弹和"萨姆7"型地对空导弹。9月25日，黎巴嫩军方在叙黎边界截获一辆向叙反对派运输武器货车，车上装满了军用设备，包括手榴弹和通信设施。叙利亚与黎巴嫩共同采取措施后，通过叙黎边界走私武器和渗透人员变得更加困难。

黎巴嫩真主党全力以赴支持巴沙尔政权。叙利亚在黎巴嫩苦心经营30年，留下了一支重要的亲叙力量——黎巴嫩真主党，同为什叶派的真主党是叙利亚政府反对以色列的主要力量之一。真主党担心一旦巴沙尔政权倒台，以色列就会剿灭真主党，而且真主党不再能通过叙利亚从伊朗源源不断地得到武器弹药补给。因此，真主党将叙内战视为训练战，为今后可能对以色列作战做准备，誓言与巴沙尔政权共存亡。2011年3月，真主党派出数千名战士赴叙利亚参战，充当巴沙尔政权进行城市巷战的战略、战术顾问。2013年3月7日，真主党向叙利亚霍姆斯派遣四五千名武装人员，保护"大马士革—霍姆斯—沿海"干道。2013年5月19日，数千名真主党战士与叙军并肩作战夺回古塞尔，震惊欧美。2016年5月25日，真主党领导人哈桑·纳斯鲁拉宣称将派遣更大规模的人员参战。据专家估测，真主党已经在叙利亚损失超过1000名战斗人员。进入2017年7月以来，巴勒斯坦解放组织也加入叙政府军行列。

五、美俄等国相互指责对方向叙利亚输送武器

欧美等国反对俄向叙利亚政府提供武器，遭俄拒绝。2012年3月13日，尽管西方呼吁外界不要为叙利亚巴沙尔政权提供武器，俄表示没有理由停止与叙利亚的军事合作，将根据现有合同继续向叙利亚提供武器。对此，美国国务院发言人维多利亚·纽兰曾表示，俄对叙利亚出售武器是火上浇油，而俄则表示对叙出口武器符合国际法。欧美还呼吁安理会对叙实施武器禁运。2012年4月26日，欧洲议会大会呼吁联合国安理会对叙利亚实施武器和相关材料禁运。

俄反对西方单方面对叙利亚政府的武器禁运。2011年11月29日，俄外长拉夫罗夫表示，俄反对对叙利亚实行武器禁运的建议，呼吁西方吸取利比亚

教训，在利比亚当时只针对政府军实行武器禁运，反对派依然获得武器，而且诸如法国和卡塔尔那样的国家曾公开宣称自己提供了武器。西方对叙利亚的武器禁运，也和当初的利比亚一样。针对西方国家正通过第三国向叙利亚反对派提供武器的行为，2012年9月19日，俄副外长加季洛夫表示，西方向叙反对派提供武器公然违背有关叙利亚问题的日内瓦会谈的原则和精神。【12】

俄要求联合国调查欧美等国向叙反对派提供武器的言行，并指责相关国家培训反对派武装。2012年1月18日，俄外长拉夫罗夫认为，不允许向叙利亚武装分子和极端分子提供武器，将要求联合国调查给叙反对派武器的建议和行为。3月2日，俄外交部要求联合国反恐机构对部分国家官员有关向叙反对派提供武器的建议进行法律评估，并根据联合国安理会有关决议调查他们发表这种言论的动机。【13】3月7日，俄常驻联合国代表丘尔金说，利比亚政府在其境内设立训练营，帮助培训叙利亚反政府武装，并将这些受训人员送回叙利亚与政府军作战，这是违反国际法的，破坏了中东地区的稳定。俄的指责遭到利比亚执政当局否认。

美俄相互公开指责对方向叙利亚输送武器。2012年6月13日，美国指责俄国向叙利亚输送攻击型直升机，并称此举或让冲突"急剧"升级，要求俄立即停止向叙利亚提供武器。俄否认提供叙武装直升机，称在履行早前协议，没有违反国际法。同一天，俄外长拉夫罗夫指责美国向叙利亚反对派提供武器，使叙利亚的国内冲突加剧。这是俄首次公开指责美国向叙反对派提供武装。俄指责美国向叙利亚反对派提供武器，用于对付叙利亚政府。

英美阻止俄向叙利亚提供武器。2012年6月19日，一艘向叙利亚运送军火和军用直升机的俄货船在英国被拦截，后被迫改变航线返回俄北部摩尔曼斯克港。当时，美国政府要求英国协助拦截一艘疑似向叙利亚政府运送武装直升机和导弹的俄货船。这艘船悬挂俄国旗，从加里宁格勒装载了大量军火和三架MI25直升机，行驶至北海，其投保公司是总部设在伦敦的英国保险公司，因此美国要求英国压迫该保险公司撤销保险，从而成功阻止了货轮交付货物。对此，6月21日，俄外交部发言人卢卡申维奇表示，这三架直升机是根据2008年签署的一项合同在俄境内进行了维修。

美国阻止伊朗经伊拉克领空向叙利亚提供武器。叙利亚内战爆发后，伊朗一直在使用民用飞机，通过伊拉克领空向叙利亚政府运送伊朗革命卫队成员和几十吨武器，被美国发现后，遭美国警告和威胁。2012年9月19日，美国参议院外交委员会主席克里警告伊拉克，不能再允许伊朗使用其领空运送武器给叙利亚，否则将面临制裁，但美国的警告没有完全见效，伊拉克依旧私下允许俄和伊朗利用其领空。

第五节　人道主义干涉的对立与人道主义救援的偏爱

一、设置禁飞区的较量

叙利亚内战爆发后，欧美等国企图重演利比亚模式，在叙利亚设置禁飞区，利用优势空军摧毁叙政府军主力，再利用地面反对派武装，短时间、低成本推翻巴沙尔政权。2012年1月2日，英国国防部秘密制订在北约领导下的叙利亚禁飞区计划，军情六处和美国中央情报局特工已潜入叙利亚境内，为实施禁飞区计划做准备。但英国军方认为，在叙利亚设禁飞区需要使用大批各型战机，因为叙军队比卡扎菲的部队战斗力更强，装备也更好。6月13日，法国外交部长法比尤斯表示，法国考虑在叙利亚局部设禁飞区，但需要国际社会协助。7月6日在第三次"叙利亚之友"会议上，叙利亚反对派呼吁在叙设立禁飞区。7月23日，阿盟提议在叙利亚上空的禁飞区，由美国提供后勤支持。8月9日，奥巴马高级反恐顾问布伦南在谈及叙利亚问题时表示，美国并未排除在叙设立禁飞区的可能性。8月11日，美国国务卿希拉里与土耳其外长达武特奥卢共同宣布，建立禁飞区已经成为帮助叙反对派武装的"开放式选择"，美土两国情报界、军界和政界人士组成工作组，来制订此计划。8月12日，叙利亚全国委员会主席希达再次呼吁国际社会在叙利亚设立禁飞区，以保护平民。8月13日，美国白宫发言人卡尼在新闻发布会上表示，美称不排除在叙设立禁飞区可能性。同一天，美国国防部长帕内塔表示，美国制订了多种应急方案，包括禁飞区。8月24日，法国政府表示同意美国的提议，将参与在叙利亚设立禁飞区，以此促使巴沙尔下台。

为筹划叙利亚禁飞区，欧美等国海陆并进、南北夹击，在叙边境线密集部署军事力量。2011 年 11 月 27 日，美军"布什"号航母攻击群以及其他海军舰艇进入叙利亚近海，还有美海军第六舰队也在该区域巡逻。2012 年 2 月 4 日，阿盟草案在安理会被中俄否决后，2 月 7 日，土耳其有意在叙利亚西北部立设立禁飞区，以保护叙利亚反政府组织。土耳其的计划当中包括设立禁飞区，地点很可能是叙利亚西北部城市伊德利卜四周。禁飞区设立之后，叙政府军不可进入，一旦发生袭击，北约、土耳其或阿拉伯国家，将会派出战机空袭叙政府军。3 月，包括法国"戴高乐"号航母在内的 4 艘欧洲军舰和大批战斗机，已做好准备随时投入在叙建立"禁飞区"或"安全区"的行动。10 月 1 日，借口遭叙利亚境内炮击事件，土耳其向土叙边境继续增派大量部队，25 架战机飞抵东南部最大城市迪亚巴克尔，大批坦克装甲车和导弹系统等重武器部署在土叙边界附近。10 月 4 日，土耳其议会通过决议，授权政府在危机情况下实施越境军事行动。10 月 7 日，土耳其总理埃尔多号召国民做好与叙利亚开战的准备。2013 年 1 月 14 日，北约决定在土耳其与叙利亚接壤地区部署"爱国者"反导系统，在 2 月初全部部署到位。至此，美欧等国干涉军队继续沿叙利亚和土耳 800 公里边境线展开，牵制住相当多的叙政府军主力。

欧美等国的禁飞区计划遭俄和伊朗等国坚决反对。2012 年 7 月 8 日，俄总统普京说，不能容忍"利比亚模式"在叙利亚重演，应迫使叙利亚冲突各方通过对话和平解决危机。8 月 14 日，伊朗警告美国不要企图在叙利亚设立禁飞区，他还呼吁本地区国家不要卷入此事。8 月 18 日，俄外长拉夫罗夫表示反对在叙利亚设立禁飞区，并将此举视为对叙利亚主权的侵犯。俄同时警告北约，不希望他们以建立人道主义走廊或缓冲区等任何借口采取军事行动或进行军事干预。

但俄罗斯等国的警告并没有阻止欧美等国试图在叙利亚设置禁飞区的企图。到 2015 年 9 月中旬，美国牵头英法等国、土耳其和海湾国家，绕过安理会、在叙利亚设置禁飞区的计划接近完成。为阻止"利比亚模式"在叙利亚的重演，俄在 9 月底果断出兵叙利亚，彻底粉碎了欧美的企图。

二、武力开辟人道走廊的对峙

为支持叙利亚反对派武装，欧美等国筹划使用军事手段强行在叙境内开辟人道走廊。2011 年 11 月 23 日，法国外长阿兰·朱佩与美国国务卿希拉里达成共识，计划在叙利亚开辟"人道走廊"。法国警告，如果叙政府拒绝配合开设用以运输必需物资的"人道走廊"，法国等国不排除在得到国际授权的前提下采用军事手段。24 日，阿兰·朱佩会见叙利亚全国委员会主席加利昂时表示，不排除在叙利亚建立所谓"人道主义走廊"，并将此问题列入欧洲理事会议程，要在欧盟和阿拉伯联盟层面上探讨保护平民的安全区。

法国的提议遭联合国和俄罗斯的反对。2011 年 11 月 26 日，联合国负责人道主义事务的副秘书长瓦莱丽·阿莫斯认为，开辟"人道走廊"或者设立"缓冲区"为时尚早。"现在的情形下，依据获确认的叙利亚人道主义需求，这两项机制均无法施行。"同一天，俄外交部发言人卢卡舍维奇明确表示完全无法接受军事干涉叙利亚。

西方启动绕开安理会，强行在叙利亚开辟"人道走廊"的"B"计划。2012 年 2 月 4 日，由于中俄否决安理对叙利亚问题草案，西方媒体鼓吹应抛开安理会，推行"B"计划介入叙利亚局势。2 月 5 日，希拉里表示，"面对一个遭到阉割的安理会，我们必须在联合国以外加倍努力，与支持叙利亚人民有权拥有更美好未来的盟友及伙伴展开合作"，暗示将在叙利亚问题上组建类似利比亚联络小组那样的机构。美国准备参照科索沃模式，在安理会框架以外，联合土耳其、阿拉伯、欧洲，在叙利亚建立"人道走廊"，武装和支持反对派。"B 计划"的第一步，是全面封锁和围困叙利亚，在外交上对叙利亚进行"人道主义的狂轰滥炸"，各国撤回驻叙大使，对叙进行"口诛笔伐"等，以动摇叙当局执政信心和执政基础；第二步，秘密甚至公开向叙反对派提供武器装备，加大其与政府军的对决力度；第三步，推动在叙建立"人道主义走廊"，为其后的军事干预做铺垫。这几个步骤环环相扣，每一步都旨在迫使巴沙尔政权崩溃，如果难以实现"不战而屈人之兵"，那么最后的军事选项就不可避免。不过，美国仍会效仿在利比亚的做法，即自己不打头，只提供强大的军事支持和指挥，让土耳其、卡塔尔以及欧盟等国出兵。美国真正需要自己动手的，是叙利亚之后的伊朗。

该计划也存在很多困难：一是在地形上，利比亚易攻，叙利亚难攻；二是叙利亚邻国大多不愿被当作军事跳板，即使是土耳其也有诸多顾虑；三是叙反对派武装的力量还远远无法与当时的利比亚反对派武装力量相比。

欧美借西方记者之死施压叙政府设立"人道走廊"。2012 年 2 月 22 日，两名美法记者在未经叙利亚政府许可，进入冲突中心霍姆斯市后遭枪击身亡，还有两名英法记者受伤，欧美再次施压叙政府征服开放人道主义通道。2 月 22 日，当得知记者死伤后，法国外交部抗议叙政府的行为，要求立即开通安全通道，以便为受伤记者提供必要的医疗和安全援助。英国外交部召见叙驻英国大使，要求政府军立即停火，尽快安排落实遇难记者遗体运送回国和治疗受伤记者。3 月 1 日，安理会轮值主席、英国常驻联合国代表格兰特在安理会通过一份媒体声明，呼吁叙政府立即设立"人道走廊"。

当霍姆斯市反对派被叙政府军包围陷入绝境的时候。土耳其要求在霍姆斯市开通救援通道。2012 年 3 月 6 日，土耳其总理埃尔多安要求立即在叙利亚设立人道主义救援通道，以便把人道主义救援物资送给叙利亚人民，特别是霍姆斯市的居民。

叙利亚内战全面爆发后，土耳其要求联合国在叙利亚设难民安全区。2012 年 8 月 29 日，土耳其要求联合国在叙利亚境内为难民设立安全区，遭叙利亚拒绝。2012 年 10 月 6 日，由于连续 6 天遭受来自叙利亚境内的炮击，土耳其提出以保卫其领土免受打击和为难民提供安全为由，在叙境内靠近土耳其一侧设置"隔离区"，范围可能在 10 公里左右，以此为下一步可能的西方军事介入做铺垫，但这一计划最后也没有实现。

三、各自开展人道主义救援

作为支持反对派的欧美等国，对叙利亚的人道主义救援并不包括叙利亚政府。而俄和伊朗等国，其人道主义救援也以叙利亚政府为主要对象。此外，联合国对整个叙利亚也进行人道主义救援。

为支持反对派，欧美等国在向反对派提供"非致命性"武器装备援助的同时，也为反对派武装提供了大量人道主义援助，以扶持和壮大反对派势力。2012 年 2 月 8 日，欧盟拨款 300 万欧元对叙利亚及其邻国进行紧急人道主义救助。该救助金将用于购买药物、医疗设备和派遣医疗专家等。3 月 15 日，美国国务院宣布向叙利亚平民提供 1200 多万美元的人道主义援助，以救济那些因国内战乱而生活艰难的叙利亚平民。在叙利亚爆发内战的两年内，美国政府向叙反对派提供了资金达 5.1 亿美元的援助，海湾国家仅卡塔尔就向叙利亚反对派提供的援助已超过 30 亿美元。8 月 10 日，英国外交大臣黑格宣布向叙利亚反对派追加提供 500 万英镑援助，包括医药和通信设备，以及便携式发电机，不包括任何武器，不在之前已提供的 2750 万英镑人道主义援助之内。

作为巴沙尔政府的盟友，俄提供的人道主义救援也主要是针对叙利亚政府。在整个内战期间，为防止巴沙尔政权崩溃，俄对其进行了大量的人道主义救援。2012 年 3 月 12 日，俄紧急情况部协调 2 架飞机，总共向叙利亚运送了逾 78 吨人道主义救援物资。其中包括帐篷、毛毯、罐头鱼和肉、食用糖、婴儿食品，餐具，野外可折叠厨房。自 2016 年以来，俄方通过俄驻叙利亚和解中心共计实施了近 700 次人道救援行动，向叙平民分发了约 1250 吨物资，还通过飞机向一直处于 IS 围困中的叙东部代尔祖尔市平民空投了数百吨食品。2017 年 4 月 19 日，俄以食品为主的 1 万吨人道主义物资从俄运抵叙利亚塔尔图斯港，这是通过海路运抵叙利亚的最大一批人道主义物资。

俄还积极呼吁联合国等国际组织加大对叙利亚的人道主义救援。2012 年 2 月 23 日，俄向联合国安理会提议，向叙利亚派遣负责人道主义事务的联合国副秘书长，以评估该国人道主义状况，并同各方协商人道主义物资的安全运送问题。在俄的倡议下，联合国决定向叙利亚派遣负责人道主义事务的联合国副秘书长瓦莱丽·阿莫斯率领的人道主义代表团，并利用宝贵的几次停火救助了很多难民。

伊朗向叙利亚政府输送大量救援物资。2012 年 3 月 15 日，一架载有 40 吨医疗救援物资的伊朗飞机抵达大马士革，这是伊朗计划向叙利亚运送的 4 批救援物资中的第一批，其中包括药品和医疗器械。3 月 15 日晚间，伊朗第二批人道主义援助物资抵达大马士革，包括药品、毛毯、帐篷和医疗器械的 40 吨物资。在随后抵达的几批救援物资中包括救护车、食品、帐篷和毛毯等物资。

委内瑞拉向叙利亚政府运送数十万吨急需的柴油。叙利亚出现柴油危机后，委内瑞拉及时伸出援手。2012 年 2 月 27 日，委内瑞拉向叙利亚运送了至少两油轮柴油，属少数向叙利亚提供柴油的国家之一。3 月 5 日，委内瑞拉向叙政府输送第三批柴油，这对陷入僵局的叙利亚政府十分重要。5 月下旬，委内瑞拉一艘装载着 3.5 万吨柴油的运油船驶抵叙利亚，还有另一艘运油船正在筹备之中。7 月 11 日，委内瑞拉又向叙利亚提供了一批柴油，以换取叙利亚的"石脑油"精炼石油制品。

联合国等国际组织多次对叙利亚进行人道主义救援。2012 年 4 月 26 日，联合国根据其与叙利亚官员进行的联合评估，制订了向叙利亚提供人道主义援助的秘密计划。联合国还从国际社会筹到捐款 1.8 亿美元，开展为期六个月的援助计划，涵盖食品、卫生、避难所、供水和卫生等 11 个行业 46 个项目。截至 2013 年年底，联合国难民署为叙利亚超过 320 万难民提供了救援物资。联合国世界粮食计划署从 2011 年 8 月开始向叙提供紧急援助。截至 2014 年 2 月，该署为叙境内 370 万人、邻国的 150 万名难民提供了援助。2016 年 12 月 6 日，联合国与人道主义合作伙伴呼吁国际社会提供 47 亿美元资金，以便在未来两年中，为生活在土耳其、黎巴嫩、约旦、埃及和伊拉克的 470 万叙难民以及440 万接纳他们的东道社区成员提供人道主义支持。此外，国际红十字会和世界伊斯兰援助组织也在叙开展了人道主义救援。

注　释

【1】美国国务院发言人办公室，"美国国务院就美国政府向叙利亚提供援助发布简报"，2013 年 5 月 9 日。所谓"非致命性"援助，将不包括任何武器或其他致命的装备，非致命的军事援助可能包括防弹衣、夜视镜和通讯设备等。

【2】伊合组织成立于 1970 年，原名伊斯兰会议组织，2011 年 6 月改名为伊斯兰合作组织。是联合国的常驻机构，由 56 个成员国和巴勒斯坦组成。不过，它的组织结构是比较松散的，成员国之间的交流大多也仅局限于经济、社会、文化和科学等方面。

【3】由美国、英国、法国、德国、意大利、沙特、卡塔尔、阿联酋、埃及、约旦、土耳其组成。

【4】阿斯玛 1975 年生于英国伦敦，拥有英国和叙利亚双重国籍，一度被西方媒体赞誉为"沙漠玫瑰"。

【5】叙利亚外交部指出，比如在回答主持人关于"你的军队是否残酷镇压和平示威者"提问时，在播出的专访中，巴沙尔回应："这是国家的军队，这不是我个人的军队，我是国家的总

统，但并不拥有它。"这段话被外界认为是巴沙尔对镇压责任的逃避。但在实际访谈中，巴沙尔同时还表示："尽管宪法和法律没有明确规定，但作为总统，我有责任保护平民，制止混乱和恐怖分子。"

【6】根据国际刑事法院规约，如获得安理会授权，国际刑事法院将有权对叙利亚境内有关战争罪进行调查、起诉和审判。

【7】法律专家认为：联合国宪章第 12 条并没有阻止联大一般性地审议安理会的议程项目，尤其是当两个议程项目不是完全一致的情况下。同时根据国际法院 2004 年咨询意见，联大可以和安理会平行地审议跟维护国际和平与安全相关的事宜。

【8】委员会的任务还包括确认形同此类侵权及犯罪的事实和情况，并在可能时，查明负有责任者，以确保追究违反者（包括可能构成危害人类罪的侵犯者）的责任。由于叙利亚认为该委员会危害其主权，一直未同意其入境调查，所以该委员会主要通过叙利亚邻国的营地和医院里进行访谈的形式进行调查。

【9】其他条件是：政府释放在押的 16 万囚犯；叙大使馆向离叙公民颁发新护照并延长其有效期至两年；反对派与副总统进行对话法鲁克·沙雷进行对话。

【10】包括：各方停止暴力；组织叙利亚政治力量全民对话；成立全国和解政府（包括选举新政府）；为叙利亚人民提供国际援助；释放没对民众犯下罪行的政治犯；允许媒体采访叙利亚社会各阶层。

【11】"见证者"129 无人机留空时间为 24 小时，最大航程超过了 2000 公里，可挂载 8 枚小型反坦克导弹和惯例炸弹，该无人机不只能够履行对地准确出击使命，并且其也装备有光电/红外设备，也可履行侦办或许监督使命，是伊朗最领先的集察打一体的无人机。

【12】2012 年 6 月 30 日，日内瓦公报由联合国五个常任理事国以及部分叙利亚周边国家在日内瓦举行叙利亚问题行动小组外长会议时发表，公报呼吁组建叙利亚所有社会力量参与的过渡管理机构，但各方在过渡管理机构人员构成上未达成一致。叙利亚冲突各方至今没有停火，日内瓦公报也无法落实。

【13】根据联合国安理会有关决议，所有国家都不应向恐怖组织提供任何形式的支持，其中包括资金支持以及提供武器。

第 六 章
俄叙联军阿勒颇大捷扭转国内战局

靠近叙利亚土耳其边境的阿勒颇市的得失，事关各方成败。2016 年底，俄叙联军倾力取得阿勒颇大捷，一举扭转整个战局，并开启了国内和平进程的序幕。

第一节　阿勒颇战役对各方至关重要

阿勒颇市的得失事关叙利亚内战的走向，谁控制了阿勒颇谁就掌握了整个战局的主动权。

一、阿勒颇市得失决定交战各方胜负

阿勒颇市位于叙利亚北部，是经济中心和第二大城市，控制这座城市对冲突双方而言至关重要。

对巴沙尔政权来说，夺下阿勒颇的控制权将极大有利于恢复国内稳定，稳定沿海经济富裕区的防御，确保大马士革的海上补给线，确保对幼发拉底河和代尔祖尔的控制与影响。因此，政府军为避免两线作战，背靠黎巴嫩，采取南守北攻战略，大马士革以守为主，阿勒颇以攻为主，防止叛军建立南下大本营。

在政府军已经全面控制霍姆斯市的情况下，如果俄叙联军在阿勒颇战役取得胜利，政府军不再为海陆补给的后路担忧，可以集中优势兵力将反对派和极端组织驱赶出沿海经济发达地带，将战线前推，为后方赢得休养生息的机会。此外，政府军还可以彻底打消反对派依靠土耳其建立南下大本营的企图，进而

186

直逼 IS 老巢拉卡，隔断美军支持下的库尔德人武装，同时还能向北部广大油气资源丰富的代尔祖尔扩展，为夺取最后胜利和重建奠定经济基础。

阿勒颇市关系反对派武装能否建立推翻巴沙尔政权的大本营。反对派在内战爆发时已经控制了北部土叙边境的许多地区，依靠土耳其补充其人员、武器和物资。如果反对派武装完全占领阿勒颇市，不仅可以重创政府军士气，还可以将叙利亚自由军总部和叙利亚全国委员会迁入阿勒颇，建立类似利比亚班加西的反对派大本营和南下的根据地，从境外源源不断获得各种武器装备和人员支持，切断政府对幼发拉底河中下游的控制，进而占领叙利亚中部腹地，也可以向西切断政府沿海防御线和首都补给，大马士革的陷落不可避免。如果反对派在阿勒颇失守，那么将只能在东部沙漠和乡村打游击，其覆灭将不可避免。

阿勒颇战役也事关 IS 生死存亡。IS"首都"拉卡依靠叙利亚的阿勒颇市与伊拉克的摩苏尔市两个大城市互为掎角。在摩苏尔被美军和伊拉克政府军围困的情况下，如果阿勒颇也被合围失守，IS 两大支撑将会被彻底斩断，形成各自保命的形势，那么拉卡失守也只是时间问题，IS 就会面临叙利亚和伊拉克的东西夹攻。失去了阿勒颇与拉卡的支撑，IS 的力量就会被逐步驱逐出叙利亚。即使赖着不走，也只能保持村镇级别的游击战。而没有了叙利亚的 IS 将彻底断绝北部的土耳其陆路通道与西部的利比亚海上通道。失去了这些支撑，IS 将彻底灭亡。所以对于 IS 而言，只要能保住阿勒颇，就能争取到很多可能。

二、阿勒颇之战事关欧美与俄罗斯的胜负

反叛分子能在阿勒颇站住脚跟，则推翻巴沙尔政权只是个时间问题。反叛分子若失败，则反政府武装和 IS 败局已定，欧美推翻巴沙尔政权的希望也将最终落空。所以，在阿勒颇战役最紧张的时候，美军开始增兵伊拉克，为阿勒颇失守做准备，阻断俄叙联军和伊拉克什叶派民兵的地面联系，同时通过空中走廊继续援助叛乱分子与叙政府军作战，以消耗政府军势力，最大限度为阿勒颇叛军解围。

如果欧美支持的反对派和极端势力在阿勒颇消灭俄叙联军主力，则巴沙尔败局将定，美国倡导的所谓民主政府将瓜分叙利亚主权，美欧对俄和伊朗的制裁将再升级，美国将完全巩固以石油美元为基础的世界霸权。

如果俄叙联军获胜，则俄在国际油价市场获利，可大大缓解经济压力。阿勒颇局势与国际石油价格密切关联，当沙特美国支持的反对派和恐怖分子取得突破，那么国际市场预计沙特美国在控制叙利亚以后会以低价战略挤压俄油气出口，空方势力得到强化，价格随之下跌。2015 年 9 月底，恐怖分子和反对派差点将叙利亚政府军赶下海，国内主要城市沦陷，国际油价一路下跌到 28 美元。反过来也是一样，每当俄叙联军在叙利亚战场出现重大胜利，那么什叶派管道的希望就大增，沙特和美国打压控制国际油价争夺市场的图谋受挫，俄话语权增大，市场预期油价上涨，原油价格就会反弹，国际油价就开始飙升。2016 年国际石油价格有三次大涨，第一次是在一二月份的时候，原因是俄大规模出兵叙利亚保住了巴沙尔政权，逆转整个叙利亚局势。第二次是在俄叙联军围困阿勒颇的时候，国际油价一度从 40 美元反弹到 50 美元。第三次大规模上涨就是 11 月底，因为巴沙尔拿下阿勒颇 85% 的城区，油价从 50 美元上涨到 55 美元。俄叙的战场胜利逼迫美国和沙特寻求妥协让步，比如在 OPEC 会议上俄和伊朗强硬表态坚持不减产。阿勒颇战役的胜利将支撑国际油价上涨，大大缓解俄经济困境。

三、各方集结主力在阿勒颇市进行决战

为夺取阿勒颇市，叙利亚政府军和反对派均集中重兵，全力以赴进行阿勒颇决战，其激烈程度要远超过此前的大马士革激战。2012 年 7 月 21 日，在进攻大马士革市区受挫后，自由军开始进攻阿勒颇市，并称之为"阿勒颇解放战争"。8 月 4 日，反对派武装占领阿勒颇广播中心，随后在政府军合围下撤退。政府军在阿勒颇市集中 2 万兵力，对该市反对派武装展开强大攻势，双方陷入全面巷战，战况惨烈。政府军在人数和装备上明显胜过反政府武装，除了坦克、大炮外还动用了武装直升机，但城市巷战中难以发挥这些重型装备的优势，无法速战速决，所以尽量动用小规模兵力，以切断反政府武装武器补给线为主，采取包围消耗而非全面进攻的战术，同时清剿占领街区内的残余武装。在阿勒颇的自由军及极端武装约 7000 人，借助游击战，占领很多地盘，其兵力和武器远不及政府军，明显处于劣势，反对派在控制一些地区后，其力量大规模地暴露在政府军火力之下，遭到政府军重型武器的猛烈打击，不得不放弃

对一些地区的控制，双方战事陷入胶着。

阿勒颇战役一时难分胜负时，反政府武装改变战术，攻占阿勒颇北部与土耳其交界的巴卜海瓦口岸和巴卜萨拉马口岸，从而更加方便地从土耳其大本营获取武器装备和人员支持，以支持阿勒颇战役的需要。2012 年 8 月 29 日，自由军包围叙利亚最大的空军基地之一——阿勒颇军用机场。9 月 22 日，自由军宣布指挥中心转移到境内"解放区"，并向政府军发起大规模进攻。9 月 27 日，自由军宣布阿勒颇决战开始。12 月 10 日，反对派武装占领阿勒颇市第 111 军事基地，缴获大量重型武器，政府军遭受重大损失。2013 年 2 月 15 日，反对派武装攻占了阿勒颇附近的贾拉军用机场，夺取大量武器弹药，之后对政府军纳伊拉卜机场发动猛烈攻击。

政府军反攻收复阿勒颇部分区域。2012 年 8 月 8 日，政府军攻下了反对派在阿勒颇市的一个要塞——萨拉赫丁区，迫使反对派从该地区撤退，政府军基本控制阿勒颇南大门。8 月 22 日，政府军摧毁了反对派在阿勒颇市的一个指挥中心。到 9 月初，叙政府军几乎夺回了反对派武装先前控制的阿勒颇城区的主要部分，将反对派武装压缩在市区外围，并将其分割包围，切断其供给。10 月 2 日，政府军增派部队，增援驻守该城市部队与反对派武装和外国武装分子展开决战。2013 年 1 月 12 日，政府军收复了反对派武装控制的老城区倭马亚清真寺和阿勒颇古城堡周围地区。

政府军未能像在大马士革一样快速取胜，因为：其一，阿勒颇临近叙土边境，反政府武装的武器和后勤补给较为充足，政府军无法切断其补给线；其二，阿勒颇作为叙利亚的经济中心，对于巴沙尔政权意义重大，反对派看中了这一点，希望借机动摇巴沙尔政权的民心，同时占领一个类似于利比亚班加西那样的大本营城市，以便为接下来建立"安全区"以及"过渡政府"等做好准备，所以反对派尽力反复夺取；其三，阿勒颇与大马士革相距 355 公里，守卫大马士革的叙利亚精锐部队，如共和国卫队等不能轻易调离支援，也造成阿勒颇战事的进展缓慢。

反政府武装和极端组织大举进攻，控制阿勒颇市大部分地区。随着 IS 崛起并大举向政府军进攻，阿勒颇市局势恶化，反政府武装和极端组织控制阿勒颇东部地区，政府军控制阿勒颇市西部地区，双方爆发激烈武装冲突与对峙。

到 2015 年，反政府武装和 IS 一度把政府军压缩到阿勒颇市城西一块非常小的地域，控制了该市三分之二地区。由于阿勒颇距离南方的大马士革比较远，坚守此地的政府军的补给线时常遭到反对派切断。就是在这种极端艰难的情况下，深陷叛军包围的政府军并没有放弃，如阿勒颇中央监狱就一直坚持到战况好转。由于政府军采取守势，反政府武装多以手中的轻武器采取小规模的战斗，来哨食政府军地盘。所以战斗多以小型局部战事为主。这种零敲碎打的战术，使政府军在阿勒颇控制区有被蚕食完的危险。情形最危险时，巴沙尔一度准备放弃大马士革以外地区，包括阿勒颇市，以全力坚守西部海岸线。

俄军的全面参战导致了阿勒颇战役的逆转。在 2015 年 9 月，俄军对叙利亚叛军展开全面空中打击，再加上伊朗和黎巴嫩真主党的参战，叙政府军在阿勒颇市不断发动反攻，反政府武装的控制区也不断萎缩。进入 2016 年上半年，政府军已在阿勒颇城西牢牢站稳脚跟，并不断包围城东的叛军，阿勒颇战局也开始朝着有利于政府军的一面倾斜，俄叙联军在此围住了数万名反政府武装和 IS 分子，等待叛乱分子的出路要么投降，要么被消灭。

第二节　美国玩弄停火协议为阿勒颇叛军解困

美国多次玩弄停火协议，企图为阿勒颇市被围困的叛军解围，但最终失败。

一、首次以联合打击 IS 为名说服俄罗斯达成停火协议

国际社会要求叙利亚各方停火，集中力量打击 IS。2015 年 12 月 19 日，安理会通过第 2254 号决议要求：呼吁叙利亚各方在 2016 年 1 月停火及展开政治谈判；国际社会继续军事打击 IS 和"征服阵线"；进行选举和成立联合政府。由于没有将巴沙尔排除在联合政府之外以及军事干预叙利亚的内容，为俄叙所接受。

此外，俄军参战在沉重打击 IS 等极端势力的同时，也重创了欧美支持的反对派武装，叙利亚自由军等反对派武装陷于土崩瓦解的境地。为避免自己支持的叛军遭俄叙联军歼灭，也是落实安理会决议第 2254 号决议要求，美国公

开声明不以推翻巴沙尔政权为目的，并忽悠俄罗斯以联合打击 IS 为名实施停火，以让反对派有时间恢复实力。而俄叙联军此时也想集中力量进攻 IS，所以双方达成停火协议。

2016 年 2 月 22 日，美俄达成叙利亚境内停火协议，并斡旋叙利亚政府与反对派的高级谈判委员会同意停火，[1]但不包括打击 IS 和"征服阵线"等恐怖组织。到 2 月 26 日，高级谈判委员会宣布有 97 个反对派武装同意接受停火协议。2 月 26 日，安理会通过决议批准美俄此前达成的停火协议，要求叙冲突各方于当地时间 27 日零点起开始停火。俄空军于 27 日零时起，暂停在提交了停火申请的叙利亚武装组织所在区域的军事行动，叙全国大部分地区在 27 日零时后恢复平静。如果这一协议得到有效执行，这将是国际社会 5 年来首次推动叙利亚冲突各方实现有效停火。停火后，联合国特使德米斯图拉表示，如果各派停火协议能够执行，人道主义通道能够保持畅通，可以重启日内瓦和谈。

俄美成立相关机构监督停火。2016 年 2 月 24 日，俄在叙利亚赫梅米姆空军基地成立叙利亚停火协调中心，监督停火的执行情况。美俄还在停火协议实施后成立工作小组，建立通信热线，共享信息，并采取相关必要措施。

达成停火协议后，俄叙联军兵锋突转，迅速收复被 IS 占领的中部重镇巴尔米拉。此外，停火协议也直接分化了反对派武装。本来"征服阵线"与叙利亚自由军混杂一体，CIA、土耳其与沙特等援助自由军的军援大半被"征服阵线"拿走。停火协议使得叙利亚自由军切断与"征服阵线"联系，因为怕给俄叙联军空袭的正当理由。但不甘失去军火来源的"征服阵线"直接攻击并夺取自由军武器，二者爆发激烈战事。

停火后，欧美又重演谈判游戏，以争取时间。2016 年 2 月份停火后，叙政府和反对派进行了数轮会谈，但均在巴沙尔去留问题上陷入僵局。3 月 9 日，在叙利亚问题特使德米斯图拉主持下，启动日内瓦和谈。反对派高级谈判委员会首席代表和政府代表团直到 12 日和 13 日才先后"入场"，14 日才开始"实质性"谈判。但由于双方都不愿意承认对方存在的合法性，双方代表都通过德米斯图拉作为调解人，在中间传话和沟通，和谈核心仍是巴沙尔去留问题。4 月 13 日，各方和谈还是僵持在巴沙尔去留问题上，双方没有取得任何实质性成就。此后，反对派拒绝出席日内瓦和谈。

为表示和谈诚意，俄罗斯撤走部分兵力。从 2016 年 3 月 15 日起，俄罗斯从叙利亚战略性撤军，撤出了至少 3 支苏-24M、苏-34 战斗轰炸机和苏-25 强击机部队。5 月 4 日，俄又从叙利亚撤回了近 30 架飞机，其中包括全部苏-25 战机，只保留了打击 IS 和"支持阵线"等恐怖组织所必要的力量。俄从叙利亚撤军的同时，也没有忘记留下后手监督停火协议的遵守情况，在叙境内保留用于支持航空飞行的军事据点。其在基地内留守 1000 多名士兵；保留"铠甲"和最先进的 S-400 防空导弹系统；苏 35 多用途战斗机也留守基地，继续进行空中侦察和打击行动等。这些军事部署显然意在为俄在叙利亚的战略留下调整和变通的空间，正如普京所说的那样，俄军可以在数小时内增加在叙利亚的战机，其实俄这样做也是为了防止反对派武装或者土耳其和沙特破坏停火协议，毕竟他们推翻巴沙尔政府的决心非常坚决，他们也深知靠谈判不可能让巴沙尔下台。

叙利亚反对派的进攻导致停火协议名存实亡。阿勒颇和哈马的反对派武装利用停火补给了弹药和武器储备，进行了重新部署，并开始进攻叙利亚政府军的据点与平民区。按照俄驻联合国大使丘尔金的说法，温和反对派的 20 个派别，不包括"支持阵线"恐怖分子在内，大约 70% 的反对派表示没遵守停火协议。俄罗斯甚至列举数字称，停火 5 天内，"温和反对派"共 199 次违反该协议，24 小时内有 55 起冲突事件发生，12 名平民丧生。5 月 3 日，阿勒颇市反对派武装力量重新壮大后，向政府军控制的城区发动火箭弹进攻，造成近百人伤亡。除了叙利亚与约旦交界的南部的反对派与政府军还在遵守停火协议以外，战火再次全面爆发。"叙利亚人权观察"网站统计，4 月份至少有 859 名平民死于冲突。5 月 4 日，阿勒颇爆发激烈冲突。6 月 4 日，阿勒颇市多个地区遭武装分子炮击，造成至少 57 人死亡，另有超过 200 人受伤，实施近 10 周的停火面临崩溃危险。美国白宫表示，对于阿勒颇局势升级，叙利亚政府和反对派武装都有责任。

叙利亚政府军持续停火，使停火协议总体上得以维持。2016 年 5 月 1 日，政府军分别在首都大马士革和东郊东古塔地区，以及拉塔基亚省北部地区延长停火时间。7 月 6 日，叙利亚迎来当地重要节日开斋节，叙利亚军方宣布，自当天凌晨 1 时开始，在叙全境所有城市和地区停火 72 小时。

恐怖分子袭击彻底破坏了停火协议。2016 年 2 月 27 日，就在叙利亚冲突各方停火协议生效后几分钟内，北部城市阿勒颇政府控制区即遭"征服阵线"组织的迫击炮袭击。此前，"征服阵线"拒绝停火，并利用停火重新集结，从霍姆斯省、阿勒颇、伊德利卜省和哈马省等所有占领省份集结了军队，并准备新的进攻。由于恐怖组织并不包含在此次停火的范围内，因此相关各方还将继续对其进行打击，但问题是目前除了 IS 和"征服阵线"外，各方对于其他恐怖组织的界定并没有达成共识。3 月 1 日，一个多国记者团在叙利亚北部边境城市克萨布遭到"征服阵线"组织的炮击，造成包括中国记者在内的多人受伤。4 月初，"征服阵线"组织全线进攻政府军控制区，各处打头阵的竟然是东突组织，"征服阵线"组织集结了上万武装分子攻击阿勒颇市，俄叙联军在伊朗和黎巴嫩真主党的火速支援下，逐渐形成对反叛武装的包围圈，双方激战升级，停火协议彻底失败。

俄建议和美国联合打击 IS 的主张遭美国拒绝。在实现停火后，2016 年 5 月 20 日，俄建议美国加入俄空军，联手打击不支持停火协议的 IS 等叙境内的恐怖组织，遭美国明确拒绝。美国国防部发言人回应称，美军在叙利亚既不会和俄合作，也不会进行协调。

二、美国再次玩弄停火协议为阿勒颇叛军解困

为解困阿勒颇的反对派武装主力，美国再次玩弄停火协议。2016 年 9 月，当在俄叙联军把数万反叛武装分子，包括 IS 等极端势力围困在阿勒颇市。为使反对派免遭围歼，美国提出若能停火 7 天，就与俄联合打击 IS 等极端组织为由。为充分争取美国在叙利亚问题上的合作，俄同意停火。

俄美达成新的停火协议。2016 年 9 月 10 日，经过长达 15 小时的马拉松谈判，美国国务卿克里和俄外长拉夫罗夫在日内瓦就叙冲突各方实施新的停火协议达成一致：各方自 9 月 12 日日落时分起，不是由 IS 等极端组织控制的地区都将停止作战，叙政府军和俄空军停止轰炸反对派武装，反对派停止攻击政府军；俄督促叙政府军停止针对反对派的军事行动，美国则监督叙境内的温和反对派与 IS 等极端组织划清界限，并监督反对派武装停止攻击政府军目标；

叙利亚反对派与恐怖组织区分开、继续打击叙境内 IS 和"征服阵线"等恐怖组织等；放缓针对反对派控制地区的封锁，开始运送救援物资到全国各地许多遭到包围或"难以抵达"的地区，政府军和叛军都将确保人道援助物资不受阻挠，尤其是分别由双方控制而饱受战火蹂躏的阿勒颇市；停火将每48小时延长一次，若能维持7天，美国将和俄合作打击 IS 等极端组织。相比于2月的协议，俄美10日达成的新一轮停火方案与后续的反恐以及和谈环环相扣，更具有前瞻性和进步意义。该停火协议获得叙政府、反对派和国际社会赞同，也是叙利亚危机后，美俄第一次签署相关和平协议。

美俄都需要新的停火协议。美国支持的反政府武装主力被围困在阿勒颇市，如果政府军取胜，叙战局发生根本性转变，停火能使得反对派得到喘息，欧美可以借运送人道主义物资为名，重新恢复反对派实力，以期扭转战局。俄清楚叙利亚危机的最终解决离不开美国的合作，俄也切实希望联手美国打击 IS，尽快解决叙利亚危机。

俄开始落实新的停火协议。2016 年9月16日，俄海军陆战队根据俄美日内瓦协议，接替在通往阿勒颇战略要道卡斯特洛公路附近的叙利亚政府军，隔离政府军与温和派反对派，设置两个红新月关口，人道主义物资和决定离开阿勒颇被政府军包围地区的民众由此通过。

三、美军的"误炸"使叙利亚政府退出停火协议

美军故意轰炸叙政府军导致叙政府退出停火协议。2016 年9月17日，是新一轮停火协议生效的第5天，以美国为首的联军飞机在叙利亚代尔祖尔市附近，向遭 IS 包围数年的叙政府军实施了四次空袭，造成数百名政府军士兵伤亡，并摧毁了叙军大量重型武器，空袭后 IS 立即进攻政府军阵地。事后，奥巴马政府发表声明，对于空袭造成的死难者表示"遗憾"。美国国防部则解释此次事件为"误炸"，但这并未令俄叙信服。在俄的紧急要求下，17日晚，安理会召开紧急会议讨论叙军遭袭问题。俄美两国常驻联合国代表在会议期间尖锐对峙，美国代表鲍尔指责俄是在"作秀"，俄代表丘尔金则批评美国不仅未履行俄美达成的停火协议相关义务，也未遵守此前作出的不空袭叙政府军的承诺。18日，叙利亚外交部分别致信联合国秘书长和安理会主席，呼吁安理会

谴责美方行为。俄外长则表示，美国为首的联军对叙利亚政府军实施的 4 次空袭，已危及美俄停火协议。空袭发生后，叙利亚政府随即宣布退出停火协议。

代尔祖尔市是叙利亚东部地区战略要地。东部地区是大片荒无人烟的沙漠，代尔阿祖尔市则是东部交通要道，扼守数条公路和幼发拉底河航路。控制了这座城市，就基本等于控制了东部大片地区，并且可以利用方便的水运调动兵力。所以内战爆发后，巴沙尔政府在兵力不足的情况下放弃了连大马士革南郊在内的许多城镇，却派出精锐的共和国卫队 104 旅，殊死占领这个战略要点。尽管该城周边都被 IS 占领，政府军还是保住了这个深陷敌后的孤城。同样，IS 也一直调集重兵进攻解除这个心腹大患，好将受此牵制的上万兵力调往中部抵御俄叙联军的快速进攻，或返回拉卡解围，同时防止未来在遭到大规模地面进攻时，这座城市中的政府军利用机场迅速增兵。美国轰炸此处政府军的目的是，放手让 IS 占领该城，将来再支持叙利亚自由军来收复。这样在未来叙利亚问题的政治解决框架下，巴沙尔实际控制地区将被压缩到西部沿海地带，更有利于夺取叙利亚问题的主导权。

美军的"误炸"差点让 IS 夺取此城，从而改变此地战局。本来俄叙联军在此占据了上风，但美国一炸，IS 则利用政府军损失严重的机会发动新的攻势，占据了该城若干地方，但随后俄空天军掩护叙政府军反攻，才稳定了局面。俄对美军"误炸"行为进行报复。2016 年 9 月 20 日，地中海的俄军舰发射了三枚巡航导弹，摧毁了阿勒颇附近的欧美秘密情报基地，30 名美英、沙特和以色列情报人员毙命，俄也遗憾地表示"误炸"。

四、联合国车队遇袭使停火协议彻底失败

按照停火协议，在局势平静后，联合国组织人道主义救援车队进入叙境内，但遭到炸毁，导致停火彻底失败。2016 年 9 月 18 日，联合国和叙利亚红新月会联合组织的一支运送人道救援物资的车队在阿勒颇市遭到袭击，导致 12 人丧生，31 辆大卡车中的 18 辆被毁，当时这支车队正驶向阿勒颇的西部村庄，预计将为 7.8 万人送去救援物资。事后联合国愤怒称，"轰炸是战争犯罪，也是懦夫行为"，并展开独立调查，联合国也全面停止对叙人道主义救援行动。

美国立即猛烈抨击俄叙联军发动了空袭，认定俄两架苏-24 战机攻击了救

援车队。2016 年 9 月 20 日，奥巴马在联大演讲时指责俄战机袭击车队，未遵守叙利亚停火协议。9 月 26 日，在安理会紧急会议中，美国驻联合国大使指控俄轰炸联合国救援车队是战争罪，而俄予以否认，并指责是叙反对派的炮击或美国武装无人机制造了这起事件。10 月 11 日，英国外交大臣约翰逊表示，车队是在夜间遭到了空袭，而叙政府军没有能力在天黑后发动空袭，因此所有的证据都指向俄，法国也指责俄袭击联合国车队是战争罪行。

俄罗斯迅速否认美国指责。袭击发生后，俄罗斯国防部发言人科纳申科夫否认了有关俄罗斯或是叙利亚军机空袭车队的说法，他表示攻击是在黑夜中进行的，事发现场没有俄军飞机，叙利亚政府飞机根本不能飞行。俄军仔细分析了现场视频，没有发现武器击中车队的证据，现场没有弹坑，车辆外部状况与空袭所致损坏不符，视频文件显示是物资起火的直接结果，而这与叛军在阿勒颇发动大规模攻势的时间相一致。当天下午 7 点左右，"征服阵线"正在车队遇袭区域发动攻击。俄罗斯国防部还公布了一段无人机护送时拍摄的救援车队遇袭前的视频。视频显示，带有大口径迫击炮的高性能越野车以车队作为掩护，在车队快接近终点时武装车辆不知去向。俄方表示，救援车队所掩护的武装车辆与车队遇袭存在什么关系目前还不清楚。10 月 12 日，普京称是恐怖组织发动了袭击。

联合国救援车队遇袭导致停火协议彻底失败。2017 年 9 月 19 日，叙利亚军方宣布为期 7 天的停火结束，俄美未就延长停火协议达成一致。9 月 22 日，叙政府重启夺回第二大城市阿勒颇的军事行动。9 月 27 日，政府军在俄军轰炸支援下，对盘踞在阿勒颇的反政府军开始大举清剿，停火协议彻底失败。在俄战机的支援下，加上俄地面部队、伊拉克民兵组织、伊朗革命卫队和真主党的配合，【2】5 万名叙政府军完成了对阿勒颇的战略合围，并切断了叛军所有补给路线，准备全歼被包围的 3 万名反对派武装和极端组织。

第三节　欧美全面施压俄叙以解围阿勒颇叛军

在阿勒颇决战时，为挽回叛军败局，欧美等国对俄叙进行全面制裁，以迟滞俄叙联军步伐，并为叛军解围。

一、军事上的威胁与暗算

2016 年 9 月 29 日，美国国务院发言人约翰·柯比对媒体说，如果叙利亚内战继续，叙境内极端组织将扩大行动，可能会攻击俄城市、飞机等与俄利益相关的目标，俄罗斯将会把驻叙利亚军人的遗体带回家。面对美国的公开威胁，俄罗斯外交部和国防部予以痛斥，认为这是向恐怖分子发出"邀请"，是在暗示恐怖分子对俄进行威胁，是对俄的威胁和"最后通牒"。

军事打击以威胁俄叙联军。2016 年 12 月 5 日，欧美提议关于在阿勒颇停火的草案在安理会遭到中俄否决后，俄军在阿勒颇前沿的野战医院遭到恐怖分子武装精确炮击，数名俄军人丧失。这次炮击是有预谋的打击，炮弹数量不多，准确打击后就转移。只会玩"陶氏"导弹和自爆卡车的恐怖分子是没有这个能力的，俄罗斯指责美国提供了情报，由西方雇佣军实施了这次攻击。在炮击事件发生后，俄军特种部队深入阿勒颇交战核心区追杀恐怖组织内的西方雇佣军。同一天，以色列攻击了叙政府军的空军基地，骑墙的土耳其军队也自北部地区攻击叙利亚政府军。12 月 6 日，美军"艾森豪威尔"号航母进入地中海与法国"戴高乐"号航母会合，以恐吓正在地中海积极打击 IS 的俄"库兹涅佐夫"号航母。

全面支持叛军，取消对叛军的武器禁令。在俄叙联军即将取得阿勒颇战役的胜利时，2016 年 12 月 8 日，奥巴马宣布取消向叙反政府武装提供军事支持的限制，这对美而言，叙利亚已无恐怖分子，只有盟友和敌人。欧盟也将迅速采取类似措施，欧美等国为推翻巴沙尔政权进行最后一搏。对此，12 月 9 日，俄表示，欧美向叙利亚反对派提供各种武器，将威胁俄罗斯和世界各国安全。

二、政治上的施压

公开威胁俄不要支持巴沙尔政权。在 2016 年 5 月 3 日，美国务卿克里对力挺巴沙尔政权的俄罗斯与伊朗喊话，要他们必须在 8 月 1 日前开始让叙利亚启动政权转移，将巴沙尔总统赶下台，准备接受一个新的叙利亚政府。否则将面临美国采取其他方式以终结长达 5 年叙利亚内战的风险。

停火协议失败后，美国决定中止与俄在叙利亚问题的外交谈判。2016 年 9

月 29 日，美国国务卿克里表示，由于俄违反协议，继续支持叙政府军进行空袭，美暂停与俄就叙利亚问题的外交谈判。

利用安理会阻挠俄叙联军合围阿勒颇叛军。2016 年 9 月 25 日，应美英法要求，安理会就当前的叙利亚局势召开紧急会议，美国常驻联合国代表鲍尔指责俄叙联军不是在阿勒颇反恐，而是战争罪行，英国常驻联合国代表则指责叙利亚当局"对该国人民狠下屠刀"。对此，俄常驻联合国代表丘尔金反驳说，阿勒颇的局势本来 8 月就能恢复正常，但至今未能实现，这都是反政府武装从中作梗。此外，美国领导的联军支持叙反政府武装的行为，也破坏了人道主义努力，叙利亚"征服阵线"仍持续获得西方支持者为他们提供的坦克和重武器，实现叙利亚和平"现在几乎不可能"。10 月 8 日，法国与西班牙向安理会提交叙利亚局势决议草案，要求在阿勒颇设置禁飞区，并停止对阿勒颇的空袭，遭俄否决。12 月 5 日，埃及、新西兰和西班牙突然在安理会提出了要求叙利亚交战双方停火，好让"人道主义"援助进入阿勒颇市的草案，当即遭到中俄否决。

三、增加对俄制裁

调查俄干扰美国总统大选事件，并据此进行制裁。2016 年 12 月 9 日，奥巴马下令情报机构全面审查 2016 年总统大选期间发生的网络袭击和俄国干预问题。对此，普京早在 10 月 27 日表示，俄不可能干预美国大选，并驳斥了所谓"俄罗斯威胁论"。12 月 29 日，为报复俄涉嫌干预 2016 年美国总统大选，奥巴马下令即时驱逐 35 名俄外交官，勒令 72 小时内离境，没收在马里兰和纽约的两个俄政府持有的办公地点。但因为即将新年，俄不得不临时从国内包机将其接回。美国还制裁包括俄情报总局和俄联邦安全局在内的 5 个俄实体机构以及俄情报总局局长等 4 名情报总局官员，冻结其在美资产并阻止美国企业与其经贸往来。

美国确认俄干扰美国大选，再次制裁俄。2017 年 1 月 3 日，美国政府表示，100% 确定俄黑客曾干扰美国大选。1 月 6 日，中央情报局、联邦调查局和国家安全局公布了一份解密版调查报告，指认普京下令发动网络攻击，俄军事情报机构授意黑客攻击了美国民主党全国委员会和多名民主党大佬的电子邮件服务器，并将邮件内容泄露给"维基揭秘"等第三方。此外，俄政府还通过官方媒体和网络"水军"，在传统媒体和社交媒体上大肆散播中伤希拉里的负面消息和"假新闻"，提高特朗普获胜的概率。上述指控遭到俄拒绝。1月9日，美国财政部以俄黑客干涉美国大选为名，依《马格尼茨基法案》，将俄联邦调查委员会负责人亚历山大·巴斯特雷金等5人列入制裁名单。【3】

在阿勒颇战役进展的关键时刻，继续以乌克兰问题为由制裁俄。在前两年的乌克兰危机中，欧美对俄实施了数轮经济制裁。【4】2016年12月15日，欧盟决定将对俄的制裁延长6个月。12月26日，美国商务部将23家俄机构加入因乌克兰问题实施的制裁。

四、发动拉卡和摩苏尔战役以争取主动权

摩苏尔是伊拉克第二大城市，是北部尼尼微省首府，有良好的工业和农业基础，是伊石油主产区之一。2014年6月，摩苏尔被IS占领。此后IS把它打造成该组织的政治、经济和军事指挥中枢，IS的大多数高级官员都驻扎在摩苏尔，很多重要决定都是在摩苏尔作出的，可以说是IS的实际"首都"。经过两年的反恐战争，伊拉克政府军已经收复多座城市，摩苏尔是IS在伊境内控制的最后一座城市，也是该组织在伊的大本营。

在俄叙联军的阿勒颇战役紧张进行时，奥巴马为留下政治遗产，抢占叙利亚问题主动权，发动了收复摩苏尔战役。借此与在叙境内不断扩大影响力的俄相抗衡，同时还可以阻断俄叙联军与伊拉克什叶派民兵组织的地面联系。此外，美国主导伊拉克军队在摩苏尔围住IS，故意留下向西进入阿勒颇的通道，企图将摩苏尔IS分子驱赶到叙利亚，所以大批IS人员在摩苏尔战役总攻开始前逃往叙利亚。美国和沙特还达成一项协议，同意让9000名IS武装分子从摩苏尔转移至叙利亚东部地区，以使俄叙联军在阿勒颇陷入战争泥潭。

2016年10月17日，经过近一年的准备，伊拉克总理阿巴迪宣布，在国际联盟的支持下，政府军正式展开收复伊第二大城市摩苏尔的战役。伊拉克方面投入3万多兵力，包括伊拉克安全部队及军警、库尔德武装等。美军增派600人参加摩苏尔之战，至此，美军在伊拉克人数达到5200人，摩苏尔战役完全由美军导演。但由于美军不肯派出地面部队直接参战，伊拉克政府军战

斗力极其低下，参战各方相互掣肘和制约，政府军在战斗中遭遇 IS 顽强抵抗，如 IS 在摩苏尔点燃了 19 处油井，还强迫邻近村庄居民到摩苏尔充当防御空袭的"人盾"，这些迫使解放摩苏尔战役持续了很长时间。直到 2017 年 7 月 9 日，伊拉克总理阿巴迪宣布摩苏尔全城解放，摩苏尔战役结束。

美国还主导叙利亚库尔德人武装发动围剿 IS 老巢的拉卡战役。2016 年 11 月 6 日，获美国支持的叙利亚库尔德武装——叙利亚民主军宣布，解放拉卡与其周边地区的主要战役已经开始，民主军有 3 万人参加这场名为"幼发拉底河之怒"的战役，美国领导的国际联盟配合支援。

在发动拉卡战役过程中，美国故意放松对 IS 老巢拉卡的围困，纵容 IS 分子占领叙利亚交通重镇巴尔米拉市，增加俄叙联军在阿勒颇的压力。巴尔米拉市地处叙利亚中部交通要道，位于大马士革东北 215 公里，幼发拉底河西南 120 公里处，是商队穿越叙利亚沙漠的重要中转站，也是重要的商业中心。IS 于 2015 年 5 月 21 日起占领该遗址并开始进行大肆破坏活动，公开杀害 25 名叙政府军士兵。2016 年 3 月，俄叙联军收复该市。

2016 年 12 月 11 日，在俄叙联军即将取得阿勒颇战役胜利的前夕，以美国为首的联军及其支持的势力却暂停在拉卡对 IS 的战斗，IS 得以从拉卡地区向巴尔米拉从容调派了 4000 名兵力，还有众多的坦克和装甲车，猛烈进攻并迫使叙政府军撤出巴尔米拉市，时隔 9 个月后再次占领这座古城，并威胁此处的俄 T4 空军基地。美国故意放松攻击 IS，让其占领巴尔米拉，一是试图淡化叙政府军解放阿勒颇的意义，二是试图借此分散政府军注意力，将阿勒颇政府军吸引到巴尔米拉。对此，俄外长拉夫罗夫暗示可能都是编排好的，是为了给阿勒颇反对派武装以"喘息之机"。五角大楼则回应俄只顾轰炸阿勒颇，忽略了巴尔米拉。

第四节　俄叙联军倾力取得阿勒颇大捷

在 2016 年年底，趁着美国正在进行两党总统选举与交接时期，俄叙联军倾尽全力取得阿勒颇大捷。

一、俄出动航母等精锐装备参加阿勒颇战役

早在 2013 年，俄罗斯就恢复了上个世纪末撤走的俄海军在地中海东部叙利亚的常驻部队。俄军在叙利亚参战后，成立地中海分舰队，从黑海舰队、波罗的海舰队和北方舰队抽调了一些舰艇，包括至少 6 艘战舰和 3—4 艘补给舰，在叙利亚赫梅米姆基地部署 4000 多名军人，近 50 架战机及直升机，但实力远远逊色于美在中东的军事力量。

阿勒颇战役期间，为增强俄罗斯地中海舰队实力，控制叙利亚沿海和北部地区，对抗美国摩苏尔战役和拉卡战役的进展及其影响，同时歼灭从摩苏尔和拉卡渗透进阿勒颇的武装分子，俄决定派出有 30 多年舰龄的唯一航母"库兹涅佐夫"号，参与打击阿勒颇的叛军组织，这等于向西方国家明确传达了俄在叙利亚问题上绝不退让的政治立场，也可以在军事上部分抵消欧美在该地区的军事优势，大大强化俄地中海分舰队的实力。

俄航母首次参加实战，支持阿勒颇战役。2016 年 9 月 21 日，俄罗斯国防部向叙利亚派遣北方舰队的"库兹涅佐夫"号航母及其作战群，参与空袭叙利亚境内极端武装分子的行动。航母编队包括"库兹涅佐夫元帅"号航母、"彼得大帝"号核动力巡洋舰、"格里戈洛维奇上将"号护卫舰、大型反潜舰"北莫尔斯克"号、"库拉科夫"号和多艘补给船只组成，还包括 40 架舰载飞机和直升机。11 月 15 日，俄航母编队对叙利亚恐怖组织所在地霍姆斯和伊德利卜发动大规模打击行动，苏-33 舰载机和新服役的米格-29K 舰载机利用所搭载的空射导弹对叙境内极端组织 IS 和"征服阵线"目标实施大规模火力打击，主要包括军火库、恐怖分子集结地和训练中心，以及恐怖分子生产武器的工厂，这是该航母第一次参加实战任务。俄海军"格里戈洛维奇上将"号护卫舰向叙利亚境内的极端组织目标发射"口径"巡航导弹，还有陆基短程战术导弹。此次俄军发动的是海陆空相互配合的复合精确打击，首先击中目标的是巡航导弹，随后舰载机乘虚而入。从无人机传回的画面上可以看到，目标被成功摧毁。

俄航母编队打击成果丰硕。2017 年 1 月 6 日，"库舰"开始从地中海返回。虽然在行动过程中，航母曾遭西方嘲笑为拖着的烟筒，但其表现是出色的。在

整个航母行动期间，"库舰"及其编队耗资超 1 亿美元，进行了 420 架次战斗飞行，其中 117 次是夜间飞行，损失一架米格-29KR 和一架苏-33 舰载机，摧毁了 1000 多个恐怖分子目标，这一效率是极高的，且大量执行夜间空袭任务，体现了舰载机全天候作战能力。

为避免俄航母遭遇不测，俄同时在地中海海底部署了至少 5 艘潜艇，其中 4 艘核潜艇，包括"阿库拉"级的 K-154"虎"、K-335"猎豹"、K-317"潘多拉"，还有一艘 K-410"斯摩棱斯克"奥斯卡 II 级巡航导弹核潜艇，【5】以及一艘"基洛改"型常规动力潜艇。这些水下巨兽虽然服役多年，但战斗力仍旧很强大，在很大程度上弥补了俄航空母舰数量和质量上的不足，创造了非对称条件下的战场均势。

俄武装部队的几乎所有部门（包括俄陆军、黑海舰队、里海分舰队、远程航空兵、防空部队、战略和战术空降部队、特种部队和情报总局）都以某种方式参与了阿勒颇战役。俄在叙利亚行动的核心是高级和中层联络官构成的团队，他们的领导者亚历山大·茹拉夫廖夫中将奉命在叙利亚陆军和空军总部工作，协调俄罗斯、叙利亚、伊朗和黎巴嫩真主党在全国各地的行动。还有其他数十名俄军官管理着拉塔基亚空军基地的"和解中心"，该中心积极斡旋与被困城镇达成投降或转而效忠政府的协议，还协调了 2016 年 9 月份的停火。叙政府军发动大规模进攻时，俄空中力量、炮兵、特种部队和监控设备都提供支援。在 2016 年 3 月份攻打巴尔米拉的行动中，这一组合发挥了关键作用，多次支撑陷入困境的政府军，并扭转战局。

俄大批先进防空系统进驻叙利亚，保护叙领空安全。2015 年 11 月，土耳其击落俄战机后，俄向叙利亚赫梅米姆空军基地部署了 S-400 防空导弹系统。美军"误炸"代尔祖尔叙政府军后，2016 年 10 月，俄在叙部署最新型 S-300VM 防空系统，位于俄驻塔尔图斯基地，保障俄驻叙海军基地及其附近海域内俄舰队的空中安全。此前在塔尔图斯附近海域执勤的俄"莫斯科"号导弹巡洋舰上也装备了海军版 S-300 防空导弹，俄也已经向伊朗和叙利亚交付 S-300 系统。【6】10 月 6 日，俄国防部发言人警告美国，任何对叙政府控制范围内进行的空袭，都将对俄军人造成威胁，俄方已做好一切准备应对类似"误炸"。

　　为保障阿勒颇战役的顺利进行，俄在叙部署"伊斯坎德尔-M"弹道导弹系统，剑指中东地区所有美军目标。2016年12月28日，俄在叙利亚拉塔基亚省的基地部署了至少2辆（一说为6辆）"伊斯坎德尔-M"导弹发射车。"伊斯坎德尔"导弹可携带多种型号的核弹头，包括高爆炸药型、子母弹箱型、油气炸药型和高爆弹型。在作战行动期间，它既可以用来摧毁敌方固定目标又摧毁移动目标，包括防空系统、短程导弹、机场、港口、指挥和通信中心、工厂和其他加固目标。【7】

二、阿勒颇战役打成了"微型世界战争"

　　此时的阿勒颇战役发生了巨大变化，已经打成了微型世界大战。俄叙联盟包括俄军、叙政府军、伊朗伊斯兰革命卫队、黎巴嫩真主党、朝鲜军队、部分支持叙利亚政府军的库尔德人、巴勒斯坦民兵、伊拉克什叶派民兵等。

　　到2016年9月，在俄空天军和伊朗、伊拉克什叶派民兵和黎巴嫩真主党的全力帮助下，叙政府军不仅收复了大马士革市很多地区和整个霍姆斯市，而且开始将数万反对派武装和IS分子包围在阿勒颇市。如果叙政府完全收复阿勒颇市这个战略要地，巴沙尔政权就基本立于不败之地。所以阿勒颇战场是整个叙利亚战场的核心，俄叙联军和欧美支持的反对派武装及IS主力几乎全部投入阿勒颇战场争夺。在俄叙联军中，还有来自俄罗斯和乌克兰的志愿军、抗击过北约的塞尔维亚志愿者、英勇善战的黎巴嫩真主党武装，伊朗伊斯兰革命卫队以及圣城旅，甚至是车臣特种部队、少量朝鲜军人和埃及军队也加入了进来。

　　阿勒颇市叛军的阵容则包括了欧美、以色列、土耳其、IS、海合会国家甚至还有法塔赫、"征服阵线"以及阿克萨烈士旅、叙利亚自由军等。真正出兵直接参与的，就是土耳其、海湾国家的雇佣军等，包括伊拉克逊尼派部落民兵和突尼斯雇佣军，西方国家则遮遮掩掩地派出了不少特种部队或者"军事顾问"。

三、俄叙联军战术得当，各方合围阿勒颇

　　在合围阿勒颇市的过程中，城中还有数万反对派武装，临近的拉卡地区又

是大本营，随时可以派出援兵。稍远点的外围，东部最前沿的代尔祖尔，又遇到了美军的各种地毯式的误炸。在伊拉克境内，由于伊拉克政府军对摩苏尔的合围正在展开，出城而逃的反对派正在通过各种渠道进入拉卡与阿勒颇。好在由于对阿勒颇的合围与对摩苏尔的合围是同步的，所以这种背后袭击的可能性在摩苏尔就得到了遏制。

在代尔祖尔前方，伊拉克什叶派民兵组成了一道坚固的防线，挡住了绝大多数向西逃窜的 IS。失去向西路径的 IS 迫不得已开始北上进入库尔德人控制区，在那里同样遇到了强力抵抗。所以整个阿勒颇合围期间，叙政府军的背后，没有遭到重大的打击。正是因为外围的强力支持，政府军才能专心解决阿勒颇外围的战事，顺利完成合围。

在欧美的大力支持下，获得人员和物质补充的反对派武装和 IS 组织拼尽老本，试图在阿勒颇市外围对政府军力量进行反包围，通过内外夹击，试图打破俄叙联军对阿勒颇市的包围。从 9 月底，反对派就开始集结力量。一部分从叙利亚各个战场抽调，一部分从土耳其、利比亚过来，还有一部分从伊拉克渗透而来。虽然面临什叶派的层层堵截，但是反对派和 IS 还是组织了相当一批力量。尤其进入 10 月，IS 和反对派发动了好几次大规模的反击战，有的是在阿勒颇合围正面，有的是在合围圈的背后。

在阿勒颇合围期间，叙利亚政府军和支援的各路友军采取了稳扎稳打的战术，并没有急切地从城西发动进攻，而是等到合围部队步步推进，顺利到位，才一起展开进攻。在盟友的协助下，叙政府军开始从根本上调整战场策略，将营级单位作为城市攻坚群的核心力量，然后辅以坦克作为火力支援，再配备自行高炮对高层建筑物中隐藏的武装分子进行压制。同时，规定突击群的每辆车的间隔需要在 50 米以上，坦克需要交替掩护射击，当第一辆坦克开火射击时，另一辆坦克密切关注楼房对面开阔地带的动静，准备压制敌方平射火力的攻击。步兵则在楼房与坦克装甲车辆间的安全通道前进，同时肃清底层或地下室内的武装分子。

在合围期间，俄大规模动用空中力量对反对派武装进行打击，大大减轻了地面部队的压力。更重要的是，由于俄空天军对反对派外围据点毁灭式的轰炸，导致反对派快速的放弃很多外围据点回到城中，这对政府军加快合围提供了有力的保障。由于在城外叙利亚地面机械化部队得以施展，再加上俄空天军的支持，阿勒颇战役被俄叙联军打成典型的围城打援模式，叙政府军利用反对派和 IS 救援阿勒颇必打的一些关键节点和地区，地面力量次第抵抗，空中力量切断其后路，远程武器与空中打击联合打击，最后地面部队完成合围，消灭了这些救援力量，同时也完成了对阿勒颇市的合围。

四、美俄达成残存叛军撤离协议

美国为了避免反对派武装主力在阿勒颇市遭到聚歼，而俄叙也希望尽快结束阿勒颇战事，虽然政府军收复了阿勒颇市大部分地区，但尚未被收复的地区聚集了上万武装人员，倘若拼死抵抗，政府军势必会付出沉重代价。为避免更大的人道主义危机给西方以借口，所以美俄达成协议，残存的反对派武装撤离阿勒颇市，政府接管整个阿勒颇市。反政府武装能保存实力，而叙政府则收复阿勒颇市。

美俄艰难谈判达成撤离协议。谈判中，美国顽固地坚持自己的立场，坚持要求俄叙应该在阿勒颇先停火 3 天或 7 天的，并为武装力量打开撤离通道，然后再签撤离协议。俄坚持在签署撤离协议前，绝不可能停火，只有确定了武装分子全部撤离阿勒颇的时间和路线，才能停火，而且为武装力量开辟撤离通道，绝不能成为打击叙利亚政权的目的。俄美的根本分歧导致谈判难以进行，进入死胡同。经过艰难谈判，2016 年 12 月 12 日，俄美最终达成共识：武装分子在 48 小时内撤离阿勒颇，只能携带轻型武器，他们可以选择去的地方，但与"基地"关系密切的"征服阵线"只能撤到叙利亚西北的伊德利卜省。12 月 14 日，阿勒颇停火协议在当地时间早上 5 时开始生效，被困的反政府武装开始按照撤离协议规定的通道，向阿勒颇城以西叛军控制的乡间和邻近的伊德利卜省撤离，叙政府安排的数十辆巴士停靠在反政府武装所在的阿勒颇东部萨拉赫丁区外，等待其撤离，叙政府军的军事行动也随之停止。同时，作为交换，反对派允许大约 5000 名叙政府支持者，从伊德利卜省被反政府武装围困的什叶派小镇卡夫拉亚镇和福阿镇撤离，前往政府军控制的阿勒颇市，但有反对派扬言将屠杀任何企图离开的什叶派平民。

撤离过程并非一帆风顺，折射出叙利亚战事的艰难与复杂。"征服阵线"

拒绝在阿勒颇停火。14 日上午，在停火协议执行数小时后，阿勒颇市区再次响起空袭和炮火声，各方重燃战火，政府军与反政府武装均指责对方破坏停火。反政府武装称，叙政府军先向其控制区发动密集空袭和炮击。美国立即指责叙政府军破坏阿勒颇停火局势，呼吁应立即开通人道主义走廊，使援助和居民能够进出阿勒颇。而俄则称武装分子违反了与叙政府达成的协议，并利用停火期间重新聚集力量，向政府军据点发动袭击，叙政府军予以回击。

经协商，撤离得以继续。15 日，叙政府和阿勒颇反政府武装人员达成新协议，以便反政府武装和民众从当地撤离。阿勒颇撤离工作从 15 日下午重新开始进行。至 16 日早晨，已有包括反政府武装人员及其家属在内的 8000 多人从阿勒颇撤离。大规模撤离始于 16 日，俄国防部当天宣布叙利亚政府军全面控制阿勒颇局势。按各方达成的停火安排，当地平民和武装人员撤出叙政府军控制的阿勒颇城区。

在安理会和俄、土等国的推动下，阿勒颇停火与残存叛军撤离速度加快，近万名武装分子撤离。12 月 19 日，联合国安理会一致通过决议，在重申尊重叙利亚国家主权与领土完整的情况下，授权联合国人员在阿勒颇撤离进程中发挥监督作用，派出观察员，并强调要确保阿勒颇平民自愿、安全撤离，要求各方保证联合国等方面观察员安全、立即、不受阻碍的通行。当时有 100 名联合国人道主义事务协调厅工作人员在阿勒颇协助撤离，叙政府又批准联合国加派 20 名工作人员监督阿勒颇撤离进程。12 月 20 日，俄、土耳其和伊朗三国外长在莫斯科就叙利亚冲突举行磋商，议题包括叙北部重镇阿勒颇的局势。会谈后，三方一致认为，解决叙利亚危机不能靠武力，三方决定帮助叙政府和反对派达成和解并愿作相关进程的"担保人"。在联合国安理会和俄、土等国的力促下，阿勒颇等地相关撤离工作得以顺利进行。12 月 21 日，联合国安理会又通过决议，将联合国人道主义机构及其执行伙伴跨边界向叙利亚人民提供救援的授权延长一年，至 2018 年 1 月 10 日。12 月 22 日，叙军方发表声明，宣布反政府武装人员已全部撤出，政府军完全收复阿勒颇市。在整个撤离行动结束中，至少 3.5 万人撤离了，包括 7000 名反叛武装人员。

五、俄叙取得阿勒颇战役的完全胜利

作为叙反对派手中控制着的最大城市，阿勒颇的解放具有重大的意义。阿勒颇战局的走向也被认为是五年多内战的风向标，政府军士气大涨。阿勒颇围歼战持续了近半年，叙利亚政府军和叙利亚反政府武装在阿勒颇城内的攻防以及"包围—反包围"转换，代表着叙利亚国内以及地区力量的对比。叙政府军解放阿勒颇，意味着叙国内主要城市——大马士革、哈马、霍姆斯、阿勒颇都已经在政府掌控之下，沿海地区防御战线趋于完整，政府军不再为海陆补给的后路担忧，可以集中优势兵力直插极端组织 IS"首都"拉卡。

反对派士气遭受沉重打击，陷入绝望。从战场方面讲，阿勒颇的丢失，意味着反对派遭受军事上的巨大打击，已经不再控制国内的重要城市。从政治方面讲，阿勒颇的失去，意味着反对派武装以及反对派政治团体丢失位于各主要城市的据点，已经不再占据叙利亚政治版图中的重要地位，只能退缩到以逊尼派为主的偏远地区继续作战，影响力逐渐边缘化。对此，西方国家感到非常失望。2016 年 12 月 16 日，英国《金融时报》发表题为"阿勒颇之战：'感觉像是最后一次说再见'"的文章，认为 4 年来阿勒颇东部是叛军的大本营，反对派希望从这里开始终结巴沙尔的统治，但最终是巴沙尔终结了他们。阿勒颇是反对派离开的最后一个城市据点，反对派甚至发出世界末日的感慨。

西方感慨阿勒颇之战后，未来数十年中东北部将出现一个新的安全格局。这个格局包括黎巴嫩、叙利亚和伊拉克 3 个亲伊朗政权，俄在该地区也有一定影响力。美国仍在中东地区维持强大的军事存在，并与以色列、土耳其、沙特阿拉伯和其他海湾国家保持紧密的联盟关系。但俄罗斯吸引了中东所有国家的注意力，许多人现在把莫斯科看成一个更重要的地区角色，俄在中东地区影响力大大增强，可能在该地区成为仅次于美国的武器供应方。

无法接受阿勒颇丢失结果的西方尽力抹黑俄叙联军。由于政府军收复阿勒颇，当地民众欣喜若狂，纷纷走上街头庆祝。然而此时，西方媒体却纷纷在报道中将巴沙尔、俄和伊朗称为阿勒颇的摧毁者，阿勒颇人在担心俄叙联军的屠刀落下。美国国务院发言人约翰·柯比则在回答记者提问时表示，他至今没看到阿勒颇民众上街欢庆的场景。2016 年 12 月 15 日，CNN 报道，十万民众

被困阿勒颇，叙利亚军队正在大规模杀人，阿勒颇城内阴森可怕。英国广播公司报道，还有数万人被困在反政府武装控制区。法国电视24台报道，人性完全堕落，阿勒颇居民已经走投无路，即使待在家里也有可能被杀。《纽约时报》社论称，阿勒颇的陷落折磨人心，城里平民在政府军挨家挨户的搜查中被杀死，被围困的成千上万人忍饥挨饿。巴沙尔、俄和伊朗是阿勒颇的毁灭者。2017年1月8日，美国国防部长卡特接受NBC电视台采访时表示，俄对于美国打击IS的贡献"为零"，俄的存在"加剧内战"。

阿勒颇的解放，也在西方舆论中出现了"人道主义危机"的担忧。来自45个国家的223个国际组织联合向安理会发出倡议书，要求联合国和国际社会重视阿勒颇可能到来的"人权危机"，保护好阿勒颇的平民。而联合国叙利亚问题特使德米斯图拉也警告国际社会，要注意可能出现的"另一个塞尔维亚，另一个卢旺达"。这些担忧一方面是长期城市争夺战使得阿勒颇民众饱受生存之苦，另一方面担心什叶派武装人员会在阿勒颇城内"大规模报复"，这在一定程度上表明了人们对叙利亚政府"战后政治重建"的关注。联合国前秘书长潘基文尤其指出了政府军在叛军离开城市后处决80余名平民的"可信"案例，遭俄叙否认。后来事实证明，这些担心是多余的。

第五节　战局扭转下的局势不容乐观

阿勒颇的解放，是叙利亚内战进程的重要拐点，使欧美等国和反对派武装认识到无法推翻巴沙尔政权。而俄叙出于自身实力的限制，也无法完全消灭反对派武装，这为双方停火和政治和谈奠定了基础。

一、叙政府军兵力不足，无法短时间内收复全国

阿勒颇战役的胜利，使得巴沙尔把国内全部大城市收入囊中，东部沿海富庶地区全部为政府军所占领，这为巴沙尔政权的坚挺奠定了良好经济基础。但巴沙尔迫于兵力不足，无法短时间内消灭IS和所有反对派。俄也遭受西方越来越重的制裁，需要时间恢复和发展经济。

叙政府军损失过半。政府军战前有40多万大军，经过几年内战消耗，实

力下降 50% 以上。根据英国驻叙利亚观察机构估计，从 2011 年 3 月至 2017 年 7 月初，叙政府军已经有 116774 名士兵和民兵在战场上阵亡。大部分入伍的新兵，在战场上很难生存超过 3 个月。根据大多数战争伤亡比 1∶3—1∶5 来计算，政府军的伤亡总数将会高达 40 万—50 万人，这已经足以让叙军地面部队现在已经换成了第 3 波士兵，而且长期战争使得很多士兵产生厌战情绪，逃亡的士兵也比较多。目前叙政府军总兵力约 20 万人，其中为内战主力的陆军野战、内卫部队和民兵约 4 万—5 万人，真正作战人员不足 8 万人，坦克装甲车损失一半以上，50% 以上的防空系统被摧毁。另外，俄叙联军中有伊朗招募的雇佣军（含伊朗革命卫队、伊拉克什叶派民兵和阿富汗难民等）约 2.6 万人，参战的黎巴嫩真主党经战损还剩约 0.4 万—0.6 万人。以上总兵力约 23 万人，其中内战主力即地面主要作战力量约 5 万—7 万人。因此，叙军一直以来都非常缺乏足够数量的步兵，而且支持政府的人口只占叙利亚全部人口的 15%，政府军人员严重不足。连巴沙尔本人也不得不承认，"现在政府军的部队，除了人什么都有！"巴沙尔不得不依靠名为"国防军"的预备役部队和民兵队伍，这又使得军队战斗力下降。此外，在长达数年的战争当中，叙政府军简单将坦克装甲车广泛应用于巷战，缺乏步兵配合，损失了 3000 辆左右的坦克装甲车，伤亡及被俘的乘员也有近万人，这对政府军打击很大。依靠俄与伊朗的大力援助以及自身坦克维修厂的加班加点和加紧训练新组建的第五军团，才维持了叙政府军旺盛的战斗力。

即便军队损失如此惨重，但核心主力依然存在。叙政府军中具有大量的职业军人和富有经验的军官，无论是从军事素养还是战术水平，政府军都高出反政府武装不止一个档次，叙利亚危机持续这么长时间，截至目前，还没有政府军成建制反叛倒戈加入反对派，高级军官也少有公开站在政府的对立面。叙政府军能打到今天，作为核心部分的阿拉维派仍然存在，仍占据主导地位。

攻占的城市需要分兵把守，巴沙尔掌握的作战兵力不足以在短期内控制全国其他地区。叙军虽然控制了 5 座大城市，但是这些城市都基本上已经是废墟，无法产生经济效益，还要进行大量援助和驻军，防止叛军再次攻占。首都大马士革留下 7 万军队驻守，因为在首都大马士革周围的古塔，杜马和西部山区，都有大量叙反对派武装存在，他们随时伺机袭击大马士革。因此，这批部队很难调动出来。在霍姆斯、德拉、哈马等地，还有 6 万—7 万叙军驻守，也是难以被调动的，守备任务比较繁重。剩下的在阿勒颇的 5 万叙军和 2.6 万伊朗联军（包括圣城旅、伊拉克什叶派武装等）是唯一的机动部队，也是叙军最精锐的力量，包括了第 1 装甲师、第 4 装甲师、老虎师、猎鹰旅、特种部队、野战炮兵和黎巴嫩真主党武装力量。如果再次出击，那么阿勒颇也必须留下至少 3 万—4 万人进行驻守，那么机动部队将继续减少到 3 万—4 万人。虽然叛军在阿勒颇战役中遭到重创，但叙反对派、"征服阵线"，IS 武装，库尔德武装等拥有近 20 万部队，巴沙尔以不足对手五分之一的力量发动进攻，不太现实。

巴尔米拉的失利证明政府军兵力不足。在俄叙联军在攻陷阿勒颇的同一周，由于机动兵力过于集中在大马士革和阿勒颇战场，导致中部地区出现了薄弱环节，IS 乘机占领中部古城巴尔米拉，俄叙联军根本无力支援，这就暴露了政府军兵力不足的问题，当时在此地的俄叙联军根本抵挡不住占绝对优势的 IS 围攻。

叙政府采取了多种应对措施增加兵源。2012 年 3 月 27 日，政府发出禁令，如果没有获得征兵办公室的提前授权，禁止任何年龄在 18 岁到 42 岁之间的叙利亚男子前往国外。同时政府军开始招募女兵，弥补兵力不足。2013 年初，政府开始大规模招收妇女参战，招募进最精锐装备部队，组建代号为"国防雌狮"的准军事部队，手持狙击步枪和机关枪，在街头巡查。部分女兵经训练后，直接驾驭坦克、肩扛火箭筒与反对派武装交火，她们作战英勇、风格坚强，不输于任何男兵，成为当今国际上第一支亲历现代烽火的女兵部队。

二、IS 游击战术更加灵活，更难以对付

尽管阿勒颇战役中 IS 遭受重创，但 IS 仍具长期作乱的能力。当前 IS 在伊叙还拥有 1.8 万至 2.2 万名战斗人员，这些人员装备精良、作战经验丰富，军事素养甚至超过伊拉克和叙利亚正规军，擅长野战和城镇攻防战。2016 年 12 月 11 日，IS 反扑重新占据叙利亚中部古城巴尔米拉，让一度势如破竹的俄叙军事行动陷入停顿。IS 武装竟然可以躲避开俄军、叙军严密的卫星和空军侦察，从拉卡和代尔祖尔省集结了 5000 人的军队，乘坐上百辆坦克、装甲车和武装皮卡突然从多个方向向巴尔米拉发动突袭。叙军被打得完全措手不及，

驻军和少量俄特种部队根本无法阻挡住对手的多方向同时突然袭击，不得以撤离该市。

随后 IS 武装开始攻击附近的俄军工兵基地，IS 武装使用爆炸卡车突击，爆破了守军阵地，掩护其步兵突入，夺取了俄工兵基地，这里已经距离俄军 T4 空军基地非常近了，IS 武装已经对其形成了三面包围的态势。早在 2016 年 5 月，T4 基地就遭到了炮弹袭击，当时造成了俄军 4 架米 24 武装直升机、20 辆卡车以及叙利亚空军 1 架米格 25 战机损毁。IS 发动大举进攻后，俄军战机进行了反击，对巴尔米拉 IS 武装发动了 60 多次空中打击。驻防阿勒颇的叙军主力也从 3 个方向向巴尔米拉前进，IS 武装在调动叙军主力后撤离。

巴尔米拉战斗也说明了一点，未来的叙利亚战场将是游击战加运动战为主，对手不断四处袭击，寻找最佳战机，这对需要守护更多城市、兵力严重不足的政府军来说是挑战。

IS 开始转移外线作战。2016 年 5 月，为转移伊叙军事压力，"伊斯兰国"发布域外"圣战"号令。随后，塔吉克斯坦、土耳其、孟加拉国、伊拉克、沙特阿拉伯、德国、俄罗斯、法国等多国相继发生或破获由 IS 发动的恐怖袭击。IS 还开始积极与"基地"组织谈判，两大组织将在 2021 年之前联合，组建全球恐怖军事力量。

虽然 IS 在伊叙丢城失地、损兵折将，但其网络空间的存在未受到重大削弱。据兰德公司研究显示，IS 在推特上仍拥有 4.6 万个账号，其中最为活跃的有 500 至 2000 个，这些活跃账号每日发送推文 150 到 200 条。尽管推特不停地关闭这些账号，他们很快又能以匿名方式申请到新的账号或是把账号转移到更加注重"隐私"的网络平台。2016 年 7 月，IS 下属的阿马克通讯社发布一副网络版画，显示该组织网上招募的极端分子已遍布世界各地。

三、国内反对派实力不容小视

欧美支持的反政府武装大多并非职业军人，有较高文化水平的士兵也较为稀少，因此他们难以操作复杂的高科技军事装备，在战术素养上也比政府军差得多。虽然阿拉伯等美国盟国对其进行了大量援助，但反对派军队仍然组织涣散，纪律松弛，难堪大任。而且叙利亚反政府武装还经常与 IS 等极端势力"配合作战"，从而多次化解政府军的攻击危险。

阿勒颇军事行动的结束，并不意味着叙国内冲突结束。叙利亚政府，库尔德人，各类反政府武装以及 IS 都仍在叙利亚境内拥有各自的控制区。叙利亚北部和东部大量地区仍在反对派武装控制中，反政府武装还控制着西北部的伊德利卜省，IS 武装控制着叙伊边境的拉卡和中部代尔祖尔大部地区，库尔德武装则控制了叙土边境地区以及卡米什利和哈塞克两地，已经建立起了事实上的政治军事实体。首都大马士革周围的内陆地带则被各武装势力分割占据。阿勒颇北面是库尔德武装和叙反对派，西面的伊德利卜是叙反对派武装，东面就是 IS 武装的大本营拉卡，阿勒颇市三面受到对手的包围。

撤离的反对派获得欧美等国的武器装备，实力恢复很快。阿勒颇战役结束后，从阿勒颇撤离的近万名叙反对派武装，都只剩下了轻武器，急需欧美更多武器进行补充，恢复战斗力。所以战役结束后，欧美等国也加快援助反对派重型武器装备。2016 年 12 月 8 日，奥巴马解禁对叙利亚反对派的武器援助禁令，为反对派恢复武装铺平道路。海湾国家也加大对反对派武装力度。12 月 25 日，约旦，沙特再次向美国订购了 300 枚"陶氏"反坦克导弹，以援助叙反对派用于对政府军的作战。

注　释

【1】高级谈判委员会 2015 年 12 月在沙特首都利雅得成立，主要由叙利亚境外最大反对派"全国联盟"和部分武装派别成员组成，以解决由于叙利亚境内外反对派错综复杂，各自为战，无法与叙政府进行谈判的问题。

【2】自 2016 年 9 月初以来，1000 多名伊拉克什叶派武装人员加入阿勒颇战役。这些民兵曾在 2012 年到叙利亚参战，为巴沙尔阵营作战。但后来他们撤回到伊拉克攻打 IS。这次他们重返叙利亚让巴沙尔有了一支拥有城市巷战经验的增援部队。

【3】马格尼茨基是俄律师，因指认多名俄官员合谋侵吞 2.3 亿美元税款而被捕，2009 年预审羁押期间死亡。2012 年 12 月，美国总统奥巴马签署与俄人权问题捆绑的《马格尼茨基法案》，规定不得向列入制裁名单的俄罗斯人发放入境签证，禁止与其开展生意往来，并冻结这些人员在美资产等。

【4】详细制裁内容参见拙作：《乌克兰危机警示录——和平发展道路中的战争准备》，国防

工业出版社 2016 年版。

【5】最令人闻风丧胆的是奥斯卡 II 型核潜艇，该型核潜艇可以携带 24 枚重型反舰导弹——花岗岩，时至今日，花岗岩的秘密数据外界也不敢确定其威力到底多大，苏联时期花岗岩反舰导弹是航母的标配，是真正的航母杀手。此外，该型潜艇的降噪性能十分出色，采用七叶大侧斜螺旋桨、浮筏减振，还具备一定能力的隐身性，这让地中海的美军不敢轻举妄动。

【6】俄资料显示 S-300 防空导弹最远拦截距离为 200 公里，其拦截各种飞机和弹道导弹的最大射高（即最大拦截高度）分别为 25 公里和 30 公里。这种导弹由发射车机动运载，一辆发射车可连续射出最多 4 枚 S-300 导弹。此外，为每辆发射车服务的两个小型雷达站可同时追踪 24 架飞机或者 16 枚弹道导弹。

【7】"伊斯坎德尔"为陆基机动型战役战术导弹，可搭载常规弹头或核弹头，增程后射程可达 2000 公里，采用惯性、卫星导航和景象匹配复合制导，命中精度小于 10 米，具备机动变轨能力，使用固体燃料，飞行速度是"战斧"式巡航导弹的 2—6 倍，难以拦截，主要用于精确打击敌纵深重要的点目标。

【8】在反对派占领的四年中，反对派曾对当地人进行了传教改造，试图加强伊斯兰教的影响力，叙利亚的基督信徒都处在地下状态，只能私下庆祝圣诞节、组织小型的庆祝活动，更有不少基督教信徒遭到了 IS 的杀害。

第 七 章

俄主导阿斯塔纳和谈推动叙利亚和平进程

取得阿勒颇大捷后，俄罗斯联手土耳其等国全力剿灭 IS，并通过阿斯塔纳和谈开启国内政治解决危机的进程。

第一节　携手土耳其等国围剿 IS

俄罗斯联手土耳其等国，共同打击 IS，加速了 IS 的灭亡。

一、俄军倾注全力打击 IS 组织

俄军约 50 多架各型战机部署在打击 IS 的前线，包括 11 架苏-24M 战斗轰炸机、8 架苏-35 战斗机、25 架苏-25SM 强击机、12 架米-24 攻击直升机、4 架苏-34 战斗轰炸机、4 架苏-30SM 战斗机、4 架米-8 多功能直升机，还有米-28H、卡-52 和米-28UB 等新型直升机。俄罗斯同时在境内部署 4 架苏-27SM、6 架图-95MS 战略轰炸机、5 架图-160 战略轰炸机、8 架苏-34 战斗轰炸机以及 14 架图-22M3 战略轰炸机，随时待命。截至 2017 年 10 月，90% 的俄空军飞行员赴叙参战，俄战机出动 3 万多架次，打击了 9 万多个目标，共摧毁 IS 及反对派武装 725 个训练营、405 个生产弹药的工厂与作坊、1500 辆坦克装甲车、3.5 万名武装分子，包括 204 名指挥官。

俄罗斯海军在叙主力为地中海分舰队，长期保持 10 至 15 艘舰艇。最初以"莫斯科"导弹巡洋舰为首，之后波罗的海舰队侦察船、黑海舰队潜艇"顿河畔罗斯托夫"号加入，导弹巡洋舰"瓦兰吉"替换"莫斯科"导弹巡洋舰。2015 年 10 月 7 日，4 艘里海舰队导弹艇舰船加入。2016 年 2 月 13 日，黑海

舰队海上扫雷舰"科夫罗维茨"与小型导弹艇加入。8月9日，黑海舰队小型导弹艇在地中海东部发射"口径"巡航导弹打击IS目标。9月，6艘战舰及4艘来自俄各舰队的保障船编入地中海分舰队。11月15日，俄航母"库兹涅佐夫"号首次在叙参战。俄还派出黑海舰队海军陆战队参与叙军事行动。

为保护俄驻叙空军基地，俄派出南方军区特战分队。2016年4月，俄炮兵分队参加阿勒颇战役。11月17日，俄41集团军120独立炮兵旅分队（装备152毫米牵引加农榴弹炮）投入叙战场。从2016年12月起，俄特种部队加入了夺取阿勒颇市的战斗。俄军在赫梅米姆空军基地还部署有若干混成摩步分队，装备T-90坦克和BTR-80轮式装甲运兵车。从2016年3月下旬至2017年3月上旬，俄军至少派出2个工兵分队赴叙执行扫雷任务。2017年2月底至3月初，2套"动物园"反炮兵雷达系统被部署在赫梅米姆机场，以标定破坏停火协定的武装组织炮兵阵地。

俄军在叙建立了联合防空系统，重点保护赫梅米姆空军基地和塔尔图斯海军基地，包括：S-300BM和S-400防空导弹、"堡垒"防空系统、"铠甲-C1"近距防空导弹、"山毛榉-M2"中程防空导弹、经俄专家升级的叙军"胡蜂"、萨姆-5、S-200等防空系统。俄军还出动了一大批最新型的通信系统、情报系统、电子战系统，还有数十颗卫星等。俄军还在叙利亚迅速建立起了地、海、天基一体化与远、中、近程、末端一体化防空反导作战体系，实现了俄叙空中侦察系统的信息与技术的互联互通。

2017年12月28日，俄总统普京表彰赴叙参战的俄军士兵。俄国防部表示，共有4.8万俄军士兵参战，飞机出动3.4万架次。

二、成功联合土耳其出兵打击IS

土耳其推翻巴沙尔的政策难以为继。随着俄军大规模空袭IS和土耳其支持的反对派武装，使土耳其依靠反对派推翻巴沙尔政权的企图破产。而叙库尔德人在美国全力支持下迅速壮大，准备在叙北部建立库尔德联邦，严重威胁到土耳其国家安全与利益。同时叙利亚内战的混乱和难民危机也向土耳其及其周边不断溢出，受到欧盟严厉指责。从2015年年底至2016年底，土耳其安卡拉火车站、伊斯坦布尔景区、机场、夜总会等地先后发生恐怖袭击，造成至少

400 人丧生，并带来了一系列经济、社会、安全与外交困境与矛盾。

此后，土耳其为讨好美国，击落俄战机报复俄，并成功瓦解俄欧的靠近。2015 年 11 月 13 日，巴黎发生重大恐怖袭击案后，法国总统奥朗德与俄总统普京就联合打击 IS 进行电话磋商，地中海的俄舰队同法国"戴高乐"号航母特混舰队直接协调反恐行动。法国准备用保留巴沙尔政权来换取与俄联合打击IS，俄则想利用法国让欧盟在因乌克兰危机制裁俄的问题上有所松动，因此奥朗德准备 11 月 26 日访问莫斯科协商上述事宜。正在法俄靠近时，11 月 24 日，土耳其的 F-16 战机在叙土边境击落了俄军一架正在轰炸 IS 的苏-24 战机，导致俄与土、北约和欧美关系全面紧张，顿时瓦解了俄法靠近的可能性。

俄土关系全面紧张。因北约公开支持土耳其，俄无法直接军事打击土耳其，转而实施一整套"组合拳"式的报复：政治舆论上揭露土耳其与 IS 的石油利益输送，打击土耳其国际形象。经济上中断相关油气合作项目，对土实施旅游禁令和工作签证禁令，全面贸易制裁，仅俄游客减少就使土耳其旅游年收入减少至少 70 亿美元。军事上大力援助库尔德人，重创亲土耳其的"土库曼旅"，并趁势将 S-300 系统和苏-35 战机等先进装备相继进驻叙利亚，对土形成巨大军事压力，两国关系陷入"冰点"。

土耳其冒着极大的战略风险击落俄战机，本意是报复俄支持巴沙尔，并阻止俄欧关系缓和，同时讨好美国。然而事件发生后，在俄大兵压境土耳其的情况下，美欧等国不但没有表示支持，反而撤走了部署在土耳其的"爱国者"防空导弹系统，让土耳其独自面临俄沉重的压力，也让土异常愤怒。迫于压力的土耳其总理达武特奥卢辞职，总统埃尔多安不得不数次公开表示要改善与俄关系，但遭俄拒绝。

欧美支持土耳其政变导致土与欧美决裂。2016 年 7 月 15 日晚，受到美国庇护的土耳其宗教人士费特胡拉·居伦策划土耳其军事政变，土耳其总统府和埃尔多安视察途中的居住酒店遭遇炮击，俄及时出手提前通报，使埃尔多安免遭一死。政变发生后，埃尔多安乘坐直升机准备飞往北约盟国——德国避难，但遭拒绝，后不得不飞往伊朗，并在伊朗帮助下利用社交媒体呼吁国内民众上街才阻止了政变。这场政变令埃尔多安对美国愤怒不已，土美关系迅速冷却，美国拒绝引渡居伦，而土军队一度封锁美军因吉尔利克空军基地，切断其基地电力供应，对美军关闭领空，使得美国不得不暂停空袭 IS。【1】再加上美国公开武装叙利亚库尔德人，与土耳其的矛盾日益深化。进入 2016 年下半年以来，土耳其与欧盟在难民安置、土耳其修改宪法公投等问题上龃龉不已，关系紧张。此时，土耳其陷入了既无法推翻巴沙尔政权、不能管控 IS 威胁、不能限制库尔德势力扩张困境中，与欧美关系又全面紧张，只能取得俄和叙利亚的默许与支持，才能重新回到叙利亚权力游戏中，维护自身安全和利益。

俄土合作打击 IS。埃尔多安在俄帮助下平息政变后，彻底倒向俄，按照俄要求对击落战机事件进行道歉、赔偿损失，并对相关人员判刑。2016 年 8 月 10 日，俄陆续解除对土的各项制裁。8 月 11 日，俄土成立叙利亚问题委员会，就叙利亚问题进行协调。8 月 20 日，土耳其宣布新的叙利亚政策，与俄和伊朗合作，放弃推翻巴沙尔。【2】同一天土耳其表示，俄可以入驻因吉尔利克空军基地。8 月 24 日，在俄叙默许下，土耳其军队发起"幼发拉底河盾牌"行动，攻占了叙利亚的杰拉卜卢斯及其南部，切断叙北部东西两个库尔德人控制区的联系。2017 年 3 月 31 日，土耳其宣布"幼发拉底河盾牌"行动"胜利"结束，基本上控制了叙土边境区域，肃清并牵制了不少 IS 兵力，有力帮助了俄叙联军取得阿勒颇大捷，也阻止了叙库尔德人东西部的联合。

土耳其出兵叙利亚是俄在解决叙危机的一步妙棋。一方面压制了叙库尔德人武装在美国支持下的发展壮大，抵消其对叙政府军的威胁，化解俄在库尔德人武装与叙政府军之间的尴尬地位。此外，土耳其出兵还封闭了土叙边境，切断了 IS 招募外国士兵、获得武器弹药的主要通道，【3】对 IS 无疑是釜底抽薪。此后土耳其在土叙边境修筑隔离墙，配合亲土武装占领的"安全区"，隔断库尔德人联系，断绝 IS 通道。整个土叙边境的隔离墙在 2017 年上半年竣工。土耳其还驱赶了在叙北部的一些美军。2016 年 9 月 17 日，6 支美国特种部队在叙利亚自由军的威慑下离开了土叙边界的小城拉埃伊（al-Rai）。

俄土联手打击 IS。2017 年 1 月 14 日，俄土签署叙领空飞行安全备忘录，协调空中力量打击 IS。1 月 18 日，9 架俄战机和 8 架土战机在叙北部巴卜展开联合空袭，摧毁 36 个 IS 目标。2 月 7 日，俄协调土耳其部队、反对派武装和叙政府军，围歼了阿勒颇北部要塞巴卜城的 IS 武装。

三、俄联手中东其他力量打击 IS 组织

俄罗斯联手伊朗保卫巴沙尔政权。早在俄军空袭 IS 的数月前，伊朗伊斯兰革命卫队"圣城旅"指挥官卡西姆·苏莱曼尼就造访莫斯科，并同俄达成一致，尽力确保巴沙尔政权，使叙利亚成为阻止 IS 等极端组织向俄罗斯和伊朗蔓延的"屏障"。此后，俄罗斯与伊朗军事机构共同打击 IS 和反对派武装。

组建中东反恐情报联盟，合力打击 IS。借 2015 年 8 月巴格达恐怖袭击事件，俄罗斯联合伊拉克、伊朗和叙利亚在巴格达成立情报中心，分享有关 IS 的情报，加强反恐合作。另外，俄罗斯出兵前与希腊达成协议，允许俄罗斯空军在 9 月 1 日至 25 日穿越其领空。俄罗斯还与伊朗和伊拉克达成协议，允许其战机或导弹飞越领空。10 月，俄罗斯还与约旦在安曼设立叙反恐行动协调机构。

联手叙利亚部分库尔德人。叙利亚阿夫林州处于叙国境西北角，北部濒临土耳其，是库尔德人控制区，于 2014 年 1 月宣布自治。由于阿夫林州无法承受当地"征服阵线"的猛烈攻击，叙库尔德人武装根本无力顾及该地区，所以不得不求助于俄叙。2017 年 5 月 2 日，俄军应邀进驻阿夫林州，阻止极端武装组织进攻，救援当地民众。

利用伊朗和伊拉克领空或军事基地。2015 年 10 月 7 日，俄罗斯里海舰队发射 26 枚"口径-NK"巡航导弹，导弹飞越伊朗和伊拉克领空，击中叙境内 11 处极端组织目标。2016 年 8 月 16 日，俄罗斯在伊朗哈马丹空军基地部署的图-22M3 型战略轰炸机和苏-34 轰炸机起飞，空袭阿勒颇、伊德利卜等地的 IS 目标。第二天，俄军苏-34 战机再次从哈马丹空军基地起飞，空袭 IS 阵地。这是俄罗斯首次利用第三国军事基地打击叙境内的武装分子，同时是伊朗伊斯兰革命后，首次允许他国利用伊朗领土开展军事行动，即便是在伊美关系紧密的巴列维王朝时期，伊朗也从未同意美国使用其军事基地，显示俄罗斯在叙利亚组建新联盟并成为主导力量，引起美国高度警惕。2016 年 11 月 26 日，伊朗政府表示，俄罗斯获准继续使用伊朗的空军基地展开对 IS 的进攻，并允许为其飞机加油。

利用伊朗基地大大提高了俄军空袭效率。俄军图-22M3 型战略轰炸机此

前从俄罗斯南部城市莫兹多克起飞，至叙利亚飞行距离达 3000 千米，载弹不过 5 至 8 吨。现在从伊朗起飞，作战半径仅 700 千米，能减少 60% 的飞行时间，并可使载弹量达到满载的 22 吨，打击效率增加 2 倍。俄罗斯使用伊朗军事基地，证明俄伊关系更加紧密。2017 年 2 月 11 日，伊朗已再次允许俄飞机使用其领空打击 IS。此外，伊拉克、土耳其和塞浦路斯等国均表示愿意向俄罗斯开放领空或使用基地。

俄罗斯还文武结合，以打促谈，组建了叙利亚冲突各方和解中心，派驻了大量熟悉当地语言和时局、能够研判局势发展的专家。该中心在促进各政治派别直接政治和谈、劝降反对派武装过程中发挥了重大作用。

俄提议联手打击 IS 的主张遭美国拒绝。2017 年 11 月 16 日，俄提议与美国联手打击叙利亚境内的 IS，遭美方拒绝，美国的理由是，美国打击 IS 不需要第三方介入。

四、叙境内的"伊斯兰国"组织逐渐走向灭亡

叙境内"伊斯兰国"各级头领相继被击毙。2017 年 5 月 21 日，伊拉克空军空袭摩苏尔，击毙 IS 武装负责伊拉克尼尼微省和叙利亚卡拉地区协调工作的头目穆罕默德·梅杰勒·朱瓦。5 月 25 日，叙政府军击毙 IS "战争部长"阿布·穆斯阿布·马斯里。5 月 28 号，俄军空袭 IS 位于叙拉卡南郊的指挥部，炸死包括 IS 首领巴格达迪在内的 330 名 IS 中高层成员。5 月 31 日，美军空袭击毙 IS 最高宗教领袖阿比里尼。7 月 11 日，IS 确认巴格达迪已经死亡，IS 利比亚分支的头目贾拉勒丁·图尼西成为极端组织的新头目。【5】这是全球反恐的一个重大胜利，也是对大势已去的 IS 的沉重打击。10 月 4 日，俄军空袭"征服阵线"指挥部，该组织头目乔拉尼身负重伤。

剿杀 IS 行动进入收官阶段。2016 年 12 月 6 日，利比亚政府军夺回 IS 在港口城市苏尔特的最后一处据点，标志着 IS 在利比亚境内不再拥有控制区。2017 年 7 月 9 日，伊拉克政府军正式宣布全面解放摩苏尔，标志着 IS 在伊拉克"永远终结"。8 月 20 日，伊拉克政府军向 IS 在伊拉克的最后一个主要据点——塔尔阿法地区发起总攻。在阿富汗，2017 年 3 月以来，IS 阿富汗分支占领区的三分之二已被收复。2017 年 8 月 9 日，由黎巴嫩真主党、黎巴嫩政

府军和叙利亚政府军共同肃清了叙黎边境的 IS 等极端组织，叙黎两国完全控制边境地区。12 月 9 日，伊拉克政府军宣布解放所有被 IS 占领的领土。

在叙利亚战场，拉卡战役和代尔祖尔战役成为剿灭境内 IS 的最后战役。2016 年 11 月，叙利亚民主军发起收复 IS 的首都拉卡的战役。2017 年 9 月和 10 月，拉卡与代尔祖尔分别被叙政府军和库尔德人收复，IS 的最后时刻到来。11 月 8 日，叙政府军攻占 IS 在叙境内最后据点阿布卡迈勒，打通什叶派陆上交通线，"什叶派之弧"全线贯通。12 月 9 日，俄宣布彻底击败叙利亚境内的 IS。12 月 12 日，俄总统普京宣布从叙利亚撤军。

IS 最终会成为一支恐怖组织游击队。从 2017 年元旦土耳其伊斯坦布尔的雷纳夜总会恐怖袭击案，到 6 月的英国伦敦闹市区轿车恐怖袭击案和 10 月份拉斯维加斯枪击案，全球各大洲密集发生大规模恐怖袭击案，造成重大伤亡。此外，IS 还企图在菲律宾等地重新建立根据地。2017 年 5 月 25 日，500 多名 IS 分子攻占了菲律宾南部马拉维，直到 10 月份菲政府军才收复此地。8 月 13 日，IS 联手阿富汗塔利班，控制了萨里普省北部的萨伊德（Sayad）地区。[6] 11 月 27 日，IS 袭击埃及开罗，造成 300 多人伤亡，其中死亡 128 人。12 月 12 日，IS 占领了阿富汗北部朱兹詹省的两个地区，阿富汗政府军开始清剿行动。

第二节 首轮阿斯塔纳和谈确立全国停火机制

在携手各方围剿 IS 的同时，俄罗斯还联合土耳其、伊朗，通过阿斯塔纳和谈，开启和平解决叙利亚问题的政治进程。

一、俄促成各方停火并召开政治和谈

基于严重缺乏兵力的事实，虽携带着拿下阿勒颇市的威势，俄叙并没有对所有反对派发出死亡威胁，反倒开始积极呼吁进行停止叙利亚战争的和谈。2016 年 12 月下旬，在阿勒颇战役接近尾声时，为了拉拢人心，俄叙宣布，凡是在阿勒颇战场上投降的人，只要经过甄别没有特别严重的问题，都予以释放。而反对派在阿勒颇战役中遭受重创，其"建国"希望彻底破灭，俄叙的招降彻底摧毁了其心理防线，极大动摇了反对派的阵脚，每天都有数百人向俄叙

联军投降，其控制的地盘在迅速瓦解。2016年12月27日，部分反对派武装在大马士革组成"叙利亚民主阵线"，放下武器，积极参与政治解决叙利亚危机的进程。

2016年12月20日，俄罗斯、土耳其和伊朗三方外长及防长发表"莫斯科宣言"，要尽快结束叙利亚内战，实施停火和政治和谈。12月29日，在俄土伊三国协调下，叙利亚政府和反对派达成停火协议，于大马士革时间30日零时开始生效，此次停火协议共包括三份文件：第一份是关于在叙利亚全境实行停火，不扩大各自控制区域；第二份是关于停火机制的综合监督措施；第三份是关于同意启动和谈的声明，但IS和"征服阵线"等恐怖组织不属于停火对象。

叙利亚政府和反对派的全国联盟均表示支持停火协议，也得到了国内7个反对派武装的支持，包括：深水军团（Faylaq al-Sham）、自由沙姆人伊斯兰运动（Ahrar al-sham）、伊斯兰军（Jacysh al-Islam）、沙姆革命军（Thuwwar Ahl al-Sham）、认主独一军（Jaysh al-Mujahidin）、伊德利卜军（Jaysh Idlib）、沙米亚阵线（Jabhat）。这7个反对派拥有6.2万名战斗人员，是反对派武装的核心力量，集中在叙中部和北部地区，而那些没有加入停火机制的武装派别将被列为恐怖组织并受到俄叙联军打击。俄表示，若停火协议能得到维持，将减少在叙利亚境内的军事存在。

俄土伊三国充当停火协议担保人和叙利亚和平进程的监督者。叙利亚内战打了这么多年，任何停火都很脆弱。在停战协定达成2个小时后，叙政府军和反对派在伊德利卜和哈马省交界处再次发生冲突。12月29日，普京也承认，目前达成的全面停火协议还很脆弱。但此次停火由于得到了俄、土耳其和伊朗的担保和监督，这三个国家是叙利亚政府和叙利亚反对派的主要支持者，所以有这三国的担保和监督，此次停火协议得到了基本遵守和延续。

俄土伊三方促成停火和开启政治和谈获得安理会支持。为了使自己的政治解决叙利亚问题方案获得国际支持，俄罗斯和土耳其将停火协议和政治和谈方案提交安理会，以获得国际支持。2016年12月31日，安理会一致通过决议，支持俄土伊日前促成的叙利亚停火协议，同时要求尽快将人道援助物资送到叙利亚各地，重启日内瓦和谈。

二、俄罗斯主持阿斯塔纳和谈确定全国停火机制

在阿勒颇战役即将结束的时候，2016 年 12 月 1 日，俄外长拉夫罗夫表示，消灭恐怖分子的同时，应基于 2012 年 6 月 30 日的《日内瓦公报》、联合国安理会 2254 号决议、叙利亚国际支持小组的决定，开启包容性谈判。但和谈必须是叙利亚人自己来谈。12 月 29 日，普京和土耳其总统埃尔多安进行通话，讨论俄土伊三国于 2017 年 1 月 23-24 日，在哈萨克斯坦首都阿斯塔纳举行会议，为叙利亚和平谈判铺平道路。2017 年 1 月 16 日，叙反对派最高谈判委员会首席谈判代表确认，所有反对派团体同意阿斯塔纳和谈的倡议并将派代表出席，主要目的是在维持停火的基础上进一步推动叙利亚和平进程。

国内反对派武装首次与政府谈判。2017 年 1 月 22 日，在阿斯塔纳和谈开始前，俄土伊代表举行了数小时磋商，以拉近各方立场，全力促使和谈取得成果。23 日，叙政府和反对派在阿斯塔纳举行和谈。此次和谈的最大特点是叙武装反对派取代国外流亡反对派参加和谈，也是叙政府与武装反对派首次同时派出代表参与的国际和谈，与会者包括叙政府和反对派以及俄土伊等国际调停人。美国政府受邀作为观察员出席和谈，美国国务院只派驻哈萨克斯坦大使出席，联合国叙利亚问题特使德米斯图拉也受邀出席。叙利亚反对派代表团成员共有 50 人，由 13 支反政府武装组成，有 13 名反对派代表和 21 名法律与政治顾问，叙政府代表团由叙利亚常驻联合国代表巴沙尔·贾里法率领的 10 人组成，第一轮和谈不是面对面的谈判，和谈主要目的是尽快实现全面停火。

谈判的重点是巩固停火协议并就打击恐怖组织达成协议。各方同意延长2016 年 12 月底生效的停火协议，并区分反对派与 IS 和"征服阵线"，反对派武装与俄叙联军联合打击 IS，和谈没有坚持将巴沙尔排除在叙利亚冲突解决方案之外。1 月 24 日，阿斯塔纳和谈结束发表声明称，有关各方将"建立一个三边机制，观察并确保全面遵守停火协议、预防挑衅行为并确定停火的各个步骤"。支持反对派的土耳其和支持叙政权的俄与伊朗都赞同国内反对派武装出席下月的联合国叙利亚问题日内瓦和谈。此外，此轮阿斯塔纳和谈还声明各方须尊重叙利亚的主权独立和领土完整，用武力无法解决叙利亚问题。

在停火机制帮助下，停战地区不断增加。2017 年 1 月 22 日，据叙利亚境

内的俄罗斯停战中心发布的公报消息，叙境内停战居民点的数量已经增加到1140个，坚持停战政策的反对派武装队伍达104支。俄土伊三国还与阿勒颇省、哈马省、霍姆斯省以及库奈特拉省的反对派武装头目进行关于加入停战协议的谈判。截至7月15日，俄国防部发布消息称，叙利亚签署停火协议的居民点数量已达到2015个。

阿斯塔纳和谈是叙利亚问题的一个重大转折点，标志着俄开始主导叙利亚危机的政治进程，美国被日益边缘化。此后，叙利亚问题政治解决按照两条线同时进行，一条线是俄土伊三国主导的阿斯坦纳和谈，由国内反对派武装与叙利亚政府直接面对面谈判，并取得了积极成果。另一条线是联合国主持的日内瓦和谈，由境外反对派与叙政府谈，但双方僵持在巴沙尔去留的问题上，无法取得实质成果。

三、确立停火机制、区分 IS 等极端分子与反对派

2017年2月15—16日，在第二轮阿斯塔纳和谈上，俄罗斯、土耳其和伊朗成立监督叙利亚停火三方联合行动小组，监督叙利亚停火机制，落实相关技术和细节问题，以确保停火协议的真正执行。同时还建立了双方交换战俘的机制。鉴于叙利亚历次停火协议都被极端分子搅乱而失败，从源头上区分 IS 等极端分子和反对派武装，划分其各自控制区，成为执行和落实停火协议的关键。

俄土伊三方联合行动小组划定叙利亚境内 IS 控制区，与叙反对派区分。境内的极端组织和温和反对派如何区分，一直是叙内战爆发以来欧美头疼的问题，但在俄土伊三国的努力下，最终得以解决。2017年2月6日，在阿斯塔纳举行的俄土伊监督叙停火联合行动小组首次会议上，三方代表基本划定了境内 IS 和"征服阵线"的控制区域，将叙反对派武装与恐怖分子各自掌握的区域区别开，真正把反对派从恐怖组织中划分出来。这一"划界"成果堪称突破，将有助于各方精准打击恐怖组织。

细化停火机制。在监督叙利亚停火联合行动小组第一次会议，与会各方讨论了叙利亚停火协议执行情况、监督停火的有效机制、人道物资发放以及在叙政府和反对派之间建立信任等问题。会后，各方宣布，通过俄罗斯和伊朗已建

立监督停火中心，每天交换有关违反停火协议的情况，与会各方将继续合作以实现彻底停火。同时俄方持续对叙利亚平民实施人道救援。俄罗斯提出的有关巩固停火协议的联合行动小组规定草案也已基本协商完毕，计划在阿斯塔纳下次和谈期间签署。

停火协议也得到了各方的执行，尤其是反对派在土耳其的督促下，也严格执行了停火协议。2017 年 5 月 24 日，在此前划定的位于叙利亚拉塔基亚北部的停火区，是一股来自"东突"的武装分子，【7】因炮击政府军控制区、破坏停火协议而遭到由土耳其所支持的叙反对派武装"沙姆自由人伊斯兰运动"的进攻，该组织已经参与了叙利亚政府主导的联合停火，并在其控制区内有效执行停火。事后，该组织还逮捕了向政府军开火的"东突"头目。

四、数轮"代理人谈判"的日内瓦和谈效果甚微

迄今为止，联合国叙利亚问题日内瓦和谈召开了八轮，都由联合国叙利亚问题特使主持，采取双方不见面，特使作为中间人传话的方式谈判。谈判一方为境外最大反对派全国联盟，派出高级谈判委员会。另一方为叙利亚政府，由叙利亚驻联合国大使贾法里率领。双方在关于巴沙尔去留、过渡政府组建、反恐、人道主义救援和释放被俘反对派武装分子等实质性问题上没有达成任何结果，使日内瓦和谈成为开始即结束的"代理人谈判"。

第一轮日内瓦和谈就成立反对派和巴沙尔的联合过渡政权达成共识。2012年 6 月 30 日，安南主持安理会五个常任理事国、欧盟、阿盟及土耳其、伊拉克、科威特和卡塔尔等部分叙利亚周边国家的代表，在日内瓦召开叙利亚问题行动小组外长会议，明确支持安南"六点和平建议"、政治解决叙利亚危机、由叙利亚人民主导政治过渡的指导方针和原则达成共识，同意建立一个包括反对派和巴沙尔政权在内的联合政府作为过渡管理机构，这成为日后国际社会推动叙危机政治解决的指导原则。但由于欧美坚持将巴沙尔排除在过渡政权之外，反对派拒绝接受和谈结果，再加上安南斡旋的失败而没有实现。

"化武换和平"协议达成并履行后，在俄美协调下，2014 年 1 月 22 日，第二轮日内瓦和谈在瑞士蒙特勒举行。此次会议分两个阶段，第一个阶段是联合国秘书长潘基文主持，有美俄英法中等 30 多个国家外长出席，由于美国坚

持巴沙尔下台，第一个阶段没有取得任何成果。第二阶段由从 1 月 25 日开始，由联合特别代表卜拉希米在日内瓦主持，叙政府与反对派全国联盟参加，叙利亚全国委员会则抵制日内瓦和谈并退出了全国联盟，所以全国联盟的代表性受到众多反对派质疑。双方僵持在过渡政府是否包括巴沙尔这个根本问题上，反对派多次威胁退出，卜拉希米在美俄的协调下，生拉硬扯双方进行谈判，双方没有达成实质性成果。唯一的成果就是同意向亚尔穆克难民营、阿勒颇市和大马士革送去部分人道救援物资。此后，卜拉希米宣布无限期推迟和谈。

随着 IS 的崛起威胁到世界和平与安全，2015 年 12 月底，安理会通过第 2254 号决议，要求叙利亚在 2016 年 1 月实现停火，进行政治和谈，选举成立联合政府，以便集中力量打击 IS。2016 年 2 月，由于叙境内实现停火，美俄协调叙政府与反对派开启第三轮日内瓦和谈。3 月 14 日，联合国叙利亚问题特使德米图拉主持第三轮和谈，依旧是通过主持人中间传话，以背靠背的方式进行，反对派由新成立的高级谈判委员会代表。双方依旧僵持在巴沙尔是否下台的问题上，而且反对派要求政府满足停止空袭、解除围困、释放政治犯作为先决条件，遭政府拒绝，和谈没有取得任何结果。

首轮阿斯塔纳和谈确立停火机制并实现停火后，俄土伊三国希望通过日内瓦和谈获得国际社会支持，以最终彻底解决叙利亚内战，所以联合国主导的第四轮叙利亚问题日内瓦和谈也重新开始。2017 年 1 月 27 日，叙利亚境内外反对派代表在莫斯科召开会议，意在组建参加日内瓦和谈的统一代表团。2 月 23 日重启日内瓦和谈，但仍然由德米斯图拉分别与双方代表团举行和谈，穿梭传话。3 月 3 日，和谈结束。本轮和谈就在联合国安理会 2254 号决议框架下寻求政治解决叙利亚问题的四个议题：政治过渡，宪法、选举和反恐及其相关问题设立了日程和议题，【8】以谋求结束这场已经持续了 6 年之久的冲突并打破叙利亚政治僵局，由于在巴沙尔去留等重大问题没有共识，和谈没有取得实质性成果。

2017 年 3 月 31 日，举行第五轮叙利亚问题日内瓦和谈。本届和谈依旧是中间人传话式的谈判。谈判结束后，联合国秘书长叙利亚问题特使德米斯图拉表示，本轮和谈取得一定程度的进展，但是各方未达成和平协议。两方分别与德米斯图拉就"四个篮子"议题，即组建新政府、修订宪法、选举和反恐展开讨论，并涉及巴沙尔去留等诸多实质内容，但没有取得任何成果，双方不欢而散。

2017 年 5 月 19 日，联合国主导的第六轮叙利亚问题日内瓦和谈落下帷幕。本轮和谈没有达成任何成果性文件。参与各方就共同关注的一些"实质性问题"进行了讨论，但在和谈主要议题组建民族团结政府、修订宪法、重新举行大选以及反恐等"四个篮子"方面并没有进行深入的和谈。

2017 年 7 月 10 日，第七轮叙利亚问题日内瓦和谈正式启动，谈判方式依旧是叙利亚问题特使德米斯图拉中间传话，本轮和谈的核心议题依然是"四个篮子"，也就是组建民族团结政府、修订宪法、重新举行大选以及反恐相关议题，但各方在巴沙尔去留等重大问题上仍存在根本分歧，依旧没有达成任何成果。对此，9 月 8 日，叙利亚问题特使德米斯图拉表示，反对派应接受失败的现实并与巴沙尔达成妥协，但遭反对派拒绝。

2017 年 11 月 28 日，第八轮叙利亚问题日内瓦会谈在日内瓦召开，仍采取联合国特使德米斯图拉中间传话的形式进行。由于反对派坚持巴沙尔必须下台，双方不欢而散，会谈没有取得任何成果。

第三节　设置冲突降级区实施人道主义救援

通过阿斯塔纳和谈设立冲突降级区，是俄罗斯加快叙利亚结束内战、推进政治进程的关键一步。

一、俄"穿梭外交"达成设置冲突降级区的共识

2017 年 4 月底，普京授权组建俄罗斯国防部叙利亚问题特别工作组，带着起草的停火协议草案，先后前往了大马士革、伊朗、土耳其和阿曼，甚至与以色列进行了沟通，听取了各方意见，就建立冲突降级区与各方达成广泛共识。5 月 3 日，普京会见了土耳其总统埃尔多安，双方同意在叙利亚设立冲突降级区。【9】俄和伊朗支持叙政府，大部分叙反政府武装都受土耳其支持，俄土伊三方就设立冲突降级区达成共识，为叙全境实现停火创造了条件。

设置冲突降级区获得美国赞同。2017 年 5 月，美国刚刚在叙利亚结束大

规模空袭完叙政府军空军基地后，为应对朝鲜半岛紧张局势，派出三支航母编队云集朝鲜半岛，中美俄三国就朝核问题、"萨德"问题展开激烈较量的时候，特朗普在叙利亚问题上展示了一定的妥协，在叙利亚设立冲突降级区的问题上与俄合作。5月2日，普京与美国总统特朗普举行电话会晤，双方一致认为必须竭尽所能，寻求加强停火机制的方法，停止暴力冲突，为解决叙利亚危机得到实质性进展创造条件。双方还讨论了在叙利亚危机背景下打击国际恐怖主义的协作前景，在中东消除恐怖主义的合作等，包括在叙利亚即将建立的"冲突降级区"设想，实现持久、和平的人道主义援助等等。5月10日，特朗普在白宫会见俄外长拉夫罗夫，这是俄外长4年来首次访美，双方表示希望尽快结束叙利亚冲突。

二、第四轮阿斯塔纳和谈同意设立冲突降级区

在达成冲突降级区的共识后，2017年5月3日，第四轮叙利亚问题阿斯塔纳和谈在哈萨克斯坦首都阿斯塔纳举行，为期两天。参加本轮和谈的，除了叙政府代表团和反对派代表团外，还有俄罗斯、土耳其和伊朗代表团，联合国叙利亚问题特使德米斯图拉、美国负责中东事务的代理助理国务卿斯图尔特·琼斯以及约旦代表作为观察员出席和谈，叙反对派武装派出16人组成的联合代表团。此轮和谈中，美国明显提高参与的级别，此前三轮和谈仅派出了驻哈萨克斯坦大使。此前，叙反对派以停火协议未能得到遵守以及俄空军轰炸其阵地为由，拒绝参加3月举行的第三轮阿斯塔纳和谈。

在前几轮的联合停火机制监督基础上，5月4日，作为停火担保国的俄土伊三国代表，在叙政府代表、大多数反对派及各方参与人员见证下，正式签署建立叙利亚冲突降级区（De-escalation zones）的备忘录：在叙利亚西北部伊德利卜省、中部霍姆斯省、首都大马士革东古塔地区、叙南部地区设立四个缓和紧张局势区。【10】这些冲突降级区区域周边将划定安全线、设立人道主义援助通行检查站和停火监督站，停止包括空中打击在内的一切敌对行为，禁止所有军用飞机，包括美国主导的国际联军军机、俄罗斯、土耳其与叙政府的飞机进入，叙反对派也不得在冲突降级区内发动攻击，同意让4个地区的数万名反对派武装在解除武装后撤出。冲突降级区周边将由叙反对派和政府军设立检查

站，俄土伊三方作为担保国，派遣各自军事力量监督区内停火情况，保护平民安全及提供人道主义帮助，避免政府军与反对派武装之间直接交火，防止极端组织活动，俄罗斯作为担保人将密切监控全部行动。

备忘录签署的当天生效，5月6日零点开始执行。接下来就是俄土伊界定冲突降级区的边界。俄土伊依照设立降级区的草案，必须在签署相关备忘录后5天内成立工作组，以划定解除武装、紧张地区和安全地区的边界，并解决与落实备忘录有关的技术问题。备忘录签署10天后，俄土伊三国组成冲突降级区联合工作组，负责确定冲突降级区边界在内的工作，并进一步确定关于冲突降级区备忘录的详细内容，确定叙境内哪些地区应被划入冲突降级区，还将规定俄土伊应履行的义务，也将包括政府和反对派的职责。5月22日，工作组完成冲突降级区必要的地图制定，具体的备忘录将在大约一个月后开始执行。俄土伊还宣布，下一轮叙利亚问题阿斯塔纳和谈将于7月中旬举行，以具体确立各个冲突降级区的具体事宜。

冲突降级区将持续6个月时间，可以自动延长6个月，主要目的是制止暴力、改善叙境内的人道主义形势并为政治解决叙利亚问题创造条件。正如备忘录规定：确立不应用军事手段解决叙利亚问题的原则，叙利亚问题只能通过执行联合国安理会第2254号决议来解决。从外交方面来说，此次共识，突出了俄土伊主导的阿斯塔纳叙利亚问题和谈，但也"照顾"来自于联合国和西方国家的情绪。在此次备忘录出台后，俄土伊都纷纷强调了，将继续推动在叙利亚问题上的"双轨制"，即同时推动日内瓦和谈和阿斯塔纳和谈。对此，联合国秘书长古特雷斯也通过发言人表示，对建立冲突降级区感到鼓舞，欢迎重申政治解决叙利亚问题的重要性。

叙政府和反对派虽然没有在冲突降级区备忘录上签字，但都表示支持。5月3日晚，叙外交部宣布支持俄在叙多地设立冲突降级区的提议，希望尽快制定出具体细节，确保备忘录有效落实。在签署过程中，曾有部分反对派表示不接受伊朗出席和谈，以威胁叙利亚领土完整为由反对俄土伊单方面划定的冲突降级区。但最后反对派代表团还是参加了冲突降级区备忘录的签字仪式。俄土伊本希望和谈结束后，签署一份实现彻底叙国内和平、停止内战的三方协议。但各方分歧太大而未达成，预示着叙利亚和谈进程并不是一帆风顺。

　　冲突降级区备忘录的签署受到国际社会高度赞同。冲突降级区备忘录签署后，普京保证，如无活跃军事行动，俄方飞机将不会在冲突降级区上空活动。土耳其总统埃尔多安称赞，设立冲突降级区意味着"叙利亚问题已经解决了一半"。联合国叙利亚问题特使德米斯图拉也表示此方案是解决叙利亚危机这条正确的道路上又迈出了重要、光明并且积极的一步。美国五角大楼谨慎表示欢迎。

　　此次俄土伊三国达成的冲突降级区共识，预示着未来叙利亚和平进程取得了重要进展，更预示着未来叙利亚问题全面解决的一个大概框架：俄土伊共同负责监督叙政府军和各个反政府武装的停火（IS 和"征服阵线"除外），美国主导的国际联军继续在冲突降级区之外打击 IS 等恐怖组织，而联合国主导的叙利亚问题日内瓦和谈将会继续发挥作用。从这个角度讲，阿斯塔纳会议是一次重要的突破，为叙利亚和平进程迈出重要的实质性一步。

三、美国、俄罗斯和约旦达成南部冲突降级区协议

　　叙利亚不涉及美国的核心利益，美在叙并没有什么实际的利益，但叙对俄罗斯的重要性比对美的重要性大得多。对这样的地区，美俄在冷战期间有一定的默契。就像 2014 年的乌克兰危机，当时的奥巴马政府一开始就明确表示：美国排除军事选项，这就避免了美俄的直接对抗。美国主要选择在自己的优势领域与俄罗斯周旋，例如经济。

　　叙利亚乱局的走势终究取决于俄美这两个全球性大国。作为在叙利亚最有力的地缘政治玩家，俄美利益高于任何国家利益，沙特、土耳其联合搅局没有多少实质性意义。美国绝不会如沙特等国所愿，大规模派遣地面部队深度介入叙利亚危机。而没有美国和北约的许可和支持，仅凭沙特、土耳其单独或联合的力量也无法扭转叙利亚当前局势，因为它们面对的是巴沙尔身后强大的俄罗斯和伊朗，沙特等国的举动更多是为自己攒足未来在叙利亚和谈进程中的筹码。

　　早在 2015 年 12 月 15 日，由于俄的大规模出兵保住了巴沙尔政权，美国务卿克里就表示不寻求叙利亚政权更迭。2017 年 3 月 30 日，美国常驻联合国代表妮基·黑利表示，美国对叙利亚的外交政策重点不再是将巴沙尔赶下台，而是怎么改变叙利亚人民的处境。6 月 22 日，法国新任总统埃马纽埃尔·马

克龙宣布，法国不再以巴沙尔下台为首要目标，而是专注于彻底铲除恐怖组织并达成叙和平稳定，并希望与俄合作。7月14日，马克龙会晤特朗普时，再次强调法国不坚持巴沙尔必须下台，而是铲除恐怖主义。实际上，这表明欧美等国放弃了推翻巴沙尔政权的计划。

德拉市是内战首先爆发的城市，是美国、沙特、约旦等国为反对派运送武器装备的重要中转站。如果德拉市被叙政府军攻下，那么以后对靠近戈兰高地的恐怖分子、南部反对派和恐怖分子的武器装备补给将会非常困难，美国、以色列和沙特在叙利亚的失败就会加速扩大。目前美国在叙利亚南部地区也是苦苦支撑，反对派已经陷入政府军包围圈。2017年8月10日，叙政府军攻下了位于叙利亚与约旦边境的苏韦达省约1300平方公里的区域，其中还包括了一些战略地位重要的山地以及和约旦接壤的所有安全检查站。

在俄罗斯和叙利亚的重压下，美国同意建立南部冲突降级区，这既能够阻挡俄叙联军对反对派的进攻，也能保住德拉这条补给路线以拖延时间。另外，美国支持的叙库尔德人武装在北部遭受土耳其的重兵威胁，美国不想在叙利亚南北两线作战，在南部停火和建立冲突降级区是必然选择。

在普京与特朗普首次会晤前，来自俄美和约旦的专家在安曼就叙利亚德拉省、库奈特拉省和苏韦达省建立冲突降级区达成了谅解备忘录。2017年7月7日，美俄总统在德国汉堡二十国集团峰会期间举行闭门会晤，就叙西南部地区停火和建立冲突降级区达成一致。7月9日9时起，俄美和约旦确立的冲突降级区生效，并在安曼设立监督停火中心，叙政府军和反政府武装将各自守在协议规定的分界线一边，人道主义援助得以进入停火地区。7月8日，联合国对美俄达成的停火协议和冲突降级区表示欢迎。

其实从地图上看，此次停火协议所涉及的三个省都位于叙利亚西南角，占地并不大。从政治上看，除美俄双方外，涉及的也只有约旦，所以该停火协议即使被各方严格遵守，对整个叙战局的影响也是有限的。7月9日中午12时，由美俄和约旦达成的叙利亚西南部停火协议和冲突降级区开始生效。截至当天晚些时候，停火地区未发生明显武装冲突，叙政府军和反对派武装都执行了停火协议，停火涉及的三个省份局势相对平静。7月20日，450名俄士兵部署在德拉市北部地区，设立了2个检查站和10个观察哨，以监督冲突降级区的执行情况，这让美国、以色列和沙特等国不敢公开支持南部反对派武装。而缺乏这些国家的支持，南部反对派投降也是迟早的事，已经开始出现 300 名反对派武装集体投诚政府军的事件。

四、阿斯塔纳和谈具体设置冲突降级区

自冲突降级区设立以来，叙政府军与反对派的冲突明显减少。但冲突降级区的具体机制还没有确立，所以从 6 月中旬开始，叙政府军在大马士革东部地区重新与反政府武装产生了较大规模的军事冲突。而在南部城市德拉冲突降级区内，叙政府军与反政府武装的小规模交火也几乎没有停止过。

冲突又起的主要原因是作为担保国的俄罗斯、土耳其、伊朗，在由谁派兵保护冲突降级区分界线一事分歧明显。土耳其建议土耳其和俄罗斯军队前往伊德利卜省，俄罗斯和伊朗军队保卫大马士革周边，美国和约旦军队前往德拉。而俄则建议向伊德利卜省派遣吉尔吉斯斯坦和哈萨克斯坦军人。各方就各个冲突降级区该由哪国保护，该派出多少兵力，并未达成一致。因此，各方决定在新的一轮阿斯塔纳和谈中明确这些事务。

第五轮阿斯塔纳和谈开始关注设立冲突降级区具体事务。2017 年 7 月 4 日，新一轮叙利亚问题阿斯塔纳和谈召开。俄罗斯、伊朗、土耳其、叙利亚等国代表团，反对派代表团，联合国叙利亚问题特使德米斯图拉以及美国负责中东事务的高级官员和约旦官员出席。与会各方举行了双边和谈和全体会议，中心议题是如何在现实中设立冲突降级区，这非常复杂。首先必须商定地图，之后商定谁将对这些区进行监督以及需要监督的内容是什么，还有如何处理违反者以及那里存在的"征服阵线"和 IS。另外，和谈参与方可能通过就已商定释放囚犯的最终协议。各方在和谈中通过一份冲突降级问题联合工作小组的条例，赋予小组解决所有问题的权力。

俄罗斯、土耳其和伊朗在和谈后发表联合声明中表示，俄土伊三国尊重叙利亚的主权和领土完整，叙利亚问题只能通过政治手段解决。三国呼吁叙利亚冲突各方继续遵守停火协议并保持克制，不要采取挑衅性行动，不要发表危及阿斯塔纳和谈成果的言辞激烈的声明或威胁性言论，俄土伊三国将继续就如何在叙建立冲突降级区进行磋商。

和谈结束后，俄土伊三国磋商这轮和谈的 7 份文件，主要涉及建立冲突降级区的相关机制、建立监督冲突降级区局势的协调中心、在冲突降级区部署军队、在冲突降级区如何使用武力等内容。明确了俄军事警察将负责巡逻冲突降级区边界，监督冲突降级区局势。俄土伊三国仍在讨论伊德利卜省和叙南部地区冲突降级区详细地图等问题，霍姆斯省和大马士革附近地区的冲突降级区范围则已经确定。与会者原本希望至少就通过大马士革东古塔地区和霍姆斯省北部的两个冲突降级区文件，但这一问题被挪入定于在 8 月最后一周举行的下一轮阿斯塔纳和谈。

第二个冲突降级区——大马士革东郊东古塔地区实现停火。2017 年 7 月 22 日，叙利亚军方宣布在该地区实施停火，停火自当天 12 时开始生效。随后，俄与冲突各方就如何保证冲突降级区在东古塔地区的实施达成协议，确定了冲突降级区的边界、监控力量部署位置和权限以及向居民运送人道主义援助和居民自由通行的路线。此外，协议还规定俄军事警察在该地区部署检查站和观察岗。24 日，俄罗斯宣布向东古塔地区等地派遣军事警察，设立 2 个检查站和 4 个观察哨，以监督局势，其中一个部署点距离戈兰高地叙、以控制区分界线 13 公里，是距离以色列控制区最近的一处。

第三个冲突降级区实现停火。2017 年 8 月 3 日，霍姆斯冲突降级区投入运行，这是第三个生效停火的冲突降级区，俄宪兵监督这次停火。3 日 12 时起，叙政府军与温和反对派在该冲突降级区内全面停火，但不包括 IS 和"征服阵线"。俄方在该冲突降级区设立两个检查站和三个观察哨，以区隔冲突双方、监督停火情况，并确保人道主义救援物资和伤员不受阻碍地出入。同时，由当地民族、宗教和政治团体及反对派代表组成的"民族正义委员会"协助该降级区有效运行。

2017 年 9 月 14 日，叙利亚政府代表团和反对派代表团、俄土伊三国代表、联合国叙利亚问题特使、美国负责中东事务的代理助理国务卿及约旦代表等举行第六轮阿斯塔纳和谈，同意在伊德利卜省建立第四个冲突降级区。冲突降级区持续 6 个月，持续时间将自动延续，以确保停火协议得到执行并维护叙领土完整。俄土伊三国将根据俄土伊联合工作小组的授权在冲突降级区部署观察员。由于伊德利卜还有 2 万—3 万"征服阵线"武装分子，所以 10 月 7 日，经俄叙默许，土耳其派遣装甲部队进驻并控制伊德利卜冲突降级区，俄军负责提供空中支援，土耳其军方将与俄叙联军南北夹击此处"征服阵线"，以解除俄叙联军的后顾之忧。与此同时，土出兵也是从南、西、北三个方向对叙北部的库尔德人控制区进行合围，防止库尔德人夺取伊德利卜，从而控制地中海出海口，打通与叙西部库尔德人、以色列、美国的海上支持线的可能性。10 月 12日，土耳其军队开始在伊德利卜设立监督点，监督停火协议在伊德利卜冲突降级区的执行情况。

五、叙利亚政府军利用冲突降级区快速扩大地盘

冲突降级区的设置很大程度上分化打击了反对派，这从少部分反对派拒绝承认备忘录就可以看出。一方面，政权更迭愿望未实现。反对派内部派系林立、利益庞杂、观点和行动方式等各异，有的甚至相互敌对，但之所以能够汇成同一阵营，就是因为有共同的目标——推翻巴沙尔政权。但是冲突降级区反而巩固了巴沙尔政权，反对派在失去了共同目标后很快分崩离析。另外，未被包括在冲突降级区内反对派担心自身会被政府军趁机消灭。反对派最大的担心是，随着冲突降级区的建立，巴沙尔政权日益稳固，如果叙利亚就此走上和平轨道，他们没有及时从和平果实中分到一杯羹，就会逐渐因失去利用价值而遭抛弃。

根据冲突降级区备忘录的规定，反政府武装解除武装后，可通过安全通道撤离到靠近土耳其边界的叛军控制地区。作为交换，俄叙联军将对这些区域停止攻击。所以面对俄叙联军的大力打击和冲突降级区的设置，很多反对派武装纷纷选择直接向政府军投降。

大马士革很多反对派武装缴械撤离，政府军乘机进一步控制首都地区。2017 年 4 月 14 日，根据叙政府和反对派武装在伊朗和卡塔尔两国斡旋下达成的协议，2300 多名反对派武装人员及其家属当天从叙首都大马士革西北郊扎巴达尼和马达亚镇撤出，搭乘 60 辆大巴前往被反对派武装控制的叙西北部伊德利卜省。作为交换，与此同时，约 5000 政府支持者从被反对派武装围困的伊德利卜省什叶派小镇卡夫拉亚和福阿撤出，前往政府军控制的北部城市阿勒颇。在政府支持者回撤至阿勒颇西郊时，遭恐怖分子汽车炸弹袭击，造成至少

126 人死亡，其中有 68 名儿童。事件引发国际社会强烈谴责。

2017 年 5 月初，叙政府军在大马士革郊区对反对派武装进行了猛烈的进攻，取得重大胜利，控制了大面积区域。5 月 9 日，盘踞在大马士革北部巴泽尔区约 6 年之久的武装分子，与政府达成解除武装后撤离的协议，该地区武装分子及其家属获准撤离并前往西北部冲突降级区的伊德利卜省，留下的则缴械投降，向当局登记回归平民，【11】巴泽尔区完全重归政府军控制。东大马士革的反对派武装完全崩溃，乞求投降，并让他们迅速撤往北阿勒颇地区。根据撤离协议，第一阶段 1500 名武装分子及其家属将离开该地区，总共有 8000 名武装分子及其家属撤向北阿勒颇地区。5 月 12 日，反政府武装人员及家属共1200 多人从大马士革东北部的加本地区附近的拜尔宰和提什林地区缴械撤离，未加入"征服阵线"的 500 名武装人员决定缴械以换取总统特赦，选择留在当地。加本地区距大马士革市中心约 6 公里，自 2012 年以来一直被反政府武装占据，也不包括在 4 个冲突降级区之内。目前，反政府武装只占据着首都东部朱巴尔区一部分，首都南部的塔德蒙和哈杰尔艾斯沃德区以及耶尔穆克巴勒斯坦难民营大部分处在 IS 等势力控制下。8 月 18 日，叙主要反对派组织拉赫曼军团（Faylaq al-Rahman）签署有关该组织加入东古塔地区停火的协议，并同意共同打击 IS 和"征服阵线"。至此，东古塔地区目前所有温和反对派都已经加入停火。但后来东古塔地区的反对派又变卦，在美国和以色列支持下，与俄叙联军展开长时间的拉锯战。

霍姆斯市冲突降级区助力政府军完全收复霍姆斯市。作为叙利亚第三大城市，被称为"革命首都"的霍姆斯于 2011 年出现反政府武装运动，是该国爆发冲突最早的地区之一。近两年多来，瓦伊尔区一直是反政府武装在霍姆斯市的最后据点。2017 年 3 月 13 日，在俄罗斯的调停下，叙政府与霍姆斯反政府武装达成协议，后者同意交出重型武器，而叙政府军需保证他们安全撤离。5月 21 日，随着最后一批反政府武装人员当天从霍姆斯市瓦伊尔区完成撤离，叙政府重新全面控制这座城市。反对派约有 1.7 万人撤离，其中包括约 7000名武装人员，大部分人前往反对派控制的北部伊德利卜省，还有部分士兵将前往叙北部城镇贾拉布鲁斯。除此之外，还有 1150 名反政府士兵决定留下，交出了武器以获得政府豁免。

2017 年 7 月 3 日，在俄交战双方协调中心官员的居中协调下，在哈马省和伊德利卜省交界附近举行了反对派武装的投降仪式，一个名为"沙姆解放组织（Hay'at Tahrir al-Sham）"的武装组织向政府军投降。该组织成员声称，他们已经厌倦了战争，因此想要放下武器，回家过普通人的生活。叙利亚政府在履行过必要的法律程序后，将这些人特赦。

当前政府军正苦于兵力不足，主要反对派武装所在地设立冲突降级区后，由俄土伊三国监督，叙军可以抽出主力部队围剿 IS，冲突降级区对政府军而言十分有利。5 月初设立冲突降级区后，从哈马北部到大马士革东部，政府军与反政府武装的冲突曾一度明显降低。借助这一喘息之机，5 月初，政府军从南部德拉地区抽调数万名政府军，发起代号为"伟大黎明"的大规模军事行动，在多条战线上打击 IS。5 月 5 日，在俄空天军的大力支持下，叙政府军集中主力加强对通往叙中部战略要地巴尔米拉的进攻并解除对代尔祖尔的封锁，在巴尔米拉的提亚斯地区攻占了 780 多平方公里区域，俄空军图-22M3 型远程轰炸机对围困代尔祖尔市的 IS 武装实施了 36 轮空袭，政府军还包围了阿勒颇北部的 IS 武装，击毙 IS 多名指挥官。俄叙联军收复了霍姆斯省东南部地区，并控制连接大马士革和中部古城巴尔米拉的高速公路。8 月 2 日至 17 日，政府军收复哈马省东部、霍姆斯省东部和拉卡省西南部 9000 平方公里土地，其中包括 25 个村镇和多个油气田，击毙数百名极端组织分子，攻占中部重镇苏赫奈，完成对中部地区 IS 的合围。

六、冲突降级内实施人道主义救援

冲突降级区的设置，主要的目的在于实现长期有效的停火，为民众进行人道主义救援，并为促进政治解决叙利亚问题做出努力。

2017 年 7 月 26 日，俄驻叙利亚冲突和解协调中心宣布，在与叙反对派达成的协议框架下，该中心首次将 10 余吨人道主义援助物资运送至大马士革东部的东古塔冲突降级区。在反对派组织代表的监督下，人道主义援助物资在俄军事警察检查站进行了转交，装载物资的汽车在反对派代表的护送下驶往目的地，该批物资主要包括医疗用品和食品。此次人道主义援助行动，除去向当地居民提供食品、药品外，还包括从反对派控制地区撤离伤病员。

2017 年 8 月 3 日，俄军在霍姆斯省冲突降级区设立检查站执行任务。8 月 9 日，俄救援物资抵达叙利亚中部霍姆斯省赖斯坦市，这是该地被划为冲突降级区后得到的首批俄罗斯人道救援物资，主要包括糖、面粉、谷物和肉类等。此后，大批叙利亚民众来降级区探望亲人，并带来食物和药品。10 月 19 日，土耳其红新月会向叙利亚伊德利卜冲突降级区提供紧急救援。

第四节　制定联邦宪法草案并开启战后重建

在停火和冲突降级区的基础上，俄开始推进叙利亚新宪法和战后重建工作。

一、各方审议俄罗斯提出的叙利亚宪法草案

2017 年 1 月 24 日的首轮阿斯塔纳和谈中，俄罗斯向叙政府和反对派武装转交了草拟的叙利亚宪法草案（以下简称草案）。草案规定了国家基本政治原则："保证安全、独立、主权和国家领土完整；和平友爱地生活以期和其他人民一道成功建立一个文明社会；建立一个彰显民意，依法治理的民主国家；保证每一个人都可以在经济与社会稳定的前提下获得体面生活的权利。"

草案建议保留单一国家体制并提议建立库尔德自治区，保留各地区有权选择本地区语言为官方语言。内战刚爆发时，叙利亚库尔德人曾提出联邦制的要求。早在 2006 年，库尔德全国委员会中的多数政党就提出了实行联邦制的想法。叙利亚库尔德自治机构、叙利亚库尔德民主联盟党和库尔德民主社会运动也对联邦制表示支持。2013 年 7 月 19 日，叙利亚库尔德民主联盟党就宣布完成自治宪法的起草工作，并计划将库尔德城市卡米什利作为西库尔德斯坦的"首都"。随后，库尔德民主联盟党发表自治宣言，宣布成立临时过渡政府，成立由 82 人组成的议会，议员由选举产生，包括该地区的非库尔德人代表，叙库尔德自治机构也在莫斯科设置了代表处。伊拉克库尔德自治区主席马苏德·巴尔扎尼发表声明，支持在叙利亚通过联邦制的新宪法。

草案中将叙利亚国号从以前的叙利亚阿拉伯共和国（Syrian Arab Republic）改为叙利亚共和国（Syrian Republic），从国号中移除了"阿拉伯"表述。国家

实行政教分离，宗教平等。删除原宪法中总统必须是穆斯林的条款，规定伊斯兰教不再是国家法律依据，要求一切宗教平等，每一个宗教有权使用除官方语言另外一个主要语言，前提是该行为需要在地方进行全民公投。草案还规定思想多样性应该得到认可，没有任何思想应成为国家思想和国家义务。

草案规定国家政体为总统共和制，总统 7 年选举一次，可连任两届。议会由一院体制改为两院制，下议院称为人民大会，上议院称为地区大会，议会职权包括任命中央银行行长和最高宪法法院法官。同时，草案还为叙利亚设计了一套弹劾总统的机制。人民大会可以在总统犯有叛国罪和其他最高法院裁决的严重犯罪案件时提出弹劾案，弹劾案在地区大会通过后生效。

根据俄罗斯提出的建议，叙利亚可以通过进行一场全民公决来决定是否要采用这部宪法。

取得土耳其和伊朗同意，俄罗斯组建宪法委员会。2017 年 2 月 7 日，俄表示土耳其和伊朗支持俄有关组建叙政府和反对派宪法筹备工作组的提议，并计划在这 2 个工作组的基础上组建宪法委员会，由该委员会完成制定叙利亚新宪法草案的工作，并确定其草案的通过机制。2017 年 3 月 26 日，由兰达·卡西斯领导，并由叙利亚法律专家和反对派代表组成的委员会开始审议俄罗斯拟写的叙利亚新宪法草案。10 月 31 日，第七轮叙利亚问题阿斯塔纳和谈中，各方讨论了俄提议的叙利亚国民对话会议，以制定并通过宪法。

二、俄罗斯无力支持巴沙尔建立集权国家

俄罗斯经济长期低迷，难以支持叙政府建立集权式国家。数年内战，叙利亚经济早已崩溃，自身重建都无力进行，而西方及其支持的反对派不可能重回巴沙尔的集权时代，所以联邦制符合各方需求，也是相对明智的选择。

至今为止，俄罗斯都没有建立一个完整的国民经济工业体系，除军工出口和油气出口外，并没有在国际市场上可以拿得出手的商品或产品。近几年国际油气价格暴跌以后，加上因乌克兰危机引发的西方不间断的经济制裁，俄经济承受的打击极其沉重，使得其在叙利亚的军事行动难以持久存在下去。2016年 11 月，国际货币基金组织统计显示，俄近四年来人均 GDP 缩水了近一半，从 2012 年的 1.51 万美元降至 2016 年的 8800 美元。俄全球人均 GDP 排名下

降了 20 位，在 187 个国家中俄排名第 71 位，而 2012 年 189 个国家中排名为第 51 位。西方对俄罗斯实施多轮制裁，致使俄境内外资流失达 2000 多亿美元。除此之外，国际油价遭遇跳崖式下跌，卢布大幅度贬值，俄国内经济形势极度恶化。根据俄罗斯政府预测，俄经济增长将停滞 20 年。2016 年 12 月 1 日，俄总统普京发布国情咨文，承认由于受到经济制裁和国内经济问题，俄国内生产总值在 2015 年下降了 3.7%，2016 年前 10 个月下降了 0.2%。

制约俄罗斯经济发展主要是国际油价。为了提振油价，沙特、科威特、伊拉克等 24 个欧佩克成员国于 2016 年 9 月达成减产协议。2016 年 11 月 30 日，欧佩克又同以俄为首的非欧佩克产油国达成协议，这是主要石油输出国 15 年来首度联合减产，目标是在 2017 年 6 月底之前，达到减产每日 180 万桶目标。在联合减产协议达成之后，国际油价在 12 月中旬飙升至每桶 58 美元，创下过去 18 个月新高，全年涨幅创下 2009 年以来最大，这也导致俄卢布大涨，能缓解俄经济困境。

叙利亚重建需要巨额投入。联合国西亚经济社会委员会发布公告称，截至 2016 年年初，由于安全局势恶化、基础设施被破坏等原因，叙利亚的投资效率减半，因此重建需要实际物质资本损失的两倍，达 2000 亿美元。2016 年 11 月，联合国西亚经济社会委员会发布的最新数据，叙利亚冲突中的损失总额达 2590 亿美元。而根据经济学家估计，实际损失额或高达 3000 亿美元。叙反对派高级谈判委员会总协调人里亚德希贾卜也曾说过，叙重建工作需花费 2700 多亿美元，仅民居重建工程就将耗资 730 亿美元，需要 600 万人的参与，而工矿企业、基础设施的重建将耗费更多的资金和时间。

除巨额重建资金外，叙利亚还需要大量劳动力参与重建。但截至 2017 年 3 月，叙利亚身在国外未能返乡的注册难民已突破 500 万人，未注册的难民更多。如何吸引这些人重返家园，也直接关系到重建的成败。不过随着国内局势的好转，尤其是冲突降级区的建立，叙难民开始返回家园。2017 年 8 月 14 日，根据国际移民组织数据，自 2017 年年初以来，已有超过 60 万名叙难民返回家园，大多数人回到阿勒颇。

对于各方而言叙利亚重建既是挑战也是机遇，挑战是重建资金投入巨大、所需劳动力多，不是轻易能拿出来的，而且也不知道投资的回报如何。但重建也存在巨大商业机遇，不但可以借助重建获取叙巨大石油等商业机会，而且可以大大增强在中东的影响力。

俄罗斯和伊朗全力保住巴沙尔政权，所以在叙重建问题上拥有天然优势地位。巴沙尔曾多次表示，将给俄罗斯提供相应优先权。2017 年 2 月 14 日，叙经济部长马雅莱赫表示，俄罗斯、中国和伊朗将获得参与叙利亚重建进程的优先权，叙利亚已和伊朗签订了五项合作协议。6 月 1 日，战争还未结束时，俄启动叙战后重建的研究工作，呼吁国际社会在日内瓦协议框架内将其与反恐、组建过渡政府、制定新宪法以及举行大选等问题进行共同研讨。俄认为叙利亚战后重建工作的侧重点应为恢复国内社会经济以及解决难民返乡问题。

俄罗斯无力也不愿意提供叙重建的巨额资金。叙重建是一件特别烧钱的事情，鉴于自身经济还处于负增长、面临西方严厉的经济制裁，俄根本无法提供叙重建所需巨额资金，所以俄一方面紧急呼吁叙战后重建事宜刻不容缓，参与解决叙利亚危机的国家和国际组织应当身先士卒，率先参与叙战后重建。此外，俄认为叙重建的首要举措是西方国家取消对叙制裁。叙利亚内战固然是叙政府和反对派造成的，但是以美国为首的西方国家却是幕后推手，是欧美搞出来的烂摊子。虽然俄的介入使得叙利亚政府稳住了局势，但是俄不会傻到去替欧美等国全部承担他们给叙利亚造成的损失，所以俄多次敦促国际社会为叙利亚提供数十亿美元资金用于重建。俄并不愿继承一个被完全打烂的叙利亚，这将像伊拉克问题纠缠美国人一样长时间纠缠俄罗斯人。沙特等海湾国家，由于低油价限制了自身财力，无法投入过多重建资金。

三、欧美希望反对派主导叙利亚重建

美欧等国认为正是俄介入叙利亚才导致叙利亚损失严重，俄打烂了一切，却想让别人为此埋单。说到底无论是俄还是美欧都不愿全部承担重建的庞大资金，但是重建本身又是一个巨大的商机，双方都不会放弃。重建叙利亚是一个挑战也是一个机遇，俄和美欧都想主导，但是又不想成为对方的冤大头。不过俄比美欧更具有优势，至少目前巴沙尔痛恨美欧。巴沙尔明确指出，叙利亚今后不应该继续"向西看"，而应该"在政治、经济和文化上转向东方"。欧美不改变现行对叙利亚政策，不解除经济制裁，叙利亚重建将会变得更加艰难。所以叙利亚虽然痛恨欧美搞乱了叙利亚，但不管是庞大的重建资金还是西方的经济制裁都不是俄能解决的。

叙利亚政府不甘心让欧美参与重建赚钱，所以对欧美附加了政治条件，要求其改变现行对叙利亚政府的政策。2017 年 2 月 7 日，巴沙尔在接受叙利亚国家媒体采访时说，在叙利亚重建问题上，除非欧盟改变其中东政策，割裂与反对派的联系，否则叙重建没有欧盟的位置。欧美等国支持叙反对派，而这些反对派毁掉了整个国家的经济，欧美不能一边搞破坏一边搞建设。但欧美不会轻易放弃对叙反对派的支持，如果欧美不愿接受叙政府的政治条件，反而继续支持反对派，撇开俄叙政府另立山头，在反对派控制区域搞重建，分裂叙利亚，那叙利亚局势将复杂化。

欧美希望在叙反对派掌权的基础上负责叙重建工作，这是巴沙尔政权所不能接受的。目前叙反对派武装主要由欧美支持，在重建叙利亚问题上不可能把欧美国家排除在外。在 2017 年 3 月 22 日打击 IS 的国际联盟部长级会议上，美国表示在伊拉克和叙利亚重建问题上，每个国家都要为战后局势的稳定提供最大支持，尤其是军事和财政支持。联盟成员当时承诺将提供 20 亿美元支持。美国还强调此前已经承担了 75% 的军事援助和 25% 的人道主义援助等，这暗示美国想要主导叙利亚重建。但这需要明确的是，欧美重建叙利亚是希望其支持的反对派掌权的情形下进行的，欧美并不承认目前的巴沙尔政权，还是希望巴沙尔下台，而且欧美并没有解除对叙利亚的制裁，这对俄罗斯支持叙政府重建有很大障碍。单凭叙政府并不能完全承担战后重建工作，而真正有助于叙战后重建的重要举措，是取消欧美等国对叙利亚的相关制裁。但欧美以反对派为基础的重建，不可能为巴沙尔所接受。

四、叙利亚政府开启战后重建

叙利亚政府明白，俄无力提供巨俄重建资金，而欧美又心怀鬼胎。所以，叙政府开始自己动手恢复重建工作，首先恢复民营企业的生产经营。民营企业在叙利亚传统份额中占比超过 90%，它们的恢复生产将对重建产生重要影响。如在阿勒颇省，自 2012 年阿勒颇战斗开始以来到 2016 年 11 月，武装分子摧毁了几乎所有的小企业，还将其余的小企业变为制造武器、炸药和地雷的小型工厂。现在叙政府尝试给当地小企业发放补贴，或向企业家提供免息贷款，让企业恢复生产。2017 年 5 月 22 日，叙利亚工业联合会表示，战事爆发之前曾在阿勒颇省营业的 6 万个小型企业中，已有超过 1.5 万个恢复了营业。政府还对企业采取了经济救济措施，当企业遭到武装分子占领无法生产时，它们将会享受减税优惠。为了使小企业尽快开工，当局还进行基础设施修复工作，在最短的时间内恢复电网供电。

叙利亚政府还制定相关经济复苏的计划。2017 年 1 月 7 日，叙政府推出阿勒颇修复与重建计划，先确保水、电、燃料的供应，对建筑的可修复性进行评估，并开放道路，让公民可以过上正常的生活。内阁批准了叙教育部未来 6 个月在阿勒颇东部修复 50 所学校的计划。按照计划，在下个学年开始将有 100 所学校被修复。此外，计划也包括对 5 家医疗保健中心、2 家医院以及阿勒颇国际机场和 18 公里铁轨修复重建。

举办中断多年的大马士革国际博览会。【12】2017 年 8 月 7 日，叙利亚开始重建首都大马士革，拓宽道路翻新建筑，迎接 8 月中旬举行的第 59 届大马士革国际展览会。8 月 17 日，第 59 届大马士革国际博览会在叙利亚首都大马士革拉开帷幕。这是叙利亚时隔 6 年再次举办该博览会，吸引了 43 个国家的 1600 多家企业参展，涉及能源、汽车、纺织、机械等众多行业。

叙政府积极呼吁国际援助。2017 年 4 月 5 日召开的叙利亚问题布鲁塞尔会议上，为应对叙利亚危机，与会者同意 2017 年提供 60 亿美元援助，用于支持相关重建、发展和人道主义工作。一些国际组织和国家虽然对于叙利亚民众的生存现状表示关切，并承诺会积极参与战后重建。但这对于叙利亚而言，显然是杯水车薪。此外，叙利亚政府还积极期盼中国能成为其重建的主力军。

第五节　坚决应对美国的介入和阻挠

在剿灭 IS 接近尾声时，美国以各种借口介入和阻挠叙利亚政治进程，俄则全力应对。

一、以化学武器袭击为由空袭叙利亚政府军空军基地

2017 年 4 月 4 日凌晨，叙反政府武装控制的西北部伊德利卜省汉谢洪城镇遭受毒气弹空袭，造成数百人伤亡。事件发生后，反对派和欧美等国认定叙政府是凶手，美国表示此次化学武器攻击是沙林毒气，"几乎确定"是巴沙尔的部队发动的。欧盟认为巴沙尔政府应当为这次袭击承担主要责任。在英法请求下，4 月 5 日安理会就此次化学武器袭击事件召开紧急会议。法英美认定凶手为叙政府军，但中俄呼吁进行全面、客观、公正调查，根据确凿证据再下结论。4 月 11 日，白宫公布四页报告，以情报、现场照片和受害者物理样本分析，指证叙政府军苏-22 战机对汉谢洪市实施了化学武器袭击，生理样本证实是神经毒气沙林。报告中的主要证据是一段视频，显示汉谢洪镇北部一条公路的新弹坑里有一个管状沙林毒气容器。根据此容器残骸、附近污染物和路面损毁，美国断定叙政府军是直接向小镇空投了化学武器。5 月 1 日，英国伦敦的叙利亚人权观察组织展示了被使用在汉谢洪镇实施化武袭击的苏联航空化学炸弹 HB-250 的照片，认定凶手为叙政府军。

俄叙坚持认为是叙空军袭击反对派武装的化学武器仓库引发了此次事故。4 月 4 日，叙外交部和政府军否认发动化学武器袭击，并强调目前没有化学武器，这是恐怖团体使用"化学与有毒物质"。4 月 5 日，俄罗斯国防部根据当天的空域目标监控显示表示，当地时间 4 日凌晨 6 时左右，叙空军袭击了该地区恐怖分子一座大型弹药库，库内有制造有毒地雷的车间，空袭导致化武事件发生。4 月 13 日，巴沙尔接受媒体采访表示，化学武器袭击的指控是捏造的，是事先策划好的。5 月 2 日，针对叙利亚人权观察组织展示的苏联航空化学炸弹 HB-250 的照片，俄国防部发言人表示该炸弹从未出口过，20 世纪 60 年代就全销毁了。而且该炸弹会在距离地面 30 至 70 米的空中爆炸，其结构不适用于填装沙林毒气，不会留下任何弹坑。此外，俄根据现有情报认为，武装分子正在向叙利亚汉谢洪镇、吉拉空军基地、东古塔地区和阿勒颇西部运送有毒物质，其目的是再一次嫁祸叙政府，挑唆美国实施军事打击。所以此次化武事件，不能排除系欧美等国自编自导的一场有预谋的杀戮，然后嫁祸叙政府。

联合国和禁止化学武器组织无法确认事件真凶。2017 年 4 月 5 日，联合

国副秘书长、裁军事务高级代表金垣洙在向安理会通报情况时表示，叙利亚所有声明的化学材料和生产设备都已被移除或销毁。6月30日，联合国禁止化学武器组织叙利亚化武问题特派团证实，4月份发生的化学武器袭击是沙林神经毒气，但现阶段无法确认使用者和袭击手段。4月12日，联合国叙利亚问题独立国际调查委员会主席皮涅罗在联合国举行新闻发布会表示，此次事件中绝大多数受害者死于常规武器而不是化学武器，但西方媒体对此却选择性地忽视。当然客观讲，现有证据无法排除巴沙尔政权藏匿化学武器的可能性，但阿勒颇大捷后，政府军节节推进，胜利在望，而且开启了国内政治和谈进程，完全没有必要使用这种手段，而且叙反对派和IS也有可能制造或使用化学武器。担任过美国海军作战部科学顾问的美国顶尖武器专家西奥多·波斯托指出，白宫认定叙政府发动化武袭击的视频存在极大疑点，视频说明爆炸是在地面上发生的，因此装沙林毒气的管状容器才会恰好位于弹坑之中，并且被挤压成扁平状，但通过分析撞击坑视频画面发现，它不符合化学弹药撞击位置特征，这意味着无法确定化学武器的使用方式，更有可能是当地反政府武装人员人为安置的。此外，白宫报告没有说明证据来源，可能是照片拍摄者伪造的。

在安理会尚在调查此次化武事件时，为打破当时引起轩然大波的禁穆令被法院否决、医保法案被推迟表决和首席战略专家、高级顾问班农以及国家安全事务助理弗林接连下台的政治僵局，消除"通俄"嫌疑，警告不断进行核试验的朝鲜，4月7日凌晨3点44分左右，特朗普下令向叙霍姆斯省政府军的沙伊拉特空军基地发射了59枚战斧巡航导弹，这是特朗普首次对叙政府军实施军事打击，摧毁叙政府军数架老旧战机，数十名政府军士兵伤亡。

五角大楼心知肚明战术级"战斧"无法胜任摧毁机场这一艰巨任务，而且在袭击前两小时通知了俄军，俄军及其飞机全部转移，叙军方也疏散了大部分人员和装备。可见美军空袭主要是政治意义，一方面对俄主导的叙利亚政治进程当头棒喝，并给IS以喘息机会。另外空袭还能有效转移特朗普国内困境。在美军对发动空袭的同时，IS也袭击了该基地的叙政府军。

美国空袭叙利亚军用机场严重违反联合国宪章和相关国际法规则的行为，是对叙利亚主权公然的侵略，也沉重打击了俄主导的叙政治和谈进程。俄罗斯、伊朗和叙利亚等国除强烈谴责美国侵略行径并警告美国、要求安理会和国际社会调查外，还积极采取行动应对：一方面，强化在叙军事部署，提高叙军防空能力。4月7日，俄黑海舰队最先进的护卫舰"格里戈罗维奇海军上将"号启程前往地中海东部美国对叙实施空袭海域。在俄护卫舰还没有抵达该海域，美军执行空袭任务的两艘驱逐舰紧急撤离东地中海，以免与俄舰发生遭遇。俄还迅速为叙空军补充了数十架对地攻击机，伊朗也向其转交了多架同型战机。4月底，俄军在叙利亚部署了一个包括A-50预警机在内、可发现敌对威胁的多层次空中管制系统，能够控制叙利亚整个空域。【13】与此同时，叙政府军迅速将全部作战飞机集中到俄赫梅米姆空军基地附近地区。4月8日，一架美军侦察机进入叙东北部哈塞克省上空时，遭到叙防空部队开火射击，美侦察机紧急撤离。

此外，俄还暂停与美签署的关于在叙利亚领空飞行安全备忘录。2017年4月7日，俄方通知美军于4月8日起停止履行备忘录规定义务。4月12日，美国国务卿蒂勒森在访俄期间曾请求俄恢复执行该备忘录。对此，俄明确表示恢复的条件是美空军在叙行动前预先告知俄。在俄的条件得到满足后，4月13日，该备忘录重新生效。5月6日，美俄正式同意全面恢复该备忘录。

二、美军欲南北夹击俄叙联军

美军占据叙利亚坦夫山以控制叙南部地区，隔断什叶派联盟陆上通道。由于叙利亚和伊拉克边界绝大部分都是广阔的沙漠，通道只有两条，一是南部大马士革到巴格达的国际公路，另外是北部沿幼发拉底河进入伊拉克重镇阿布凯马勒。打通两国陆地通道，就能实现什叶派联盟的联通，这对于巴沙尔政权和中东而言意义重大。坦夫山地区位于伊拉克、叙利亚、约旦边境交界处，扼守巴格达国际公路，也是叙利亚伊朗联手的主要通道，具有重要战略价值。2015年5月，IS武装占领了坦夫山的军事基地。2016年8月，伊拉克军队夺回了坦夫山伊拉克一侧的边境基地。美军乘机控制了坦夫山叙利亚一侧，并设立军事基地，以打击IS武装为名，培训叙利亚各地战败的近万名反对派分子。美国真实意图是利用这一通道，让反政府武装北上夺取地盘，与叙库尔德武装瓜分叙利亚东部——库尔德武装控制东北，反政府武装控制东南。美军控制下的坦夫山就是一条"分裂通道"，也阻挡了什叶派联盟的联手。

为防止南部反对派被俄叙联军歼灭，阻止叙伊在南部陆上联通，美军在坦夫山地区集中了2300多名英美士兵、数百辆坦克、装甲车，20多架武装直升机，还有上万名反对派武装及美军三角洲特种部队，以及一个M777榴弹炮营。2017年6月17日，美军又以"自卫"名义在坦夫山部署了两套"海马斯"（HIMARS）高机动火箭炮系统。【14】该型火箭系统配合三角洲特种兵地面引导，可以打击叙利亚南部绝大部分地区。另外，美军还多次打击坦夫山地区的叙政府军，禁止政府军靠近。2017年5月18日，一支增援的叙政府军装甲部队在该地区遭美军多架战机轰炸，伤亡惨重。随后一架赶来助战的叙政府军苏-22战机被在该地区巡逻的美军F-22战机拦截。6月6日，美军出动多架F-15E战斗机，对坦夫山邻近区域的叙政府军进行了空袭，数十人伤亡，数辆坦克和装甲车遭摧毁。6月8日美军再次出动F-15E战斗机，空袭坦夫山区域的叙政府军，并击落一架叙政府军的无人机。

对于美军公开强化在坦夫山的军事部署。一方面，俄公开指责美军在该地部署高机动火箭炮系统，射程不足以支援拉卡战役，其目的是用以打击叙政府军，先入为主使美军难以使用该武器。另外，俄叙联军改变策略，从坦夫山北部打通叙伊通道。美军数次空袭坦夫山叙政府军后，俄装甲部队赶到增援，俄叙联军改变进军路线，绕过坦夫山，于2017年6月9日在巴格达国际公路以北地区成功打通了伊叙边界。6月18日，叙伊军队两年来首次在边界会师，首次实现什叶派之弧的连接，成功切断了美军和反政府武装向北抢占阿布凯马勒的企图，此后俄叙联军和什叶派民兵分别沿着伊叙边界抢占阿布凯马勒镇及其周围交通线。一旦得手，伊拉克什叶派民兵将源源不断地增援叙利亚政府军，共同打击IS，压制库尔德武装南下和反对派武装的北上。到10月份，叙政府军控制了叙利亚与约旦交界的8000平方公里山区和戈壁地带，彻底包围了美军坦夫基地，距离只有7公里。

美军抢占北部塔卜卡空军基地以控制整个叙北部地区。2017年6月，美军从库尔德的叙利亚民主军手中接管了拉卡西南部的塔卜卡空军基地并部署10多架V-22倾转旋翼机、阿帕奇直升机和无人机以阻止叙政府军向拉卡挺进，也能及时向库尔德武装提供空中支援。在此之前，美军已将拉卡北部的一个废弃水泥厂改成了直升机基地，并在该基地内部署了至少10架武装直升机。

美军占领塔卜卡空军基地有更深层战略影响。首先，塔卜卡大坝是叙境内最大的水利设施，对拉卡地区乃至叙全境的电力供应都有重要影响。其二是叙最有价值的油田也位于这里，美国如果牢牢控制这个战略要点，就等于是控制了叙利亚战后重建命脉。最后，美军控制塔卜卡空军基地后，会与周边其他国家美军基地交相呼应，形成一个完善的空中军事优势，而此基地则是插入叙利亚的一把空中尖刀。特别是美军下一步还要部署F–22战机，可以随时支援反政府武装和库尔德武装，并将牢牢控制叙北部地区。2017年6月18日，在叙政府军与叙利亚民主军围攻拉卡过程中，双方发生冲突，美军出动1架F/A–18E战机为民主军提供空中掩护，并击落一架叙政府军的苏–22战机，这是美军首次击落叙政府军有人战机，美国防部宣称其"击落行动"符合自卫原则。而在更早之前，美国空军出动F–22战机在叙利亚北部巡逻，并驱赶进入哈塞地区的叙政府军战机。美军利用F–22的绝对优势，在库尔德人控制区建立禁飞区。

叙战机遭美军击落后，2017年6月19日，俄罗斯暂停执行俄美飞行安全谅解备忘录，要求美方指挥部对此彻查并采取防范措施。俄方还表示整个叙利亚空域的目标，包括国际联军的飞机和无人机，都将受到俄空中和地面武器的跟踪监控。此后，俄防空系统连续击落西方国家多架次无人机，包括以色列的3架"苍鹭"无人机、1架美国的RQ–21无人侦察机、1架土耳其的Bayraktar攻击无人机和1架不明国籍无人机。俄罗斯的警告引发欧美震动。6月20日，担心俄"有动作"，澳大利亚空军暂停在叙飞行任务。美国呼吁恢复备忘录，保持冷静避免引发更大的冲突。英国首相特蕾莎·梅呼吁俄继续执行飞行安全谅解备忘录，避免产生误解。另外，美军重新部署位于叙境内的军机，改变飞行线路，以躲避敏感区域，降低被追踪或攻击的风险。6月18日，国际联军15次空中打击了叙东部地区、代尔祖尔和拉卡。俄军暂停备忘录后，19日联军进行了13次空中打击，全部都在拉卡。7月5日，俄图–95M战略轰炸机发射新型X–101巡航导弹，摧毁了位于叙哈马和霍姆斯交界处的IS目标，也警告美国。

三、美军全力武装叙利亚库尔德人武装

俄罗斯大规模参战使美国在叙利亚陷入被动，在武装叙反对派的同时，美

军开始武装叙利亚库尔德民主联盟党的人民保护部队（YPG），充当其空军力量，以打击 IS。2015 年 10 月底，奥巴马授权派遣一支大约 50 人的特种部队，协助叙利亚库尔德人打击 IS，并宣布向其援助 1 亿美元，这是美国首次正式在叙境内部署地面部队。此后奥巴马将派驻库尔德人美军增加到 500 人。

特朗普上台后，2017 年 3 月 10 日，美军增派海军陆战队第四师一营 300 多人抵达拉卡，为库尔德人武装攻占拉卡提供火力支援。3 月 16 日，美军再次向叙库尔德人增派 1000 名士兵。5 月 24 日，叙库尔德人武装——叙利亚民主军在美军空中火力支持下，对 IS 在大本营拉卡展开军事行动，拉卡战役将很大程度塑造美俄主导下的叙利亚未来格局雏形。

在增派美军的同时，美国加快武装叙库尔德人。2017 年 4 月 19 日，美国向叙库尔德人赠送了约 3 亿美元装备，包括 4400 支步枪、113 辆悍马军车、36 门重炮，以及通信医疗防化装备。5 月美国叙库尔德武装力量赠送了包括轻型武器、弹药、AK-47、重型机枪、迫击炮、应对简易爆炸装置的武器和装甲车等。5 月 9 日，特朗普宣布向叙利亚民主军提供重型武器。到 7 月中旬，美军经伊拉克向叙库尔德人控制区运送了 184 卡车的武器装备，足以武装 4 万人，包括几十辆轻型装甲车、1.2 万支突击步枪、9500 支轻型和重型机枪、3000 具 RPG-7 火箭筒发射器、1000 枚美国产 AT-4 式火箭筒和 SPG-9 式反坦克火箭筒、235 门迫击炮、100 支大口径狙击步枪、400 多个 PV-7 夜视望远镜和 1000 具"陶氏"反坦克导弹发射器以及大量弹药，也包括急救箱和防弹衣等军事装备。【15】自 6 月 6 日拉卡总攻开始以来，美军除派出多 F-15E 战斗轰炸机轮番轰炸 IS 目标外，美军部署在拉卡附近的 20 余门 M777 榴弹炮，24 小时不间断炮击拉卡城内目标。被围困在拉卡城内的 IS 武装大约有 4000 余人，也并没有多少坦克和装甲车等重型武器，但美军却向库尔德武装提供了大量反坦克导弹发射器，显然真正目标是叙政府军，也不排除土耳其。9 月 15 日，为阻止俄叙联军渡过幼发拉底河北上，美国又紧急增援叙库尔德人 3 亿美元装备，包括 AK 突击步枪、火箭筒、迫击炮、大口径机枪、各种弹药、反坦克导弹以及反地雷伏击车、城市战型装甲悍马军车等。10 月 9 日，当土耳其军队进驻伊德利卜省后，美军宣布招募和训练 5000 名叙利亚民主军所属的警察部队，培养后备兵源。

美国大力扶持叙库尔德人武装有多重目的：第一，防止土耳其削弱库尔德人武装；第二，利用库尔德人打击 IS；第三，为未来叙利亚政治进程培养自己的代理人。美军计划让壮大起来的叙库尔德人武装越过幼发拉底河，与南部美国支持的反对派联手，南北夹击俄叙联军，以推翻巴沙尔政权。

美国武装叙库尔德人的做法激怒了土耳其。因为叙库尔德人与土境内库尔德人关系密切，叙利亚库尔德人的领导力量——叙库尔德人民主联盟党是土耳其库尔德工人党的分支，而库尔德工人党被美国、土耳其和欧盟定为恐怖组织，土耳其担心库尔德人的壮大会危及国家安全。眼看叙库尔德武装在美军支持下从 6 万人急剧扩大到 10 万人，而且拥有重型装备，土耳其公开警告叙库尔德人撤回幼发拉底河以东，防止叙利亚东西库尔德人连成一片。2017 年 4 月 25 日，土耳其派出数架战机轰炸了伊拉克和叙利亚的库尔德武装。空袭后，特朗普猛烈抨击土耳其，指责其没有与国际联军协调。5 月 10 日，土耳其外交部声明，美国武装叙库尔德人是"不可接受的决定"，将对土造成威胁，特朗普应该撤销决定。10 日，土耳其总统埃尔多安也敦促美国立即撤回武装库尔德人的决定，别跟恐怖组织混在一起。

为避免土耳其军队打击叙库尔德人武装，美军不惜充当人肉，隔离土耳其与库尔德人。2017 年 3 月 4 日，美军部署在幼发拉底河西岸的曼比季，并保证库尔德人民保卫部队退出曼比季。5 月 4 日，美军还在土叙边境部署数百人的装甲部队"监督团"，以隔离土耳其与叙库尔德人武装。

美军向叙土边界派遣军队拉偏架的做法，引发了土耳其强烈不满，土耳其向叙土边境集结了 300 多辆坦克和装甲车，和至少一个营的 T-300 远程火箭炮。2017 年 6 月 28 日，土耳其军队炮击库尔德人民保卫部队，摧毁了多个武装目标，以回应该组织此前向土耳其支持的叙反对派开火。同一天，土耳其总统埃尔多安声称，已经准备好在叙利亚境内开展另一次类似"幼发拉底之盾"的军事行动。

俄叙联军在收复代尔祖尔后，乘胜渡过幼发拉底河，防止库尔德人强占油气资源丰富的代尔祖尔省，代尔祖尔康伊科气田占整个叙利亚天然气产量的 25%。美军曾公开警告绝不允许叙政府军越过幼发拉底河。2017 年 9 月 15 日，俄外交部发言人宣布，俄叙联军已成功渡过幼发拉底河，并在对岸建立了立足点。美军腹背受敌，未敢阻拦。在叙政府军完成渡河后，俄军立刻派出苏-25和苏-24战机为其护航，防止极端组织或反政府武装突袭。

四、成立中东版"北约"遭遇卡塔尔断交风波搅局

全面提升沙特军力以力压伊朗。2017年5月19日，特朗普当选后首次出访就选择沙特，两国签署总值1100亿美元的军火交易协议，包括了各种主战坦克、战车、火炮等地面装备，多种舰艇组成的海军装备，"萨德""爱国者"等高端反导系统，数十万枚地空导弹，150架黑鹰直升机及无人机战等。此外，还有先进的网络通信系统以及指挥系统。两国还达成在今后10年出售总价值3500亿美元军售的协议。通过这一系列装备，沙特军力将会发生质的改变，足以应对伊朗近年来取得的军事成就。

通过世界穆斯林大会，拟成立以沙特为首的中东版"北约"，孤立伊朗和叙利亚。2017年5月21日，在沙特访问的特朗普出席了55个穆斯林国家的领袖和政府官员参会的全球穆斯林国家领袖大会。会上，特朗普指责伊朗资助恐怖主义，在叙利亚犯下滔天罪行，各国需要团结一道孤立伊朗。会后发布《利雅得宣言》，拟成立"中东战略联盟"，组建一支3.4万人的后备军支持在叙利亚和伊拉克的反恐行动。特朗普欲通过此次大会，实现美国设计的中东版"北约"，以孤立和围困叙利亚和伊朗，打造中东新的安全架构。在这个中东版"北约"中，沙特为领袖，阿联酋、埃及和约旦会在其中发挥关键作用，还广泛地吸收海合会、巴基斯坦等40多个逊尼派国家，美国充当幕后操控者和组织者。

为建立这个中东版"北约"，美国和沙特等国逼迫卡塔尔与伊朗划清界限，以警告其他国家。卡塔尔国内什叶派人数众多，与伊朗关系一直不错，明确反对孤立伊朗的做法，也不满沙特的老大地位。另外，随着叙利亚战事的变化与IS和反政府武装的节节失利，卡塔尔切断了对IS和反对派武装的资金支持，引发美国和沙特极度不满。2017年6月11日，美国总统特朗普证实，阿拉伯国家集体"围堵"卡塔尔是他策划的方案，他认为卡塔尔是"高级别的恐怖主义赞助者"，可能阻碍美国国务院为缓解阿拉伯国家紧张局势和封锁行动所做的努力。

要求与伊朗断交的要求遭卡塔尔拒绝后，沙特带领阿拉伯国家集体孤立和抵制卡塔尔。到 2017 年 6 月 14 日，以卡塔尔"支持恐怖组织和宣传极端理念"为由，沙特、阿联酋、巴林、也门、毛里求斯、利比亚、马尔代夫、埃及、塞内加尔、毛里塔尼亚等国相继与卡塔尔断交。其后，海湾国家对卡塔尔进行海陆空全面封锁，关闭陆上交通，对卡塔尔民航和船只实施禁飞和关闭港口的政策。遭沙特等国封锁后，国界三面沿海的卡塔尔，平时只依赖一条经沙特的对外陆路交通管道也被中断，运送食物的卡车困在边界无法进入卡塔尔，引发食物和燃料危机。【16】6 与 8 日，埃及向安理会"告状"，称卡塔尔向恐怖组织支付了 10 亿美元的赎金换取 26 名人质获释，其中包括卡塔尔王室成员，"是对恐怖主义的明确支持"，提议安理会调查此事。6 月 9 日，沙特、埃及、阿联酋、巴林在一份联合声明中罗列了涉嫌恐怖主义的 59 名个人和 12 个实体，包括 5 家卡塔尔实体和 18 名卡塔尔人中，涉及王室成员、前内政大臣、知名商人和政客。卡塔尔政府声明称这毫无根据。

卡塔尔担心伊拉克入侵科威特的剧情再次上演。为此，6 月 5 日，卡塔尔提升军队至最高级别戒备状态，并表示如果阿联酋、沙特以及巴林的海军舰艇进入卡塔尔领海，卡塔尔将开火。同时卡塔尔向自己的盟友土耳其求救。6 月 9 日，土耳其总统埃尔多安签署议会通过的法案，允许向卡塔尔派兵。到 7 月 12 日，土耳其陆续派遣五批部队、共计 5000 名军人驰援卡塔尔，而卡塔尔总兵力也不过 11000 人。另一个盟友巴基斯坦甚至表示要向卡塔尔派 2 万士兵。

中东四国向卡塔尔发复交清单。2017 年 6 月 23 日，沙特、阿联酋、埃及和巴林四国向卡塔尔提出了 13 项要求，包括关闭半岛电视台、切断与伊朗的军事合作，限制与伊朗的关系，切断跟恐怖组织的一切联系和合作，断绝与土耳其的军事关系，作出经济赔偿并限期 10 天接受等，卡塔尔以主权受限为由拒绝复交清单。7 月 3 日，沙特等国将最后期限延长 48 小时，但后来卡塔尔依旧没有答应。

围攻卡塔尔无形中促成了土耳其、伊朗和卡塔尔的走近。自 6 月 6 日起，卡塔尔航空所有飞往欧洲和非洲的航班都飞越伊朗领空。沙特等国封锁卡塔尔后，伊朗每天向卡塔尔供应 100 吨水果和蔬菜，并向其提供三个港口使用。6 月 17 日起，土耳其通过海空运输向卡塔尔输送数万吨食品。

随着卡塔尔与伊朗的走近，以及避免把卡塔尔推到伊朗和俄的怀抱，美国并不想完全撕破脸，一手策划该事件的美国又开始调和危机，要求卡塔尔和海湾国家到美国继续调解，遭卡塔尔拒绝。后来卡塔尔断交风波一直持续，使得美国组建中东版"北约"遥遥无期。

五、美国制裁俄罗斯和伊朗等国

叙利亚内战爆发后，迫于美国压力，欧盟不断延长因乌克兰危机对俄的制裁。2017年6月20日，德国执政党基督教民主联盟成员、德联邦议院前议员、欧安组织议会大会前任副主席威利·维默尔在接受俄卫星通讯社采访时表示，迫于美国压力，欧盟才同意延长对俄制裁。6月28日，欧盟决定将对俄罗斯经济制裁延长半年，至2018年1月31日。作为回应，普京6月30日签署命令，将俄罗斯对西方制裁的回应措施延长至2018年12月31日。7月3日，因为不满欧洲委员会对俄制裁，俄决定不再缴纳参加这一组织的会费，直到欧洲委员会"无条件地"恢复俄罗斯代表团的所有合法权利。9月，联合国人权理事会第36次会议报告指出，欧盟因对俄经济制裁每月损失32亿美元，俄罗斯3年来因制裁损失550亿美元。

2017年6月20日，在美国总统特朗普即将与乌克兰总统波罗申科举行会晤之际，美国以回应俄在乌克兰问题上的举动为由，对38个俄组织和个人实施制裁，其中包括俄罗斯经济发展部副部长纳扎罗夫、议员巴巴科夫和普京昔日厨师叶夫根尼·普里高津。受制裁的实体还包括俄罗斯最大的军火商卡拉什尼科夫公司以及在克里米亚营业的6家俄罗斯银行，还有被指与普京来往密切的俄"夜狼"摩托车俱乐部，美国一直指控"夜狼"俱乐部支持和参与乌克兰东部民间武装的活动。受制裁的个人和实体在美国境内的资产将被冻结，同时禁止向这些个人发放签证。回应美方制裁，6月21日，俄取消副外长里亚布科夫与美国副国务卿托马斯·香农在俄圣彼得堡的高级别会晤。

2017年8月2日，以所谓伊朗违反"核协议"为由，特朗普签署国会通过的《以制裁反击美国敌人法案》(Countering American's Adversaries Through Sanctions Act)，[17]借口制裁伊朗，重点制裁俄罗斯，包括制裁俄罗斯能源、金融、铁路、航运、提炼金属以及采矿业，目标直指俄在海外，特别在欧盟地区的能源市场。法案规定美国投资俄私有化项目不超过 1000 万美元。法案最重要的是限制了特朗普解除制裁的权力，要求总统必须获得国会批准才能修改或解除法案中的任何一项制裁条款。这项制裁主要是政治性的，因为俄罗斯并不是美国的主要贸易伙伴。【18】

针对美国即将通过的新制裁，俄罗斯外交部要求美方在 2017 年 9 月 1 日前，将美驻俄大使馆，驻圣彼得堡、叶卡捷琳堡和符拉迪沃斯托克领馆工作人员总人数削减至 455 人，以与俄驻美人员规模相当。从 8 月 1 日起暂停美驻俄大使馆对莫斯科谢列布里亚内博尔别墅和多罗日内街仓库的使用权。8 月 13 日，伊朗议会通过议案，决定向导弹系统研发项目和伊斯兰革命卫队叙利亚行动增加 5 亿多美元预算。法案还将美国军方和安全部门及其负责官员列入入境黑名单，理由是他们向恐怖组织提供资金、情报、军事、后勤和训练支持。此外，与流亡海外的伊朗反对派组织伊朗"人民圣战者组织"有来往的多名美国官员也被拉入黑名单。9 月 20 日，普京批准立法：在明年之前，俄罗斯所有的海港都要停止使用美元结算，转而使用卢布为主要结算货币。早在 2015 年，普京动员独联体国家起草了一份法案，规定该组织必须在 2025—2030 年之间将结算货币由美元和欧元强制过渡为俄卢布、白俄罗斯卢布、亚美尼亚德拉姆和哈萨克斯坦坚戈。目前看来，普京的"去美元化"和"石油卢布"计划进展还不错。

俄与伊朗携手应对特朗普的经济制裁。两国在能源、基础设施、经济发展和军队援助等许多层面都达成了经济和战略盟友关系，伊朗还给予俄优先投资权。2016 年，俄和伊朗的贸易突破 100 亿美元，大大高于 2014 年的 16.8 亿美元。俄石油和天然气企业还迁至伊朗，获得了开发法礼德油田 B 区块（Farzad B）【19】油田的合约。2017 年 8 月 3 日，俄和伊朗签署了价值 25 亿美元的生产铁路货车协议。

注　释

【1】因美军在土耳其的吉尔利克基地位于土耳其和叙利亚边界，是美国领导的联军打击 IS 的重要基地。此外，美国在因吉尔利克空军基地内还存放了数十件核武器。

【2】主要包括：防止叙利亚族裔分裂；避免单一民族主导叙利亚；任何政治安排都要确保不

同种族受到公平对待；与伊朗、沙特、美国、俄罗斯合作解决这场危机；允许巴沙尔在叙利亚政治过渡进程中发挥作用。

【3】长期以来，IS 的物资，以及外来武装分子都是通过土叙边界进入叙利亚。

【4】李文胜：《俄对叙反恐舰基巡航导弹打击行动的特点及启示》，《飞航导弹》2015 年第 12 期。

【5】图尼西的真名为穆罕默德·本·萨利姆·阿尤尼，1982 年出生在突尼斯苏塞省的沿海地区。20 世纪 90 年代移民到法国，并取得法国国籍，2011 年参加叙利亚内战。2014 年加入 IS。图尼西与巴格达迪关系密切，巴格达迪任命他为极端组织 IS 利比亚分支的负责人。

【6】2016 年 8 月，IS 曾与塔利班签订停战合约，承诺只攻击美军，但很快双方为抢夺地盘而陷入激战。2017 年 7 月后，随着国际反 IS 战争的不断推进，IS 在生存越来越困难，这使得阿富汗的 IS 选择与塔利班联手作战。

【7】该组织 2015 年开始参与叙利亚内战，先后在伊德利卜、霍姆斯、阿勒颇等地参战。

【8】联合国安理会在 2015 年 12 月 19 日通过该决议要求叙各方在 2016 年 1 月停火及展开政治谈判；国际社会继续军事打击 IS 和"征服阵线"；进行选举和成立联合政府。由于没有提及将巴沙尔排除在联合政府之外以及军事干预巴沙尔政权的内容，为叙利亚政府所接受。

【9】土耳其答应与俄罗斯和伊朗合作的一个重要原因是，俄罗斯将土耳其纳入具体的石油管线利益分配，比如俄罗斯答应修建从黑海到达土耳其和欧洲的南溪管线（土耳其流）。俄罗斯修改什叶派管线，将土耳其作为什叶派管线去往欧洲的另外一个出口。

【10】冲突降级区基本被与 IS 没有关联，涵盖了叙利亚政府军、反对派武装及库尔德人控制区，是目前战事最为激烈的地区，共有 4.2 万名武装分子。第一个地区包括伊德利卜省，以及拉塔基亚省东北部，阿勒颇省西部地区以及哈马省北部地区。当地主要是"征服阵线"，反政府武装人数大约在 1 万人左右；第二个地区在霍姆斯北部的来斯坦和塔勒比赛赫地区，由大约 3000 名反政府武装人员所控制；第三个地区包括大马士革附近的东古塔地区，反政府武装人员人数近 15000 人；第四个地区则涵盖叙利亚—约旦交界附近区域，包括南部的德拉和库奈特拉省，大约 15000 名反政府武装人员盘踞在此。

【11】早在 2016 年 7 月，叙利亚总统巴沙尔就签署了对向政府投降的武装分子实施特赦的命令。

【12】大马士革国际博览会创办于 1954 年，每年举办一届。上届博览会于 2011 年 7 月举办，此后由于内战爆发，博览会一直停办。

【13】A–50 是在伊尔–76 运输机的基础上生产的大型预警机，A–50 能在 800 公里外发现弹道导弹，650 公里发现轰炸机，发现战斗机的距离为 300 公里。该机可以指挥 10 多架战机，同时防御来自地面和水面的威胁。

【14】"海马斯"火箭炮装载在卡车上，可搭载 6 枚火箭炮，或者一枚战术导弹，用 GPS 引导精确打击，射程分别是 70 公里和 300 公里，可以通过快速移动力抵达交战区域，并对敌军的火炮、防空阵地发动火力压制，结束攻击后又可以快速撤离。

【15】此前，美国国务院此前已经订购了价值近 3 亿美元的武器装备，包括 4400 支步枪、113 辆"悍马"高机动车、36 门榴弹炮及各配套设施，用于武装伊拉克库尔德自治区的库尔德武装。

【16】卡塔尔的食品严重依靠进口，其中 40%来自沙特。

【17】伊朗一直在履行 2015 年 7 月与国际社会签署的"核协议"，甚至美国国务卿蒂勒森也多次表示伊朗实际上在"遵守核协议"。欧洲国家、俄和中国，以及国际原子能机构，都认为伊朗"履行协议内容"，反对特朗普随意撕毁"核协议"，此次制裁实际是美国企图退出"核协议"的前奏。

【18】据美国人口调查局统计，2016 年美俄两国之间商品和服务贸易额约为 200 亿美元，对俄罗斯出口只占美国出口总额的不到 1%。

【19】位于波斯湾的 Farzad B 油田跨越伊朗和沙特边境，为印度石油天然气公司（ONGC）2008 年时所发现，但 ONGC 一直无法与伊朗就开发事宜敲定合同。Farzad B 油田的一部分位于沙特控制的领海，其中伊朗部分拥有可采天然气储量的大头约 12.5 万亿立方英尺，沙特拥有约 3 万亿立方英尺。

第 八 章

战争极大改变了中东与世界的局势

持续多年的叙利亚内战，极大改变了中东和世界的局势，其影响将长期存在下去。

第一节　叙利亚可能陷入长期割据混战

在美俄的等国长期对峙和干预下，叙利亚可能沦落成一个长期割据混战的支离破碎国家。

一、经济崩溃创历史之最

国家整体倒退数十年。2014 年 1 月 25 日，联合国经社理事会西亚经济社会委员会发表报告说，内战让叙利亚社会经济发展倒退了 40 年，国内生产总值每天损失 1.09 亿美元，42% 有劳动力的居民失业，38% 的中小学生被迫辍学。2017 年 7 月，联合国统计数据显示，内战导致叙 50 多万人丧生，100 多万人受伤，650 多万人沦为境内流民，约 450 万人逃往境外避难，1000 多万人衣食无着，创世界之最。

叙利亚内战彻底摧毁了国民经济体系。2015 年叙石油产值仅有 2010 年的 5%，叙利亚从石油出口国变成了石油进口国。截至 2013 年 9 月，石油工业的停滞造成损失高达 130 亿美元。【1】战争使旅游业收入暴跌 90%，农业、贸易以及制造业运作水平低于战前的三分之一。2017 年 7 月 25 日，叙利亚交通部长阿里·哈穆德表示，内战使得交通系统损失超过 45 亿美元。战前铁路里程达到 2450 公里，约 1800 公里铁路完全被毁。每年在叙港口停靠的船只数量从战前的 4614 艘减少至战争期间的 1554 艘，通过海路运往叙利亚的货物量从 2400 万吨下降至 900 万吨。

内战吞噬了国家四分之三的经济体，堪称有史以来最惨的经济崩溃事件。叙利亚 2015 年的国内生产总值仅有 2010 年的 38%，约 140 亿美元。当前人均国民生产总值大约 1000 美元，甚至远低于长期受封锁的巴勒斯坦民众（其人均国民生产总值为 1700 美元）。2016 年 7 月，国际货币基金组织公布了其关于叙利亚冲突时期经济情况的调查报告，在 2010 年到 2015 年，叙利亚约 75% 的经济化为尘埃。2017 年 7 月 10 日，世界银行发表分析数据称，内战导致叙利亚 GDP 损失高达 2260 亿美元，80% 的民众陷入贫穷，30% 的人口陷入赤贫，人均平均寿命减少 20 年，从 2010 年的 70 岁下降至 2015 年的 50 岁，50.8% 的学龄儿童失学，近 300 万人失去工作，逾 1200 万人失去主要收入来源，失业率骤增至 60%。即便是第二次世界大战战败国的德国和日本，战后经济崩溃都没叙利亚惨。【2】假如叙利亚战后重建在 2018 年开始，而且年经济增长率保持 4.5%，也要花上 20 年才能回到战前的水平。斯德哥尔摩和平研究所 2013 年的报告不无担忧地指出，战乱使叙利亚在财力、物力、人力资源等诸方面都付出了高昂代价，可能沦为"失败国家"，阿富汗、伊拉克就是典型例子。

二、国内政治碎片化

复兴党独揽大权的局面已经打破，叙利亚很可能由复兴党统治下的"地区强国"变为族群与教派割据混战的"地区弱国"。曾有专家预言，未来叙利亚可能一分为三，分别建立阿拉维国、阿拉伯叙利亚国、库尔德国。自 2012 年秋开始，叙利亚库尔德人在伊拉克库尔德人支持下就已接管了叙东北部库尔德地区，在美国的支持下，叙库尔德人已经发展壮大起来，其在未来叙利亚联邦体制内的去向问题令人关注，尤其是伊拉克库尔德人公投独立失败后。另外土耳其支持的叙利亚反对派也将在未来叙利亚政治版图中占有重要地位，尤其是土耳其出兵帮助反对派拿下伊德利卜省后。巴沙尔政府、库尔德自治区和反对派控制区，为夺取重建后的资源和地盘，在美俄和土等国支持下，很可能会长期进行各种形式的混战，尤其是土耳其绝不会容忍库尔德人的发展壮大。

极端主义短时间内难以完全销声匿迹。多年的战乱，叙利亚国家机器，尤其是教育机构在绝大多数地区基层被摧毁，很多儿童无法受到正规的学校教育，饥饿和贫困加上教育与生存危机，将进一步为极端主义思想的滋生与泛滥埋下隐患，进而威胁国家战后重建工作。从经历剧烈震荡后的部分阿拉伯国家（利比亚、埃及、也门、突尼斯和伊拉克）发展情况看，政局动荡、教派分权、世俗与宗教力量激烈冲突、国家四分五裂、恐怖主义和极端主义肆虐等可能成为未来叙利亚社会重要特征和常态。

战后族群和教派的重构是叙利亚未来政治发展面临最为迫切的问题。在未来叙利亚的政治生活中，要打破这种少数派垄断权力的结构，建立一种基于民主制度的新型族群关系。既要承认大多数人政治权利，又要保障少数族群的地位和权利，要从制度层面上构建这种模式，通过和平渐进方式接受多元化民主政治，以及建立联邦制还是单一制，包括能否实现族群和教派和解与共同发展，叙利亚国家才有未来。如约旦在 2005 年制定了关于政治、经济和社会改革的蓝图，选出一个具有广泛代表性的委员会，代表党派、议会、媒体、社会团体、私营部门和政府。

叙利亚的未来不仅取决于国内能否实现民族和教派和解，也取决于国际社会能否真正支持这种和解，开启新政治对话的机会，尤其是西方国家的支持与合作。西方国家必须放弃偏袒反对派、强行推动叙政权更迭的立场，将叙利亚问题交由叙利亚人民自己解决，鼓励叙利亚各方依靠自身力量，通过谈判，达成新的政治安排。

三、俄美在叙利亚的军事对峙将长期存在

美军在叙利亚北部库尔德人地区形成大规模部署态势，并将长期存在。2017 年 7 月 20 日，土耳其公开曝光美军在叙利亚北部 10 个军事基地：哈萨卡有 3 个军事基地，曼比季有 2 个基地、拉卡省有 3 个基地，此外还有 2 个机场，驻有 4000 余名美军士兵，部署武器包括 F-22 战机、M777 榴弹炮、"海马斯"火箭炮、防空导弹、坦克和装甲车等。土耳其还详细披露了这些军事基地驻军人数、具体位置和部署武器型号等信息。8 月，叙利亚民主军称击败 IS 后，将与美军建立"长久关系"，美军将在叙北部"待很久"。11 月 13 日，美国国

防部长詹姆斯·马蒂斯公开宣称，美军将长期在叙利亚保持军事存在，以防止新的 IS 出现，12 月 11 日，针对俄军分批撤出叙利亚，美国白宫表示，美军暂时不打算撤出叙利亚。

俄军长期驻扎叙利亚，以对付美军。在海军方面，2016 年 10 月，根据叙俄两国协议，俄罗斯计划两年内将叙利亚塔尔图斯港扩建成常设海军基地，届时可以停靠航母和核潜艇在内的数十艘军舰，并驻扎 S-300 防空导弹系统以保障基地和舰艇编队安全。2017 年 1 月 18 日，俄叙签署协议，俄将无偿使用塔尔图斯基地及其附近海域至少 49 年，这样俄装备"口径-NK"巡航导弹舰艇的编队在地中海展开部署的时间将只有数小时，而不是当前从国内开过去的几周。

在空军方面，2016 年 10 月 12 日，俄罗斯联邦委员会批准了关于俄武装力量航空队无限期在叙境内部署的协议，俄开始将赫梅米姆机场升级为空天军军事基地，可起飞重型轰炸机，能永久性部署核武器，并建设第二条飞机跑道。2017 年 7 月 25 日，普京批准了有关俄在叙利亚境内部署空军大队的协议及议定书，协议有效期为 49 年，空军大队可以无偿使用巴塞勒·阿萨德空军基地及其不动产，协议及议定书都可自动顺延 25 年。【3】议定书还对赫梅米姆空军基地的安全保障问题作出明确规定。

相关军事协议签署后，俄紧急向叙增派了 30 多架战斗机，其中包括 11 架苏-24、3 架苏-25、3 架苏-27SM3、4 架苏-30、6 架苏-34 和 6 架苏-35 战斗机。俄未来还将在叙利亚建设 2 处空军基地，达到三座空军基地和一座海军基地的规模。机场选址位置位于更加靠近叙内陆的谢拉特机场，目前已经在改造当中。2017 年 8 月 17 日，俄叙开始在拉卡南部修建一座新机场，主要部署俄军战机。一旦该机场修建完毕后，俄军将会部署更多的战斗机、榴弹炮和防空武器等，该基地距离美在叙库尔德地区的空军基地仅有几十公里。这些新机场完工后，俄计划增加 100 架战机，让驻叙战机和直升机总数达到 150 架，包括了苏-30SM 战斗机、苏-25 攻击机、苏-35 和苏-34 型战机，米-28 和卡-25 武装直升机等等，还将部署了坦克、步兵战车、装甲车、炮兵和 S-400 防空系统，还将在叙部署 2 万人左右，最终达到与中东美军力量平衡状态。

俄驻叙利亚海空军事基地体系建成后，俄军可以牢牢占据中东以控制整个地中海，北上可支援黑海舰队保障克里米亚等基地安全，西出可保障地中海编队长期部署，南下可随时赴红海、亚丁湾执行任务，东进可持续打击中东恐怖分子，支持叙利亚、伊朗、伊拉克等国反恐军事行动，同时叙利亚基地可充当北方舰队和太平洋舰队编队跨海区执行远洋任务的枢纽，俄海军各舰队未来联合作战能力将明显提高，能有效应对和监控中东和地中海的美军。

四、美军强化中东军事部署

当初石油美元的形成，就是因为中东伊斯兰世界的四分五裂，致使沙特等产油国不得不与美国达成交易，美国保证其君主制的统治安全，沙特等产油国以石油美元作为交换，这样美国才得以建立以石油美元为基础的世界霸权，用石油美元去吸各工业大国的血。鉴于中东伊斯兰地区体量庞大，又与美国地缘关系极为疏离，所以美国不可能将其沦为自己的附庸，更不可能直接吞并。而统一的伊斯兰世界，将不会再容忍中东由美国主导，也不可能有石油美元。所以美国一直打压和分化伊斯兰世界，阻止其成为一个统一的整体，这样伊斯兰世界无法积蓄足够的力量挑战美国，这种政治上的四分五裂还会加剧内耗，让美国在经营中东时更具相对优势。一战后，美国利用民族自决和国家理论，实现了分裂阿拉伯的愿望。二战后利用支持以色列建国，在阿拉伯世界插进了一个有力的楔子，而且成为分裂阿拉伯世界的利器。同时通过更迭反对美国的阿拉伯政权，清除伊斯兰强人政权，尽力维持伊斯兰世界四分五裂的格局。冷战后，两次伊拉克战争铲除了萨达姆强权政治，利比亚战争铲除了卡扎菲政权。叙利亚战争和也门战争中，美国又将矛头对准叙利亚和伊朗，特朗普政府还准备取消业已达成的伊朗核协议，试图铲除这两个还没有控制的国家。

为更好地控制中东，美军在叙利亚周边的巴林、沙特、土耳其、以色列和安曼等国有 6 个大型海空军军事基地，驻扎有 2 万余人，包括美国中东海军司令部、第五舰队和北约以及存储核武器的土耳其因吉尔利克空军基地。美军在以色列内盖夫的迪摩纳雷达站，可以探测到叙境内任何空中行动。美国"尼米兹"号航母战斗群在红海待命、"艾森豪威尔"号航母等 6 艘军舰和 1 艘核潜艇在地中海待命。中东美军还拥有包括驻扎在叙利亚的一个中队的 F-22 战机等数百架先进战机，形成对此地俄军压倒性优势。

美军还进一步强化中东军事部署。2013 年 6 月 20 日，美军在约旦的军事演习结束，将"爱国者"反导系统、F-16 战机等装备及相关支持、指挥、控制以及通信人员和系统一并留在约旦。2017 年 3 月 9 日，美国开始在科威特部署美军第 82 空降师的第二战斗营 1000 名美军士兵，作为对抗极端组织 IS 的后备部队。目前有 5600 名美军部署在伊拉克，7 月 11 日，美国国防部明确表示，在打击 IS 军事行动结束后，不会减少美军在伊拉克的人数。在收复摩苏尔后，8 月 13 日，美军开始在摩苏尔西部伊拉克尼尼微省建 4 个军事基地，以全面控制叙伊边境。9 月 18 日，美国启用了首个驻以色列的永久性军事基地。12 月 7 日，美国国防部承认，有 2000 多名美军驻在叙利亚。

第二节　俄罗斯保住了油气出口命脉并扩大自身影响

俄罗斯出兵叙利亚，不但保住了油气出口命脉，而且也开启了终结石油美元的序幕。

一、石油天然气出口是俄罗斯经济命脉，其主要市场在欧洲

俄罗斯是世界上最大的能源拥有和生产国之一。根据国际能源署统计数据，截至 2013 年，俄探明石油储量达 127 亿吨，占世界石油总储量的 5.5%，居世界第八，探明天然气储量 31.3 万亿立方米，占世界总储量的 16.8%，居世界首位，被誉为"天然气王国"。"俄煤炭探明储量为 5 万亿吨，占世界煤炭总储量 12%，仅次于美国和中国，居世界第三位"。【4】近年来，俄石油天然气占其一次能源生产总量的 80% 以上（石油和天然气各占 40% 多），每年出产石油 5 亿多吨，出口石油 2.5 亿吨左右，与第一石油出口国沙特的出口量不相上下。2017 年 6 月 13 日，英国 BP 公司世界能源统计报告称，2016 年俄出口石油 860 万桶/日，占全球石油出口总量的 13.2%；出口天然气 2048 亿立方米，占全球天然气出口总量的 18.9%。俄罗斯石油和天然气的出口量均超过沙特，为全球第一。

俄石油天然气经济一元化结构愈发明显，国际油价直接决定俄经济发展状况。目前石油天然气部门对俄国内生产总值的贡献率达 25%，保障了俄 1/3 的

工业生产，近 1/3 的预算收入，以及近 1/2 的联邦出口和外汇收入。【5】2015 年俄出口总量中有 75% 为石油和天然气，能源资源出口贡献了俄政府 50% 的预算收入。2015 年俄罗斯财政预算草案明确，要维持政府预算平衡，国际油价需要达到每桶 96 美元，如果油价跌到每桶 80 美元，俄经济实际已经进入寒冬。但 2015 年国际油价最低跌到 35 美元，这使俄当年实际 GDP 下降 3.7%，国内工业生产、投资、居民收入、进出口均为负增长。一般认为，如果国际油价在 20 美元左右持续三年，俄经济将彻底崩溃瓦解。直到俄叙联军取得阿勒颇大捷，国际油价才重回 55 美元以上，大大缓解了俄经济困境。2017 年 5 月国际货币基金组织的报告显示，俄经济在经历了一个持续两年的低谷之后正在呈现上升的趋势，有望在 2017 年增长 1.4%，而这其中有很大一部分功劳要归属于油价的强势反弹。根据俄罗斯财政部统计，国际市场上原油每桶 1 美元的波动会给俄国家预算带来约 20 亿美元的变化。美国数次利用国际油价打击俄罗斯。早在 1989 年"8·19"政变和苏联面临解体时，美国落井下石，宣布解冻其战略石油储备，同时沙特把石油产量提高 3 倍，对苏联经济产生了毁灭性打击，加速了其解体过程。在乌克兰危机期间，世界经济增长放缓，对原油等大宗商品需求减少，而美国与沙特联手大幅度增加页岩油气产量和主导欧佩克不减产，造成国际油价暴跌，重创俄经济。

俄油气出口绝大部分在欧洲。在 2000 年以前，俄石油出口全部在欧洲。后随着沙特加入欧洲市场以及欧洲努力减低对俄能源依赖，俄石油出口量的 2/3 在欧洲，其余部分在亚洲。2016 年俄石油出口为 2.539 亿吨，其中出口欧洲达 1.6 亿吨。随着环保的严峻形势和经济发展，天然气成为越来越多国家使用的清洁能源，俄天然气出口最大市场也在欧洲。根据国际能源署统计数据，2013 年俄天然气产量 6680.24 亿立方米，向世界 30 多个国家出口天然气总量 2049.11 亿立方米（通过管道出口量为 1904 亿立方米），其中输往欧洲的天然气达 1627 亿立方米，占俄出口天然气出口总量的 80%，占欧洲天然气消费总量的 30.2%。2016 年俄对欧洲天然气出口超过 1700 亿立方米，在欧洲天然气市场的份额达到 34%，创历史新高。2016 年 6 月 9 日，英国石油公司发布《世界能源统计年鉴》指出，俄确保了欧洲 37% 的石油消费和 35% 的天然气消费。2017 年第一季度俄运往欧洲的天然气接近纪录水平，占欧洲进口总量的 41%。

俄油气出口事关经济发展命脉，也成为维系俄欧关系的核心。

二、美国成为油气出口大国后抢夺俄罗斯的欧洲市场

美国的石油储量位居世界首位。2017 年 7 月 4 日，挪威雷斯塔能源公司（Rystad Energy）的研究显示，全球石油储量共为 2.092 万亿桶，美国现有石油储量达 2640 亿桶，首次超过了俄罗斯的 2560 亿桶和沙特的 2120 亿桶，位居世界首位。数据显示美国石油储量中逾 50% 是非传统的页岩油，其开采量占全球可开采储量的 30%。

十年前，当时的美国还没有页岩油气革命，还依赖于俄、北非和中东等国的石油天然气。近十年来，通过页岩革命，庞大的页岩石油储量得以释放，美国成为最大石油生产国。据美国石油协会公布的数据，2011 年美国建了 10173口页岩油气井，占油气井总量的 23%，美国时隔 62 年再次成为石油净出口国。据美国能源部统计，2014 年美国页岩油产量达到每天 450 万桶，80% 的页岩油开采成本为每桶 60 美元以下，加上既有原油产量，原油产量达到每天 900 万桶，跃居世界第三。2017 年，美国成为全球最大的石油生产国，沙特控制国际石油市场的时代已经结束，世界石油中心正向美国转移。石油产量的提升使得美国石油对外依存度急剧下降。根据国际能源署数据，2011 年，海湾地区占美国石油毛进口量的比重为 16%，而加拿大、墨西哥等西半球国家则为 41%。【6】至 2013 年，美国石油对外依存度已经由 2005 年的 66.3% 降为 33%，2017 年美国出口的原油总量将会超过 4 个 OPEC 成员国出口原油的总量。2020 年基本摆脱对中东石油的依赖。

美国目前也是世界上最大的天然气生产国之一，在 2009 年其天然气的产量就已超过俄。2015 年美国成为全球最大的天然气生产国，约 96% 的天然气被本国消费，墨西哥、加拿大、日本、约旦和中国是美国天然气的主要出口客户。2016 年 7 月，美国开始向中东出口液化天然气，标志着美国页岩革命正在颠覆全球资源流向。随着多个天然气液化终端投入运营，到 2018 年美国将从天然气进口国变为天然气净出口国，2020 年将成为世界第三大液化天然气出口国，仅次于澳大利亚和卡塔尔。2017 年 4 月，特朗普签署行政命令，推翻了奥巴马环保禁令，允许扩大在北极近海的石油与天然气开采。此举将释放

价值 50 万亿美元的页岩油、石油以及天然气储量，美国将成为俄石油天然气出口最大竞争对手。

美国开始争夺俄罗斯在欧洲的油气市场份额。2016 年，美国首次对欧洲出口液化天然气，13% 的出口量运往欧洲地中海国家，运往北欧和波罗的海地区的出口量开始增加。由于运输成本低，美国天然气相对于欧洲当地生产的天然气而言，依然具有竞争力，但无法完全代替相对廉价的俄国天然气，短时间内无法撼动俄在欧洲能源市场的主导地位，但提供了一种可靠的替代选择，让欧洲能够更好地控制价格。长远来讲，美国大量向欧洲出口天然气，将进一步降低俄在国际能源市场的影响，并对俄经济产生致命影响。

三、美国试图控制俄罗斯出口欧洲的油气管线

除大量出口油气来抢夺俄的主要市场份额外，美国还想通过控制俄出口欧洲的油气管线，以达到联手欧洲困住俄的目的。随着 20 世纪 90 年代在里海发现大型油气田后，里海地区成为仅次于波斯湾和西伯利亚的世界第三大油气产区。在美国的牵头支持和直接投资下，1998 年 10 月，土耳其、乌兹别克斯坦、阿塞拜疆、哈萨克斯坦、格鲁吉亚五国总统与美国能源部长一起签署了支持巴库—第比利斯—杰伊汉石油管道计划建设的安卡拉宣言。1999 年 11 月，伊斯坦布尔欧安组织高峰会议期间，上述五国总统签署了支持该管道计划建设的伊斯坦布尔宣言，将里海原油绕道俄罗斯，从阿塞拜疆经格鲁吉亚运到土耳其，再出口欧洲。2006 年该管道正式投产，年出口量达到 5000 万吨，打破了俄对里海石油外运欧洲的垄断地位。

天然气作为清洁能源在俄能源出口中的比重越来越大时，美国开始尽力控制和围堵俄出口欧洲的天然气管网。俄出口欧洲 60% 左右的天然气须过境乌克兰的"兄弟"等管网。【7】美国借乌克兰危机控制乌境内管线，严重威胁俄油气出口。但鉴于切断该管线将极大恶化欧美关系，所以美国不敢轻举妄动，但俄罗斯开始积极筹建绕开乌克兰的油气管线，计划到 2020 年，过境乌克兰的天然气减少到每年 100 亿—150 亿立方米，占其总出口量的 5%—8% 左右。

苏联解体后，俄与乌克兰在天然气管网过境问题上龃龉不已。经历了数次断气风波后，俄开始修建"亚马尔—欧洲"天然气管道以绕开乌克兰。该管线

起于西西伯利亚亚马尔半岛，经白俄罗斯、波兰到德国柏林，年输气为330亿立方米，于1999年建成投产。该管道提高了俄向欧洲供气的灵活性和主动性，但在2015年7月，波兰掌握了该管线52%的股份。在美军进驻波兰以及波兰与俄关系持续紧张的情况下，该管道安全性不容乐观。

绕开乌克兰的"南溪"管线遭美国阻挠而流产。从2007年开始，俄拟建设经里海、保加利亚、土耳其输到欧洲南部的南欧输气管线，计划2015年年底投入运用，年输气量达600多亿立方米。为了斩断南欧管线，美国在格鲁吉亚发动"颜色革命"，规划在巴库—第比利斯—杰伊汉石油管道旁边，建设出口南欧的天然气管线。2008年8月，俄果断出兵格鲁吉亚，美国管线没有打通。从2012年，俄开始建设经黑海海底到保加利亚，然后通过两条支线分别通达奥地利、意大利等国家的"南溪"管线。2013年11月，欧盟认为"南溪"管线违背了欧盟反垄断相关规定。2014年6月8日，美国老牌参议员约翰·麦凯恩等三名美国议员与保加利亚总理举行闭门会议，会后保加利亚总理突然宣布暂停"南溪"管道建设。6月24日，普京不得不宣布放弃"南溪"管线。

"土耳其流"管线一波三折。"南溪"项目失败后，2014年12月1日，俄与土耳其签署了修建跨黑海通向土耳其的"土耳其流"天然气管道，并向西延伸到意大利，作为替代方案，该管道年供气总量达300亿立方米，部分线路可向东南欧国家供气，原计划2018年动工、2019年12月投入使用。在2015年底土耳其击落俄战机后，该项目遭暂停。2016年8月9日，随着俄土关系恢复，该项目重新开始。但建成远需时日，还将受到俄土关系的影响。

绕开乌克兰的"北溪"管线前景堪忧。2012年，俄建成通过波罗的海海底直接连接德国的"北溪"管线，【8】单管输气能力为275亿立方米/年，双管并行敷设，年输气达550亿立方米，此后经过乌克兰输欧的俄天然气减少了20%左右，终结了俄输欧天然气必须经第三国中转的历史。欧盟和俄计划于2018年在"北溪"管道旁开始建设"北溪-2"号天然气管道，由俄欧共同投资95亿欧元。这一项目因遭美国制裁而岌岌可危，2017年8月2日，特朗普签署国会通过的《以制裁反击美国敌人法案》，规定如果向俄天然气出口管道建设1年内累计投资超过500万美元或一次性投入100万美元，美国可制裁投资方。法案还特别指出，美国将继续阻挠"北溪-2"天然气管道的建设。按照美国的制裁法案，所有涉及俄欧油气出口管道都将受到制裁，包括"北溪""萨哈林-2号""土耳其流"等在内的诸多合作项目将面临制裁与停滞。

四、美国企图控制中东油气资源和出口管线

美国控制中东油气资源和管线，就能将中东丰富的油气资源输送到欧洲和世界，也就能控制俄油气出口市场，从而实现彻底遏制俄的目的。

当前美国以驻军形式控制了中东一半以上的油气资源。沙特以石油美元的形式换取美国的安全承诺，其石油完全被美国控制。美国还控制了伊拉克和卡塔尔的油气资源。作为另一个中东能源大户的伊朗，其油气出口有东南西北四条通道。北部通过波斯湾向其他国家出口，但是这里有美国第五舰队把守。南部地区可以通过与土库曼斯坦、俄罗斯等国的合作将油气资源出口到中国，但是这条管线受到驻阿富汗美军的威胁。东部地区倒是可以通过巴基斯坦的中巴经济走廊出口中国新疆，但这里极端分子遍布，安全问题堪忧。伊朗能源出口唯一突围的地方就是西部的叙利亚了，但那里内战不已。

在控制中东大部分油气资源后，美国开始着手控制中东重要的油气管线，其中最重要的是什叶派管线和逊尼派管线之争。原有的什叶派管线是以伊拉克和叙利亚的基尔库克—巴尼亚斯原油管道为基础。该管线将伊拉克的基尔库克油田连接到叙利亚港口城市巴尼亚斯，另外在霍姆斯辟出了一条支线，穿越黎叙边界到达的黎波里。因为沿途都是什叶派国家，所以又称为什叶派管线。该管道于1952年投产，长达800公里，每天运输量可达30万桶。美国发动伊拉克战争的一个重要原因就是因为萨达姆想把这条管线的石油输出结算变更为欧元。伊拉克战争爆发之后，美国迫不及待地将该管线的伊拉克段炸毁。在叙利亚内战爆发前夕，叙利亚和伊拉克签署了修复现有什叶派管线，再建造两条原油管道的初步协议，随后叙内战全面爆发，协议被搁置。为阻止什叶派管线的修复，美国联合约旦、以色列规划了从伊拉克的基尔库克，绕开叙利亚，经约旦、以色列出海的海法—基尔库克管线，但由于种种原因，一直未能实施。

对什叶派管线的争夺是俄罗斯介入叙利亚内战的主要原因。俄一直与伊朗、伊拉克、叙利亚等国积极筹划什叶派管线，将俄南部、阿塞拜疆与伊朗的

石油天然气经俄罗斯、伊朗、伊拉克、叙利亚和地中海，到达欧洲。2011 年 7 月 25 日，伊朗、伊拉克和叙利亚签署建造什叶派管线协议，准备将伊朗的南帕尔斯油气田经过原有的基尔库克—巴尼亚斯管道到达叙利亚东部港口的石油管线，该油气田是世界上最大的油气田，为伊朗和卡塔尔共有。【9】该管线得到了俄的大力支持，俄也将联合上述国家共同修建该管线，最重要的是该管线建成后，将抛弃石油美元，改用各国本币或人民币结算，这对美国的石油美元霸权构成直接威胁。所以协议签署后不久，叙利亚内战全面爆发。为了防止最坏的结果出现，俄出兵叙利亚，保住什叶派管线。

为摧毁什叶派管线，美国规划了逊尼派管线，把卡塔尔南帕尔斯油气田的石油天然气，绕过伊朗，经伊拉克、叙利亚、土耳其送往欧洲。所以美国必须推翻巴沙尔政权，将这条什叶派管线改为逊尼派管线，就可以联手沙特、卡塔尔等国与俄发动石油战，压低石油价格，将俄罗斯彻底逐出国际能源市场，让俄崩溃瓦解。打通逊尼派管线的巨大利益也使沙特等国牢牢将自己绑在美国战车上，共同推翻巴沙尔政权。

无论什叶派管线和逊尼派管线，都要经过中东库尔德人地区，所以美国在控制了库尔德地区油气资源以后，【10】开始鼓动伊拉克库尔德人独立，以色列和沙特均表示支持。库尔德人如果独立出去就能够切断什叶派管线，而且库尔德人控制区向北靠近阿塞拜疆的巴库油田，直接染指里海，向东直插地中海沿岸，完全具备了取代叙利亚和土耳其战略位置的潜力。但美国支持库尔德人独立，将遭到国际社会普遍反对，也缺乏当年支持以色列建国的实力。

五、俄罗斯出兵叙利亚将开启石油美元终结的前奏

俄叙联军收复什叶派管线。叙政府军打通伊叙边界后，"什叶派之弧"正式打通，重建什叶派管线的可行性开始提上日程。2017 年 8 月 7 日，叙利亚政府军和伊拉克什叶派民兵联合攻占了伊叙边界附近的 T2 泵站，T2 泵站是伊拉克基尔库克—叙利亚巴尼亚斯管线四个泵站中的一个。四个泵站在叙利亚境内一共有三个，分别是 T4、T3、T2。T2 加上政府军之前控制的 T3、T4，就表示这条油气管线叙利亚境内所有泵站都落入政府军手里。剩下的 T1 泵站在伊拉克境内，位于阿布凯马勒以东不远处。当前伊拉克什叶派民兵正在联合叙

政府军攻击阿布凯马勒地区。与此同时，黎巴嫩政府军和叙政府军、黎巴嫩真主党游击队在 8 月份肃清了叙黎边境地区的恐怖分子，扫清了什叶派管线支线的障碍。2017 年底，随着全部泵站落入什叶派之手，那么以基尔库克—巴尼亚斯管道为基础的什叶派管线就能够修建成功，这条管线的沿途国家都是俄的盟友，将与俄联手改变石油美元独霸天下的局面，这将是石油美元走向终结的前奏。

俄将土耳其和卡塔尔纳入什叶派管线利益分配体系中。比如俄答应修建从黑海到达土耳其和欧洲的"土耳其流"管线，修改什叶派管线，将土耳其作为什叶派管线去往欧洲的另外一个出口，在什叶派管线的源头，增加卡塔尔的油气供应。俄的"土耳其流"管线还引起伊朗的高度关注，伊朗表示将来可通过"土耳其流"管道向欧洲输送天然气。俄、伊朗和卡塔尔的天然气储量占世界储量的 50%。美国一手主导的沙特等国与卡塔尔断交事件，也标志着卡塔尔在转向俄罗斯与伊朗等国。与此同时，土耳其借卡塔尔断交事件，驻军卡塔尔和阿塞拜疆这两个中东天然气出口的源头大户，巧妙地将手伸到了中东和里海两大天然气出口阀门上。在上述油气合作基础上，土耳其与伊朗、俄罗斯一起参与在叙建立冲突降级区，共同推进叙政治进程。

俄也加快了与伊朗、土耳其和叙利亚等国的油气勘探合作。2013 年 12 月，俄罗斯天然气石油集团与叙利亚当局签署了地中海沿岸石油及天然气勘探、钻探及开采协议，协议有效期 25 年。2017 年 8 月 18 日，土耳其能源企业国际能源公司（Unit International）与俄国有企业俄罗斯海外石油公司（Zarubezhnet）和伊朗加迪尔投资公司（Ghadir）签署 70 亿美元合作协议，共同开发伊朗三个石油天然气田，其石油储量约为 10 亿桶，天然气田年生产能力达 750 亿立方米，这一企业联盟也将被允许在伊朗其他地区进行钻探项目。这是伊朗公司与外国合作伙伴签署的首个三边投资协议，被业界描述为伊朗石油化工行业的里程碑。2017 年 10 月 12 日，俄罗斯石油公司以 11.2 亿美元收购了埃及地中海最大的项目——祖尔气田 30% 的股份。11 月 2 日，俄与伊朗签署价值 300 亿美元的油气资源协议。

伊朗还拉上法国开发其国内油气田。2017 年 7 月，法国石油巨头道达尔与伊朗国家石油公司签署了价值 50 亿美元的协议，开发伊朗南帕尔斯天然气田，有效期为 20 年，道达尔拥有 50.1% 的股份。

虽然俄罗斯和伊朗等国目前还无法得到国际油气定价权，但随着什叶派管线的建设，各个国家将摆脱石油美元盘剥，美国石油美元将走向衰亡。一旦美国失去了石油美元，其世界霸权也将走到尽头。

六、俄罗斯实现影响力最大化

战前，俄在中东只有叙利亚塔尔图斯港第 720 物资技术保障站，提供最基本的船舶维修和食品与弹药补给。到 2017 年底，俄军已经在叙利亚拥有了叙利亚塔尔图斯港海军基地、赫梅米姆空军基地、巴塞勒·阿萨德空军基地和拉卡南部空军基地。随着俄在叙利亚军事基地体系的完善，俄将大大强化在中东的军事力量及影响力。

俄罗斯借叙利亚内战深化与伊拉克和伊朗的关系。俄联合什叶派的叙利亚、伊朗、伊拉克在巴格达建立了反恐信息情报中心，为打击 IS 发挥了重要作用。伊拉克顶住华盛顿的压力，对俄运输机和战机开放领空，为俄在叙利亚的军事部署提供了极大便利。伊拉克政府甚至表示准备要求俄军空袭在伊境内的 IS 目标。俄军多次使用伊拉克和伊朗领空，并利用伊朗军事基地打击恐怖分子，伊拉克也有意让俄使用其军事基地。2017 年 11 月 1 日，六架俄军图-22M3 从俄境内起飞，经伊朗和伊拉克领空，空袭了叙利亚代尔祖尔的恐怖分子。俄与伊朗密切合作，积极推动叙政治解决进程。两国还签署了政府间军事合作协议，加强合作交流。对伊朗导弹出口禁令取消后，俄开始向伊朗提供 S300 防空导弹系统。俄还为伊朗建造 9 座核反应堆，建立一家联合银行，以加快在双边贸易中使用本币结算。2015 年 11 月 23 日，普京时隔 8 年后再次访问伊朗，为德黑兰带去了 50 亿美元贷款和多个经济大单，双方签署了一系列合作协议。俄在 2016 年与伊朗签署总价值高达 80 亿美元的军售合同，包括苏-30SM 多用途战斗机、"堡垒"机动岸防导弹系统、"雅克-130"教练机、米-8/17 直升机，甚至还将包括 636.6"基洛"级柴电潜艇、T-90 主战坦克等。

俄罗斯利用叙利亚战争，分化了美国在中东的盟友。成功拉拢了美国盟友、北约成员国土耳其一起打击恐怖分子，开启叙利亚政治进程。俄还将土耳其拉入在中东地区的油气资源与管线建设中，巩固了与土耳其的关系，为叙利亚战争的结束与政治进程的开启奠定了良好的基础。

叙利亚战争打破了俄军只在苏联疆域内投射兵力的惯例，破坏了自苏联垮台后美国独自拥有全球使用武力的地位。更重要的是，俄已帮助改变了叙利亚国内局势的战略平衡，并重返中东，展示了俄重要的世界地位，也得到了欧美的承认。2014 年 3 月，美国总统奥巴马在全球核安全峰会上称俄是"地区大国"。2016 年 3 月，英国外交大臣哈蒙德曾说：地球上有一个人能打个电话就结束叙利亚内战，他就是普京先生。11 月 17 日，奥巴马在德国与默克尔举行联合记者招待会时，承认俄是具有地区性和世界性影响力的"军事超级大国"。11 月 28 日，欧盟委员会主席容克在接受欧洲新闻电视台采访时说：俄是一个自豪的大国，奥巴马称其是地区强国是错误的。容克还强调希望欧盟与俄罗斯展开平等对话，共同构建欧洲安全体系。12 月 14 日，美国《福布斯》杂志公布了最新的"全球最具权力人物排行榜"，普京连续四年蝉联榜首。2017 年 6 月，国际民调组织 Globsek 的民调显示，普京在大多数东欧国家比特朗普和默克尔更受欢迎。

俄罗斯在叙利亚内战中的代价也不小。2017 年 4 月 25 日，斯德哥尔摩国际和平研究所发布的关于全球武器贸易和主要国家军费开支趋势的报告显示，俄 2016 年在叙利亚的活动花费了大约 4.64 亿美元，在叙军事行动日消耗在 250 万到 400 万美元之间。目前俄军牺牲 40 多名官兵，其中军衔最高者为俄军驻叙利亚军事顾问团团长、陆军中将瓦列里·阿萨珀夫，伤者军衔最高者为俄西部军区司令部作战指挥部部长彼得·米柳黑少将。为避免和减少海外军事行动中俄军人的伤亡，10 月 11 日，普京签署命令，允许军队在海外行动中使用外国志愿者。俄国家杜马也通过《短期军事合同法》，允许外国人在俄军服役。此外，俄军还损失了 14 架战机，包括两架苏-24，1 架苏-33、1 架米格-29K 舰载机和数架武装直升机。相比 9 万架次出击来看，损失率非常低。另据媒体称有上千俄雇佣军伤亡。

第三节 中东地区局势更加复杂多变

叙利亚战争使四分五裂的中东地区更加复杂多变，还会不断爆发局部战争。

一、日益凸显的库尔德人独立问题搅乱各国神经

中东库尔德斯坦地区一直在谋求联合自治或独立。库尔德人具有强烈的跨界民族认同，他们将阿卜杜拉·奥贾兰和马苏德·巴尔扎尼视为民族英雄。叙利亚库尔德民主联盟党为土耳其库尔德工人党的分支，其他库尔德政党大都由库尔德民主联盟党分裂而来，与伊拉克库尔德人关系密切。1945 年伊朗库尔德民主党成立，谋求自治，受伊拉克库尔德人支持。1978 年土耳其库尔德工人党组织游击队与政府军对抗，要求独立。两伊战争和海湾战争期间，伊拉克库尔德人曾趁机独立，但相继遭到政府军严厉镇压。伊拉克战争后，伊拉克库尔德人实现自治，其权力最大。【11】由于叙利亚库尔德人数较少，政治诉求要温和一些。叙利亚内战爆发后，在美国大力支持下，叙库尔德人发展壮大，实现了事实上的自治。

中东库尔德人在叙利亚内战中联手发展壮大。在叙利亚内战中，土耳其和伊拉克的库尔德人成为叙利亚库尔德人坚定的支持者，甚至不惜与土耳其开战。叙库尔德人在 2012 年获得实质性自治，成立统一的政党和军事组织，伊拉克库尔德人开始对叙利亚库尔德人进行军事培训，而来自伊拉克库尔德民兵组织"自由斗士"的武装分子则越境入叙支持库尔德同胞。2012 年 6 月，在伊拉克库尔德地区领导人马苏德·巴尔扎尼的撮合下，叙利亚库尔德人首次成立统一的库尔德最高委员会和库尔德人武装，对付 IS 和"征服阵线"组织。在美国大力支持下，叙利亚库尔德人武装加紧攻取拉卡市，大有在整个叙北部建立库尔德联邦之势。土耳其库尔德工人党受到鼓舞，其游击斗争重新活跃起来。流亡在伊拉克的伊朗库尔德民主党，在打击 IS 组织中发展壮大，占据两伊边境的地盘不断扩大，谋求在伊朗建立库尔德人自治区。经过几年内战的发展，伊拉克库尔德自治区、叙利亚库尔德民主联盟、土耳其库尔德工人党和伊朗库尔德民主党已经整合为一个强有力的同盟，仅在伊拉克就有近 10 万名库尔德武装人员，叙利亚库尔德民主联盟的力量也不相上下。如果出现一个叙利亚库尔德自治区，再加上既有的伊拉克库尔德自治区的扩大，无疑会大大激励土耳其境内的库尔德工人党和伊朗库尔德民主党的斗志，从而推动库尔德人的

建国梦死灰复燃，这并非完全没有可能。

　　叙利亚库尔德人自治或独立也将牵动中东各国神经。2016 年 3 月，继组建叙利亚民主军后，库尔德人宣布成立北叙利亚—罗贾瓦联邦（国际社会未予承认）。8 月 22 日，叙库尔德武装攻占了叙政府军在库尔德地区的最后一座堡垒——哈塞克省会，实现了对北部的全面掌控。同年 12 月底，叙利亚—罗贾瓦联邦更名为北叙利亚民主联邦。【12】随后叙利亚民主军跨过幼发拉底河，准备在叙北部建立库尔德联邦。2017 年 3 月，在日内瓦举行的叙利亚和平谈判会议上，叙利亚库尔德地区独立的议题再次提上议事日程。目前两个方案是，叙利亚库尔德地区正式建立一个库尔德国家，但和在土耳其、伊拉克生活的库尔德人没有关系。另外或者在保留叙利亚中央政府的前提下，组成邦联自治，保留其自身语言、文化、言论自由和政府机构。叙库尔德人独立的可能性不大，但其自治也面临许多挑战，正统逊尼派都视库尔德人为异端，大多数叙反对派以危害国家统一为由强烈反对库尔德人自治，他们认为联邦制的目的以控制叙利亚而对其实施瓦解、分割和削弱。即便复兴党倒台，叙利亚的民族构建能否包容库尔德人的民族认同仍值得怀疑，而叙库尔德政党明确反对以"阿拉伯叙利亚共和国"作为国名。如果叙利亚仍以伊斯兰和阿拉伯属性构建民族认同，那么库尔德人仍将是"二等公民"，不可能真正获得自治。同时叙库尔德人的自治将引发土耳其和伊朗境内库尔德人自治运动，所以两国强烈反对其自治。

　　当前叙利亚库尔德人实际上分成两派，一个是叙利亚民主联盟党，附属于土耳其库尔德工人党，库尔德人武装由其领导。另一个是库尔德最高委员会，由 15 个库尔德小党组成的联盟，是在伊拉克库尔德自治政府帮助下建立，两者关系一直不和。总体而言，叙库尔德人独立的可能性比较小。即使伊拉克库尔德人拥有非常强大的实力，2017 年 9 月的公投独立后也以失败告终。虽然叙库尔德人现在要自治，希望搞联邦制，但是从各方反应来看，要真正落实联邦制和库尔德人自治也非常困难。

　　伊拉克库尔德人的公投独立将直接影响叙利亚库尔德人的自治或独立。2017 年 9 月 25 日，伊拉克北部的库尔德斯坦自治区举行全民公投，结果显示 93％的民众赞同独立。伊拉克库尔德人公投独立遭到国际社会反对。联合国、欧美、伊拉克、土耳其、伊朗和叙利亚等纷纷表示反对库尔德地区公投独立。公投后，土耳其和伊朗调集军队包围伊拉克库尔德地区，伊拉克政府封锁库尔德地区，派出军队接管油气资源丰富的基尔库克省，并要求库尔德人解除武装、逮捕公投组织者，库尔德人武装主动撤离基尔库克，最后公投以失败告终。没有美国的强力支持，库尔德地区不可能实现独立，只是借公投向中央政府施压，如把以库尔德人为主的有争议地区并入库尔德地区管辖范围、批准新的石油收入分配法案、让库尔德地区军队吃中央财政等。【13】

美国对库尔德人独立的态度暧昧，主要是希望在中东维持适度的乱局，才能确保从中取利。对美来说，库尔德人是杆好枪，尤其是在后 IS 时代的叙利亚。在美停止对所谓的温和派的军援之后，库尔德人武装就成了唯一的王牌了，然而库尔德人终究只是美在中东大棋局的一个小棋子罢了。1922 年，英国为镇压阿拉伯人，曾同意库尔德人独立或自治，但不久便撕毁协议。1991年和 2003 年的两场伊拉克战争，库尔德人都充当了反抗萨达姆的急先锋，以支持美入侵，但美国照例过河拆桥，两次断送库尔德人独立的梦想。如今在IS 这个毒瘤解决之后，库尔德人独立依旧是一个梦。为取得叙利亚战后发言权，美国肯定还会不断支持库尔德人，但是否支持其独立，则另当别论。

即使没有美国的过河拆桥，在当今时势下，库尔德人也不可能实现独立的梦想。第一，第二次世界大战后形成的国际体系还基本稳定，没有大破大立的机会，要诞生一个新的主权国家是很难的，而且公投建国也完全颠覆现行国际法和战后国际秩序，必将像科索沃公投一样，无法获得国际承认和认可。第二，现代国家的主权意识又非常强，领土是界线也是底线，领土的得失关系着国家的稳定和政权的成败，没有任何一个国家会轻易允许自己的领土分裂出去，即使如叙利亚那样曾经乱成一锅粥，巴沙尔政府也决不会允许库尔德人独立。第三，库尔德人被分隔在伊朗、伊拉克、土耳其和叙利亚四个国家境内，这些国家的实力都不弱，要将这些国家境内的库尔德人整合在一起，必然遭到四国联合打击，这没有任何一种力量可以做得到，库尔德人自己做不到，美国也做不到。即使美国能做，也不会那么做，那样做树敌众多，而且对库尔德人分而治之也更符合美国利益。第四，因为地理上长期分隔、各国分化瓦解以及现实利益等因素，库尔德人本身也并非铁板一块，他们组织众多，利益诉求各异。比如光伊拉克库尔德地区，就分为库尔德爱国联盟和库尔德民主党两大派别，其武装力量也是由自治区敢死队事务部、库尔德民主党政治局和库尔德爱国联盟政治局三个互不统属的机构分别指挥。叙利亚库尔德人的民主联盟党与叙利亚库尔德最高委员会之间也矛盾重重。第五，欧美没有足够的资金和财力，像当年支持以色列建国那样支持库尔德人建国。所以，对库尔德人来说，与其沦为工具和棋子，还不如共同致力于建设自己的国家。

二、伊朗在中东地区影响力剧增

伊朗与美国达成核协议大大缓解自身困境。伊核问题肇始于美国，【14】2003年伊核问题曝光后，美国更是想方设法要将之扼杀在摇篮之中。由于当时美国深陷伊拉克战争，所以美国主要依靠欧盟与伊朗谈判以拖延其发展核武器，并推动该问题国际化。2005年8月伊朗内贾德上台后，核政策骤然强硬，屡屡突破西方设定的底线，美国的想法破灭。

从2006年开始，美国采取经济制裁与军事威胁并举的高压政策。美国促使安理会通过六份制裁伊朗的决议，涉及伊武器出口、重型武器进口、核能和导弹项目以及相关人员的资产、与伊朗的信贷和业务往来等多个方面。美国单方面将对伊制裁范围扩至经贸、金融、信贷、保险和石油等领域。2006年9月至2007年9月，美众议院两次通过决议，制裁任何向伊朗武器项目提供原料或服务的实体，及在伊朗投资的外国公司。美财政部还冻结多家伊朗公司资产。2010年7月1日，美国通过《全面制裁伊朗、问责和撤资法案》，规定向伊朗出售成品油或原油加工设备（包括资金投入、输送能源技术与设备等）超过100万美元的公司将受到美国制裁，禁止美国的银行与伊朗革命卫队往来，并对向伊朗出口敏感技术的第三国实施出口限制。2011年12月，美国公布《2012财政年度国防授权法》，强化对伊朗中央银行及其他相关银行的金融制裁。2012年7月，美国财政部制裁伊朗金融、贸易、能源和人员等多个领域，奥巴马还下令对伊朗能源和石化部门采取额外制裁措施。2013年1月，美国公布新财年《国防授权法》，限制伊朗在贵金属、石墨、铝、钢铁、冶金用煤和商业软件领域的贸易，并特别规定限制易货交易，防止伊朗规避制裁。在美国压力下，欧洲的银行停止与伊朗金融业务往来，日本撤回伊朗阿扎德甘油田项目，英国放弃伊朗液化天然气项目，南非暂停在伊朗建厂谈判，印度、日本、韩国等国家减少从伊朗购买石油，欧盟也禁止投资伊朗石油和天然气项目，禁止向伊朗能源部门转移技术和设备，禁止进口伊朗原油，冻结欧盟之内的伊朗中央银行资产，禁止与伊朗银行间的所有交易。

欧美的制裁，尤其是能源和金融领域的制裁，使伊朗 2012 年和 2013 年经济连续负增长，石油天然气出口下降 40%—50%，货币里亚尔在五年间贬值了三倍，国内通货膨胀高达 30%—40%。政府财政捉襟见肘，进口商品价格高涨，通胀、失业率居高不下，资金无法自由进出伊朗，海外被冻结 1000 多亿美元，生活补贴削减 26.5%，严重影响了民众的正常生活与国家经济发展，【15】引发了国内不断的游行示威。

此外，美国不断提高对伊朗动武调门，国内多次散布美国已制定对伊朗空袭计划等消息，如民主党同意删去"总统对伊宣战前必须得到国会授权"条文等。美国曾向海湾增派了半数海军舰艇和航母战斗群，地面部队达伊战以来最大规模，在海湾部署"爱国者"导弹系统，向以色列、埃及等盟友提供巨额武器装备援助，拼凑反伊包围网，对伊朗兵临城下。多次在伊朗周边举行大规模军演，2007 年拨款 7500 万美元，资助伊朗反对派及民族分裂势力从事"颜色革命"和武装破坏活动，但这些没有对伊朗政局产生根本性影响。

2007 年 12 月，美国情报机构出台"伊朗 2003 年就已终止核武计划"国家情报评估，美国对伊政策开始"解冻"。2008 年 6 月，美国首次在伊朗开设利益代表处。7 月上旬，美国公开表态不会更迭伊朗政权，只改变伊朗核行为。7 月 19 日，美国放弃"伊朗只有停止浓缩铀才进行会谈"的前提条件，首次派副国务卿伯恩斯参加日内瓦伊核问题会议。2009 年奥巴马上台后，美国进一步缓和与伊朗的关系。2013 年相对温和的鲁哈尼上台，伊朗迫于经济制裁压力缓和与美国关系，而 IS 不断崛起使美国被迫将反恐放在首位，美伊启动核谈判。2015 年 7 月 14 日，伊朗核问题六国（美、英、法、俄、中和德）、欧盟和伊朗在奥地利维也纳达成伊朗核问题全面协议，即《共同全面行动计划》。7 月 20 日，安理会一致通过该协议，确保伊朗核项目用于和平目的，【16】但伊朗的"临界有核国家"地位得到国际承认，伊朗胜多败少。

2016 年 1 月 16 日，在国际原子能机构确认伊朗全面履行了协议义务后，当天欧美取消对伊朗经济和金融制裁，涉及伊朗财政、金融、能源、石化、航运、造船、汽车等行业。制裁取消后伊朗重新连接国际金融系统，恢复石油出口，获得约1000多亿美元解冻资产。IMF预计伊朗2016—2017年增长6%。《经济学人》预测伊2016—2019年增长率将达5.2%，从全球第29大经济体升至第22位，超越瑞士、阿根廷、中国台湾、瑞典和泰国。

伊朗通过叙利亚内战，打通了什叶派联盟的通道，极大扩充了自己在中东的影响力，深化了与周边国家的合作与协调，对于冲破欧美围堵具有重要意义。与伊拉克实现世纪大和解，双方签署国防合作协议，加强合作对抗恐怖主义。伊朗与伊拉克是世仇，两伊战争长达数十年。直到伊拉克战争结束和伊拉克什叶派上台，双方关系才有所改善。叙利亚内战爆发后，伊朗为伊拉克提供财政和军事支持，以打击伊拉克的IS。2017年7月23日，伊朗国防长达赫甘与伊拉克国防部长哈亚里签署世纪大和解协议——军事与防务合作协议，涵盖边界安全、后勤与训练和打击恐怖主义。随着2017年9月的伊拉克库尔德人公投独立的举行，伊朗与伊拉克的关系进一步拉进，双方开展联合军事演习，并联手土耳其对付库尔德人。

伊朗与土耳其走近。伊朗与土耳其关系一直很僵，双方的教派矛盾突出，在叙利亚内战中各自支持政府军与反对派武装。在土耳其倒向俄罗斯后，与伊朗的关系开始改善。2017年8月15日，伊朗武装部队总参谋长穆罕默德·巴盖里访问土耳其，与土耳其总统埃尔多安、土耳其总参谋长胡卢西·阿卡尔以及国防部长加尼克里等人举行会面。这也是自1979年伊朗伊斯兰革命以来，两国军方高层的首次互动，双方协商在地区局势、打击恐怖主义、库尔德问题以及加强边境安全等方面进行合作。伊拉克库尔德公投独立与土耳其借道伊朗向卡塔尔运送物资，使得双方日益走近，双方在俄协调下，共同为政治解决叙利亚危机而努力。

与卡塔尔复交，打破海湾国家外交孤立。伊朗与卡塔尔关系尚可，两国一直共享帕尔斯油气田。2016年1月，沙特处死什叶派知名人士尼米尔，引发伊朗、伊拉克等什叶派国家强烈抗议。伊朗民众冲击了沙特驻伊朗的大使馆，沙特等海湾国家随即宣布与伊朗断交，包括卡塔尔。在2017年6月的沙特与卡塔尔断交风波中，伊朗大力援助卡塔尔，以缓解沙特等国对卡塔尔的经济制裁和封锁禁运，这使得伊朗与卡塔尔关系更近。2017 年 8 月 26 日，卡塔尔宣布与伊朗复交，在所有领域加强与伊朗双边关系。

三、土耳其影响力大增

土耳其国土大部分位于高原地区，这样的地形下是不可能有大量油气资源的，但是其重要的地理位置使其能在美俄间左右逢源。土耳其军事政变失败以后，大权独揽的埃尔多安决定应阿塞拜疆政府邀请，在该国建立军事基地，土耳其军队正式驻军阿塞拜疆。而阿塞拜疆是里海油气资源出口欧洲路线的源头，俄美规划的中东油气管线都要经过土耳其，土耳其此时驻军阿塞拜疆，对中东能源博弈产生微妙影响。

土耳其驻军卡塔尔。沙特等多国与卡塔尔断交以后，由于担心沙特会像伊拉克入侵科威特一样入侵卡塔尔，卡塔尔邀请土耳其驻军。土耳其根据与卡塔尔政府 2014 年达成的军事防卫协议，在 2017 年 7 月，土耳其派遣 5000 名军人进驻卡塔尔。与驻军阿塞拜疆一样，土耳其这次又驻军到了中东天然气出口的源头。通过两次对外出兵，土耳其巧妙地将手伸到了中东和里海两大天然气出口阀门上，从而实现自己在中东的利益和影响力的最大化。

此外，土耳其极大改善了与伊朗的关系，联手俄罗斯和伊朗开启叙利亚政治进程，派军进驻叙利亚北部伊德利卜省，为自己在将来的叙利亚局势中谋得一席之地。

四、沙特内外交困，暂处下风

作为中东什叶派首领伊朗和逊尼派首领沙特，两国水火不容，为争夺地区霸主而关系恶化。在叙利亚内战中，伊朗等什叶派实现联手，使得沙特面临北有什叶派联盟持续坐大，南有也门胡塞武装后院点火的战略困境。而美国与伊朗达成核协议，进一步缓解了伊朗的外部空间，沙特在与伊朗的交锋中面临巨大压力。

由于数年支持叙利亚反对武装，直接参与也门战争，长年的巨大战争开支、持续低油价导致的财富急速缩水和经济结构单一使沙特国内经济雪上加霜。2015 年，沙特财政赤字规模达到创纪录的 1000 亿美元，沙特政府不得不推出了新税法，削减社会项目支出，出售规模庞大的外国资产，发行大量国内债券，同时开始出售大型国有油企沙特阿美石油公司（Aracbian American oil company，简称 Saudi Aramco）的部分资产。2016 年 4 月，沙特向美国、日本等国多家银行贷款 100 亿美元，以弥补财政赤字，这是沙特 15 年来首次借款。沙特 2017 年预算赤字预计将达国内生产总值的 17.8%。自 2014 年年底以来，沙特已耗费 1500 亿美元外汇储备。

在叙利亚内战中，沙特支持的反对派败于伊朗和俄罗斯支持的叙政府军。从 2011 年开始，沙特等海湾国家积极支持叙利亚反对派推翻巴沙尔政府，经济上大力资助反对派、军事上援助大量武器弹药并培训反对派武装分子，造成了巴沙尔政权在内战初期的被动。随着俄与伊朗的参战，沙特等国支持的反对派接连失败，阿勒颇战役使得叙政府军扭转整个内战战局，沙特所支持的反对派败局已定。随着土耳其加入俄主导的叙利亚政治进程，美国公开放弃对叙利亚反对派的支持，沙特所支持的反对派只能被叙政府军赶出叙利亚。

在也门内战中，沙特被胡赛武装打得一败涂地。2015 年，沙特组织阿拉伯联军对也门胡赛武装发起代号为"果断风暴"的空袭行动，沙特还出动 15 万军队、100 多架飞机，差不多出动了沙特一半的军事力量来打击胡赛武装。但几年后，沙特联军被胡赛武装杀得丢盔卸甲，仅一周沙特联军就被击毁 200 多辆坦克装甲车，沙特的 F-15 等数架战机和直升机被击落，沙特海军护卫舰被击毁，沙特国内还不时遭到胡赛武装的导弹袭击。

沙特与卡塔尔矛盾公开化，并一时难以解决。长期以来，沙特与卡塔尔在争夺海湾国家影响力方面存在矛盾。随着叙利亚内战的长期化，两国分歧也公开化。遭到沙特等国集体断交后，卡塔尔乘机强化与伊朗与土耳其等国关系。虽然美国亲自协调沙特与卡塔尔的关系，但由于伊朗的存在，卡塔尔与沙特的矛盾将长期公开化，这将极大影响沙特对伊朗的围堵政策，也将影响海湾国家内部关系。

沙特主动寻求和解。2017 年 8 月 19 日，沙特借穆斯林麦加朝觐季的到来，主动对卡塔尔和伊拉克开放陆路和航空口岸，为 9 万名伊朗朝觐者提供便利，并借助伊拉克斡旋改善与伊朗的关系。9 月 3 日，沙特和伊朗实现了外交使团到对方国家原使领馆的互访。10 月 4 日，沙特国王萨勒曼历史性访问俄，正式结束两国自冷战以来的敌对状态。如果上述举措保持连贯并得以深化和扩大，沙特不仅有望摆脱困境，还有助于伊斯兰世界内部团结，遏制极端和恐怖主义威胁。

五、中东地区军备竞赛激烈

"阿拉伯之春"和叙利亚战争以来，中东国家军费开支领跑全球，常年保持在 GDP 占比 6% 以上，远高于同期欧美发达国家和世界平均水平。以沙特为例，军备开支占 GDP 比重从 2011 年的 7.2% 上涨到 2015 年的 13.5%。2009—2014 年间，沙特军费开支翻了一番，增幅达 95.6%。同一时期伊拉克增长 220%，阿曼增长 144%，巴林增长 105%。根据斯德哥尔摩国际和平研究所数据，2015 年沙特军费开支 872 亿美元，超过俄罗斯和英国位居世界第三。中东军费开支跨过"百亿俱乐部"的国家达到 8 个，【17】其中 4 国跻身全球 15 强。

中东地区自身工业基础薄弱，不具备生产重型武器系统的能力，所以军费开支绝大部分用于购买大型武器装备。根据斯德哥尔摩国际和平研究所 2017 年 2 月发布的报告，中东地区过去 5 年中武器进口量同比增长 86%，占全球进口总量的 29%，出现了冷战结束以来最大幅度增长。过去 5 年里世界前十大武器进口国就有一半来自中东地区，包括沙特阿拉伯、阿联酋、阿尔及利亚、土耳其和伊拉克。2017 年 11 月 16 日，"简氏防务"公布 2016 年全球武器贸易报告，显示中东地区是全球最大武器进口地区，占全球市场的 1/3，估计该地区未来四年武器进口额为 880 亿美元，其中，沙特为最大武器进口国。

中东地区军费激增，使得美俄等军事强国大发战争财。美国在中东战场上一方面发动战争，挑起战火，另一方面卖出数千亿美元的军事武器。2015 年美国签署了约 400 亿美元的武器销售合同，占世界军贸的 50%，绝大多数销往中东地区。当年卡塔尔签署了美国 170 亿美元的订单，沙特则购买了美国超过 80 亿美元的武器。2016 年法国武器装备的订单超过 140 亿欧元，实现了相当于世界平均水平 2 倍的销售额，中东依然是法国最主要的军火输出市场。2016 年意大利武器出口猛涨 85%，达到了 146.3 亿欧元，其中近 6 成武器销往中东。2017 年 2 月，斯德哥尔摩国际和平研究所发布报告，称 2012 年至 2016 年世界武器贸易较 2007 年至 2011 年增长 8.4%，达到冷战结束以来的最高水平，美国巩固了作为世界主要武器出口国的地位，武器销量增长了21%，占全球武器贸易的33%。沙特是美国最大的武器购买国，占美国武器出口总量的13%。2017年5月19日，美国总统特朗普首次出访选择沙特，两国签署总值1100亿美元的军火交易协议，还达成在今后10年出售总价值3500亿美元军售的协议。6月16日，卡塔尔宣布购买美国36架F-15战斗机，总金额高达120亿美元。2016年，美国武器出口额为233亿美元。2017年，美国签署近700亿美元武器合同。

俄罗斯2016年军品出口创收150亿美元，仅次于美国，占世界武器出口总额的23%。既有如AK-103突击步枪、"短号"-EM反坦克导弹，又有S-300防空导弹系统、T-90MS主战坦克、米格-35战斗机，还有共同研制新一代战斗机的技术合作。2011年8月，俄向巴林出售了数千万美元的AK-103突击步枪，这是俄与这个海湾国家历史上的头笔军火交易。2012年下半年，俄与伊拉克签署了42亿美元军事技术合作协议，供应48套"铠甲"-S1弹炮合防空系统和36架新型米-28NE攻击直升机。2014年6月，俄与伊拉克签署了10架苏-25强击机供应协议。2014年8月，巴林向俄订购了一批"短号"-EM反坦克导弹。2014年9月，埃及与俄签署5亿美元S-300VM协议，同年埃及还与俄达成涵盖战机、导弹和海岸防御领域的一揽子武器销售协议，总额35亿美元，俄也同意对埃及出售46架米格-29战机。2015年9月，俄与埃及就50架卡-52"短吻鳄"直升机签署协议，加上向埃及供应的米格-35战斗机，价值20亿美元。2017年2月，阿布扎比防务展览会上，俄与科威特签署了146辆T-90MS坦克的合同，与阿联酋签署了购买苏-35飞机的意向书，商定共同研发第5代轻型战机，改造"铠甲S1"弹炮合一防空系统的问题，与土耳其签署购买S-400防空导弹系统合同，与沙特签署提供军用飞机和地面装备的意向书，与伊朗谈判价值100亿美元的武器协议。过去5年中，阿尔及利亚从俄进口价值超过33亿美元的武器。

俄军火销售大大缓解了经济困境。在参与叙利亚战争期间，俄军不仅把一些即将过期的武器弹药全部派上了用场，很多国家纷纷增大了向俄购买武器的力度，有100多个国家的武器订单已经排到了十年之后，使俄军工业几乎完全恢复了科研和生产实力。光是在2015年，俄就签订了560亿美元合同订单，

2016 年武器出口总额合计为 150 亿美元。目前俄军火出口订单总额已经接近 1000 亿美元，足够军工企业开足马力生产 10 多年。火爆的军火销售，为俄国家财政带来了巨大收入，极大缓解了西方制裁和低油价的经济困境。

第四节　美俄军事对峙加剧

叙利亚内战使得美俄关系进一步恶化，双方军事对峙加剧。

一、美国和北约大幅度增加军费、扩充军力

特朗普压缩国内民生福利等开支来大幅度增加军费。2017 年 2 月 28 日，特朗普宣布 6680 亿美元的 2018 财年军费预算，增长约 10%，同时军队员额增加 5.64 万人，包括新增 2 万多名军人。为抵消军费的增长部分，超过 18 个联邦部门预算缩减，环境保护局开支削减达 30% 以上，废除几十个帮助贫困人口、资助科学研究和援助美国海外盟友的长期联邦项目，削减对联合国维和行动的资助。7 月中旬，众议院通过了总额为 6965 亿美元的 2018 年度国防授权法案。9 月 18 日，参议院通过了总额约 7000 亿美元的 2018 财年国防预算，超过特朗普的要求，也远高于 2011 年国会提出的军费上限，是自阿富汗战争和伊拉克战争以来美国国会通过的金额最高的国防预算。12 月 12 日，特朗普签署了总额达 7000 亿美元的 2018 财年国防授权法案。

在大量预算增长的基础上，美军持续研发先进武器。投资近千亿美元订购 165 架 B-21 轰炸机，【18】拨款 560 亿美元采购 500 多架 F-35 多用途战斗机，投入 160 亿美元改进空中加油机，研发第六代智能型战机。海军舰艇数将从 273 艘增至 355 艘，包括 12 艘航空母舰，新一代采用电磁弹射系统的核航母福特级首舰已经服役，海军人数扩充到 38 万以上，新型战略核潜艇将于 2031 年服役。积极研发诱变基因的武器，亚洲华人、欧洲亚利安人、中东阿拉伯人的基因均被列入美军搜集范围。据估算，用 5000 万美元建造的基因武器库，杀伤效能超过 50 亿美元核武库。2017 年 10 月 30 日，俄总统普京公开证实，美军在收集俄罗斯人基因样本。

将网络司令部升级为独立的作战司令部。2016 年 12 月 27 日，奥巴马签

署《2017 年国防授权法案》，规定网络司令部由二级司令部提升为一级作战司令部，直接归口国防部成为九大司令部之一。2017 年 8 月 18 日，特朗普宣布正式将美军网络司令部升级为最高级别的联合作战司令部。美军还准备设太空司令部。2017 年 5 月 9 日，X37B 空天飞机在太空飞行近两年后返回地面，美军就开始组建太空司令部，专门负责太空作战培训、演练等业务，并开展卫星抗干扰能力的技术培训，以便美军能在太空战中击败对手。

不愿意承担大部分北约经费，美国敦促所有北约成员国军费开支达到 2% 的目标。在北约的军费预算总额中，美国投入占 68.2%，美国希望成员国分担费用。2014 年，北约威尔士峰会同意 10 年内成员国军费开支占 GDP 的 2% 指标。2016 年北约 28 个成员国中，美国、英国、希腊、波兰和爱沙尼亚 5 个国家达到军费开支占 GDP 的 2% 标准。如果北约成员国实现 2% 的军费增长，北约国防开支将增加 1000 多亿美元，超过俄军事预算。

2017 年美国军费是俄的 10 倍，仅其主导的北约军事预算就高达约 3 万亿美元，约占全球军费开支的 51%。尽管俄 2010—2020 年拟投入 7000 多亿美元更新常规军事装备，但依旧远远落后于美国。如《国际航空杂志》（*Flight International*）于 2015 年底公布了世界各国空军排名。美国有 13717 架军用航空器，排名世界第一，第二和第三的俄罗斯与中国分别有 3547 架和 2942 架，后两者相加尚不足美国一半。

国际油价持续下跌导致俄军费大幅削减。2015 年俄国防预算削减了近 4%，2016 年军费削减 10%。2017 年俄国防开支比 2016 年下降 25.5%，从 3.8 万亿卢布下降到 2.8 万亿卢布，国防经费占 GDP 的比重约为 3.5%。6 月 16 日，普京宣布俄未来三年国防开支下降到占 GDP 的 2.7%。国防开支下降影响到俄军装备更新换代计划，一系列正在研发中的核武器作战平台也将受到影响，包括新的铁路机动洲际导弹和新的战略轰炸机项目，或将放缓研发速度。

尽管军费只有美军的 1/11，但俄没有放松军队建设。俄军人数从 120 万人缩减为 100 万人，军官比例由原来的 58% 降低为 15%，缩减了大量人员经费。俄《2016—2020 年国防工业发展计划修订条例》将装备预算总额从 348.9 亿卢布增加到 352.6 亿卢布，2017 年乌克兰进口替代计划已基本完成。核力量现代化武器装备率已经达到 60%，战略火箭军已经装备了 12 个团的 RS-24 "亚尔斯"核导弹系统，RS-28"萨尔马特"洲际弹道导弹、"巴尔古津"铁路导弹系统也将列装。图-160M2 改进型战略轰炸机已经量产，新一代 PAK-DA 战略轰炸机加紧研制。至少 2 艘最新的"北风之神"弹道导弹核潜艇已经装备，并成功试射"布拉瓦"潜射导弹。2030 年前接收首艘第五代核潜艇。10 万吨级新的核动力航母开始规划。S-500"普罗米修斯"新型防空系统 2020 年将装备，能对付低轨道卫星、高超音速飞机和太空武器。2017 年将服役数架第五代战机 T-50，能发现隐身战机的新一代预警机 A-100 也开始试飞。

二、美国和北约不断增兵欧洲、加快建设欧洲反导系统

冷战结束后，美军一直在缩减驻欧兵力。目前在欧洲驻扎的美国陆军总兵力为 3.5 万人，还不到冷战时期美国陆军驻欧洲 30 万兵力的零头。自乌克兰危机爆发以来，北约多次提出要遏制俄罗斯。2016 年 7 月，北约华沙峰会宣布俄不再是伙伴。2017 年 3 月，欧洲盟军最高司令兼美军欧洲司令部司令斯卡帕罗蒂将军在国会听证会上称，美军要增加欧洲军力部署以遏制俄。

增兵波罗的海。为了对付俄罗斯西部军区重建的坦克集团军，2016 年 2 月，美国向爱沙尼亚派出 8 架专门用于攻击坦克的 A-10 攻击机。7 月，北约华沙峰会决定在波兰、立陶宛、爱沙尼亚和拉脱维亚共部署 4 个营共约 4000 人的多国部队，在罗马尼亚部署一个旅的多国部队。【19】2017 年 2 月 7 日，首批 130 名德国士兵抵达立陶宛（总计 450 人），这是二战后德军首次部署在俄家门口。3 月 17 日，120 名英国士兵抵达爱沙尼亚（总人数 800 人），这是英国几十年来最大的海外部署行动之一。

增兵中东欧。2015 年，美军将驻德军力从营级扩充到旅级，包括 250 辆艾布拉姆斯主战坦克、布雷德利步兵战车和自行火炮等。2016 年 2 月，美国向德国运送超过 5000 吨弹药储备。2017 年 1 月，美军向波兰增派 20 架"阿帕奇"直升机和第 3 装甲旅，美国计划把波兰驻军增加到 3000 多人，达到冷战后最多人数。美国还计划向欧洲派驻一个作战航空旅和一个攻击直升机营，包括大约 10 架"支奴干"、50 架"黑鹰"、24 架"阿帕奇"以及 2200 名军人。2017 年 4 月，美国宣布 2018 年 2 月向东欧派遣 4200 名装甲部队人员。10 月 14 日，美陆军第二装甲旅抵达波兰境内，加上在波兰的美军第三装甲旅的驻扎，在德

国的美国陆军装甲旅，美军在中欧驻扎了一个机械化装甲师，总兵力超过 1.8 万人。

在欧洲部署隐身战机和轰炸机。2017 年 4 月 15 日，美国 F-35A 战斗机抵达英国参加空战演练。4 月 25 日，美军 F-35A 战机部署在爱沙尼亚。同日，美国空军两架 F-22 战机抵达罗马尼亚，这是 F-22 首次进驻黑海地区。6 月 14 日，美军将 B-2、B-1B、B-52H 共 8 架战略轰炸机同时进驻英国皇家空军费尔福德基地。

冷战时期，美国战略轰炸机将英国视为重要的部署基地，从英国起飞的美军战略轰炸机，能够更快速地对苏联中心地区实施核打击。冷战结束后，美国战略轰炸机全部撤回国内。随着乌克兰局势与叙利亚内战的发展，美国开始重新将战略轰炸机前置部署到英国，这种事态是空前的。

北约与美国共同建设欧洲导弹防御系统。2008 年，美国在波兰部署 10 枚拦截弹，在捷克部署 X 波段雷达，在罗马尼亚部署"标准-3IB"拦截弹，覆盖了俄罗斯全境。2010 年，北约决定以美国原有的欧洲反导计划为基础，建立覆盖欧洲的反导系统，波兰、罗马尼亚、土耳其和西班牙分别为其据点。2016 年 5 月 12 日，美军在罗马尼亚南部的反导系统正式投入运行。5 月 13 日，波兰北部的陆基"宙斯盾"反导系统基础建设开工，预计 2018 年完成。2017 年 7 月 6 日，美国向波兰出售 8 套爱国者反导系统。7 月 10 日，美军以参加军事演习为名，临时在立陶宛部署"爱国者"导弹，这是美国首次在波罗的海部署反导系统。2018 年波兰反导基地竣工后，北约与美国的反导系统将覆盖从格陵兰岛至葡萄牙西部亚速尔群岛等广大欧洲地区，严重威胁俄罗斯国家安全。2017 年 10 月 17 日，北约以俄罗斯与白俄罗斯举行军事演习为由，冻结了俄罗斯—北约理事会，引发俄强烈抗议。11 月 8 日，北约增设海运司令部和地面司令部，以威慑俄。

美国研发新型"标准"SM-3IIA 拦截导弹。SM-3IIA 是一种时速超过 900 公里的动能弹头，不携带炸药，依靠冲击和碰撞的力量来摧毁来袭目标，还拥有反低轨军事卫星的能力。2017 年 2 月，美日在夏威夷西海岸首次成功进行 SM-3IIA 导弹的拦截试验。5 月 30 日，五角大楼宣布模拟拦截洲际弹道导弹试验成功。到 2022 年，美国反导系统的拦截导弹数量将超过 1000 枚，超过俄洲际导弹携带的核弹头数量，严重削弱俄威慑力。俄军认为，美军已经具备海上拦截洲际弹道导弹的能力。

俄将美国和北约列为主要敌人。2015年12月31日，普京签署了新版《2020年前俄罗斯国家安全战略》，将美国和北约列为俄主要敌人。尽管军费大幅度压缩，俄军决定从2017年7月起一年时间内增加近1.9万人，主要是信息作战和快速反应部队。

俄在西部和南部增加军力。以南部军区部队为基础，组建克里米亚军事集群。在加里宁格勒州以及沿爱沙尼亚、立陶宛和拉脱维亚的边界地区部署了近10套"伊斯坎德尔-M"导弹系统，射程可覆盖波兰、立陶宛、拉脱维亚和爱沙尼亚全境，增程导弹还可以打到柏林。2014年11月，俄西部军区重新组建第1近卫坦克集团军，将装备最新式的阿玛塔坦克，并配备S-300、S-400和"道尔"防空系统。2017年5月，俄决定在年底前新建3个师，其中西部军区新建两个师，南部军区新建一个师，每个师编制约为1万人，配备数百辆坦克和各类战车、S-300或S-400远程防空系统，以及"铠甲"弹炮合一防空系统。经过此番调整，西部军区足以威慑北约。2017年6月，俄国防部长绍伊古宣布俄西部军区30多个营级军事单位随时可以投入作战。

三、美国增加亚太地区军力部署，部署亚洲反导系统

美国在亚洲部署F-35战机和双航母编队。2017年1月，亚洲首批10架F-35B战机抵达日本岩国（日本共购买了42架）。根据计划，F-35后续还将陆续部署到韩国和澳大利亚，亚太地区将形成F-35的广域梯次部署格局。此外，美军准备在关岛再部署一艘航母，形成亚太地区双航母局面。

美在韩国部署"萨德"高空反导系统，建立亚洲导弹防御系统。2017年9月7日，依靠不断加剧朝鲜核危机，美军顺利完成了"萨德"入韩的工作。"萨德"系统战术性能有着诸多与众不同的特点。一是导弹射程远，防护区域大。"萨德"的射程达到300千米，可防卫半径200千米的区域，主要用于保护较大的战略性地区和目标。美军方曾声称，4套"萨德"加上7套"爱国者"系统即可覆盖韩国全境。二是拦截高度和摧毁概率较高。"萨德"拦截高度为40至180千米（即大气层的高层和外大气层的低层），而这个高度区间正好是洲

际导弹飞行末段和中近程导弹的飞行中段，故号称"当今世界唯一能在大气层内外拦截弹道导弹的陆基反导系统"，具有二次拦截和二次毁伤评定的能力，还可为"爱国者"等低层末段拦截系统提供目标指示信息。三是采用"动能杀伤技术"，以高速撞击来引爆目标弹头，产生的高热可使生化战剂失效。四是战场生存能力强。每辆"萨德"发射车全重（含 10 枚所携拦截弹）约 40 吨，可快速空运至所需战区，并通过公路机动变换阵地躲避打击。发射车从装弹到完成发射准备不超过 30 分钟，拦截弹接到命令后几秒钟便能发射。五是数据兼容性强，系统应用广泛。最后，也是最重要的，是目标识别能力强大。"萨德"系统使用的 AN/TPY-2 型 X 波段雷达，号称当今世界上最大、功能最强的陆基移动雷达，能探测 2000 千米范围内体积为 0.1 平方米的物体，有效拦截距离为 300 千米，具备反隐形战机能力，能识别假弹头。

"萨德"系统还能与美军部署在亚洲的"爱国者"系统和海上"宙斯盾"等系统随机构成各种形式的多层反导体系，情报资源共享和协同作战，使得美国初步建成亚洲导弹防御系统，严重影响该地区战略安全与平衡。在"萨德"入韩部署完成后，韩国和日本又传出要部署战术核武器的消息，而且美军还有意将最先进的"朱姆沃尔特"级隐形驱逐舰和 F-22 隐身战机部署在韩国。可以预想，美军还将借用朝核危机，在日本和韩国部署大量的先进装备，以威慑中俄。

作为对"萨德"入韩和亚太美军部署的回应，俄在千岛群岛建设军事基地。千岛群岛是在远东制衡美国的理想之地，俄能据点控面，守住其在亚太地区的经济利益，避免未来东西两线作战。2016 年 6 月 30 日，俄在南千岛群岛建立新的海军基地，包括建设机场，可起降图-22M3 远程轰炸机。10 月 8 日，俄完成在远东地区组建新的重型轰炸机航空师的任务，包括可以携带战略核导弹的图-95MS 轰炸机和图-22M3 轰炸机。俄计划 2017 年在千岛群岛部署新作战师，已在其中两岛部署了第 18 机关枪炮兵师，还部署了新型地对舰导弹，射程覆盖了日本北海道东北部。在国后岛部署了最新式"舞会"超音速岸基导弹，在择捉岛上部署了"棱堡"导弹系统，还将部署 S-400 防空导弹系统，并到 2018 年在部署一个新的岸防师。

四、加强对彼此阵营的军事渗透或扩大自身影响

北约东扩黑山，进一步封堵俄在欧洲的空间。黑山是俄进入地中海重要通道，俄出兵叙利亚主要通过保加利亚、塞尔维亚、黑山三个传统亲俄的斯拉夫国家建立的从黑海到地中海的"空中走廊"，这让北约对俄战略围堵出现缺口。黑山还是塞尔维亚和俄在欧洲的最后一个斯拉夫盟友。2017 年 6 月 5 日，黑山正式加入北大西洋公约组织，[20] 这相当于北约拔掉了俄在欧洲地缘政治上的最后一颗钉子，进一步削弱俄在巴尔干半岛的影响力，阻止其进入南欧"温暖海域"，并完成了对塞尔维亚的包围。

黑山加入北约后，俄随即宣布向黑山的对手塞尔维亚赠送 6 架米格-29 战斗机，30 辆 T-72 坦克以及 30 辆 BRDM-2 型装甲车，并组织塞尔维亚、白俄罗斯等举行"斯拉夫兄弟-2017"军演，以示警告。

美国欲拉拢中亚。中亚恰好介于中俄腹背，对中俄具有重要的地缘政治利益。2001 年美国借阿富汗战争成功打入中亚，先后进驻乌兹别克斯坦卡尔希—哈纳巴德空军基地和吉尔吉斯斯坦玛纳斯空军基地。但美国在中亚高调策动"郁金香革命"与安集延事件，强推"美式民主"，引起中亚国家恐惧和戒心。乌兹别克斯坦随即向驻乌美军下了逐客令，吉尔吉斯斯坦也关闭了美空军基地，美国与中亚国家的关系降到冰点。俄在叙利亚参战后，美国又重新重视中亚的重要性。2015 年 11 月，美国国务卿克里"史无前例"走访中亚五国，并确立中亚五国与美国的"C5+1"外长会晤机制。2016 年 8 月 3 日，国务卿克里在华盛顿罕见地一次性会见了中亚五国外长，美国与中亚关系开始升温。但美国日益衰微，心有余而力不足，中亚国家也不会再次充当马前卒。

俄开始拉拢美国的盟友菲律宾。菲律宾杜特尔特上台和美菲关系恶化后，俄趁机加强与菲律宾的关系。2017 年 1 月 3 日，俄海军编队访问菲律宾，并"史无前例"举行首次海上联合演练。10 月 13 日，俄向菲律宾无偿援助 5000 支 AK 步枪、配套 100 万发弹药及 20 辆军用卡车。俄菲走近，对美国围堵俄是个重大打击。

俄成功向北约成员国土耳其和美国的铁杆盟友沙特出售 S-400 防空系统等武器。2017 年 9 月 10 日，土耳其与俄签署了购买价值 25 亿美元的 S-400 型

防空导弹系统，并支付了首付款，引发美国和北约警告，预计2019年完成部署。10月4日，沙特国王萨勒曼历史性访俄，两国签署14份合作文件，涵盖军工、油气、核能、交通、通信、农业等领域，沙特购买价值30亿美元的S-400防空系统。

俄还试图借反恐介入阿富汗事务。在美国撤军阿富汗后，俄开始介入阿富汗事务。2015年7月的上合组织俄罗斯乌法峰会期间，阿富汗总统加尼向普京表达了希望得到俄军事技术援助的愿望，普京表示同意。俄军事介入叙利亚打击"伊斯兰国"后，阿政府请求俄协助打击塔利班武装分子，俄积极向阿富汗提供直升机和枪支弹药与其他武器装备，还将帮助训练军官，俄还与塔利班交换"伊斯兰国"的信息。特朗普增兵阿富汗后，俄开始向塔利班提供武器装备，以对抗美军，既能恶心美国又能增加在阿富汗的发言权。

俄可能将重返古巴建军事基地。古巴是苏联的盟国，即使苏联解体后，两国防务合作也比较密切，两个设在古巴的俄军事基地直到2002年才关闭。2013年俄同古巴签署了一项协议，免除古巴在苏联事前欠下的320亿美元债务中的90%，这为双方各领域包括防务领域的合作铺平了道路，俄也积极准备在古巴开设军事基地。2016年12月8日，俄和古巴签署了2020年前防务领域合作的计划，在人员培训、武器装备升级和换代等方面进行合作。此外，2017年11月15日，苏丹总统奥马尔·巴希尔访问俄罗斯期间，两国探讨了在红海设立俄军事基地的可行性。12月2日，俄与埃及签署两国共享空军基地的协议，有效期五年，可续期。

五、美俄开启新一轮核军备竞赛

美俄同时宣布要加强核武库建设。2016年12月22日，普京在俄国防参谋长会议上表示，俄要开发能够突破任何防御系统的核导弹。几个小时后，美国当选总统特朗普通过社交媒体推特说，美国必须大力加强并扩充核打击能力，直到有一天这个世界明白核武器是怎么一回事。根据美国军备控制协会提供的资料，美国目前拥有7100个核弹头，俄拥有7300个核弹头。

美国投入万亿美元进行核武器现代化。2016年3月10日，美军参谋长联席会议副主席保罗·塞尔瓦空军上将警告说，要阻止中俄这样的核大国，只能靠核力量的现代化。2016 年 5 月，斯德哥尔摩国际和平研究所的一篇报告指出，在 2015 至 2024 年间，美国将花费 3480 亿美元来维护和全面升级核武力量，未来 30 年内核武器现代化项目支出将达到 1 万亿美元，全面升级"三位一体"核力量。2016 年美国投入 88 亿美元研发核武器，包括运载工具改装和核弹药延寿等，新型核武器 2030—2040 列装。现役的 1200 件核弹药的一半已完成改装，持续对"民兵 3"洲际核导弹进行技术改造，新型海基、空基小型核武器、高超音速飞行器等都在加紧研发。2017 年 8 月，美军斥资 3500 亿美元，研制新型洲际弹道导弹，以替换服役 40 多年的陆基"民兵-3"战略核导弹，增加变轨突防能力和可控核变量。11 月 27 日，美军宣布，时隔 30 年之后，重启核打击预警系统测试。

美国核轰炸中俄的目标清单令人"不寒而栗"。2015 年 12 月，美国国家档案和记录管理局首次披露了一份详细清单，列明了冷战时期，美国核攻击苏联、东欧和中国的目标，包括苏联阵营内的 1200 多座城市。美国将向每个目标投下最高达 16 万吨当量的核弹，威力是投到日本长崎核弹的 8 倍。莫斯科和列宁格勒是头号和 2 号目标，北京排第 13 位。无论在发生战争时中国是否站在苏联一边，美国都将中国列入目标清单。这份文件可能已成为历史，但核武器尚未成为历史。

普京暂停与美国签署的《钚管理和处置协定》，【21】并已经启动生产和部署 400 枚"亚尔斯"和一定数量"萨尔马特"洲际弹道导弹计划（俄称 RS-28），射程 1.1 万公里，携带 10 个重型或 15 个较轻型核弹头，可在飞行时变更轨道，当量约 2000TNT），俄海军也正在加快发展无人驾驶核潜艇。2012 年，俄研制新的"巴尔古津"铁路导弹作战系统，计划 2020 年前装备 5 个团的"巴尔古津"系统。

美俄战略核导弹部队始终保持在高度戒备状态。当前美军 90% 的地地战略核导弹处于一级戒备状态，可在 40 秒以内从完成接到指令到发射。俄军地地战略核导弹有 70% 大体处于二级战备水平，可在接到发射命令后 1 分钟内发射出去。俄近 400 枚战略导弹携带超过 950 个核弹头，处于随时待命状态。美俄还一直在不断研发新一代的、小型化的和当量更小的核武器，竞相构建全球即时核打击系统。美国建设的"全球快速打击系统"可在决策后 1 小时内摧毁目标，一次可动用 4000 枚导弹，可实施核突袭，预计 2020 年接收首批全球即时打击系统。俄也积极发展超声速的"萨尔马特"导弹。

美俄相互试射战略导弹进行威慑。2016 年 9 月 27 日，俄"北风之神"级战略核潜艇"尤里·多尔戈鲁基"号从白海海域发射了两枚"布拉瓦"洲际弹道导弹，成功摧毁了远东堪察加半岛库拉靶场的预定目标。[22] 2017 年 2 月，美军举行了 25 年来规模最大的战略核力量演习，代号为"全球闪电-17"，演练了全球核战争剧本，包括战略遏制、实施全球打击（用核和常规武器）、太空作战和导弹防御等。演习中美军连射 5 枚弹道导弹，史无前例。10 月 26 日，俄军举行少有的海陆空"三位一体"战略核力量演习，核武器投掷平台主力全部出动，普京亲自发射 4 枚战略导弹。

第五节　欧洲饱受难民危机和恐怖袭击之痛

叙利亚内战爆发后，百万计叙利亚难民涌入欧洲，[23] 让深处欧债危机和英国脱欧中的欧盟不堪重负，尤其是日益增多恐怖袭击让欧洲难以招架。

一、叙利亚成为全球最大难民来源国

叙利亚难民数量创下世界之最，联合国称之为本世纪最严重的"人道主义灾难"。2017 年 6 月 19 日，联合国难民署发布报告称，截至 2016 年底，全球难民和国内流离失所者总数已经达到空前的 6560 万。2017 年 7 月，联合国难民署统计显示，内战导致叙利亚 650 多万人沦为境内难民，550 万人成为境外难民，超过任何武装冲突所带来的难民人数，叙利亚每 1000 人就有 650 人是难民。全球每 6 个难民中，就有 1 个来自叙利亚，这使得叙利亚在 2014 年就跃居为全球最大数量难民来源国，一举超过已位居该位长达 30 年之久的阿富汗。

欧洲难民主要由叙利亚人构成。联合国难民署公布数字显示，2015 年 1 至 8 月，有 30 多万名难民经地中海进入欧洲，超过 2014 年的总和，其中 80%来自叙利亚。2015 年涌入欧洲的难民突破 100 万人，一半是叙利亚难民。

美国应对中东和欧洲难民危机负主要责任。当前国际上的难民主要来自叙

利亚、阿富汗和科索沃，这些国家产生数以百万计的难民，主要分布在中东和欧洲，最重要的原因就是美国直接或间接地发动了一系列针对上述国家的战争。数以万计的科索沃难民是美国及其西方盟友发动科索沃战争的直接后果。阿富汗难民也是美国发动的阿富汗战争的直接后果，欧洲国家到处都有阿富汗难民身影。利比亚的难民也来自美国及其盟友发动的利比亚战争。叙利亚难民更是美国及其西方盟友支持叙反对派推翻叙利亚巴沙尔政权，从而造成叙利亚内战以及 IS 崛起的直接后果，导致了当下罕见的难民危机。无论是在叙利亚还是阿富汗，美国打着维护人权和人道主义、打击独裁专制的旗帜而直接发动战争的最终结果，是产生了更大的人道主义灾难——数以百万计的难民，因此美国应为中东和欧洲地区的难民危机负主要责任。

作为难民危机的主要肇事者，美国接纳的难民屈指可数。2013 年美国接收的叙利亚难民为 36 人。2015 年 9 月 10 日，奥巴马宣布 2016 年接纳 1 万名难民。但在 11 月 19 日，美国国会众议院通过一项法案，要求难民审查期限为 24 个月，而且确保不会对美国构成国家安全威胁，这一高门槛将难民挡在门外。到 11 月 23 日，美国已有 31 个州宣布不接纳叙利亚难民。2017 年 1 月，刚上台的美特朗普就签署命令，禁止叙利亚等七个穆斯林国家公民入境美国。至今特朗普推出了三版主要针对中东国家的旅行禁令。2017 年 12 月 4 日，美国最高法院通过特朗普针对八个国家的旅行禁令，其中五个是包括叙利亚和伊朗的中东国家。美国在中东空袭一小时就用掉 6.8 万美元，但叙人道主义危机却由于资金严重短缺而迟迟得不到解决，美国的这一做法深受国际舆论的谴责。日本 2014 年仅接收 11 名叙利亚难民。加拿大曾承诺接受 2.5 万名叙难民，但在巴黎暴恐案发生以后，也延缓了接收计划。

经济合作与发展组织发展中心在《2017 年全球发展展望报告》中指出，武装冲突、暴力威胁是难民大量涌现的重要原因。由于回国、重新安居、融入当地等可持续的解决方案推进缓慢，难民危机可能会长久持续下去。

二、绝大多数叙利亚难民滞留周边国家

由于地理上的便利，土耳其、约旦、伊拉克、黎巴嫩等周边国家成为叙利亚难民的首选，绝大部分叙利亚难民都滞留在这些国家。2017 年 9 月联合国

统计数据显示，叙利亚难民被土耳其接纳了 270 万，黎巴嫩接纳了 100 万，约旦接纳了 60 万，战乱中的伊拉克也接纳了 2.5 万。上述国家接纳了叙利亚外逃难民的近 80%，可以说真正的难民危机在这些国家。随着叙利亚内战的长期化，难民越来越多，周边国家不堪重负，纷纷采取限制措施。

为拉拢叙利亚逊尼派、扩大自身影响，更好地推翻巴沙尔政权，叙利亚内战初期，土耳其对叙利亚难民实施门户开放政策。由于两国交通便利，互免签证，难民流动方便。自 2011 年 4 月开始，叙利亚难民就进入土耳其。

难民大量涌入导致土耳其不堪重负。2011—2014 年，土耳其在难民治理救助方面共投入 450 亿美元，而从联合国和欧洲获得的资助仅为 2.46 亿美元。[24] 2015 年 9 月，土耳其为叙难民已经花费了 60 亿美元，但仅得到 4 亿美元外部援助，叙难民数量远远超出了土耳其承受能力，而且带来族群冲突、恐怖袭击、暴力犯罪事件频发，尤其是藏身于难民中的恐怖分子，严重影响了国内安全稳定。2012 年 11 月，土耳其开始收紧难民政策，规定没有有效身份证件的叙难民不得进入土耳其，需要救治的人员除外。2013 年中期，土耳其开始积极呼吁国际社会援助。2014 年 2 月，叙利亚问题第二次日内瓦会议中，土耳其重申需要国际社会分担难民责任。2015 年 3 月，土耳其关闭土叙边境口岸，仅允许伤病患者及有特殊情况的难民入境。同时根据难民营规模控制准入人数，默许难民偷渡前往欧洲。国际大赦组织在 2016—2017 年度报告透露，土耳其安全部队曾多次武力驱逐叙难民回国，或在土叙边境暴力对付难民，理由是阻止恐怖分子和库尔德工人党进入。

黎巴嫩被迫停止接收叙利亚难民。黎巴嫩面积仅 1.04 万平方公里、人口 420 万，近年来共接纳 110 万叙利亚难民，加上原有的 50 万巴勒斯坦难民，等于每三个人中就有一个是难民。难民涌入也令原本就捉襟见肘的黎巴嫩经济雪上加霜。根据世界银行评估，在 2012 至 2014 年间，难民危机已经导致黎巴嫩平均每年 GDP 增速被拖慢 2.9 个百分点，失业率升至 20%。黎巴嫩政府无力应对，多次宣布无力接收难民，最终在 2014 年底关闭了叙黎边境，并宣布从 2015 年 1 月 5 日起停止接受叙难民。2015 年 5 月，联合国难民署不得不停止为黎巴嫩境内的叙利亚人注册难民身份。

约旦因接收过多叙利亚难民而叫苦不迭。2011 年叙利亚危机爆发后，约且政府对叙难民大开绿灯，在边境设立难民营提供庇护，实际进入人数可能超过60万。约旦因接纳难民，年支出增加了25亿美元，难以承受经济压力。2013年1月30日，黎巴嫩和约旦纷纷发表声明称，需要国际社会提供紧急援助，解决大批叙利亚难民涌入带来的问题。

海湾国家对叙利亚难民实行闭门政策。根据半岛电视台披露，沙特接纳了30万叙难民，阿联酋接纳了15万，科威特接纳了13万。由于海湾国家均为君主国，在中东大乱、暴恐肆虐的背景下，首要任务是避免极端分子通过难民潮渗透入境，所以海湾国家总体上对难民采取闭门政策，只愿意加大对难民的经济援助力度。2015年底，当德国面对汹涌而来的叙利亚难民潮时，沙特表示愿意捐钱在德国建立几百座清真寺解决难民"精神需求"，遭到德国媒体讽刺。

在周边国家的叙利亚难民生活艰难。2015年12月，根据联合国难民署的报告显示，在土耳其，经过合法登记的避难者每周只能获得40元人民币的补助并且住在临时帐篷里。土政界人士、媒体、团体、学校出现了情绪化的反叙难民的文章、演讲，纷纷要求驱逐叙难民，各地发生了多起敌视叙难民的系列暴力事件。在黎巴嫩的叙利亚难民中有70%生活在贫困线以下，每天每人的生活费仅3.84美元，90%的难民靠举债为生，2/3的难民儿童每日三餐不继。在约旦，叙难民主要从事建筑、农业、零售等低收入临时性工作，生活更加贫困，80%的难民生活在远离城市的偏远荒僻地区。

三、欧洲遭受难民危机与恐怖袭击双重冲击

叙利亚内战刚爆发时，进入欧洲国家的叙利亚难民还远构不成危机。2014年国际移民组织数据显示，进入欧洲国家申请避难的人数只有21.9万人。进入2015年以后，随着IS的崛起、叙利亚周边国家收紧难民政策，以及欧洲高福利生活的诱惑，尤其是缺乏劳动力的德国公开欢迎难民，【25】极大鼓舞叙利亚难民的欧洲梦，数以十万计的叙难民从地中海、土耳其和东欧国家持续地涌入欧洲国家。截至2015年年底，总计100万难民进入欧洲，其中一半是叙利亚难民，欧洲遭遇到了二战结束以来最严峻的难民危机。

难民主要通过两个途径偷渡至欧洲。一是乘船渡过地中海，直接抵达意大

利和希腊。这条路看似简便，实则凶险，难民偷渡时接二连三发生海难事故。2015 年 8 月 28 日，联合国联合国难民机构确认已有超过 30 万难民冒险穿越地中海前往希腊和意大利，途中 2500 多人命丧地中海。另一条先抵达土耳其，然后通过海路抵达希腊，从土耳其爱琴海域的博德鲁姆到希腊的科斯岛海路直线距离不到 5 公里，接着乘车或步行北上进入马其顿，再乘火车穿过塞尔维亚，最后进入匈牙利，这条路相对没那么危险。自从爱琴海通道被封锁后，难民大多从利比亚出发经地中海登陆南欧。2017 年 5 月，意大利和利比亚海岸巡逻部门 4 天内从地中海内救起了超过 1 万民难民和偷渡者，另有 54 人在该片海域内丧生。由于地处欧亚非三大洲的交界处，土耳其被认为是通向欧洲 "富庶" 之地的 "通道国"，因而成为难民前往欧洲的落脚点和中转站。仅 2015 年就有 66 万叙利亚难民进入欧洲，绝大多数人取道土耳其。

严峻的难民危机对欧洲国家的政治、经济、安全和社会稳定构成重大挑战。要把这些难民安置好，今后几年欧盟至少得拿出 8000 亿欧元，对于还处于欧债危机中的欧洲异常困难，对难民第一站的希腊更是雪上加霜。

与大量难民涌入相伴随的恐怖主义暴力活动在欧洲泛滥，如巴黎大爆炸被称为欧洲版的 "9·11"，还有布鲁塞尔连环爆炸和德国卡车撞击圣诞市案等，而英国曼彻斯特爆炸案为欧洲遭遇二战后的最大恐怖袭击。此外，欧洲伊斯兰原教旨主义死灰复燃后，引发欧洲反穆斯林运动兴起，从而推动反移民的极右翼政党的异军突起，影响欧盟的团结和稳定。2015 年 12 月 8 日，极右翼政党 "法国国民阵线" 在巴黎恐怖袭击案发生后的地方选举的首轮投票中，在法国 13 个选区中的 6 个胜出。迫于右翼压力，2016 年 9 月，法国总统奥朗德表示，法国不再新建难民营。同月，德国总理默克尔领导的基民盟接连在两场地方选举中遭遇重大失利。难民危机还导致欧洲排外思潮重新抬头，国与国之间的矛盾激增，融合问题引发的社会危机频发，欧盟分裂风险随之增大。

四、欧盟采取多种措施阻挡叙利亚难民的进入

欧盟在接受难民问题上存在严重分歧。根据欧洲《都柏林协议》规定，难民在其进入的欧盟第一个国家注册申请避难。西欧国家，主要是德国，由于自身经济发达，再加上劳动力的严重缺乏，公开欢迎难民，这从根本上破坏了

《都柏林公约》。根据英国广播公司的数据，2015年全欧洲共接纳批准了29万难民申请，一半被德国接收。经济落后的东欧国家，公开抵制难民进入，匈牙利警方甚至越境追捕难民。北欧国家则出台相关激励政策遣返难民离境。但因为难民大量拥入，希腊、意大利、匈牙利等国家干脆偷偷给难民发旅游签证和路费，以便难民尽快离开本国。

当大量接纳难民达到其不可接受的程度后，德国态度也在发生变化。2015年全年有80万难民拥入德国。难民进入德国后，发生数百起极右分子在难民营外聚众闹事、攻击难民和焚烧政府计划安置难民的设施等事件。2015年9月，德国运输部长亚历山大·多布林特承认地方接纳能力面临极限，并关闭了难民进入德国的主要通道奥地利——巴伐利亚铁路。2015年10月，德国内政部决定对叙利亚难民重新适用《都柏林公约》。2016年上半年，有13324人被拦截在德国边境之外或者在机场被禁止入境，比2015年拦截的人数增加50%。遭德国遣返的难民数量也急剧增加，2014年全年总共遣返10844名难民，2015年全年被遣返的难民共有20888人，而2016年上半年就遣返了13743名移民数。2016年11月23日，德国石勒苏益格最高行政法院做出裁决：在德国的叙利亚难民无权要求自动享有难民的所有权利。2017年12月—2018年2月，德国准备向自愿返乡的叙利亚难民发放最高可达3000欧元的补助，以鼓励难民回乡。

为了避免大量难民拥入带来重重问题，德国、法国、英国三国内政部部长联合呼吁在意大利、希腊和匈牙利建立由欧盟管控的难民登记中心就地解决问题。欧盟提出希望在临时安置难民方面采取根据各国经济实力、面积、人口、失业率等因素计算的配额制。2015年5月，欧盟宣布了难民紧急机制，从意大利和希腊接收4万难民。9月3日，落海遇难的叙利亚小男孩艾兰·科迪的遗体照片一夜之间传遍全球，极大影响了欧洲难民政策的争论。9月5日，德国和奥地利开放边境，接收滞留在匈牙利边境的数千名难民。9月22日，欧盟部长会议通过了分配12万名难民配额的方案，加上9月14日的4万名难民配额，欧盟将在两年内安置16万名难民。即使与会的多数国家投下了赞同票，各国之间依旧无法统一意见。英国表示不会服从欧盟范围内统一安排的任何难民方案，丹麦也表示将退出难民安置计划。这个方案也遭到联合国的反对，认为其只是杯水车薪。

欧盟把叙难民阻挡在周边国家、尤其是土耳其作为主要政策。2012 年 10 月 7 日，欧盟拨款 1600 万欧元，以帮助在约旦建难民营，并援助难民 2 亿欧元。2015 年 3 月 18 日，欧盟与土耳其签署解决难民危机协议：从 3 月 20 日开始，所有通过非正常渠道从土耳其入境希腊的叙利亚难民，都将被遣返回土耳其。作为交换，每遣返一名难民，就有一名难民可以合法从土耳其入境欧盟，最高限额暂定为 72000 人。2015 年 11 月，欧盟与土耳其商定了难民协议，土耳其将执行更加严格的边境管控措施，严厉打击人贩组织，并与希腊、保加利亚在非法难民拦截问题上开展进一步合作。作为回报，欧盟将在 2018 年前向土耳其提供 30 亿欧元援助，以改善土耳其境内 230 万叙利亚难民的生活，并打消他们乘船前往希腊的念头。2016 年 3 月 18 日，欧盟与土耳其达成遣返协议，规定次日午夜以后抵达希腊的移民将被遣返回土耳其。作为交换，欧盟承诺将考虑适时重启土耳其的入欧谈判，并从 10 月起给予对土耳其公民入境免签待遇。2016 年 9 月 26 日，欧盟在土耳其难民营启动了史上最大规模人道主义救援计划，耗资 3.48 亿欧元向大约 100 万在土难民发放银行卡，用以支付他们在土耳其的日常所需，进一步控制住流向欧盟的难民潮。土耳其渴望加入欧盟，但不希望成为欧盟的避难者"收容站"。但"重启入欧谈判"更多地被解读为欧洲企图转嫁难民危机给土耳其的权宜之计，土耳其的"入欧"之路依然漫长。

欧盟重新实施边境管控，阻挡难民进入。2013 年 11 月 11 日，为防止难民进入，保加利亚在埃尔霍沃镇南部建立了 30 千米长的围墙。2015 年 9 月，匈牙利在与克罗地亚交界处设置围墙阻挡难民进入。2016 年 9 月 20 日，为了防止难民通过英吉利海峡海底隧道偷渡入境，英国政府出资在法国加来修建被称为"加来长城"的混凝土围墙，工程年底前完工。11 月 11 日，欧盟延长边境管控，将难民危机中实施的边境管控措施再延长 3 个月。2017 年 7 月 9 日，北约华沙峰会一致同意展开名为"海上哨兵"的海上军事行动，在地中海中部阻止主要来自叙利亚、利比亚等国的难民。奥地利、斯洛文尼亚、克罗地亚、塞尔维亚、马其顿等国达成协议，共同阻止持不合格证件者以及经济移民入境。收紧难民政策使欧洲难民数量明显减少了，比如 2015 年瑞典全年共有约

16.3 万名难民庇护申请者，而 2016 年仅为 19270 名。随着瑞典、丹麦等国加强边境管控措施，更多国家加入恢复边境管控的队伍，申根协定下的人员自由流动将受到挑战。

难民在欧洲受到歧视性待遇。据英国媒体"RT 英国"报道，为欧盟官员广为称赞的希腊莱斯博斯岛的莫瑞亚难民营，实际是"人间地狱"，难民在此经常遭受虐待和殴打。许多难民在没有评估避难申请的情况下，就遭到当地政府暴力驱逐或者虐待，仅仅因为不合法的身份就逮捕他们，拒绝给予足够食物和提供医疗服务。2017 年 1 月 9 日，巴黎警察在寒冬的街头没收难民被子，用催泪瓦斯驱逐难民，甚至驱逐在人道主义中心救助点前排队的难民，遭无国界医生组织强烈谴责。2017 年 2 月，丹麦通过一项生效法案，允许搜查难民财物，并没收现金和价值超过 1 万克朗的贵重物品。6 月 30 日，丹麦又通过一项法案，允许当局没收难民财产。瑞典计划 2017 年驱逐 8 万难民，芬兰计划驱逐 2/3 在 2015 年抵达的难民。

五、欧洲开始筹建独立的防务体系保护自身安全

由于军费连年缩水，欧洲国家只有不到 3 % 的部队做好随时作战准备。2015 年 11 月发生巴黎恐袭案后，比利时增派数百名军人巡逻布鲁塞尔街巷，却不得不从美军那里调用 1000 套防护装备。德军目前的坦克保有量只有 244 辆，不到一半能随时投入战斗，军队不超过 18 万人，拥有 48 架 NH-90 型运输直升机和 123 架"台风"战斗机，分别只有 9 架和 40 架能够随时投入使用。2017 年 6 月 2 日，美国《华尔街日报》发表题为"欧洲应对'空心化'部队"的报道称，欧洲军备"寒酸"，演习时因缺乏弹药模拟战斗场景，官兵们被要求凭空想象出枪炮声。

在乌克兰危机和叙利亚内战中，欧洲处于非常尴尬的境地，既无力进行军事干预，也无法摆脱被美俄操控的局面，自身反而遭受越来越多的恐怖袭击和安全困境。随着英国脱离欧盟，以及特朗普明确要减少对北约盟国的保护力度。欧盟开始加快自身军事力量建设，以减少对美依赖，维护自身权益与安全。欧盟委员会主席容克多次表示要建立欧洲一体化军事体系，促使欧洲更加积极主动地保卫自身利益。

欧洲加快反恐合作。英国曼彻斯特爆炸案牵动着欧洲大陆敏感的神经，欧洲刑警组织估计，欧洲有至少 5000 名年轻人前往叙利亚和伊拉克参加"圣战"，其中约 1000 人潜回欧洲，伺机发动恐怖袭击。对此，2016 年 1 月，欧洲刑警组织启动欧洲反恐中心，旨在协助成员国在打击极端分子、追查恐怖组织资金来源、打击互联网煽动行为和武器走私等方面加强情报共享与行动协调。2017 年 5 月 1 日，欧洲议会通过法案，赋予欧洲刑警组织更大权力。

设立欧洲防务基金，独自研发五代机。2017 年 6 月 7 日，欧盟委员会宣布设立总额高达 55 亿欧元（约合 431 亿元人民币）的欧洲防务基金，将用于协调、补充和扩大成员国的防务研发投资以及国防设备与技术的采购，帮助成员国减少防务领域的重复投入，提高经济效益。随着欧洲推出新的防务一体化项目，2017 年 6 月，空中客车公司开始研制新型五代机——未来空战系统，以取代欧洲现役战机。

德国低调打造"微型欧盟联军"。目前，欧盟框架下设有欧洲军团、欧盟军事参谋部等多个军事机构，主要职能是提供军事预警和评估，并监察海外军事部署情况。2016 年 11 月 22 日，欧洲议会通过决议，呼吁建立欧洲防务联盟，组建欧盟联合军队和欧盟军事司令部，强化自身防务能力，减少对美国和北约的依赖。2017 年 3 月，欧盟成立联合防务指挥中心，负责指挥欧盟目前在马里、索马里和中非共和国的军事训练任务。5 月，德国、捷克和罗马尼亚低调宣布融合三国武装部队，罗马尼亚第 81 机械化旅加入德军快速反应师，捷克第 4 快速部署旅加入德国第 10 装甲师。此前两个荷兰旅加入了德军。

欧洲成员国增加军费，扩充军事力量。根据北约 2017 年 3 月统计显示，2016 年拉脱维亚军费预算增加近 60%，立陶宛和爱沙尼亚分别增加 35% 和 9%，波兰的军费开支增长 9%。2016 年 4 月，波兰表示计划未来几年增加兵力 50% 以上。5 月 10 日，德国国防部宣布在 2023 年以前增加约 1.43 万个军队职位，并建造大量护卫舰，这是德国统一以来首次扩军。6 月 12 日，波罗的海三国和波兰计划建立地区防空导弹防御系统，有望两三年内投入使用。

注 释

【1】时延春：《大使眼中的叙利亚》，世界知识出版社 2014 年版，第 113 页。

【2】在 1945 年末，德国和日本的 GDP 分别比第二次世界大战前下跌了 66% 和 52%。

【3】2016 年 8 月 9 日，普京向俄罗斯国家杜马提交了关于批准在叙利亚部署俄军事力量空军小组的协定的法案，该协定由俄叙两国国防部于 2015 年 8 月 26 日在大马士革签署。赫梅米姆（Hmeymim）机场无偿供俄方使用，一切武器、弹药、设备与物资被运抵叙利亚境内，无须缴纳任何税费且不必接受检查，俄航空兵群成员均享有外交人员身份。根据 2017 年的议定书规定，相关费用每年约 227 万元人民币。俄军人有权在基地进行维修、改造和基建工作。

【4】姜振军：《俄罗斯国家安全问题研究》，社会科学文献出版社 2009 年版，第 196 页。

【5】[俄] 瓦吉特·优素福维奇·阿列克佩罗夫：《俄罗斯石油：过去、现在和未来》中文版序言，人民出版社 2012 年版。

【6】牛新春：《能源独立未实现，绑定中东离不开》，《世界知识》2014 年第 1 期。

【7】"兄弟"天然气管道于 1967 年建成投产。该管道起于俄西部的纳德姆气田，经乌克兰至斯洛伐克，之后分为两路：一条输往捷克、德国、法国、瑞士等国家；另一条输往奥地利、意大利、匈牙利等多个欧洲国家。管道全长 4451 公里，输气能力为 240 亿立方米／年。

【8】该项目由俄天然气工业公司（占股份 51%），德国温特沙尔石油公司（Wintershall）和意昂集团（E.ON Ruhrgas）（各 15.5%），法国燃气苏伊士集团（GDF Suez）和荷兰天然气公司（Gasunie）（各 9%）共同投资建设，德国前总理施罗德担任项目股东委员会主席。

【9】南帕尔斯气田是世界上最大的气田，位于波斯湾的伊朗和卡塔尔交界处，为两国共有。该气田占世界天然气储量的 19%，达到 50 万亿立方米，相当于世界前 20 的气田储量总和。气田覆盖面积 9700 平方千米，伊朗占 3700 平方千米。

【10】库尔德地区石油天然气开采权主要掌握在两个公司手里，一个是吉尼尔能源公司，它的最大投资者是金融世家后裔纳撒尼尔·罗斯柴尔德。另外一个是伊拉克国际资源公司，但 2017 年 5 月 12 日这家伊拉克公司已被美国佳洁士投资公司全额收购。

【11】按照伊拉克 2005 年通过的宪法，库区作为联邦单位实行自治，拥有独立的议会、政府和地方财政供养的军队，库尔德语同阿拉伯语一起被列为伊拉克官方语言。伊拉克政府军和警察不得进入库尔德自治区，库尔德自治区以领事馆名义行使外交权。库区农牧业发达，油气资源丰富，是伊拉克最主要的产油区之一，由于安全良好、经济繁荣，常被媒体称作"另一个伊拉克"。

【12】位于叙利亚境内的库尔德地区被称作"罗贾瓦"，即西库尔德斯坦。

【13】长期以来，库尔德自治区和伊拉克中央政府关系紧张，库区自行与多个外国石油公司签署勘探和开采石油协议，引起中央政府震怒。另外双方在多个省份的土地归属上有分歧，特别是石油储量丰富的基尔库克省。

【14】20 世纪 50 年代，伊朗被美国视为遏制苏联南下的重要屏障，因此美国鼎力支持伊朗

核计划，提供研究反应堆和核反应堆、支持相关国际合作等。1979 年伊朗爆发伊斯兰革命后脱离美国控制，美国不仅中止了所有核合作，还阻挠其他国家的类似合作。20 世纪 90 年代初，伊朗重启核计划后，美国迫使国际社会中断与伊朗核合作。1996 年，美国通过《制裁伊朗法案》（Iran Sanctions Act），对伊朗实施制裁。美国甚至以国际原子能机构与伊朗合作为由，停止向该机构交纳会费和提供援助。

【15】田文林：《伊朗核问题全面协议评析》，《国际研究参考》2015 年第 8 期。

【16】该协议主要包括：伊朗不得开发或获得核武器；全面落实《不扩散核武器条约》，拥有和平利用核能的权力；伊朗 10 年内把离心机从 1.9 万台减少到 6140 台，15 年内将目前浓缩铀储量从 1 万公斤降至 300 公斤；允许伊朗继续从事浓缩铀活动，但丰度不得超过 3.67%；国际社会对伊朗的武器禁运再维持 5 年；国际原子能机构核查人员可在 24 天内进入伊朗境内被认为可疑的地点；国际原子能机构核实伊朗核计划和平性质后，联合国、美国和欧盟将解除对伊朗的经济和金融制裁；如果伊朗违反协议，相关制裁在 65 天内恢复。伊朗阿拉克重水反应堆仅仅用于和平目的。

【17】包括了沙特、阿联酋、以色列、土耳其、伊拉克、阿尔及利亚、伊朗和阿曼。

【18】B-21 是美国最新研发的重型战略轰炸机，单价 5.5 亿美元，预计 2020 年正式服役，可以穿透最坚固的防御体系，远程精确打击全世界，还将执行情报搜集、战场指挥和空中拦截等任务。

【19】这种驻军以大国牵头、轮换驻扎的形式进行，是为了不违反北约 1997 年与俄签署的一项协议。该协议规定，北约不得在俄周边永久驻扎大规模作战部队。以轮换驻扎的形式驻军既可以安抚中东欧盟国，也能够避免与俄"撕破脸"。

【20】黑山共和国人口不足 70 万，兵力只有 1500 人。

【21】依据此协定，俄美政府需从 2018 年开始，通过工业设施各自将本国的至少 34 吨武器级钚不可逆地转化为民用核反应堆燃料。据国际原子能机构估计，34 吨钚足以制造数千枚核弹头。

【22】"北风之神"是俄最新型战略核潜艇，可携带 6 至 10 个高超音速分导核弹头。

【23】"难民"定义参见联合国 1951 年《关于难民地位的公约》以及在 1967 年的《难民地位议定书》。

【24】Oytun Orhan and Sabiha Senyucel Gundogar,"Effects of the Syrian Refugees on Turkey", *ORSAM Report*, NO.195（2015）, p.7-9.

【25】欧洲的难民拿到的补助远远超过土耳其标准。例如西班牙的标准较低，避难者能以家庭为单位获取为期 6 个月每月 1200 欧元的生活津贴，这已经大大超过了在土耳其等中东国家的补助水平。

后 记

　　出于职业的敏感和纸上谈兵的嗜好，在 2015 年年底，当完成《乌克兰危机警示录——和平发展道路中的战争准备》的书稿后，我就开始动手写这本书。由于对中东和叙利亚的情况知之甚少，写本书的艰辛与困苦难以名状，但却是一次难得的学习机会，而且蓦然回首的顿悟与豁然开朗的喜悦也是不可言传的。

　　在痛并快乐的两年内，我的爱人廖红艳女士分担了大部分家庭事务，甚至一些工作和书稿相关的事务，精心为我营造了一个安静、舒适的环境，我才能专心于书稿。我的老父亲也不顾背井离乡与故土眷恋，从南方到北京，帮我照看小孩。因为要照顾刚刚出生的小外甥黄文熠，我母亲不得不留在南方的老家。年近古稀的两位老人，却不得不忍受聚少离多之苦。在完成这部书稿的同时，我的两个小子况子浔和况子阳已经开始上小学了。转瞬间，昨天还在幼儿园门口紧紧拉住我的双手，哭着不肯让我离去的小孩们，今天却开始背上大书包，挥手与我告别，走上早出晚归的漫长求学路了，祝愿他们，包括暑期他们结识的小玩伴曾令旗，能够健康快乐成长。家族小辈们中，黄文煊开始上大学，况文君、马语晨、任天然进入中学，都处在人生或学业的关键时期，希望他们能掌握知识的力量，实现人生梦想。也感谢岳父母的悉心关照，暑假住在凉爽的湖北山野，让我能静心完成书稿。

　　本书能顺利出版，还要感谢一直以来关心和支持我的前辈、领导和朋友们。国防大学张慧教授数年来在学术上大力指导和提携我，国防大学王宝付教授热心为我作序，这两位教授始终是我工作和学习的榜样。霍金先生的这篇代序文章，非常适合我这本书的内容，高静女士热心且无偿地授权我使用这篇文章，在此向霍金先生和高静女士表示崇高的敬意。国防大学原副校长毕京京将军和国防大学公方彬教授，在百忙中抽出时间为我提写推荐语。我的博士生导师、中国人民大学马小红教授，国家法官学院王立教授也提笔为我写推荐语。我博士后导师、国防大学政治学院西安校区的陈耿主任，为我的研究工作和生活提供了热情的指导帮助和悉心关怀。国防部外事办的肖潇女士对书稿提出了很中肯的意见，并积极为我出谋划策。热情大方的资深媒体人高美女士也对书稿提出了非常有益的帮助。在书稿编辑过程中，人民出版社曹春编审的热情、细心、严谨、对工作的兢兢业业与精益求精，给我留下了深刻的印象，她还对我的书提出了非常宝贵和关键的意见，让我在写作过程中受益匪浅。还有很多的领导、同事和朋友一直在默默地支持关心着我，在此一一谢过，并鞭策自己继续努力，以不辜负这些人真诚的帮助和期望。由于才疏学浅，书中肯定存在不足或错误之处，敬请各位读者不吝赐教。

个人认为，战争可能是一切包括人类在内的哺乳动物与生俱来的本性，其根源是掠夺与占有。但人类战争的残酷性远远超过任何动物间的争夺，因为人类具有动物不可比拟的贪婪和自私。文明的冲突掩盖不了掠夺和占有的本质，天赋人权、人人平等只是一个遥远的传说和梦想。战争带来的人类文明的摧毁和巨大平民的伤亡，只不过是欧美政客口中的战争需要罢了。

叙利亚战争终究要落下帷幕，我们能做的就是要从中汲取足够的启示和教训。和平发展是我们的梦想，但并不总能赢得别人的喝彩和掌声。很多国家其实只想看到一个积贫积弱的中国，只愿意中国永远困守在第一岛链内，永远只做一个优质产品、服务的提供者和资金贷款人，而不是一个强大复兴的中国。我们的和平发展道路，也面临许多战争的威胁。我们要做的就是在和平时期集聚充足的力量和意志，以消灭一切敢于入侵者。

军队取得战争的胜利是国家和民族复兴与强大的重要标志。设身处地置换一下，当我们国家处于叙利亚的那种状态，军队准备好了吗？生于忧患，死于安乐，没有危机感的军队是打不赢战争的。没有经历战火洗礼的军队，终究只是纸上谈兵和温室花朵罢了，无论如何的装扮。世界上最先进的军队——美军，这么多年来，没有一天不是在战场上，直接保障了其世界霸主的地位。俄军在叙利亚参战，则打破了冷战结束后俄从未在前苏联范围内用兵的惯例，从车臣战争、格鲁吉亚战争、乌克兰战争到叙利亚战争，俄军的不断胜利是俄国家复兴的最好例证。不畏牺牲、浴火重生的叙利亚政府军则成为叙利亚国家重建的支柱和精神力量。

和平发展是我们的战略和目标，但"忘战必危"。我们国家承平不过四十载，百姓仓廪始充实。但刀枪入库、马放南山比比皆是，或迷信"笔战胜剑"的舶来品，或沉迷于歌舞升平，或以经济发展排斥军力建设。若日夜巡逻于我东南沿海的美国航母编队没有使国人梦醒，则持续数年的叙利亚战争，可"以史为镜"了。"壮志饥餐胡虏肉，笑谈渴饮匈奴血"。军队的价值只在战场，军人的荣耀就是奉献与牺牲，愿"安得猛士兮守四方"，以佑我中华之崛起复兴。

吾一介布衣，累世居三国之故城，惯听千古风流人物。弱冠求学于京城，十载寒窗。而立携笔从戎，期许此身报家国。然不善周旋，尤厌摧眉。寒门热血，渐闷心头。醉里挑灯看刀剑，羽扇纶巾扫鬼邪。长叹何处觅盈尺之地，以笔为枪，激扬文字，以期中流击水、挥翅长空。

在此，愿以一首旧作作为结尾：

又遇北海桃花有感

闹春桃花今又盛，始知寒暑一轮回。

夕阳长啸五龙亭，何处壶酒慰平生？

况腊生

二〇一七年十二月

责任编辑：曹　春　李琳娜

封面设计：木　辛

图书在版编目（CIP）数据

叙利亚战争沉思录：二十一世纪的"微型世界战争"／况腊生 著．—北京：
　人民出版社，2018.3（2024.3 重印）

ISBN 978－7－01－018868－3

I.①叙…　 II.①况…　 III.①叙利亚－战争－研究　 IV.① K376.52

中国版本图书馆 CIP 数据核字（2018）第 018619 号

叙利亚战争沉思录
XULIYA ZHANZHENG CHENSI LU
——二十一世纪的"微型世界战争"

况腊生　著

人 民 出 版 社 出版发行
（100706　北京市东城区隆福寺街 99 号）

北京汇林印务有限公司印刷　新华书店经销

2018 年 3 月第 1 版　2024 年 3 月北京第 5 次印刷
开本：710 毫米 × 1000 毫米 1/16　印张：19.5
字数：308 千字

ISBN 978－7－01－018868－3　定价：79.00 元

邮购地址 100706　北京市东城区隆福寺街 99 号
人民东方图书销售中心　电话（010）65250042　65289539